プリント形式のリアル過去問で本番の臨場感！

愛知県

岡崎城西高等学校

2025年春受験用

解答集

本書は，実物をなるべくそのままに，プリント形式で年度ごとに収録しています。
問題用紙を教科別に分けて使うことができるので，本番さながらの演習ができます。

■ 収録内容

・解答集（この冊子です）

書籍ＩＤ番号，この問題集の使い方，最新年度実物データ，リアル過去問の活用，
解答例と解説，ご使用にあたってのお願い・ご注意，お問い合わせ

・2024（令和６）年度 ～ 2020（令和２）年度　学力検査問題

JN132591

○は収録あり　年度	'24	'23	'22	'21	'20	
■ 問題(一般入学試験)	○	○	○	○	○	
■ 解答用紙	○	○	○	○	○	
■ 配点						
■ 英語リスニング原稿※					○	

全教科に解説があります

※リスニングの音声は収録していません（2021年度よりリスニング問題の実施なし）
注)国語問題文非掲載:2023年度の【一】

問題文の非掲載につきまして

著作権上の都合により，本書に収録している過去入試問題の本文の一部を掲載しておりません。ご不便をおかけし，誠に申し訳ございません。

本文の一部を掲載できなかったことによる国語の演習不足を補うため，論説文および小説文の演習問題のダウンロード付録があります。弊社ウェブサイトから書籍ＩＤ番号を入力してご利用ください。

なお，問題の量，形式，難易度などの傾向が，実際の入試問題と一致しない場合があります。

教英出版

■ 書籍ＩＤ番号

入試に役立つダウンロード付録や学校情報などを随時更新して掲載しています。
教英出版ウェブサイトの「ご購入者様のページ」画面で，書籍ＩＤ番号を入力してご利用ください。

書籍ＩＤ番号　130521

（有効期限：2025年9月30日まで）

【入試に役立つダウンロード付録】
「ラストチェックテスト（標準／ハイレベル）」
「高校合格への道」

■ この問題集の使い方

年度ごとにプリント形式で収録しています。針を外して教科ごとに分けて使用します。①片側，②中央のどちらかでとじてありますので，下図を参考に，問題用紙と解答用紙に分けて準備をしましょう（解答用紙がない場合もあります）。

針を外すときは，けがをしないように十分注意してください。また，針を外すと紛失しやすくなりますので気をつけましょう。

① 片側でとじてあるもの

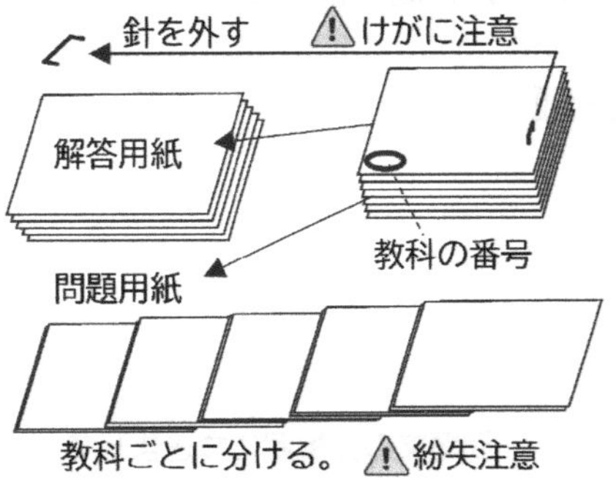

② 中央でとじてあるもの

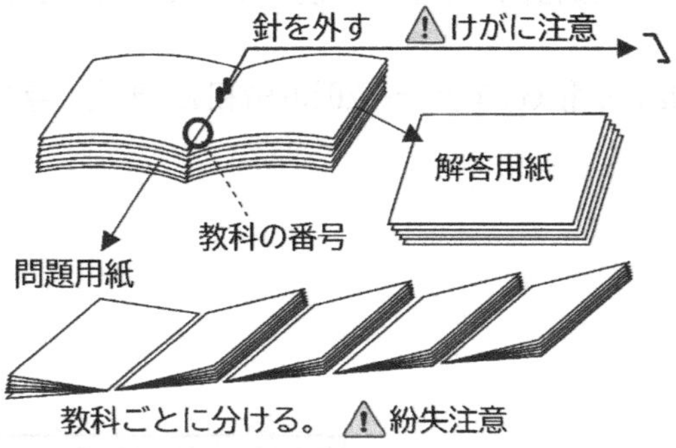

※教科数が上図と異なる場合があります。
解答用紙がない場合や，問題と一体になっている場合があります。
教科の番号は，教科ごとに分けるときの参考にしてください。

■ 最新年度 実物データ

実物をなるべくそのままに編集していますが，収録の都合上，実際の試験問題とは異なる場合があります。実物のサイズ，様式は右表で確認してください。

問題用紙	Ａ４冊子（二つ折り）
解答用紙	Ａ４マークシート

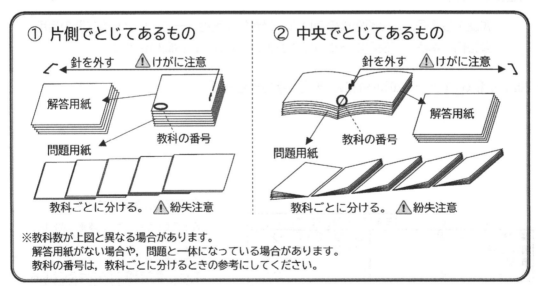

リアル過去問の活用

~リアル過去問なら入試本番で力を発揮することができる~

本番を体験しよう！

問題用紙の形式（縦向き／横向き），問題の配置や余白など，実物に近い紙面構成なので本番の臨場感が味わえます。まずはパラパラとめくって眺めてみてください。「これが志望校の入試問題なんだ！」と思えば入試に向けて気持ちが高まることでしょう。

入試を知ろう！

同じ教科の過去数年分の問題紙面を並べて，見比べてみましょう。

①　問題の量

毎年同じ大問数か，年によって違うのか，また全体の問題量はどのくらいか知っておきましょう。どのくらいのスピードで解けば時間内に終わるのか，大問ひとつにかけられる時間を計算してみましょう。

②　出題分野

よく出題されている分野とそうでない分野を見つけましょう。同じような問題が過去にも出題されていることに気がつくはずです。

③　出題順序

得意な分野が毎年同じ大問番号で出題されていると分かれば，本番で取りこぼさないように先回りして解答することができるでしょう。

④　解答方法

記述式か選択式か（マークシートか），見ておきましょう。記述式なら，単位まで書く必要があるかどうか，文字数はどのくらいかなど，細かいところまでチェックしておきましょう。計算過程を書く必要があるかどうかも重要です。

⑤　問題の難易度

必ず正解したい基本問題，条件や指示の読み間違いといったケアレスミスに気をつけたい問題，後回しにしたほうがいい問題などをチェックしておきましょう。

問題を解こう！

志望校の入試傾向をつかんだら，問題を何度も解いていきましょう。ほかにも問題文の独特な言いまわしや，その学校独自の答え方を発見できることもあるでしょう。オリンピックや環境問題など，話題になった出来事を毎年出題する学校だと分かれば，日頃のニュースの見かたも変わってきます。

こうして志望校の入試傾向を知り対策を立てることこそが，過去問を解く最大の理由なのです。

実力を知ろう！

過去問を解くにあたって，得点はそれほど重要ではありません。大切なのは，志望校の過去問演習を通して，苦手な教科，苦手な分野を知ることです。苦手な教科，分野が分かったら，教科書や参考書に戻って重点的に学習する時間をつくりましょう。今の自分の実力を知れば，入試本番までの勉強の道すじが見えてきます。

試験に慣れよう！

入試では時間配分も重要です。本番で時間が足りなくなってあわてないように，リアル過去問で実戦演習をして，時間配分や出題パターンに慣れておきましょう。教科ごとに気持ちを切り替える練習もしておきましょう。

心を整えよう！

入試は誰でも緊張するものです。入試前日になったら，演習をやり尽くしたリアル過去問の表紙を眺めてみましょう。問題の内容を見る必要はもうありません。どんな形式だったかな？受験番号や氏名はどこに書くのかな？…ほんの少し見ておくだけでも，志望校の入試に向けて心の準備が整うことでしょう。

そして入試本番では，見慣れた問題紙面が緊張した心を落ち着かせてくれるはずです。

※まれに入試形式を変更する学校もありますが，条件はほかの受験生も同じです。心を整えてあせらずに問題に取りかかりましょう。

2024 解答 令和6年度 岡崎城西高等学校

《社　会》

Ⅰ　1．⑥　2．③　3．④　4．⑤　5．③　6．⑤

Ⅱ　7．④　8．⑤　9．③　10．③　11．⑤　12．③

Ⅲ　13．③　14．②　15．③　16．④

Ⅳ　17．②　18．②　19．③　20．④　21．②

Ⅴ　22．①　23．④　24．④　25．③

Ⅵ　26．②　27．①　28．③　29．①

Ⅶ　30．⑥　31．④　32．①　33．⑤　34．②　35．③

《理　科》

〈1〉　1．③　2．③　3．③　4．④　5．③　6．②

〈2〉　7．⑤　8．③　9．⑥　10．①　11．③　12．③　13．③　14．①　15．⑤

〈3〉　16．③　17．⑥　18．③　19．③　20．⑤

〈4〉　21．①　22．③　23．④　24．④　25．②　26．①　27．⑤

〈5〉　28．⑩　29．③　30．⑦　31．③　32．③

〈6〉　33．⑤　34．①　35．③

〈7〉　36．⑤　37．⑥

〈8〉　38．①　39．①　40．⑤　41．④　42．①

《英　語》

Ⅰ　1．②　2．④　3．②　4．③　5．①

Ⅱ　6．⑦　7．⑤　8．④　9．⑥　10．⑨　11．④　12．⑨　13．②　14．⑦　15．③

Ⅲ　16．③　17．④　18．⑥　19．⑤　20．④　21．⑦　22．②　23．⑦　24．⑤　25．③

Ⅳ　26．③　27．①　28．②　29．①　30．③　31．③　32．④　33．②　34．①
35．①，②，④

《国　語》

一　1．③　2．②　3．⑤　4．④　5．③　6．⑤　7．④　8．①　9．⑤　10．①
11．②　12．⑤　13．③

二　14．③　15．⑤　16．③　17．②　18．①　19．④　20．②　21．⑤　22．④　23．④
24．③

三　25．④　26．②　27．⑤　28．①　29．③　30．④　31．②　32．①　33．⑤　34．③
35．③

《数　学》

1 ア．④　イ．①　ウ．①　エ．②

2 オ．④　カ．⑤

3 キ．④

4 ク．④

5 ケ．①　コ．②

6 サ．③　シ．②　ス．②

7 セ．①　ソ．①　タ．②

8 チ．③　ツ．⓪　テ．①　ト．②　ナ．③　ニ．⓪

9 ヌ．①　ネ．⑤　ノ．⓪

10 ハ．①　ヒ．④　フ．⑧　ヘ．⑦

11 ホ．①　マ．②

12 ミ．②

13 ム．⑥　メ．⑧　モ．①　ヤ．①

14 ユ．④　ヨ．③　ラ．②　リ．①　ル．⑤　レ．⑧　ロ．①　ワ．⑤

15 あ．①　い．⑧　う．①　え．⑧　お．④　か．①　き．⑥　く．④　け．⑤

《2024　社会　解説》

I　問1　⑥　　ⅠとⅡは，いずれも夏に乾燥し冬に雨が降る地中海性気候を示している。6～8月が夏のⅠは北半球，12～2月が夏のⅡは南半球になる。

問2　③　　大豆の生産量の1位はブラジル，とうもろこしの生産量の1位はアメリカである。

問3　④　　Ⅰ．オーストラリア大陸の内陸部は砂漠になっている。Ⅱ．エジプトの東側にはナイル川が流れ，沿岸部に人口が集中している。

問4　⑤　　アメリカの北緯37度以南の地域は，サンベルトと呼ばれ，ＩＣＴ産業や航空宇宙産業などの先端技術産業が発達している。①と②は中国である。③現在のアメリカでは，奴隷制は禁止されている。④ピッツバーグやデトロイトは五大湖周辺の都市である。

問5　③　　Ⅰ．誤り。カナダは17世紀にフランスが植民地支配を始めた。Ⅱ．正しい。

問6　⑤　　オーストラリアは，東部では炭鉱，北西部では鉄鉱山が広く分布している。

Ⅱ　問1　④　　Dの三重県志摩半島にはリアス海岸が広がっている。沈降した山地の谷間の部分に海水が入り込むことで形成された複雑な海岸地形をリアス海岸という。日本では，三陸海岸，三重県志摩半島，福井県若狭湾沿岸，愛媛県宇和海沿岸などで見られる。

問2　⑤　　Ⅰは夏の降水量が多い太平洋側の気候，Ⅱは1年を通して降水量が少ない瀬戸内の気候，Ⅲは冬の降水量が多い日本海側の気候を示している。

問3　③　　Ⅰは沖縄県にある伝統的な家屋で，屋根を低く石垣を高くして，台風などに備えたつくりになっている。Ⅱは岐阜県の白川郷にある合掌造り家屋で，屋根の傾斜を急にして，雪に備えたつくりになっている。

問4　③　　筑豊炭田は，現在閉鎖されている。

問5　⑤　　大阪府の中小工場は，臨海部ではなく内陸部に密集している。

問6　③　　ロードヒーティングは，道路の融雪・凍結防止のための施設。

Ⅲ　問1　③　　写真Aの黒曜石が用いられたのは旧石器時代である。Ⅰ．正しい。Ⅱ．誤り。貝塚は縄文時代の遺跡である。Ⅲ．正しい。

問2　②　　ア．正しい。イ．正しい。ウ．誤り。稲作は本州まで広がったが，北海道までは広まらなかった。北海道で稲作が始まったのは明治時代である。

問3　③　　天智天皇の死後に起きた，天智天皇の子の大友皇子と，天智天皇の弟の大海人皇子による皇位継承争いを壬申の乱という。勝利した大海人皇子が天武天皇として即位し，律令制の整備や歴史書の作成などさまざまな政策を始めた。

問4　④　　右表参照。①誤り。兵役は21～60歳の男子に課せられた。②誤り。雑徭は17歳以上の男子に課せられた。③誤り。戸籍に登録された6歳以上の男女に身分に応じて口分田が与えられた。⑤誤り。布や特産物を納める調は，都に運ばれた。

名称		内容		納める場所
租		全員	収穫した稲の約3％	国府
調		男子(17～65歳)	布または特産物	都
庸		男子(21～65歳)	10日間の労役に代わる布	都
雑徭		男子(17～65歳)	年間60日以内の労役	
兵役	衛士	男子(21～60歳)	1年間の都の警備	
	防人	男子(21～60歳)	3年間の九州北部の警備	

Ⅳ　問1　②　　A．正しい。B．誤り。場所イには延暦寺がある。最澄は，比叡山に延暦寺を建て，天台宗を開いた。空海が建てた金剛峯寺は，和歌山県の高野山にある。

問2　②　　堺の有力商人は会合衆と呼ばれた。町衆は，京都などで自治を行った富裕な商工業者である。

問3　③　①誤り。バテレン追放令を出したのは豊臣秀吉である。②誤り。カルヴァンは，人は神の救いを信じて職業に励むべきと主張して宗教改革を行った。④誤り。キリスト教を布教するために来日したのはザビエルである。ルターは，宗教改革を始めた人物。⑤誤り。免罪符を販売したのはローマ教会であり，イエズス会はルターによる宗教改革の始まりより後に組織されたカトリックの男子修道会である。

問4　④　①誤り。大友氏は豊後国(現在の大分県あたり)を支配した。②誤り。島原・天草一揆が起きた理由は，年貢の取り立てだけでなく，キリシタンの弾圧が厳しかったためである。③誤り。ラクスマンは，北海道の根室に来航した。長崎に来航したロシア使節はレザノフである。⑤誤り。長崎に侵入した船は，イギリスのフェートン号である。

問5　②　尚氏は，南山王ではなく中山王であった。

Ⅴ　問1　①　上げ米の制は，徳川吉宗が享保の改革で行った政策で，大名に1万石につき米100石を供出させる代わりに，参勤交代の期間を縮めるものであった。

問2　④　アメリカ独立のきっかけとなったボストン茶会事件を表している。Xはアヘン戦争，Zはフランス革命(バスティーユ牢獄の襲撃)の絵である。

問3　④　A．「商品作物の生産をすすめた」の部分が誤り。寛政の改革では，江戸に出稼ぎに出ていた農民を故郷に帰す旧里帰農令が出され，商品作物の生産を制限した。B．誤り。棄捐令では，旗本や御家人の借金が帳消しになった。

Ⅵ　問1　②　ワークライフバランスは，仕事と生活を調和させ，バランスをとること。

問2　①　企業が株式を発行して資金を調達する方法は直接金融である。間接金融は，銀行などの金融機関から資金を調達することをいう。

問3　③　X．誤り。日本銀行は，好景気のときは一般の銀行に国債など売って，銀行の資金を減らし，銀行から企業への貸し出しを減らそうとする。Y．正しい。

問4　①　例えば，1ドル＝120円から1ドル＝150円になることを円安，1ドル＝120円から1ドル＝100円になることを円高という。円安は，輸入品の価格が上昇し，輸入に依存している日本では物価が上昇する傾向にある。また，円安は，輸出産業や，外国人の日本への旅行に有利にはたらく。

Ⅶ　問1　⑥　X．誤り。エイサーは沖縄県の伝統芸能である。Y．誤り。「賤称廃止令」は，明治時代に出された解放令のことである。Z．正しい。

問2　④　「すべての人間は生まれながらに自由で平等な権利をもつ」としたのはフランスの人権宣言である。

問3　①　日本では，いかなる場合も先制攻撃は許されていない。ただし，専守防衛は平時における自衛隊の姿勢であり，防衛出動がかかっているような緊急時の領域内では専守防衛が守られるとは限らない。

問4　⑤　①誤り。予算案は必ず衆議院から審議される。②誤り。憲法改正の発議には，両議院の総議員の3分の2以上の賛成を必要とする。③誤り。本会議の前に開かれる委員会は，国会議員で構成されている。④誤り。内閣総理大臣の指名において，衆議院と参議院の議決が異なる場合，必ず両院協議会が開かれる。

問5　②　内閣は，最高裁判所長官を指名する。

問6　③　「地方自治は民主主義の学校」はイギリスの政治学者ブライスの言葉である。議会の解散請求には，有権者の3分の1以上の署名を必要とするから，有権者が30万人の地域であれば，$30\times\frac{1}{3}=10$(万人)以上の署名を必要とする。

〈1〉

I　ア．図の光る線を陰極線(電子線)という。陰極線は－の電気をもった粒子(電子)の流れである。電子は－極から出て＋極に向かう。　イ．電子は－の電気を帯びているから，＋極側(A側)に引かれる。

II　電流計は測定したい部分に直列につながなければいけないから，①か③のどちらかである。また，〔電流(A)$=\frac{電圧(V)}{抵抗(\Omega)}$〕より，回路全体の抵抗値は$\frac{5.0}{1.0}$＝5(Ω)になっている。①のように2つの抵抗を直列つなぎにすると，回路全体の抵抗値は各抵抗値の和と等しく10＋10＝20(Ω)になるから，③が正答となる。③のように同じ抵抗値の2つの抵抗を並列つなぎにすると，回路全体の抵抗値は各抵抗値の半分の5Ωになる。

III(1)　〔抵抗(Ω)$=\frac{電圧(V)}{電流(A)}$〕より，Xの抵抗値は$\frac{1.2}{0.4}$＝3.0(Ω)である。なお，Yの抵抗値は$\frac{1.2}{0.2}$＝6.0(Ω)である。

(2)　Xに加わる電圧が0.60Vのとき，図1より，Xには0.2Aの電流が流れる。このとき，Xと直列つなぎのYにも0.2Aの電流が流れるので，図1より，Yに加わる電圧は1.2Vだとわかる。よって，電源の電圧はXとYに加わる電圧の和と等しいから，0.60＋1.2＝1.8(V)である。　(3)　XとYを並列つなぎにすると，各抵抗に電源と同じ大きさの電圧が加わるから，Yにも3.00Vの電圧が加わる。回路全体を流れる電流は各抵抗に流れる電流の和と等しいから，電流計が示す値は$\frac{3.00}{3.0}+\frac{3.00}{6.0}$＝1.0＋0.5＝1.5(A)である。　(4)　〔電力(W)＝電圧(V)×電流(A)〕より，XとYに加わる電圧が同じとき，消費電力は電流に比例することがわかる。よって，Yの消費電力はXの消費電力の0.5÷1.0$=\frac{1}{2}$(倍)である。

〈2〉

図 i

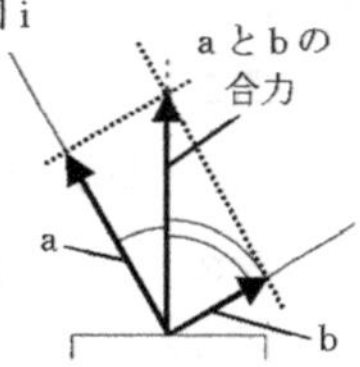

I　aとbの合力と重力がつり合っているから，aとbの合力の大きさは，重力と同じ大きさwである。図iのように，aとbの合力を対角線とする平行四辺形(ここでは長方形)を作図することで，aとbの矢印の長さを求めることができ，矢印の長さより，力の大小関係を表すと，b＜a＜wとなる。

II(1)　cはAがBを押す力，dはBにはたらく重力，eは床がBを押す力(垂直抗力)である。　(2)　作用と反作用の関係にある2力は，2つの物体が互いに及ぼし合う力である。よって，b(BがAを押す力)とc(AがBを押す力)，e(床がBを押す力)とf(Bが床を押す力)の2組である。　(3)　つり合っている力は，1つの物体に対して他の物体からはたらく力の組み合わせで，合力が0になることに注意する。a(Aにはたらく重力＝地球がAを引く力)とb(BがAを押す力)は，一直線上にあり，向きが反対で，同じ大きさだから，つり合っている。これに対し，d(Bにはたらく重力＝地球がBを引く力)とe(床がBを押す力)は同じ大きさではない(d＜e)ため，つり合っていない。cとdの合力がeとつり合っている。　(4)　Bの質量が大きくなると，d，e，fの大きさは大きくなり，a，b，cの大きさは変わらない。

III(1)　水に浮いている物体にはたらく浮力の大きさは，その物体にはたらく重力と同じである。図1のときのばねばかりの値1.2Nが，Aにはたらく重力である。　(2)　水に沈めたかどうかで，物体にはたらく重力の大きさは変わらない。　(3)　水圧は水の深さが深いほど大きくなる。　(4)　物体の水中にある体積が大きくなるほど浮力は大きくなる。よって，浮力の大きさは(i)＜(ii)＝(iii)となるから，ばねばかりが示す値はb＝c＜aとなる。

〈3〉

(1)　うすい塩酸と炭酸水素ナトリウムが反応すると二酸化炭素が発生する〔$HCl + NaHCO_3 \rightarrow NaCl + H_2O + CO_2$〕。

(3)(4)　質量保存の法則より，実験2では，炭酸水素ナトリウム0.63gが反応したことで，0.33gの二酸化炭素が発生したと考えられる。実験5，6より，発砲入浴剤4.00gから発生した二酸化炭素は1.10gだから，発砲入浴剤4.00gに含まれる炭酸水素ナトリウムの質量は$0.63\times\frac{1.10}{0.33}$＝2.1(g)であり，その割合は$\frac{2.1}{4.00}\times100$＝52.5(%)であ

る。

⑸　炭酸水素ナトリウムを加熱すると炭酸ナトリウムと二酸化炭素と水に分解する〔$2NaHCO_3 \rightarrow Na_2CO_3 + CO_2 + H_2O$〕。また，炭酸水素ナトリウムは水に少し溶け，その水溶液は弱いアルカリ性を示す。

〈４〉

Ⅰ　ア○…溶質が気体の水溶液には，塩酸(塩化水素)，炭酸水(二酸化炭素)，アンモニア水(アンモニア)などがある。　イ×…水の量や温度が変化しなければ，溶けているものが沈殿することはない。　ウ×…水溶液は透明であるが，塩化銅水溶液のように青色の水溶液もある。

Ⅱ⑴⑵　物質の溶ける量は水の量に比例する。硝酸カリウムは60℃のとき，水100ｇに109.2ｇまで溶けるから，水25ｇには$109.2 \times \frac{25}{100} = 27.3$(ｇ)まで溶ける。よって，〔質量パーセント濃度(%)＝$\frac{\text{溶質の質量(g)}}{\text{溶液の質量(g)}} \times 100$〕より，$\frac{27.3}{27.3+25} \times 100 = 52.1\cdots \rightarrow 52$%である。　⑶　40℃のとき，水25ｇに27.3－11.3＝16.0(ｇ)まで溶けるということだから，水100ｇには$16.0 \times \frac{100}{25} = 64$(ｇ)まで溶ける。　⑷　20℃のとき，水100ｇに31.6ｇまで溶けるから，水25ｇには$31.6 \times \frac{25}{100} = 7.9$(ｇ)まで溶ける。よって，出てくる結晶は27.3－7.9＝19.4(ｇ)である。　⑸　蒸発した水に溶けていた硝酸カリウムが4.4ｇということだから，蒸発した60℃の水は$100 \times \frac{4.4}{109.2} = 4.02\cdots \rightarrow 4.0$(ｇ)である。

〈５〉

⑶　すい液にはデンプンを分解するアミラーゼ，タンパク質を分解するトリプシン，脂肪を分解するリパーゼが含まれている。

⑸　③○…運動神経は筋肉につながっていて，脳から出された命令の信号によって筋肉が収縮することで，骨格を動かしている。

〈６〉

⑴　マグマが地表付近で冷えて固まったことと石英を多く含んでいることから，白っぽい火山岩を選べばよい。

⑶　③×…火山砕屑物は，溶岩を除く固形の火山噴出物である。

〈７〉

⑴　地震のエネルギーは，マグニチュードの値が２大きくなると1000倍になる。

⑵　初期微動継続時間はＰ波とＳ波の到達時刻の差だから，この地点の震源からの距離を$x$kmとすると，$\frac{x}{3.0} - \frac{x}{5.0} = 20$が成り立つ。これを$x$について解くと，$x = 150$(km)となる。

〈８〉

⑴　５月19日６時の気温は20℃，湿度は81%である。表２で，乾球の読み(気温)が20℃のときに湿度が81%になるのは，乾球と湿球との目盛りの読みの差が２℃のときだとわかる。湿球の球部には湿ったガーゼが巻かれており，水が蒸発して熱を奪うと湿球の示度は乾球より低くなるから，湿球の示度は20－２＝18(℃)である。

⑶　気温が高いほど飽和水蒸気量は大きいから，気温の変化と同様に12時ごろに最も大きくなる⑤が正答である。

⑷　気温の変化から，19日は１日中くもりか雨，20日は９時ごろから晴れか快晴になったと考えられる。

⑸　放射冷却によって地上の熱が宇宙に逃げていくと気温が下がる。よって，その効果が最も大きく表れているということは，気温が最も下がっているということだから，①が正答となる。

《2024　英語　解説》

Ⅰ　問１【本文の要約】参照。

１　「ケンはいつもジムを使うために月にいくら支払っていますか？」…ケンの最初の発言で「週に２度そこへ行

って３時間は居る」と言っている。チラシの Prices「料金」より，１回 15 ドルで週に 30 ドル，１か月が４週と考えると，月に 30×４＝120(ドル)支払っている。②が適切。

2　「彼らはいつジムへ行く予定ですか？」…ケン「今週末あいてる？一緒にそこへ行かない？」→トム「いいよ！」の流れより，④「日曜日」が適切。

3　「トムはジムを使うためにいくら支払う予定ですか？」…トムの最後から２回目の発言より，トムは学生だとわかる。ケンの最後から２回目と最後の発言より，トムは３時間ジムを使用し，レンタルシューズを使用することがわかる。チラシの Prices「料金」の Students「学生」の金額は 10 ドルで，FAQ「よくある質問」の２つめの質問と回答，Q「クライミングシューズを持っていません」→A「ご心配なく。レンタルシューズを使用するために１日に５ドル支払わなければなりません」より，10＋５＝15(ドル)の②が適切。

【本文の要約】

トム：僕はロッククライミングに興味がある。君が好きだって聞いたよ。

ケン：うん。僕は OJ ロッククライミングジムの会員だ。会社の近くにあるからよくそのジムを使うんだ。仕事帰りにクライミングを楽しむよ。たいてい1②週に２度そこに行って３時間は居るかな。

トム：すごい。

ケン：先月新しいクライミングシューズを買って僕はとてもわくわくしているよ。だから僕は「パス」を買ってより熱心に練習したいけど，今はできないんだ。

トム：どうして？

ケン：今ね，僕は平日，とても忙しいんだよ。

トム：それは大変だね。

ケン：君は2④今週末あいてる？一緒にそこへ行かない？

トム：2④いいよ！3②今週末は学校行事もないし，やらなきゃいけない宿題もそんなにないよ。

ケン：なるほど。クライミングは簡単そうに見えるけど疲れるよ。3②数時間やってみよう。

トム：わかった。全力を尽くすよ！

ケン：よし。気に入るといいな。3②レンタルシューズのために支払いしなければならないことを覚えておいてね。

問２【本文の要約】参照。

1　there は前に出てきた場所を指す。下線部の２文前の文より，③「公園」が適切。

2　ケンは最後の発言で「その正面に別のいいカフェがある」と言っているので，ジムから遠い公園の正面にあるカフェである①「A」が適切。

【本文の要約】

トム：ケン，僕はトレーニングの後に休憩したいな。

ケン：わかった。この町にあるいいカフェを知っているよ。ジムからほんの１区画だよ。

トム：いいね。もし晴れていたら公園も行きたいな。自然の中で時間を過ごすのが好きなんだ。

ケン：この町にはいくつかいい公園があるよ。1③大きな池のある公園が僕のお気に入りさ。でもジムの近くではないよ。だからそこに行くのにたくさん歩かなければならないよ。

トム：問題ないよ。歩くのが好きだし家に帰るのに他の駅を使うことができる。僕にはその方が都合がいいよ。

ケン：わかった。トレーニングの後にそこへ行こう。2①その正面に別のいいカフェがあるよ。

トム：いいね！パフェが食べたいな！

Ⅱ　問1【本文の要約】参照。

【本文の要約】

店員：ア⑦ジョウセイコーヒーへようこそ。いかがなさいますか？

客　：イ⑤ミルクティーをお願いします。

店員：以上でよろしいですか？

客　：ウ④ケーキも1カットいただけますか？

店員：承知いたしました。イチゴをお乗せいたしますか？

客　：いくらですか？

店員：1ドル追加になります。

客　：わかりました。それをいただきます。

店員：かしこまりました，ミルクティーとイチゴを乗せたケーキ1カットですね？

客　：そうです。

店員：エ⑥以上でよろしいですか？

客　：はい。

店員：12ドルになります。

客　：オ⑨はい，どうぞ。

店員：ありがとうございました。素敵な1日を。

問2【本文の要約】参照。

【本文の要約】

リノ　：おはようございます。リノです。ア④ハンですか？

ジョン：いや，私は父のジョンです。

リノ　：ああ，ハンさんをお願いできますか？

ジョン：申し訳ないけど，息子は外出中だよ。イ⑨あとで彼にかけ直させようか？

リノ　：はい，お願いします。

ジョン：わかった。おや！息子がたった今，ちょうど帰ってきたよ！ちょっと待って。

ハン　：僕だよ，ハンだよ。ごめん，ドーナツを買いにコンビニに行ってたよ。ウ②どうしたの？

リノ　：今日いつどこで会うか決めたいと思って。城西高校の前で会おう。

ハン　：いいよ。何時？

リノ　：うーん，今午前9時だね。朝食で午前10時にジョンと会うことになっているよ。合流したい？

ハン　：悪いけどできないな。午前中は忙しいんだ。エ⑦また今度ね。

リノ　：いいよ，午後1時はどう？

ハン　：もう少し後でもいい？

リノ　：わかった。午後3時は？

ハン　：いいね。オ③じゃあ6時間後に。

リノ　：バイバイ。

Ⅲ 1 Could you help me carry this table to our classroom? : ・help＋人＋動詞の原形「（人）が～するのを手伝う」 to は「～へ」を表す前置詞。余分なものは with。

2 Mike is twice as old as Tom. : ・twice as＋原級＋as ～「～の２倍…」 余分なものは younger。

3 I have been looking for the DVD which I bought yesterday. : 現在完了進行形〈have been＋～ing〉を使った文。
・look for ～「～を探す」 関係代名詞 which 以下が後ろから DVD を修飾している。余分なものは to。

4 It is necessary for us to decide what to do. : ・It is … for＋人＋to ～「～することが（人）には…だ」
・what to do「何をするべきか」 余分なものは of。

5 Could you tell me where I can get a bus? : ・Could you tell me ～?「～を教えていただけますか？」
・where I can ～「どこで～することができるか」 余分なものは did。

Ⅳ 問１ Her parents were angry, and they thought it was too hard for their daughter. : ・it was too ～ for＋人「それは（人）には～すぎた」

問２ ・After a while「しばらくして」 ・At that time「当時」 ・In the future「将来」 ・Up until「～まで」

問３ 1「フローレンス・ナイチンゲールは若い時どのように勉強しましたか？」…第１段落の最終行より，①「彼女は自宅で父親に教わりました」が適切。 2「フローレンスが看護師になったのはいつですか？」…第２段落の最終行より，彼女が看護師として仕事を始めたのは 1853 年である。彼女は 1820 年に生まれたので，③「彼女が 33 歳だった時」が適切。 3「なぜフローレンスは兵士たちに人気でしたか？」…第３段落７～８行目より，③「彼女は兵士たちにとても親切で役に立つ存在でした」が適切。

問４ 第２段落５～６行目より，④が適切。

問５ 下線部⑵の直後の内容「清潔な病院は人々を回復させる助けになると信じました」より，２文前の内容である②が適切。

問６ 直前の文より，①が適切。

問７ ①「フローレンス・ナイチンゲールは病人のためにベッドと衣服，×食料を買いました」 ②×「フローレンス・ナイチンゲールは看護師たちを『ランプの貴婦人』と呼びました」…病院にいる人がナイチンゲールをそう呼んだ。 ③○「フローレンス・ナイチンゲールは 17 歳の時に他の人々を助けたいと思いました」 ④「フローレンス・ナイチンゲールは 1820 年に×イギリスで生まれました」 ⑤○「フローレンス・ナイチンゲールが看護師を始めた後にロンドンの病院はよりよい場所になりました」 ⑥○「ナイチンゲール看護学校では病院で看護師として働く方法を学ぶことができました」

【本文の要約】

イギリス人女性のフローレンス・ナイチンゲールは1820年にイタリアで生まれイギリスで暮らしました。家族は裕福でイギリスの異なる地域に数軒の大きな家を所有していました。フローレンスは学校に行きませんでした。そのかわりに，問3.1.①父親が彼女の自宅での先生でした。

フローレンスの両親は彼女に結婚して良妻賢母になってほしいと願いました。しかし，問7③17 歳の時，彼女は他の人々を助けるという夢を持ちました。大勢の貧しい人々に出会ったからです。数年後，彼女は看護師になると決めました。両親は怒り，それは彼らの娘には難しすぎると思いました。当時，医師は診療するために病人の家に行き，病院は貧しい人々にとって劣悪な場所でした。問4④彼らは，看護師は貧しい女性たちのための大変で劣悪な仕事だと思いました。しかしフローレンスは 1851 年にドイツで看護師になるための勉強を始めました。それから，問3.2.③1853 年にロンドンの小さな病院で看護師として働き始めました。

フローレンスは仕事を楽しみ熱心に働きました。c②当時（＝At that time），イギリスは戦争状態にありました。1854

年に，彼女は38人の他の看護師と病気で負傷した兵士の面倒を見るためにトルコを旅しました。最初，兵士たちが看護師を好きではなかったので彼女たちはそこで働くことができませんでした。問5②病院は清潔ではなく，大勢の兵士たちは病院にいる間にさらに体調が悪化しました。戦争で負傷した後に病気になって，大勢の兵士たちが命を落としました。彼女はそれを変えたいと思い，清潔な病院は人々を回復させる助けになると信じました。彼女は病院を清潔に保つために病院にあるトイレを掃除し始めました。問3.3.③彼女は兵士たちにとても親切で友好的でした。彼女は病人のためのベッドと衣服を買いました。彼女は病院で大人気になり，ついにそこで看護師として働くことが可能になりました。彼女は毎晩遅くまで働きました。彼女はランプを持って病院を歩き回りました。だからそこにいた人々は彼女を「ランプを持った貴婦人」と呼びました。

1856年に，彼女はロンドンに戻ってきましたが，働くのをやめませんでした。彼女は本を書き病院をよりよくする方法について講演をしました。彼女は病院を掃除することはとても重要だと言いました。それは人々を元気にする手助けとなります。その後，彼女の話はイギリス全土で有名になりました。問7⑤彼女のおかげで，病院は病人にとってより清潔で安全な場所となり始めました。

フローレンス・ナイチンゲールについて聞いた後，問6①大勢の若い女性たちは看護師になりたいと思いました。これは彼女が看護師に対する大勢の人々の考えを変えたことを意味します。それから，問7⑥彼女は1860年にロンドンに看護師と助産師になるために学ぶ特別な学校である，ナイチンゲール看護学校を設立しました。その学校では，生徒は病人や妊婦の世話の仕方を学ぶことができました。彼女たちは人体について，そして病人に対して親切で役に立つ方法を学びました。彼女たちはまた病院を清潔で全員に安全である状態に保つことについて学びました。彼女の考えと懸命な仕事は大勢の人々の生活を変えました。

《2024　国語　解説》

一　問一a　助長　①徐行　②除外　③扶助　④序列　⑤叙述　　b　普及　①吸収　②言及　③供給　④休暇　⑤救済　　c　発揮　①起点　②気分　③機会　④奇跡　⑤指揮　　d　保障　①推奨　②証明　③代償　④障害　⑤商売

問二　第６段落に「すなわち、テレビは人びとに、自分の見失っていた社会を再発見させ、それに積極的に参加する気持ちに導く可能性をもっている」「(他人の私生活をのぞき見するといった)その同じ種類の興味が～世界を一つの地域社会とする、人びとの関心のもち方に転化されないとはかぎらない(＝転化される可能性がある)」とある。よって、「世界中の人たちが～関心を持つようにすること」とある、③が適する。

問三　われわれテレビの視聴者が、「そうして眺めている人びと」だから、前文にある「テレビのカメラが及ぶかぎりの人々」。つまりテレビのカメラの被写体となってテレビに映り、われわれにジロジロ見られている人々。

問四　直前の「カメラ(とテレビを見ている視聴者)が一方的に被写体となった人をジロジロ見つめるだけで、被写体のほうでカメラを通じて視聴者を見据えるということがない」より、④が適する。「カメラ」(＝見る側)と、「被写体」(＝見られる側)の関係が「一方的」、すなわち「双方向でない」ということ。

問七　第３段落の５行目「テレビが見知らぬ他人を眺めてくれるのを眺めておもしろがる」から、10行目「意地悪さがカメラに求められる」までが、②～⑤と一致する。この部分は「そのとき、見ることにおける節度～を維持することは困難になってくる」と否定的に語られている。しかし、①にあたる、同段落３～４行目の「視聴者は、せめて多くの人から自分を見てもらいたくて、カメラの前に出る」は、第１段落の後半に「見ることと、見られることとのあいだのバランスを回復したいのであろう」とあるように、肯定的に語られている。

問八　問二で見た、第６段落の「テレビは人びとに、自分の見失っていた社会を再発見させ、それに積極的に参加

する気持ちに導く可能性を持っている」「場合によっては、世界を一つの地域社会とする、人びとの関心のもち方に転化されないとは限らないだろう」より、②が適する。

問九　テレビで裁判の中継をすれば、国民が裁判に関心を持つようになり、「注目し、討論する状態」になる。つまり、共通の目的や課題を持ち、討論などの「活発なやり取り」をすることが、筆者の考える、「コミュニティとしての条件」である。筆者はテレビを「世界全体を一つの地域社会とするための道具」としているから、⑤の「同じ地域にすむこと」は適当でない。

問十　第３段落までは、現代のコミュニケーション手段の発達によるよそよそしい社会を批判的に論じている。第４段落からはテレビの可能性を肯定的に論じ、テレビによる地域社会再建の具体的な例として、裁判のテレビ公開をあげている。問七・八の解説も参照のこと。

二　**問一**　傍線部１の後に「俺は、予選会で終わるなんてごめんだ～箱根駅伝で戦いたい。そのための練習をしてきたし、そのためなら～もっと練習する気持ちがある」と続く。

問二　「まるで」「ようだ」「みたい」などの説明の言葉を使わずに自分の思いを「熱いマグマ」にたとえているので、⑤の隠喩法が適する。

問三　「どうなるでしょうね、走《かける》」とムサは「心配そうに話しかけてきた」が、走は「行けますよ、箱根に」と「請けあった」。そのような走の「力のこもった言葉」に、ムサは目を見開いて「走はなんだか、強くなったようです」と答えている。このようなやり取りから、ムサは走の言葉に勇気づけられ、前向きになったと考えられるので、③が適する。

問四　「ムサが押しとどめる。『今日だけでも、ああいう意見をずいぶん耳にしました』」「走はなおも、遠ざかっていく見物客を追おうとしたが、ムサに腕をつかまれた。『喧嘩はいけません～』」などから、②が適する。

問五　練習を重ねて予選会に臨んだ走は、「俺たち、けっこう頑張って走ったじゃないですか」とムサに対して言っている。努力して大会に参加しているのに、通りかかった見物客の一団は、「また、黒人選手がいる。ずりぃよなあ、留学生を入れるのは」「あんなのがゴロゴロいたら、日本人選手はかないっこないもんな」と聞こえよがしな囁《ささや》きを言った。それが納得できなかったのである。よって、①が適する。

問六　①「口が重い(＝口数が少ない)」と「立て板に水(＝よどみなくすらすら話すことのたとえ)」は矛盾する。②「胸がすく」は、心が晴れやかになるという意味。「大好きな作家の死」は悲しいはずだから、適さない。③「首が回らない」は、借金などが多くて、やりくりがつかないこと。　⑤「足をすくう」は、相手のすきをついて失敗させること。

問七　藤岡は見物客の発言に憤る走の態度をもっともだと感じ、「蔵原の言うとおりだな」と自分から声をかけてきた。そして走の求めに応じて、見物人たちの考え方がばかげている理由を言葉にした。走やムサの態度に好印象をもち、会話を楽しんでいることがうかがえる。よって、②が適当でない。

問八　「それよりもいま、走の心を占めているのは、藤岡の姿だった」から後、特に傍線部８の前後、「藤岡は強い。走りのスピードも並ではないが、それを支える精神力がすごい」「俺に欠けていたのは、言葉だ。もやもやを～放っておくばかりだった。でも、これからはそれじゃあだめだ～藤岡よりも速くなる。そのためには、走る自分を知らなければ」などを参照。

問九　藤岡の強さについて考えるうちに、走は、藤岡にはあって自分に欠けていたものに気づき、「走る自分を知らなければ」という認識にいたった。これは人間的な成長と言える。藤岡と走のやりとりをそばで見ていた清瀬は、「俺、わかってきたような気がします」という走に、その成長を感じたのである。

問十　見物客の一団の発言に関する、藤岡の分析の後半部の前後に、「走は、静かに繰りだされる藤岡の分析に、

ただ圧倒されていた」「そうだ。走は、もやもやが晴れていくのを感じた～藤岡はすごい。走の感じたこと、言いたかったことを、いともたやすく解きほぐして言葉にしてしまった」とあるところから、④が適する。

問十一　走の視点を中心に語られている。特に藤岡が登場してからは、藤岡の冷静な分析と明晰で力強い言葉、それに対する走の心情描写が、話を大きく展開させている。

三　**問一・二**　定朝に義絶(＝親子・兄弟などが、肉親の縁を切ること)されていた覚助が、「母に謁せんがため」という目的を達するのに都合のいいのはどういう状況かを考える。

問四　直前に「愛して」とあるのと、身近なところに置いたことから考える。

問六　面を削り直す前に覚助が言った「あな心憂。この定にて進らせられたらましかば、あさましからまし」より、④が適する。

問七・八・九　「痴《し》れ者」は、「ばか者。愚か者」という意味。定朝は覚助を勘当していた手前、「痴れ者」とののしったが、「かなしく直されにけり」ということを喜んでいた。そしてこのあと、覚助の勘当を許した。

問十　③の「とんびが鷹を生む」は、平凡な親がすぐれた子を生むことのたとえ。定朝が出来栄えに満足していた面を、覚助は削り直し、その結果、定朝を喜ばせた。仏師としての器・技量は覚助の方が上である。

問十一　「枕草子」「土佐日記」は平安時代、「万葉集」「日本書紀」は奈良時代の作品。

【古文の内容】

仏師定朝は、弟子の覚助との関係を一切絶ち、家の中にも入れなかった。そうではあったが母にお会いする為、定朝が仕事で留守にしている間などには、(覚助は)他に秘密で来ていた。定朝が、左近府という役所の陵《りょう》王《おう》の面を打ち進めるよう、仰せが下されたので、ひたすらに心を込めて作って、気に入って居間の前にある柱にかけておいたのを、父が仕事で外出している間に覚助が来ていたが、この面を取り下ろして見て「ああ情けない。このまま納めたならば、嘆かわしいことになるだろう」と言って、腰の短刀を抜いて、力を込めて削り直して、元のように柱に掛け、退き帰ってしまった。定朝が帰って来て、この面を見て言うには「この愚か者、帰って来て家に入ったのだな。親不幸な者が、父親が外出している間とはいえ、家に入っていたのは奇怪な事だ。この陵王の面を作り直してしまった。ただし、すばらしく直されている」と言って、勘当を許したのだった、と伝わっている。

《2024　数学　解説》

1　与式 $=\frac{14}{3}-\frac{5}{4}=\frac{56}{12}-\frac{15}{12}=\mathbf{\frac{41}{12}}$

2　与式 $=\frac{9}{4}\div\left(\frac{1}{4}\right)^2-9\times(-1)=\frac{9}{4}\times\frac{16}{1}+9=36+9=\mathbf{45}$

3　与式 $=(2\sqrt{3}-2\sqrt{2})(2\sqrt{2}+2\sqrt{3})=(2\sqrt{3}+2\sqrt{2})(2\sqrt{3}-2\sqrt{2})=(2\sqrt{3})^2-(2\sqrt{2})^2=12-8=\mathbf{4}$

4　与式の両辺に6をかけると，$12-2(x-4)=3x$　$12-2x+8=3x$　$-5x=-20$　$\mathbf{x=4}$

5　与式より，$3x(x-2)-(x-2)^2=0$　$\{3x-(x-2)\}(x-2)=0$　$(3x-x+2)(x-2)=0$

$(2x+2)(x-2)=0$　$2(x+1)(x-2)=0$　$\mathbf{x=-1,\ 2}$

6　与式を展開して整理すると，$x^2-6x+8=7$　$x^2-6x+1=0$

2次方程式の解の公式より，$x=\frac{-(-6)\pm\sqrt{(-6)^2-4\times1\times1}}{2\times1}=\frac{6\pm4\sqrt{2}}{2}=\mathbf{3\pm2\sqrt{2}}$

7　$\frac{1}{x}=X$，$\frac{1}{y}=Y$とする。$\frac{1}{x}-\frac{1}{y}=3$は$X-Y=3$…①，$\frac{2}{x}+\frac{3}{y}=-4$は$2X+3Y=-4$…②とおける。①と②を連立方程式として解く。②－①×2でXを消去すると，$3Y-(-2Y)=-4-6$　$5Y=-10$　$Y=-2$

①に$Y=-2$を代入すると，$X-(-2)=3$　$X+2=3$　$X=1$

X＝1より，$\frac{1}{x}=1$　　$x=0$だと式が成り立たないので，xは0ではないから，両辺にxをかけて，$1=x$　　$x=1$

同様に，Y＝－2より，$\frac{1}{y}=-2$　　$1=-2y$　　$y=-\frac{1}{2}$

8 (1) (水面の高さ)＝(水の量)÷(底面積)である。1L＝1000mL＝1000㎤より$\frac{1}{3}$L＝$\frac{1000}{3}$㎤だから，x秒後の水の量は，$\frac{1000}{3}\times x=\frac{1000}{3}x$(㎤)である。1m＝100cmより，水槽の底面積は，100×100＝10000(㎠)である。

よって，xとyの関係式は，$y=\frac{1000}{3}x\div 10000=\frac{1000}{3}x\times\frac{1}{10000}=\boldsymbol{\frac{x}{30}}$

(2) (1)の式に$y=25$を代入すると，$25=\frac{1}{30}x$　　$x=25\times 30=750$(秒)　　求める時間は，750秒＝**12分30秒**

9 **【解き方】36人のデータの中央値は，データを小さい順に並べたときの18番目と19番目のデータの平均である。**

ヒストグラムより，小さい方から18番目のデータは120分以上180分未満で，19番目のデータも120分以上180分未満である。120分以上180分未満の階級の階級値は，$\frac{120+180}{2}=150$(分)であり，個別のデータがわからないので，この階級に含まれるデータはすべて150分と考える。よって，中央値も**150**分である。

10 (1) **【解き方】さいころを2つ使う問題では，右のような表にまとめて考えるとよい。**

		小					
		1	2	3	4	5	6
大	1		○				○
	2				○		
	3		○				○
	4				○		
	5		○				○
	6				○		

大小2つのさいころの目の出方は全部で6×6＝36(通り)ある。そのうち条件にあう出方は表の○印の9通りだから，求める確率は，$\frac{9}{36}=\boldsymbol{\frac{1}{4}}$

(2) **【解き方】分子の2桁の整数をA，分母の1桁の整数をaとする。Aは36通り，aは6通りあるから，すべての場合の数は36×6＝216(通り)ある(ただし，この問題ではすべての場合の数は使わない)。このうち$\frac{A}{a}$が整数になるのが何通りあるかを求めるが，aの値で場合分けをして考える。**

a＝1の場合，Aがいくつでも$\frac{A}{a}$は整数になるので，この場合は36通りある。

a＝2の場合，Aの一の位が2，4，6ならばよい。Aの十の位が6通り，一の位が3通りなので，この場合は，6×3＝18(通り)ある。

a＝3の場合，Aが12，15，21，24，33，36，42，45，51，54，63，66の12通りならばよい。

a＝4の場合，Aが(1)の○印の9通りならばよい。

a＝5の場合，Aの一の位が5ならばよい。Aの十の位が6通り，一の位が1通りなので，この場合は，6×1＝6(通り)ある。

a＝6の場合，Aが12，24，36，42，54，66の6通りならばよい。

よって，全部で，36＋18＋12＋9＋6＋6＝**87**(通り)である。

11 **【解き方】立体の表面に長さが最短になるようにかけられた糸は，展開図上で線分となる。したがって，右図のように円すいの展開図をかき，ABの長さを求めればよい(Bは組み立てたときAと重なる点)。**

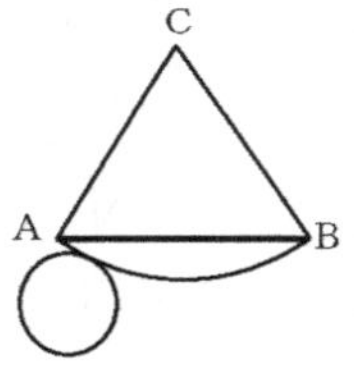

ABの長さを求めるため，側面のおうぎ形の中心角を求める。おうぎ形の中心角を$x°$とすると，底面の円周の長さとおうぎ形の弧の長さが等しいので，

$2\pi\times 2=2\pi\times 12\times\frac{x}{360}$　　この方程式を解くと$x=60$となるから，△ABCは正三角形である。

よって，AB＝CA＝12cmだから，求めるひもの長さは**12**cmである。

12 **【解き方】∠CBAと∠CBPの大きさを比べる。**

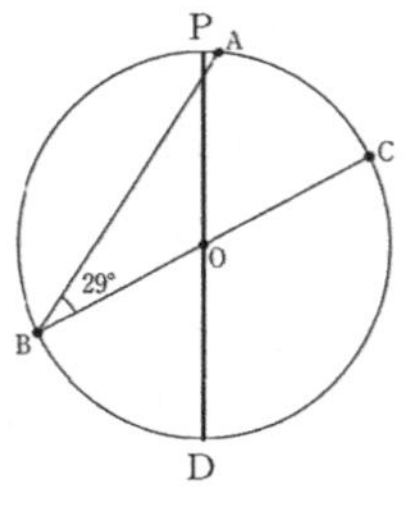

右図で，$\overset{\frown}{BD}:\overset{\frown}{DC}=1:2$より，$\angle BOD=180°\times\frac{1}{1+2}=60°$

対頂角は等しいので，∠COP＝60°である。$\overset{\frown}{CP}$に対する中心角が60°なので，

$\overset{\frown}{CP}$に対する円周角∠CBPは60°÷2＝30°

よって，∠CBA＜∠CBPより，**点Pは点Aよりも点B側にとれる。**

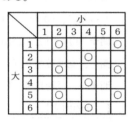

13　**【解き方】折り返したとき重なるから△ＡＢＤ≡△ＡＥＤなので，ＡＤは∠ＢＡＣの二等分線である。三角形の角の二等分線の定理を利用する。**

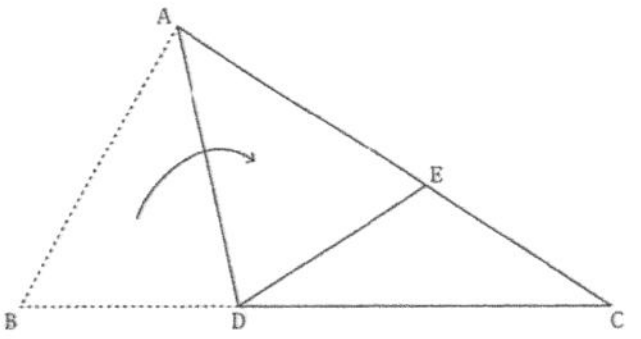

ＡＥ：ＡＣ＝４：(４＋３)＝４：７であり，ＡＢ＝ＡＥだから，

ＡＢ：ＡＣ＝４：７

三角形の角の二等分線の定理より，ＤＢ：ＤＣ＝ＡＢ：ＡＣ＝４：７

ＤＢ＝$17\times\frac{4}{4+7}=\frac{68}{11}$だから，ＤＥ＝ＤＢ＝$\frac{68}{11}$である。

14　**【解き方】四角形ＡＢＣＤは台形であり，その面積を実際に求めてから，その面積の$\frac{1}{2}$を計算する。ＡＢ＞ＤＣより，△ＡＢＣ＞△ＡＤＣだから，式を求める直線はＢＣと交わるので，その交点をＥとする。△ＡＢＥの面積からＥの座標を求め，直線の式を求める。**

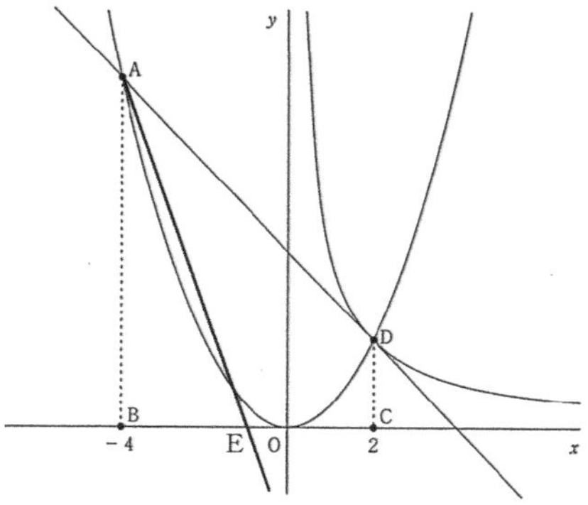

Ｄは$y=-x+4$のグラフ上の点なので，$y=-x+4$に$x=2$を代入して，$y=-2+4=2$より，Ｄ(２，２)

また，Ｄは$y=\frac{b}{x}$のグラフ上の点なので，$y=\frac{b}{x}$に$x=2$，$y=2$を代入して，$2=\frac{b}{2}$より，**ｂ＝４**

Ａは$y=-x+4$のグラフ上の点なので，$y=-x+4$に$x=-4$を代入して，$y=-(-4)+4=8$より，Ａ(－４，８)

したがって，ＡＢ＝(Ａのy座標)＝８，ＤＣ＝(Ｄのy座標)＝２

台形ＡＢＣＤの高さは，(ＢとＣのx座標の差)＝２－(－４)＝６

台形ＡＢＣＤの面積は，$\frac{1}{2}\times(2+8)\times6=30$だから，

四角形ＡＢＣＤの面積を２等分した図形の面積は，30÷２＝15である。

△ＢＥＡの面積は15なので，$\frac{1}{2}\times$ＢＥ$\times8=15$より，ＢＥ＝$\frac{15}{4}$である。

したがって，(Ｅのx座標)＝(Ｂのx座標)＋$\frac{15}{4}=-4+\frac{15}{4}=-\frac{1}{4}$だから，Ｅ$(-\frac{1}{4}，0)$である。

求める直線の式を$y=mx+n$とすると，Ａ(－４，８)を通るので，$8=-4m+n$，Ｅ$(-\frac{1}{4}，0)$を通るので，$0=-\frac{1}{4}m+n$が成り立つ。これらを連立方程式として解くと，$m=-\frac{32}{15}$，$n=-\frac{8}{15}$となるから，求める直線の式は，$\boldsymbol{y=-\frac{32}{15}x-\frac{8}{15}}$

15　**【解き方】３回勝っただけで20段上ることはできないから，４回で２階から３階にたどり着いたということは，４回とも勝ったということである。**

(ⅰ)の場合，Ａ君の出し方はパーが４回の１通りである。

(ⅱ)の場合，Ａ君はパーを３回と，グーまたはチョキを１回出した。１回目から４回目(４通り)のいずれかでグーまたはチョキ(２通り)を出したので，この場合は，４×２＝**８**(通り)

(ⅲ)の場合，Ａ君は２回のパー以外に，チョキを２回，または，グーとチョキを１回ずつ出した。

チョキを２回出す出し方は，２回のチョキを出した順番が，１回目と２回目，１回目と３回目，１回目と４回目，２回目と３回目，２回目と４回目，３回目と４回目の６通りある。

グーとチョキを１回ずつ出す出し方は，グーとチョキを出した順番が下線部と同じ６通りあり，その１通りごとにグーが先かチョキが先かで２通りあるから，６×２＝12(通り)ある。

したがって，この場合は，６＋12＝**18**(通り)である。

(ⅳ)の場合，Ａ君は１回のパー以外に，チョキを３回出した。パーを出したのが１回目から４回目のいずれかだから，この場合は**４**通りである。

(ⅴ)の場合，Ａ君の出し方はチョキを４回の１通りである。

したがって，４回でＡ君が先に３階にたどり着く出し方は１＋８＋18＋４＋１＝32(通り)あり，Ｂ君が先にたどり着く出し方も同じだけあるから，どちらかが先にたどり着く場合の数は，32×２＝**64**(通り)である。

ａ．ちょうど20段上る場合の数がＮ通りの場合，20段目，40段目，60段目，80段目，100段目と順番に踏んで100段上る場合の数はN^5通りである。これとおおむね同じように，１階から６階まで上る場合の数は，２階から３階まで上る場合の数よりもはるかに多く，明らかに５倍より多い(「20の倍数」の段を踏むか踏まないかなどで細かい違いが出てくる)。したがって，正しくない。

ｂ．Ａ君とＢ君のじゃんけんで勝つ確率は同じなので，先にたどり着く確率も，Ａ君とＢ君とで等しい。したがって，どちらかがたどり着くまでじゃんけんをする場合，Ａ君が先にたどり着く確率は常に$\frac{1}{2}$だから，正しい。

ｃ．５回目のじゃんけんで３階にたどり着くパターンとして，４回勝って１回負けるパターンと５回すべて勝つパターンが考えられるので，明らかに４回目でたどり着く場合の数より多くなる。したがって，正しい。

よって，正しいのは**ｂとｃ**である。

2023 解答例 令和5年度 岡崎城西高等学校

《社　会》

Ⅰ　1．①　2．④　3．④　4．①　5．④

Ⅱ　6．③　7．④　8．⑥　9．⑤　10．⑤　11．②

Ⅲ　12．③　13．④　14．①　15．⑤　16．⑤　17．②　18．②　19．⑤

Ⅳ　20．③　21．④　22．①

Ⅴ　23．②　24．⑤　25．⑤

Ⅵ　26．③　27．③　28．④　29．⑤

Ⅶ　30．④　31．①　32．②　33．⑤

Ⅷ　34．③　35．④

《理　科》

〈1〉1．④　2．④　3．③　4．⑤

〈2〉5．⑤　6．④　7．⑧

〈3〉8．①　9．⑥　10．④　11．①　12．③　13．②

〈4〉14．③　15．①　16．③

〈5〉17．⑤　18．④　19．①　20．③　21．④　22．②　23．④

〈6〉24．④　25．②　26．③

〈7〉27．⑧　28．①　29．④　30．①　31．④

〈8〉32．①　33．④　34．②　35．①　36．⑧

〈9〉37．①　38．④

〈10〉39．③　40．⑥

《英　語》

Ⅰ　1．①　2．①　3．③　4．④

Ⅱ　5．②　6．④

Ⅲ　7．⑧　8．④　9．⑥　10．①　11．④　12．③　13．④

Ⅳ　14．③

Ⅴ　15．③　16．⑥　17．⑥　18．③　19．④　20．⑦　21．③　22．①　23．①　24．③

Ⅵ　25．②　26．④　27．③　28．②　29．③　30．①　31．④　32．③　33．①　34．④
35．③

《国　語》

一　1．⑤　2．③　3．①　4．③　5．②　6．④　7．④　8．⑤　9．③　10．①
11．②　12．④　13．④　14．③

二　15．④　16．⑤　17．①　18．④　19．③　20．③　21．②　22．⑤

三　23．③　24．④　25．①　26．⑤　27．②　28．②　29．⑤　30．③　31．⑤　32．③
33．③　34．④

《数　学》

1　ア．②　イ．⑧

2　ウ．④　エ．③

3　オ．⑤　カ．⑤　キ．⑥

4　ク．②

5　ケ．②　コ．③

6　サ．①　シ．①　ス．⑥

7　セ．④　ソ．③　タ．②

8　チ．②　ツ．①　テ．⓪

9　ト．①　ナ．④

10　ニ．⑦　ヌ．⓪

11　ネ．③　ノ．②

12　ハ．④　ヒ．⑨　フ．②　ヘ．②　ホ．③　マ．⑥　ミ．⑤

13　ム．①　メ．⑤　モ．②　ヤ．①　ユ．②

14　ヨ．①　ラ．⑦

15　リ．⑤　ル．④　レ．④

岡崎城西高等学校

《2023　社会　解説》

Ⅰ 問１　①　　ａは冷帯(亜寒帯)気候，ｂは地中海性気候である。

問２　④　　アの国はブラジルである。④はロシア東部の記述である。

問３　④　　イの国はオーストラリアである。④はアメリカ合衆国の記述である。

問４　①　　ウの国はドイツである。②はイギリス，③はスイス，④はギリシャや東ヨーロッパ諸国，⑤は地中海沿岸などで行われる地中海式農業の記述である。

問５　④　　フランスは「ＥＵの穀倉」と呼ばれるほど小麦生産がさかんである。ブドウやオリーブは地中海沿岸でさかんに栽培される。

Ⅱ 問１　③　　地点Ｂは地点Ｃとともに日本海側の気候に属する地域である。地点Ｂと地点Ｃを比べたとき，地点Ｂの方が北に位置するので，年平均気温は地点Ｂの方が低いと判断する。①は地点Ｄ(瀬戸内の気候)，②は地点Ｃ，④は地点Ａ(北海道の気候)，⑤は地点Ｅ(太平洋側の気候)の雨温図である。

問２　④　　郊外では，都心などに通勤通学する人が多いため，昼間人口が夜間人口より少なくなる。①誤り。利根川は流域面積が日本最大の河川であり，日本最長の河川は信濃川である。②誤り。関東平野に堆積した火山灰土は，シラスではなく関東ロームである。③誤り。南西諸島についての記述である。⑤誤り。北関東工業地域は，群馬県・栃木県・茨城県に広がる工業地域だから臨海部だけではない。

問３　⑥　　ＸとＹの候補がぶどうとももであることから，Ⅰが山梨県，Ⅱが長野県とわかり，２位が福島県のＹがももと判断する。みかんの収穫量上位３県は，和歌山県・愛媛県・静岡県であることは覚えておきたい。

問４　⑤　　Ⅰ．「丘陵地をけずってニュータウンを建設」「けずった土を臨海部のうめ立てやポートアイランドの建設に利用」などから兵庫県と判断する。Ⅱ．「工場の密集地域」「郊外のニュータウン」などから大阪府と判断する。Ⅲ．「日本有数の林業の中心地」「人口も大きく減少」から奈良県と判断する。奈良県の「吉野すぎ」が木材のブランドとして知られている。

問５　⑤　　ビニールハウスで栽培される野菜は，レタスやキャベツではなく，きゅうりやピーマンなどである。

問６　②　　北九州市は福岡県の北東部にある。北九州工業地域(帯)は鉄鋼を中心とした金属工業がさかんであったが，石炭から石油へのエネルギー革命がおこり，金属工業は衰退していった。その後1970年代に自動車工場が進出し，工業生産額を増やしていった。

Ⅲ 問１　③　　御成敗式目を制定したのは，北条義時の息子の北条泰時である。

問２　④　　Ⅱ(モンゴル帝国建国　1206年)→Ⅲ(宋の滅亡　1279年)→Ⅰ(永仁の徳政令　1297年)

問３　①　　②誤り。アメリカではなくポルトガルが正しい。③誤り。コロンブスが到達したのはインドではなく西インド諸島である。④誤り。世界一周を成し遂げたのはマゼラン船団である。⑤誤り。ヨーロッパの国々が，アジアの特産品である香辛料を輸入した。

問４　⑤　　倭寇は，14～16世紀(室町時代～安土桃山時代)に朝鮮半島や中国の沿岸部を襲った海賊である。

問５　⑤　　日本からは生糸・茶・蚕卵紙・海産物などの半製品・食料品が輸出され，毛織物・綿織物などの繊維製品や鉄砲・艦船などの軍需品が輸入された。

問６　②　　ブロック経済は，植民地以外との関税を高くする政策である。

問７　②　　①誤り。石油危機は第４次中東戦争の影響を受けて産油国が原油の供給に制限をかけたことからおこった。③誤り。安保闘争は，新日米安全保障条約締結に対しておこった。④誤り。第五福竜丸の被ばくは，アメリ

カの水素爆弾の実験が原因であった。⑤誤り。キューバ危機では，アメリカとソ連の緊張が高まった。

問8　⑤　成金は，第一次世界大戦による大戦景気の中で急激に富を得た者である。

Ⅳ　問1　③　A．埼玉県の稲荷山古墳と熊本県の江田船山古墳から出土した鉄剣や鉄刀に，ワカタケル大王の文字が刻まれていたことから，ヤマト王権の勢力は九州から関東まで及んでいたと考えられている。B．青森県の三内丸山遺跡は，縄文時代の遺跡である。C．佐賀県の吉野ケ里遺跡は，争いがあったことがわかる環濠集落である。

問2　④　東大寺南大門は，鎌倉時代に宋の様式を取り入れた大仏様で再建された。①誤り。後鳥羽上皇の命令で編集された歌集は『新古今和歌集』であり，日本最古の歌集である『万葉集』は奈良時代に編集された。②誤り。平安時代の国風文化に関する文である。③誤り。一遍が開いたのは禅宗ではなく時宗である。⑤誤り。兼好法師ではなく琵琶法師が正しい。

Ⅴ　問1　②　①誤り。ナポレオンは，大陸のヨーロッパ諸国の支配は成功したが，トラファルガーの海戦でイギリスに敗れ，イギリスの支配は失敗に終わった。また，ロシアへの遠征では大敗している。③誤り。ピューリタン革命を指導したのはクロムウェルらであり，ロック・モンテスキュー・ルソーらの思想家が影響を与えたのは，アメリカ独立戦争やフランス革命である。④誤り。ビスマルクはプロイセン(ドイツ)の首相となった。⑤誤り。キューバで近代化を進めたのはレーニンではなくカストロである。

問3　⑤　古代ローマは民主政ではなく共和政，ローマ帝国は帝政であった。

Ⅵ　問1　③　X．誤り。クーリング・オフ制度は，通信販売には適用されない。Y．正しい。

問2　③　上から1つ目と4つ目が誤り。正しくは，「労働条件は，労働者と使用者が，対等の立場において決定すべきものである」，「午後10時から午前5時までの間」である。

問4　⑤　①誤り。フランスでは，租税負担の比率より社会保障負担の比率の方が低い。②誤り。スウェーデンのように社会保障と租税などの国民負担が大きい国は，大きな政府に分類される。③誤り。ドイツの国民所得に占める社会保障支出の割合はイギリスよりも高い。④誤り。日本では 2019 年に消費税率が8％から 10％に引き上げられた。

Ⅶ　問1　④　国土交通省の外局には，観光庁・気象庁・海上保安庁・運輸安全委員会がある。

問2　①　X．正しい。核家族世帯は，夫婦のみ・夫婦と子ども・ひとり親と子どもだから，1960 年と比べて1990年は増加している。Y．正しい。2015年の単独世帯数は5333×0.346＝1845.218(万世帯)である。

問3　②　①は1987年，③は2001年，④は1985年，⑤については，国家公務員制度改革基本法の成立が2008年。

問4　⑤　①誤り。学生であっても18歳以上であれば保護者の同意は必要ない。②誤り。普通選挙・平等選挙・直接選挙・秘密選挙が原則である。③誤り。衆議院議員は満 25 歳以上，参議院議員は満 30 歳以上と変わっていない。④誤り。1つの選挙区から1名を選出する小選挙区制は，小政党には不利である。

Ⅷ　問1　③　①誤り。最高裁判所は下級裁判所から上告された事件を扱う。②高等裁判所は全国8か所に設置されている。④誤り。家庭裁判所は都道府県ごと(北海道は4か所)に設置されている。⑤誤り。簡易裁判所では，軽微な罪の刑事事件も扱う。

問2　④　70歳以上の人・学生・重い病気やケガなどで辞退することはできる。

〈1〉

(2)　〔抵抗(Ω)$=\dfrac{\text{電圧(V)}}{\text{電流(A)}}$〕より，$\dfrac{10}{0.40}=25$(Ω)

図 i

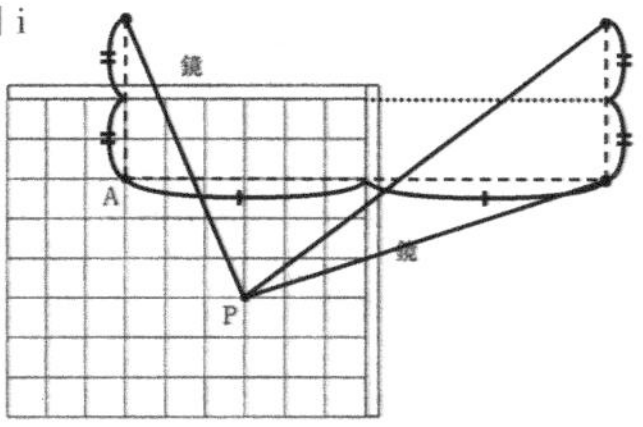

(3)　鏡に映る物体の像は，鏡に対して対称な位置にできるから，Aの像は図 i の●の３つあり，これらはすべてPから観測できる。

(4)　a ○…放射線には光のなかまであるX線やγ《ガンマ》線，高速の粒子の流れであるα《アルファ》線やβ《ベータ》線などがある。また，目に見えず，物体を通り抜ける性質(透過性)や原子の構造を変える性質がある。　b ×…密度に関係なく，質量が大きいほど，また速さが大きいほど運動エネルギーは大きい。　c ○…物体に加えた力がした仕事の大きさは，〔仕事(J)＝力の大きさ(N)×力の向きに動かした距離(m)〕で求められる。

〈2〉

(1)　１つ目の音はAから出た音が観測装置に直接伝わった音だから，音が進んだ距離は153－102＝51(m)，２つ目の音はAから出た音が大きな壁で反射した音だから，音が進んだ距離は102＋153＝255(m)である。この差の255－51＝204(m)を音は0.60秒で進むから，音の速さは$\dfrac{204}{0.60}=340$(m/s)である。

(2)　音が進む時間は距離に比例するから，それぞれの音が観測される時間の差はそれぞれの音が進む距離の差に比例する。１つ目の音はA→観測装置の51m進んだ音，２つ目の音はB→観測装置の306－153＝153(m)進んだ音，３つ目の音はA→大きな壁→観測装置の255m進んだ音，４つ目の音はB→大きな壁→観測装置の306＋153＝459(m)進んだ音である。よって，音が進む距離の差は，１つ目と２つ目が153－51＝102(m)，２つ目と３つ目が255－153＝102(m)，３つ目と４つ目が459－255＝204(m)だから，それぞれの音が観測される時間の差の大小の関係は，$t_{12}=t_{23}<t_{34}$となる。

(3)　１つ目の音を観測した瞬間から観測装置がAに近づいていく(Bから離れていく)から，２つ目の音(B→観測装置)が観測されるまでにかかる時間は実験２より長くなるので，$T_{12}>t_{12}$である。２つ目の音を観測するまでにかかる時間は実験２より長くなり，３つ目の音(A→大きな壁→観測装置)を観測するまでにかかる時間は実験２より短くなるので，$T_{23}<t_{23}$である。よって，⑧が正答である。

〈3〉

(1)　棒磁石には，重力と，糸が棒磁石を引く力がはたらいている。

図 ii

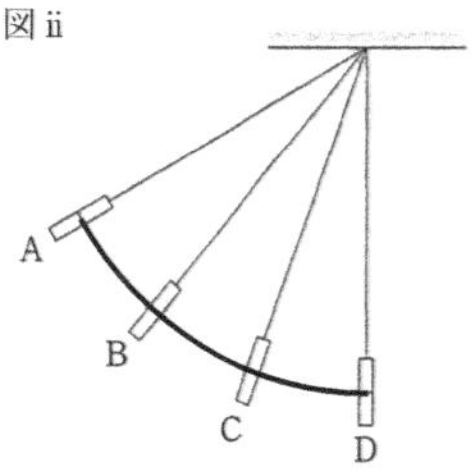

(2)　空気抵抗を無視する場合，振り子の運動は，位置エネルギーと運動エネルギーの和の力学的エネルギーが一定に保たれる(力学的エネルギー保存の法則)。また，位置エネルギーの大きさは高さに比例するから，位置エネルギーのグラフは，図 ii の曲線のような形になる。よって，運動エネルギーのグラフは⑥が最も適当である。

(3)　(2)解説より，100－18＝82(J)

(4)　このとき流れる電流を誘導電流という。

(5)　誘導電流の向きは，磁石を動かす向きを逆にすると，逆になる。よって，棒磁石がコイルに近づくとき(C→D)と，棒磁石がコイルから遠ざかるとき(Dを通過した後)で，誘導電流の向きは反対になる。

(6)　誘導電流の大きさは，磁界の変化が大きいほど大きい。棒磁石の速さはAではなしたときより，Bではなしたときの方が小さくなるから，流れる誘導電流の大きさは小さくなる。

〈4〉

(2)　含まれているエタノールが多いほど長く燃える。よって，エタノールを最も多く含む試験管はAである。最初

に集めたAにエタノールが最も多く含まれているのは，エタノールの方が水よりも沸点が低いからである。

〈5〉

(2)　食塩7.50 g を用いて，15%の食塩水を x g つくるとすると，$0.15x=7.50$ が成り立つから，$x=50.0$ g となる。よって，必要な水は，50.0－7.50＝42.5(g)である。

(3)　亜鉛の方が銅よりもイオンになりやすいから，亜鉛板では亜鉛原子が電子２個を放出して亜鉛イオンになる反応が起きる〔$Zn \rightarrow Zn^{2+} + 2e^-$〕。なお，図１より，A(亜鉛板)が－極，B(銅板)が＋極とわかる。

(4)　電子オルゴールが鳴った(電流が流れた)とき，－極(A)の金属板で放出された電子が導線を通り，＋極(B)の金属板に移動している。Bでは，移動してきた電子が水溶液中の水素イオンと結びついて水素原子となり，水素原子が２つ結びついて水素分子となる〔$2H^+ + 2e^- \rightarrow H_2$〕。

(7)　フェノールフタレイン溶液はアルカリ性に反応して赤色になる。アルカリ性を示すイオンは水酸化物イオンである。

〈6〉

(1)　グラフより，銅0.80 g が完全に酸化すると，酸化銅1.00 g ができることがわかる。よって，銅1.00 g からできる酸化銅は$1.00 \times \frac{1.00}{0.80}=1.25$(g)である。

(2)　銅0.80 g が完全に酸化するとき，1.00－080＝0.20(g)の酸素が必要である。よって，銅2.00 g を完全に酸化銅にするのに必要な酸素は$0.20 \times \frac{2.00}{0.80}=0.50$(g)である。

(3)　銅と結びついた酸素の質量は2.20－2.00＝0.20(g)である。(2)解説より，酸素0.20 g と結びついた銅は0.80 g だから，酸化されていない銅は2.00－0.80＝1.20(g)である。

〈7〉

(1)　ＢＴＢ液は，酸性で黄色，中性で緑色，アルカリ性で青色を示す。また，二酸化炭素は水に溶けると酸性を示す。Aではオオカナダモが光合成を行い，二酸化炭素を取り入れたことで水中の二酸化炭素が減り，ＢＴＢ液の色が青色に変化した。

(2)　AとB(オオカナダモの有無だけが異なる)を比較すると，ｂが正しいとわかる。BとD(光の有無だけが異なる)を比較すると，ｅが正しいとわかる。なお，AとC(光の有無だけが異なる)を比較すると，結果の違いからオオカナダモが二酸化炭素を取り入れるためには光が必要と考えられるが，AとCの比較だけではｅが分からないため，ｃは正しくない。

(4)　気体Xはすべての生物が排出し，気体Yはすべての生物が吸収している。この気体の流れはすべての生物が行う呼吸によるものだから，気体Xは二酸化炭素，気体Yは酸素である。生物Aだけが二酸化炭素(気体X)を吸収し，酸素(気体Y)を排出しているから，生物Aは光合成を行う生産者である。ウ(褐虫藻)は光合成を行うから生物Aに，サンゴはウ(褐虫藻)から栄養を得ているから生物Bに，オはサンゴを食べるから生物Cに当てはまると考えられる。なお，生物Bは草食動物，生物Cは肉食動物，生物Dは分解者である。

〈8〉

(1)　太陽の熱を多く受ける赤道付近では空気があたためられて上昇気流が発生し，太陽の熱を受けにくい極付近では空気が冷えて下降気流が発生する。

(4)(ⅱ)　大陸は海洋に比べてあたたまりやすく冷えやすい。そのため，冬は大陸の方が海洋よりも冷えているため，大陸上で下降気流が発生し，高気圧が発達する。

〈9〉

(1)　揺れの大きさは震度，地震そのものの規模はマグニチュードで表される。

(2)　震源からの距離が遠いほど震度は小さくなる。Dでは，マグニチュードが8.3と最も大きいが，Pでの震度が2と小さいことから，震源がPからもっとも遠いと考えられる。

〈10〉

(1)　図１より，Ｐ波は60kmを10秒で伝わったから，$\frac{60}{10}=6$（km/s）である。

(2)　地震発生からＰ波が到達するまでにかかった時間は，震央が48÷６＝８（秒），Ａ市役所が28－11＝17(秒)，Ｂ市役所が21－11＝10(秒)である(図iii)。したがって，三平方の定理より，震央とＡ市役所の距離はＰ波が$\sqrt{17^2-8^2}=15$(秒)で伝わる距離，震央とＢ市役所の距離はＰ波が$\sqrt{10^2-8^2}=6$（秒）で伝わる距離である。よって，Ａ市役所とＢ市役所の距離は，Ｐ波が15＋６＝21(秒)で伝わる距離だから，６×21＝126(km)である。

図iii

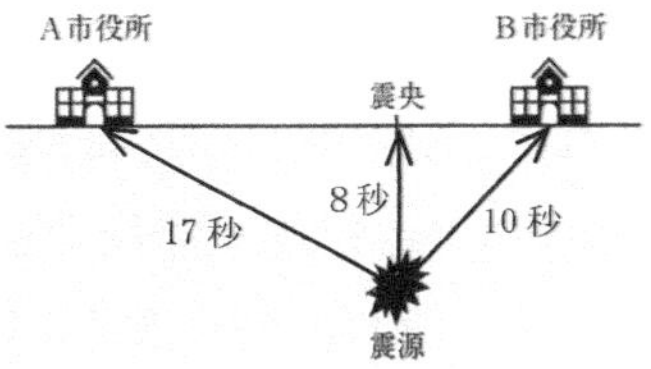

《2023　英語　解説》

Ⅰ　1　「今すぐ買い物に行く必要があるの！」への返答だから，①「何を買うつもりなの？」が適切。

2　ナオ「昨日ＡＢＣストアにいた？」→ケン「うん。でも財布を忘れちゃったんだ」の流れより，①「あらまあ。いつそのことに気が付いたの？」が適切。

3　トム「今日の宿題を忘れちゃったよ」→ケン「４時間目までにやらなきゃならないよ！英語の先生はすごく厳しいんだから」の流れより，③「君のを見せてくれないか？」が適切。　yours は your homework を指す。

4　「見て！期末試験で満点を取ったよ！」への返答だから，④「すごい！どの教科でその点数を取ったの？」が適切。

Ⅱ　【本文の要約】参照。

1　「ケンとアンはいつ，そのカフェについて話していましたか？」…チラシより，カフェは7月 21 日にオープンする。ケンは3回目の発言で，「カフェが明日オープンする」と言っているので，会話をしているのは7月 20 日である。

2　「この会話について正しい文を選びなさい」…①「アンは火曜日に×一人でカフェに行く」　②「ケンはアンと一緒にカフェに×行きたくない」　③「彼らは×27 日にカフェに行く」　④○「彼らはコーヒーに 250 円ずつ払う」

【本文の要約】

ケン：やあ，アン。

アン：どうしたの，ケン？

ケン：新しいカフェがオープンするって聞いた？

アン：うん，知ってるよ。岡崎城の近くのすてきなカフェのことでしょ？

ケン：うん，それだよ！これを見て。1②カフェは明日オープンでブレンドコーヒーをすごく安くゲットできるって！

アン：いいね！でも 26 日に大事な試験があるから，そこに行くのは試験のあとにしない？

ケン：えー，でも…カフェは水曜日が休みだし，オープニングイベントが終わっちゃうよ。

アン：試験のすぐあとに行けるよ。13 時には終わるし，そこまでは 30 分で行けるんだから。

ケン：いいね，名案だね！僕は2④L サイズのコーヒーにするよ。君はどのサイズがいいの？

アン：2④もちろん私もＬサイズがいいな！

Ⅲ【本文の要約】参照。

問２　二人の１～２回目のやり取りより，彼らは現在中学校３年生で前回の花火は３年前，つまり，小学校６年生の時だったとわかる。

問3　Y　アキラは新岡崎駅から川の南沿いを徒歩で岡崎中央駅へ向かう。その道中のコンビニの近くの橋だから，③が適切。　Z　岡崎公園を通り抜け，岡崎城と花火の両方を写真に収めることができる橋だから，④が適切。

【本文の要約】

アキラ：やっと今週末花火大会があるね！A⑧行くのが楽しみだなあ。いい思い出を作ろう！問2④高校に入る前の最後のチャンスかもしれないからね。

シュン：問2④うん，３年間待ったからね。

アキラ：最後に花火を見たことを覚えているよ。あれは僕たちが問1④6年生のときだったね。

シュン：わあ，そんな昔なんだね！B④君は誰と行きたい？

アキラ：リホをお祭りに誘うのはどうだろう？彼女も行きたいって言っていたよ。

シュン：そうだね。今，電話してみるよ。ちょっと待って。

—数分後—

シュン：C⑥よし，彼女は行けるって。

アキラ：よかった！彼女は公園までどうやって行くのかな？

シュン：電車で行って岡崎中央駅で降りると思うよ。僕もそこで降りるよ。彼女と待ち合わせして，一緒に行くよ。

アキラ：僕は君たちより少し早く着いて，新岡崎駅の近くに自転車をとめるよ。岡崎中央駅の近くまでは歩いて行けるよ。川の南側の道を進むね。(Y)③の近くのコンビニで待ち合わせよう。

シュン：わかった。そこで待ち合わせて岡崎公園を通り抜けてお城まで行こう。僕は花火とお城の両方の写真が撮りたいんだ。

アキラ：お城の後ろの(Z)④から花火が打ち上げられるのが見えるよ。

シュン：いいね！そこで写真を撮るよ。天気だけが心配だ。天気予報によると曇りで雨も降るかもしれないって。

アキラ：D①晴れるといいな！

シュン：ひとつ言い忘れていたよ。リホは浴衣を着るみたいだよ。

アキラ：本当？待ち遠しいなあ！

IV　【本文の要約】参照。

サッカーが一番人気で，次が野球である。バレーボールが好きな生徒は 22 名で，200 人の 11%だから，Dがバレーボール，残ったCがバスケットボールである。

【本文の要約】

この円グラフは 200 人の高校生の間で各スポーツがどれくらい人気であるかを示しています。Aサッカーサッカーが一番人気です。約 80 人がサッカーが好きです。B野球野球が好きな生徒の数はバレーボールとバスケットボールが好きな生徒の数と同じです。Cバスケットボール，Dバレーボールバレーボールが好きな生徒はたったの 22 人です。私はバレーボールが一番好きなので，バレーボールがバスケットボールよりも人気がないと知って驚きました。テニスとラグビーはその他のスポーツに入っています。

V　1　Please show me where we are on this map.：・show＋人＋もの／こと「(人)に(もの／こと)を示す」

2　Which city has the third largest population in Aichi Prefecture?：・the＋序数＋最上級「○番目に…な」

3　It was so interesting that I finished reading it in a day.：・so … that＋主語＋動詞「とても…なので～」

4　It reminds me of the great time we had in my high school days.：・remind＋人＋of ～「(人)に～を思い出させる」

5　Thank you very much for inviting me to dinner.：・Thank you for ～ing「～してくれてありがとう」

Ⅵ　問１　文末の for two years「２年間」より，現在完了形か過去形の文が適切。よって，現在完了形の②が適切。

問２　・after a while「しばらくして」　・as a result「結果として」　・even if「たとえ〜でも」　・instead of「〜のかわりに／〜ではなくて」

問３　C　・As for 〜　「〜に関しては」　・However「しかしながら」　・Little by little「少しずつ」

D　・For now「今のところ」　・Lots of「たくさんの」　・On the other hand「一方」

H　・For example「例えば」　・Take care of「〜の面倒を見る」　・What's wrong「どうしたの」

問４　「(人)に〜してほしい」＝want＋人＋to 〜

問５　・be different from 〜 to 〜「〜から〜に対して異なる」＝「〜ごとに異なる」

問６　「なぜリホはアメリカ人のようになりたいのですか？」…第３段落の最後の２行より，④「なぜなら，彼女は新しい友達を作りたいからです」が適切。　・help＋人＋(to＋)動詞の原形「(人)が〜するのを助ける」

問７　「私たちは将来のために何をするべきですか？」…最終段落より，③「わたしたちはお互いを尊重するべきです」が適切。

【本文の要約】

みなさん，こんにちは。私はリホです。私の経験と意見を言わせてください。世界には 200 以上の国があり，それぞれが異なる文化を持っています。私は２年間アメリカでA②暮らしています(＝have lived)。私は，幼いころは日本とその他の国々の文化的な違いについて知りませんでした。しかしアメリカでの経験を通し，それらについて学ぶことができました。今から，子育ての方針や，性格，日々の習慣などの違いについて話したいと思います。

まず，ホストファミリーのところに滞在していた時に大きな違いを見つけました。ある日ホストブラザーが帰宅したときにけがをしていたことがありました。彼は学校で友達とケンカをしたのでした。ホストマザーは，息子のけがを確認するのB④ではなくて(＝instead of)，彼を見てこう言いました。「あなたはもう大きな男の子でしょ。やり返しなさい！」私は彼女の姿勢を見て，びっくりしました。なぜなら，日本のほとんどの親は，子どものことを心配して助けてあげます。C②しかしながら(＝However)，アメリカ人の親は，子どもは自力で問題を解決するべきだと考えているように思われました。その時私は，日本人は，親友としていつでも「のび太」を助ける「ドラえもん」が大好きなのだと思いました。D③一方(＝On the other hand)，アメリカ人は，のび太のことをあまりにも助けすぎる「ドラえもん」は好きではないと思います。アメリカ人の親は子どもに自力でなんでもしてほしいと思っています。この違いは私にとってとても興味深いものでした。

二つ目に，私たちはよく，ほとんどの日本人は優しくて恥ずかしがり屋であり，ほとんどのアメリカ人は親切で友好的だと耳にします。アメリカで初めての授業に出た時，私はそれが本当だと思いました。G③たとえ初対面であっても(＝even if …)，多くの人が私にたくさん話しかけてくれました。私の意見では，日本人の学生は見知らぬ人にあまり話しかけないと思います。そして日本人は恥ずかしがり屋なので，クラスメートの前で話すのが好きではありません。しかし，アメリカ人の学生は，知らない人と話す時や，大勢の前で話す時，とても嬉しそうに見えます。もちろん，恥ずかしがり屋なことは悪いことではありませんが，問６④私はアメリカ人のように友好的になりたいと思います。そうすればもっと簡単に友達ができると思います。

最後に，日常の習慣における音についても違いを見つけることができます。H①例えば(＝For example)，アメリカ人は，食事中雑音を出すのを好みません。それはとてもだらしないことだと思っています。D③一方(＝On the other hand)，日本人は麺類を食べる時音を立てるのを好みます。そしてその音は食欲をそそりさえするのです。私のアメリカ人の友達はそれを聞いて驚きました。アメリカでは外では鼻をすすることもするべきではないのです。アメリカ人は鼻をすする音を嫌います。ですから，私たちはそうではなくて鼻をかむべきなのです。私は，音の重要性は文化によって大変異

なるということを学びました。

他の国の文化について学ぶことはだれにとっても重要です。問7③そして私たちはそれぞれの文化が異なっていることを理解し，お互いを尊重しなければいけないのです。私は，このことが，将来平和な世界をもたらす最善の方法になると信じています。

《2023　国語　解説》

【一】

著作権上の都合により文章を掲載しておりませんので、解説も掲載しておりません。ご不便をおかけし、誠に申し訳ございません。

【二】

問一　おじいちゃんは「合唱そのものより、準備練習の体操のほうが好きなよう」で、「身を乗り出すようにして熱く見つめ」るほどだが、「足振り腹筋をしている最中に『なんといっても腹筋だよ腹筋』などとつぶやかれると、発奮するというより力が抜けそうになる」ので、飯島は「むかついて」いた。よって、４が適する。

問四　山吹は、傍線部４の前でも「いまも『どっこいしょ』って言うんですか？」とおじいちゃんをからかって、小突かれている。山吹は「合唱部は文化部じゃなくて運動部」というおじいちゃんの言葉に納得しつつも、「小突かれてもいいように～頭を両手で守るしぐさのまま言っ」て、茶化している。よって、４が適する。

問五　おじいちゃんが厳しい顔つきになったのは、現役部員たちが「Ｎコンの神奈川県大会が催される日」が七十二日後に迫っていることを理解しておらず、大会への意識の差を感じたからである。よって、３が適する。

問八　「テナー部屋の面々は～練習中も笑いが絶えなかった」が、それは真剣に練習していないことを意味していない。また、「パート決めに対する不満を捨てきれない」でいるが、乙川は「真剣に練習しないテナー部屋に嫌気がさしていた」わけではない。よって、５が適する。

【三】

問二　「え」は副詞で、下に打ち消しの語を伴って「～できない」という意味を表す。「じ」は打ち消し推量の助動詞なので、「え～じ」で「～できないだろう」と訳す。「給は」は動詞「給ふ」の未然形で「～なさる」という意味の尊敬語であり、ここでは従者の季武《すえたけ》に対する敬意を表す。よって、４が適する。

問六　本来は「さればこそえ射給ふものまじきとは申し候へ」となる。よって、２「倒置法」が適する。

問七　［季武］　二回とも従者の「真中をさして」弓を射ている。よって、５が適する。

［従者］　一度目の矢は従者の「左の脇の下」、二度目の矢は「右の脇の下」を通過したのであるから、一度目は右側に、二度目は左側に飛んで避けたことがわかる。よって、３が適する。

問八　弓を外した季武は「今一度射給ふべし」、つまり（当たらないだろうけれども）もう一度やりますか、という屈辱的な言葉を従者にかけられて「やすからぬ」気持ちになっている。よって、５が適する。

問十　「なんぢが欲しく思は む物を所望にしたがひて与ふべし」の５文字を変える。よって、３が適する。

【古文の内容】

頼光《よりみつ》朝臣《あそん》の郎等《ろうどう》の従者に、武勇に秀でた者がいた。季武は第一の弓の名手で、下げ針（糸で釣り下げた針）でも外さず射当てる者だった。例の従者が、季武に「（あなたは）下げ針を射当てなさっても、この私が三段ほど離れて立っているのを、決して射当てなさることはできないでしょう」と言ったので、季武は、「穏やかでないことをいう奴だな」と思って、言い争ってしまった。（季武は）「もし（私が）射外したならば、おまえが欲しいと思う物を、望みのままに与えよう」と約束して、「おまえはどうするのか」と言うと、（家来は）「私は命を差しあげるの

ですから、それ以上は(必要ありますまい)」と言ったので、(季武は)「そう言えばそうだ」と、「それなら」と、「立て」と言ったところ、この男は、言ったように三段離れて立った。

季武は、「(私が的を)外すわけがないのに、家来を一人失うことは損失だが、(武士の)意地があるので(仕方がない)」と思って、よく(弓を)引いて放ったところ、(従者の)左の脇の下を五寸ほどそれて外したので、季武は(かけに)負けて、約束の通り、様々な物を与えた。

その後、(従者は)「もう一度射なさいますか」と言う。(季武は)心中穏やかでいられずにまた言い争った。季武は「最初は不思議なことに外してしまったが、今度は、いくらなんでも(射外すまい)」と思って、しばらく(弓を)引き絞って、(従者の身体の)中心を狙って矢を放ったところ、右の脇の下を、再び五寸ほどそれて外れてしまった。

その時、この男は、「だから申し上げたのです、射当てなさることはできないでしょうと。(あなたは)弓の名手ではいらっしゃいますが、(弓に対する)ご思慮が足りないのです。人の体は太いとはいっても、一尺は超えません。(あなたは)それを真中を狙って射なさいました。(私が)弦音《つるおと》を聞いて、すっと横に飛んで避ければ、五寸は離れます。ですからこういう結果になるのでございます。このようなことは、(相手に避けられる)心の準備をなさって射なされよ」と言ったので、季武は、道理に屈して、何も言うことがなかった。

《2023　数学　解説》

1　与式$=(12-4)\div 2-3\times(-8)=8\div 2+24=4+24=$**28**

2　与式$=(\frac{3}{6}-\frac{1}{6})\times 4=\frac{2}{6}\times 4=\mathbf{\frac{4}{3}}$

3　与式$=(\sqrt{3}-2\sqrt{2})(3\sqrt{3}+\sqrt{2})=9+\sqrt{6}-6\sqrt{6}-4=\mathbf{5-5\sqrt{6}}$

4　与式の両辺を6倍して，$18-3(3x-1)=x+1$　　$18-9x+3=x+1$　　$-10x=-20$　　$\mathbf{x=2}$

5　$3x+2y=12$…Ⓐとする。$x-4y=-10$…Ⓑとする。

Ⓐ$\times 2+$Ⓑでyを消去して，$6x+x=24-10$　　$7x=14$　　$\mathbf{x=2}$

$x=2$をⒶに代入して，$3\times 2+2y=12$　　$2y=6$　　$\mathbf{y=3}$

6　与式より，$3(x^2+x-2)+8=2(x^2-6x+9)$　　$3x^2+3x-6+8=2x^2-12x+18$

$x^2+15x-16=0$　　$(x-1)(x+16)=0$　　$\mathbf{x=1,\ -16}$

7　与式より，$x^2+8x-2=0$　　2次方程式の解の公式より，

$$x=\frac{-8\pm\sqrt{8^2-4\times 1\times(-2)}}{2\times 1}=\frac{-8\pm\sqrt{72}}{2}=\frac{-8\pm 6\sqrt{2}}{2}=\mathbf{-4\pm 3\sqrt{2}}$$

8　昨年度の男子の入学者数をx人，昨年度の女子の入学者数をy人とする。

昨年度の入学者数の合計について，$x+y=550$…①

昨年度から今年度にかけて増加した人数について，$\frac{10}{100}x+\frac{40}{100}y=100$ より，$x+4y=1000$…②とする。

②－①でxを消去して，$4y-y=1000-550$　　$3y=450$　　$y=150$

$y=150$ を①に代入して，$x+150=550$　　$x=400$

よって，今年度の女子の入学者数は $150\times\frac{140}{100}=$**210(人)**である。

9　**【解き方】$\frac{a}{b}$が自然数となるとき，bがaの約数であればよい。**

bがaの約数になるのは，右表で○印のついた14通りである。

		b					
		1	2	3	4	5	6
a	1	○					
	2	○	○				
	3	○		○			
	4	○	○		○		
	5	○				○	
	6	○	○	○			○

10 **【解き方】右のように作図し，円周角は，同じ弧に対する中心角の半分の大きさであることを利用する。**

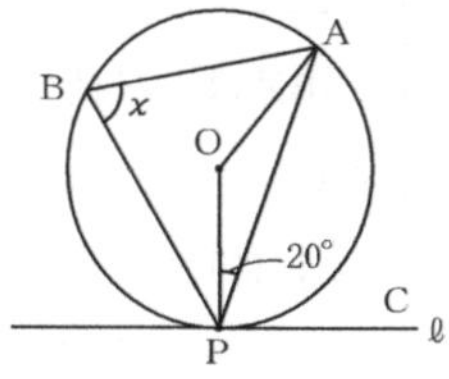

△OAPはOA＝OPの二等辺三角形だから，$\angle AOP = 180^\circ - 20^\circ \times 2 = 140^\circ$

$\angle x = \frac{1}{2}\angle AOP = \frac{1}{2} \times 140^\circ = $ **70°**

なお，接弦定理を利用すれば，$\angle x = \angle APC = 90^\circ - 20^\circ = 70^\circ$ と求められる。

11 (1) ①生徒の人数は26人だから，26÷２＝13より，大きさ順に13番目と14番目の値の平均が中央値である。休憩が３回以下の人数は２＋２＋３＋４＝11(人)，４回以下の人数は11＋５＝16(人)だから，13番目と14番目の値はともに４回である。よって，中央値は(４＋４)÷２＝４(回)だから，正しくない。

②現れる回数が最も多い値は６回である。よって，正しくない。

③平均値は，(０×２＋１×２＋２×３＋３×４＋４×５＋５×４＋６×６)÷26＝96÷26＝3.69…より，小数第２位を四捨五入すると3.7回である。よって，正しい。

④(範囲)＝(最大値)－(最小値)＝６－０＝６(回)だから，正しくない。

以上より正しいものは**③**である。

(2) **【解き方】箱ひげ図からは，右図のようなことがわかる。**

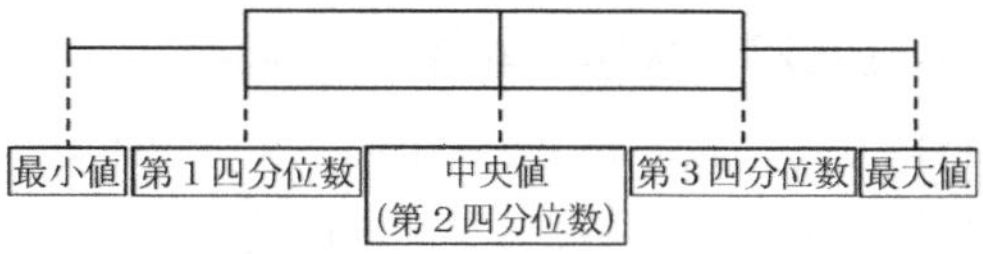

最小値は０回だから，③，④は適さない。

(1)より，中央値は４回だから，①は適さない。

よって，適切なものは**②**である。

12 (1) Aは放物線$y = -\frac{8}{9}x^2$上の点だから，Aのy座標は放物線の式に$x = 3$を代入して，$y = -\frac{8}{9} \times 3^2 = -8$

よって，A(３，－８)である。AとBのx座標は等しく３であり，Bは放物線$y = ax^2$上の点だから，Bのy座標は，$y = a \times 3^2 = 9a$である。よって，B(３，９a)

CはBとy軸について対称な点だから，C(－３，９a)である。AB＝２BCより，

(AとBのy座標の差)＝２×(BとCのx座標の差)となるので，$9a - (-8) = 2 \times \{3 - (-3)\}$

これを解いて，$a = $ $\mathbf{\frac{4}{9}}$

(2) $a = \frac{4}{9}$だから，Cの座標は(－３，４)である。よって，直線ACの傾きは，$\frac{(y\text{の増加量})}{(x\text{の増加量})} = \frac{-8-4}{3-(-3)} = -2$

である。直線ACの式を$y = -2x + b$とし，Cの座標を代入すると，$4 = -2 \times (-3) + b$より$b = -2$

したがって，直線ACの式は$\mathbf{y = -2x - 2}$

(3) **【解き方】△ABC∽△BDCとなり，相似な図形の面積比は相似比の２乗に等しいことを利用する。**

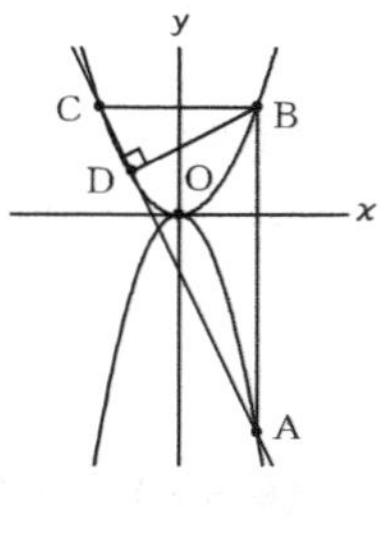

AB＝４－(－８)＝12，BC＝３－(－３)＝６，∠ABC＝90°だから，

三平方の定理より，$AC = \sqrt{12^2 + 6^2} = 6\sqrt{5}$

また，△ABC∽△BDC(∠ABC＝∠BDC，∠ACB＝∠BCD)で，

相似比は$AC : BC = 6\sqrt{5} : 6 = \sqrt{5} : 1$である。

よって，面積比は$(\sqrt{5})^2 : 1^2 = 5 : 1$

$\triangle ABC = \frac{1}{2} \times 6 \times 12 = 36$だから，$\triangle BCD = 36 \times \frac{1}{5} = $ $\mathbf{\frac{36}{5}}$

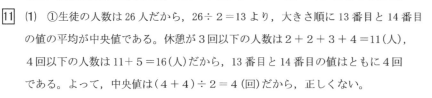

13 長方形から１辺の長さが１である正方形を１個切り出したとき，もとの長方形の長い辺の長さをxとする(図１)。このとき，もとの長方形と残った長方形は相似だから，$1 : x = (x-1) : 1$より，$x^2 - x - 1 = 0$

これを解いて，$x = \dfrac{1 \pm \sqrt{5}}{2}$　　$x > 0$より，$x = \dfrac{1+\sqrt{5}}{2}$

次に，１辺の長さが１である正方形を２個切り出したとき，もとの長方形の長い辺の長さをyとする(図２)。このとき，もとの長方形と残った長方形は相似だから，$1 : y = (y-2) : 1$より，$y^2 - 2y - 1 = 0$

これを解いて，$y = 1 \pm \sqrt{2}$　　$y > 0$より，$y = 1 + \sqrt{2}$

図１

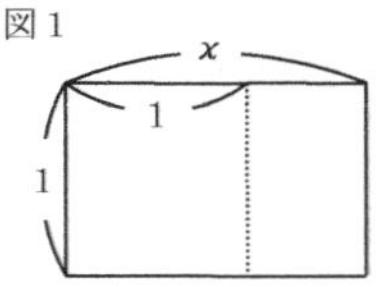

図２

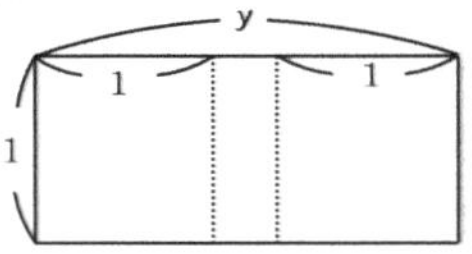

14 **【解き方】△ＡＢＥ＋△ＣＤＥ＝△ＡＤＥ＋△ＢＣＥとなることを利用する。**

右図で，$\triangle ABE + \triangle CDE = \dfrac{1}{2} \times AB \times h_1 + \dfrac{1}{2} \times AB \times h_2 = \dfrac{1}{2} \times AB \times (h_1 + h_2) = \dfrac{1}{2} \times AB \times AD$

これは長方形ＡＢＣＤの面積の$\dfrac{1}{2}$にあたる。したがって，△ＡＤＥ＋△ＢＣＥも長方形ＡＢＣＤの面積の$\dfrac{1}{2}$にあたるので，△ＡＢＥ＋△ＣＤＥ＝△ＡＤＥ＋△ＢＣＥだから，

$7 + 14 = \triangle ADE + 4$より，△ＡＤＥ＝17(㎠)

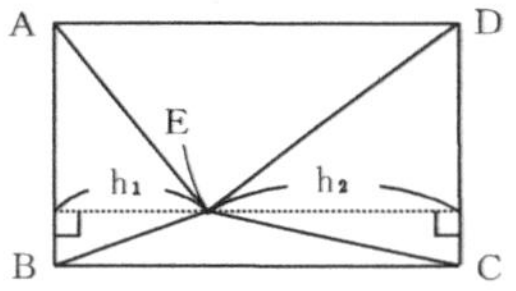

15 **【解き方】まずは何時にどの駅で電車に乗ったのかを考える。その後，普通電車と快速電車をどのように利用したかを考えていく。**

自転車の速さは時速 10 ㎞だから，500m＝0.5 ㎞進むのにかかる時間は，$0.5 \div 10 \times 60 = 3$(分)である。よって，家を出発し，引き返してもう一度家を出発した時刻は，10 時０分＋(３分＋１分＋３分＋３分)＝10 時 10 分である。ここで，Ａ駅に向かった場合，$4 \div 10 \times 60 = 24$(分)かかり，ホームへの到着時刻は 10 時 10 分＋24 分＋１分＝10 時 35 分となり，電車に乗ることができない。Ｂ駅に向かった場合，$2 \div 10 \times 60 = 12$(分)かかるから，ホームへの到着時刻は 10 時 10 分＋12 分＋１分＝10 時 23 分となり，10 時 24 分出発の普通電車に乗ることができる。

普通電車は，Ｂ駅からＣ駅まで２㎞進むのに 10 時 28 分－10 時 24 分－１分＝３分かかるから，Ｄ駅からＥ駅までは$3 \times \dfrac{6}{2} = 9$(分)かかるので，Ｂ駅から普通電車に乗り続けた場合，Ｅ駅への到着時刻は 10 時 39 分＋９分＝10 時 48 分となる。

次に，Ｃ駅で快速電車に乗りかえる場合を考える。Ｃ駅に到着するのは 10 時 27 分だから，ここから５分間待ち，10 時 32 分発の快速電車に乗る。快速電車は，Ａ駅からＣ駅まで$4 + 2 = 6$(㎞)進むのに

10 時 32 分－10 時 25 分－１分＝６分かかるから，Ｅ駅に到着するのは，10 時 32 分＋$\left(6 \times \dfrac{6+6}{6}\right)$分＝10 時 44 分である。

以上より，Ｅ駅に到着した時刻は 10 時 **44** 分である。Ｂ駅で最初に電車に乗るので，Ａ駅から乗っている①，③，⑥のグラフは適性でない。電車に乗った後に止まっているのは，Ｃ駅で快速電車に乗りかえるときの１回だけだから，グラフはx軸と平行な部分が１か所だけの**⑤**が適切である。

2022 解答例 令和４年度

岡崎城西高等学校

《社　会》

I　1．⑤　2．④　3．③　4．①　5．②　6．⑥

II　7．③　8．①　9．⑤　10．③　11．⑤　12．③

III　13．③　14．②　15．④　16．②　17．②　18．④　19．⑤　20．②　21．③　22．②
23．③　24．①　25．④　26．③

IV　27．③　28．④　29．⑤　30．⑥　31．④　32．②

V　33．①　34．②　35．⑤　36．③

《理　科》

〈１〉1．③　2．②　3．④　4．⑤

〈２〉5．④　6．④　7．③

〈３〉8．④　9．①　10．⑤　11．⑥　12．①

〈４〉13．⑤　14．②　15．⑦　16．①

〈５〉17．③　18．③　19．④

〈６〉20．⑥　21．⑤　22．③

〈７〉23．③　24．②　25．⑥　26．③

〈８〉27．④　28．④　29．②

〈９〉30．⑥　31．②　32．③　33．②

〈10〉34．③　35．①　36．④

〈11〉37．⑤　38．③　39．④

〈12〉40．⑧　41．⑦

〈13〉42．※学校当局により全員正解　43．⑤　44．①　45．⑧　46．③

《英　語》

I　1．①　2．②　3．②　4．③　5．②

II　1．far　2．as　3．afraid　4．for　5．what

III　6．⑧　7．①　8．⑤　9．④　10．⑦　11．②　12．③　13．①

IV　14．④　15．①　16．②　17．③　18．④　19．③　20．①　21．③　22．②　23．④
24．①　25．③（24と25は順不同）

《国　語》

一　1．②　2．③　3．③　4．④　5．②　6．⑤　7．①　8．④

二　9．⑤　10．②　11．③　12．⑤　13．④　14．①　15．②　16．④　17．③

四　18．⑤　19．②　20．①　21．②　22．③　23．④　24．②　25．①

一　問一．やがて、不　問四．知識は多け　問八．その人間の個性

二　問八．さゆりはそ

三　①がんこ　②のぞ　③注　④逆境

四　問三．a．かなうよう　b．おもうゆえ　問八．腹黒からず

《数　学》

1　ア．①　イ．①

2　ウ．⑦　エ．①　オ．⑧

3　カ．⑧　キ．②　ク．⑦

4　ケ．⑤

5　コ．③　サ．②

6　シ．③　ス．③　セ．②

7　ソ．⑥

8　タ．⑤　チ．⑥

9　ツ．①　テ．①　ト．⓪

10　ナ．①

11　ニ．⑦　ヌ．⑦

12　ネ．②　ノ．⑤

13　ハ．③　ヒ．①　フ．⑥

14　ヘ．③　ホ．⑧　マ．③

15　(1) a $=\frac{1}{2}$　b $=-\frac{1}{4}$　(2) $-2x$

16　(1)コンビニB　(2)右グラフ　(3)6

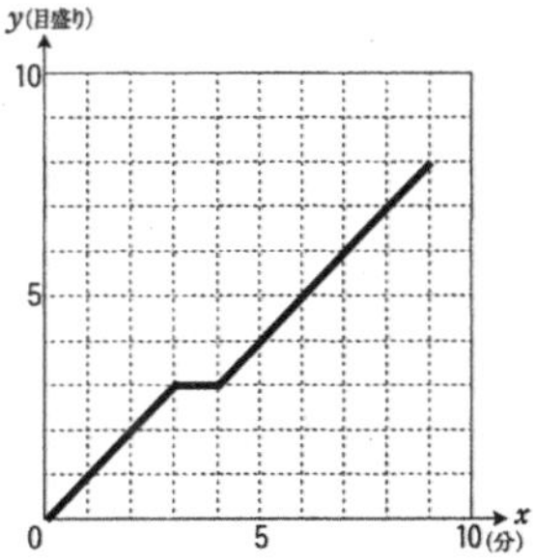

2022 解説 令和4年度 ▶ 岡崎城西高等学校

《2022 社会 解説》

Ⅰ 1 ⑤ 地中海沿岸は，乾燥した夏にオリーブやぶどう，雨が降る冬に小麦を栽培する地中海式農業が営まれる。

2 ④ 「人口が約 13 億人」，「アメリカと昼と夜が反対」からインドと判断する。インドのベンガルールでは，アメリカとの時差を利用して，ＩＣＴ関連の企業が 24 時間体制で仕事を進めている。Ａは中国，Ｃはブラジル。

3 ③ (カ)はアメリカ，(イ)は中国，(キ)はアルゼンチン。

4 ① 中国では，漢族の夫婦に対して一人っ子政策を行っていたが，現在では廃止されている。②はアフリカ諸国，③は西アジア諸国，④はアメリカ，⑤は北西ヨーロッパに関する文である。

5 ② 共通通貨ユーロを導入しているのは，ヨーロッパ共同体(ＥＣ)ではなくヨーロッパ連合(ＥＵ)である。

6 ⑥ 北アフリカとギニア湾に集中する○は石油，中南アフリカの内陸部にある■をダイヤモンドと判断する。

Ⅱ 7 ③ ①北方領土は，太平洋戦争以来，旧ソ連・ロシアが不法占拠している。②韓国が不法占拠するのは竹島で，島根県に属する。④排他的経済水域は，他国の船の航行は自由である。⑤中国との領土問題が起きているのは，竹島ではなく尖閣諸島である。

8 ① 西から出羽山地，奥羽山脈，北上高地と考えて線Ａと判断する。

9 ⑤ 宮崎県では，温暖な気候とビニルハウスなどの施設を利用して，植物の生長を早める促成栽培により，他県の出荷が少ない冬にピーマンを出荷している。

10 ③ 小規模農家が減少し，企業的農業をする大規模農家や企業が現れている。

11 ⑤ 重量の重い自動車の輸出が多いＡとＣは港湾，小型軽量で単価の高い半導体製造装置などの輸出が多いＢは空港である。名古屋港と横浜港では，名古屋港の方が輸出総額は多いから，Ａ＝名古屋港，Ｂ＝成田国際空港，Ｃ＝横浜港と判断する。

12 ③ 以前から輸出割合が高いＡはアメリカを含む北アメリカ，年々輸出割合が増えているＣは，インドや中国を含むアジアと判断する。

Ⅲ 13 ③ ａはインダス文明の遺跡モヘンジョダロ，ｂはメソポタミア文明の復元遺跡ジッグラトである。

14 ② ①『宋書』倭国伝は，『魏志』倭人伝より後に書かれた歴史書である。③弥生時代には，女王以外にも貧富の差が発生し，それとともに身分にも差ができていった。④卑弥呼が授かった称号は「親魏倭王」である。⑤邪馬台国の畿内説と九州説はいずれも否定されていない。

15 ④ 良民の女性は，男性の口分田の３分の２が支給されたから，$6\times\frac{2}{3}=4$ (マス)が支給される。また，負担する税は口分田の収穫に応じて決まるから，男性が約 180ｇなら，女性はその３分の２の，$180\times\frac{2}{3}=120$(ｇ)

16 ② 宋の成立(10 世紀)→十字軍の遠征(11 世紀末～)→元寇(13 世紀)

17 ② 惣村は室町時代の農村の自治組織。守護請は，室町時代に守護が荘園領主と契約して，年貢の納入を請け負う制度。地頭請は，鎌倉時代に地頭が荘園領主と契約して，年貢の納入を請け負う制度。

18 ④ 松平定信の行った寛政の改革では，囲い米，寛政異学の禁，棄捐令，旧里帰農令などが出された。④は棄捐令である。①は徳川吉宗，②は徳川家光，③は徳川綱吉など，⑤は田沼意次。

19 ⑤ 地租改正では，地券に書かれた地価の３％を，土地所有者が現金で納めた。

20 ② ①ドイツは，独ソ不可侵条約を締結してからポーランドに侵入した。③日本はミッドウェー海戦で敗れ，これ以降戦局は悪化していった。④インドシナはオランダ領ではなく，フランス領である。⑤二・二六事件は，第二次世界大戦前のできごとであり，犬養毅が暗殺されたのは，それよりもっと前の五・一五事件である。

21　③　　終戦は 1945 年，国民小学校初等科３年生は９歳だから，おじいさんが生まれたのは，1936 年頃である。よって，1937 年にはじまった日中戦争を選ぶ。①は 1950 年，②は 1931 年，④は 1941 年，⑤は 1945 年。

22　②　　イスラエルとアラブ諸国の間で第四次中東戦争は始まった。現在でもパレスチナ問題(イスラエル内のヨルダン川西岸とガザ地区に住むパレスチナ人の問題)はなくなっていない。

23　③　　バブル経済の崩壊は 1991 年以降に起き，京都議定書は 1997 年に採択された。①公害対策基本法は，高度経済成長期の 1967 年に制定された。②ソ連のアフガニスタン侵攻は 1978 年～1989 年の間に起きた。④原水爆禁止世界大会は 1955 年に広島で開催された。⑤第１回のサミットは，オイルショック後の 1975 年に開催された。

24　①　　Ｘはキリスト教，Ｙはイスラム教，Ｚは仏教。

25　④　　ポツダム宣言受諾後の玉音放送は 1945 年８月 15 日である。浜口雄幸内閣は 1929 年から 1931 年に成立した内閣。田中角栄内閣は 1972 年から 1974 年に成立した内閣。

26　③　　湯川秀樹は，日本人で初めてノーベル物理学賞を受賞した物理学者。芥川龍之介は「羅生門」を書いた作家である。黒澤明の「羅生門」は芥川龍之介の「藪の中」を原作としている。

Ⅳ　27　③　　日本国憲法に規定はないが，近年になって認められている権利を新しい人権という。請求権は，日本国憲法第 17 条で，国家賠償請求権として保障されている。

28　④　　①日本には古代から大陸の文化が持ちこまれてきた。②琉球文化は，沖縄の文化である。③文化財保護法によって，文化財保護がされている。⑤「もったいない」を紹介したのは，ワンガリ・マータイさんである。

29　⑤　　「どちらの国がより良い商品を安く提供できるか」とあることから，競争していると読み取れる。ＥＵなどでは，自国の強い産業を担う国際分業が行われている。日本の食料自給率は，カロリーベースで 40%前後，生産額ベースで 65%前後である。

30　⑥　　ア - 誤　スマートフォンよりパソコンの方が普及は早かった。スマートフォンの普及は 2010 年以降に急激に拡大した。イ - 正　ウ - 正

31　④　　①衆議院の解散時に緊急事態がおこった場合は，参議院の緊急集会が召集される。②内閣総理大臣は国会議員の中から指名されるが，国務大臣は内閣総理大臣により任命され，その過半数が国会議員であればよい。③憲法改正の発議は，衆議院と参議院の各議院の総議員の３分の２以上の賛成を必要とする。⑤首長や議員を辞めさせたり議会を解散させたりしたい場合は，住民は署名を必要分だけ集め，その後に行われる住民投票で，過半数の同意を必要とする。

32　②　　法律案や予算案は，委員会 - 本会議の順で審議される。衆議院には予算において，参議院よりも先に審議できる先議権がある。ｂ．誤り。必ず両院協議会を開かなければならないのは，内閣総理大臣の指名・予算の議決・条約の承認において，衆議院と参議院が異なる議決をしたときである。法律案については，必ずしも両院協議会を開く必要はない。ｄ．誤り。法律案の再議決には，衆議院にて出席議員の３分の２以上の賛成が必要である。

Ⅴ　33　①　　②拒否権は，安全保障理事会の常任理事国に与えられた権利である。③国連には安全保障理事会以外に総会も決定権をもつ。④総会決議は，過半数や３分の２の多数決である。⑤サミットはＧ７の影響力が大きい。

34　②　　公的扶助は，収入が少なく，健康で最低限度の生活を営めない人々に生活費などを給付する生活保護を運用している。

35　⑤　　すべて正しい。

36　③　　需要量と供給量が一致したときの価格は，寡占価格ではなく均衡価格である。

《2022　理科　解説》

〈1〉

⑴⑵　物体を凸レンズの焦点距離の２倍の位置に置くと，反対側の焦点距離の２倍の位置に置いたスクリーンに物体と同じ大きさで上下左右が逆向きの実像ができる。よって，⑴は40㎝，⑵は40÷２＝20(㎝)である。

⑶　凸レンズの半分を黒い紙でおおっても像の形や大きさは変わらないが，レンズを通過する光の量が少なくなるので，像は暗くなる。

⑷　物体を焦点よりも凸レンズに近いところに置くと，スクリーンの位置を調節しても実像はできない。このとき，物体の反対側から凸レンズをのぞくと，物体よりも大きく，上下左右が同じ向きの虚像が見える。

〈2〉

⑴　〔圧力(Pa)＝$\frac{力(N)}{面積(㎡)}$〕より，圧力は力に比例し，面積に反比例する。置き方を変えても直方体にはたらく重力は変化しないので，圧力の比は面積の逆比と等しくなると考えればよい。よって，Ａ面は20×40＝800(㎠)，Ｂ面は20×50＝1000(㎠)，Ｃ面は40×50＝2000(㎠)だから，ａ：ｂ：ｃ＝$\frac{1}{800}$：$\frac{1}{1000}$：$\frac{1}{2000}$＝５：４：２である。

⑵　⑴解説より，Ｃ面の面積は2000㎠→0.2㎡だから，圧力が1500Paになるのは力が1500×0.2＝300(N)のときである。よって，おもりと直方体の質量の合計が300N→30㎏だから，おもりの質量は30－10＝20(㎏)である。

⑶　⑴より，Ａ面とＢ面を下にしたときの圧力の比は，５：４である。圧力は力に比例するから，Ａ面とＢ面を下にしたときの力の比が４：５になれば，圧力の比は，(５×４)：(４×５)＝１：１になる。力の比は直方体の数の比に置きかえて考えることができるから，Ａ面を下にして４つの直方体を積み上げたときと同じ圧力にするには，Ｂ面を下にして５つの直方体を積み上げればよい(一番下以外の上に積み上げる直方体はどの面を下にしてもよい)。

〈3〉

⑴　水平面上でも斜面上でも小球にはたらく重力の大きさは変わらない。

⑵　小球が斜面を下るとき，小球にはたらく重力の斜面に平行な分力が一定の大きさではたらき続けるから，速さは一定の割合で大きくなる。

⑶　摩擦や空気の抵抗がなければ，小球が斜面を下ることで減少した位置エネルギーがすべて運動エネルギーに移り変わるから，運動エネルギーは高さが低いときほど大きくなる。また，位置エネルギーと運動エネルギーの和である力学的エネルギーの大きさは一定に保たれる(力学的エネルギーの保存)。

⑷　同じ高さでの位置エネルギーや運動エネルギーは質量が大きい小球の方が大きいが，同じ高さ(水平面を含む)での小球の速さは小球の質量が大きくなっても変化しない。

⑸　仕事の大きさは，〔仕事(Ｊ)＝力(N)×力の向きに動かした距離(m)〕で求める。　１つ目×…どんなに大きな力を加えても，物体が力の向きに動かなければ，仕事は０Ｊである。　２つ目×…３Nの力で水平に４m引いたときの仕事は３×４＝12(Ｊ)である。また，垂直抗力は上向きの力であり，その向きには動いていないと考えられるので，垂直抗力がした仕事は０Ｊである。　３つ目○…３×４＝12(Ｊ)，４×３＝12(Ｊ)より，仕事の大きさは等しい。　４つ目×…同じ物体を同じ高さまで持ち上げるときの仕事は，それにかかった時間にかかわらず一定である。動滑車などの道具を用いた場合も同様である(仕事の原理)。なお，かかった時間によって変化するのは仕事率である。

〈4〉

⑵　水上置換法で集めることができる気体は水に溶けにくい気体である。塩素と塩化水素は水に溶けやすい。

⑶　②は二酸化炭素，③は水に溶けてアルカリ性を示すアンモニアなど，④は漂白作用がある塩素の性質である。

〈5〉

(1)(2) アは炭，イは鉄，ウはマグネシウムである。鉄やマグネシウムはうすい塩酸と反応して水素を発生する。また，加熱すると，鉄は黒い酸化鉄に，マグネシウムは白い酸化マグネシウムになる。

〈6〉

(1) 炭酸水素ナトリウムを加熱すると，炭酸ナトリウムと二酸化炭素と水に分解される〔$2NaHCO_3 \rightarrow Na_2CO_3 + CO_2 + H_2O$〕。青色の塩化コバルト紙は水に反応して赤色に変化する。

(2) フェノールフタレイン溶液はアルカリ性に反応して赤色になる。炭酸水素ナトリウムと炭酸ナトリウム(加熱後の試験管に残った物質)では，炭酸ナトリウムの方が水に溶けやすく，水溶液がより強いアルカリ性を示す。

(3) １種類の物質が，別の２種類以上の物質に変化する化学変化が分解であり，その中でも加熱によって起こる分解をとくに熱分解という。

〈7〉

硫酸亜鉛水溶液中には亜鉛イオンが存在し，そこに亜鉛よりもイオンになりやすい金属を入れると，入れた金属が電子を放出してイオンになって水溶液中に溶け出し，水溶液中の亜鉛イオンが電子を受け取って亜鉛原子となって金属板に付着する。よって，金属板に変化が起きたのは，亜鉛よりもイオンになりやすいマグネシウム板を入れた［３］で，マグネシウムには〔$Mg \rightarrow Mg^{2+} + 2e^-$〕，亜鉛イオンには〔$Zn^{2+} + 2e^- \rightarrow Zn$〕という変化が起きた。また，［１］で，銅板には変化が起きなかったから，銅は亜鉛よりもイオンになりにくいことがわかる。よって，イオンになりやすい順に，マグネシウム＞亜鉛＞銅である。

〈8〉

(1) 外側から，がく→花弁→おしべ→めしべの順についている。

(2) マツ，スギ，イチョウ，ソテツはすべて裸子植物である。裸子植物の雌花には子房がなく，胚珠がむきだしになっているので，花粉が直接胚珠につく。

(3) ①×…デンプンは水に溶けやすい物質に変わり運ばれる。　③×…一般に，気孔は葉の表より裏に多い。④×…双子葉類の根は主根と側根からなる。なお，単子葉類の根はひげ根である。　⑤×…シダ植物は胞子でふえる。　⑥×…コケ植物は，根，茎，葉の区別(維管束)がなく，からだ全体で水を吸収している。

〈9〉

(1) ⑥×…リンパ管は首の下で大静脈と合流する。

(2) １つ目，３つ目×…炭水化物はブドウ糖，タンパク質はアミノ酸，脂肪は脂肪酸とモノグリセリドに分解されて，小腸の柔毛から体内に入る(脂肪酸とモノグリセリドは再び脂肪になる)。　５つ目×…胆汁には，脂肪の分解を助けるはたらきがある。

(3) 反射は，刺激に対して無意識に起こる反応で，危険から身を守ったり，体のはたらきを調節したりする。４つ目の反応は反射ではない。

〈10〉

(1) ①×…「減数分裂」ではなく「体細胞分裂」が正しい。　②×…「発生」ではなく「生殖」が正しい。④×…体細胞分裂では，複製された後，染色体が分かれるので，分かれた後の細胞の染色体の数は，もとの細胞と同じになる。　⑤×…染色体は，細胞分裂が起こっているときに観察できる。

(2) ①×…食物連鎖において，ふつう，食べる生物の個体数は食べられる生物の個体数よりも少ない。動物プランクトンは植物プランクトンを食べるから，動物プランクトンの個体数の方が少ない。

⑶　①や②のように，親のどちらか一方でもＡＡのとき，子にはすべて顕性の形質が現れる。また，表ⅰより，③では，
顕性(ＡＡとＡａ)：潜性(ａａ)＝３：１となり，表ⅱより，④では，
顕性(Ａａ)：潜性(ａａ)＝１：１となる。

表ⅰ

	Ａ	ａ
Ａ	ＡＡ	Ａａ
ａ	Ａａ	ａａ

表ⅱ

	Ａ	ａ
ａ	Ａａ	ａａ
ａ	Ａａ	ａａ

〈11〉

⑴　空気１㎥中の水蒸気量は露点における飽和水蒸気量に等しいから，Ｔシャツを干す直前の部屋の空気中にふくまれる水蒸気量は19.4ｇ/㎥である。よって，〔湿度(%)＝$\frac{\text{空気中にふくまれる水蒸気量(g/m}^3\text{)}}{\text{その温度での飽和水蒸気量(g/m}^3\text{)}}$×100〕より，湿度は$\frac{19.4}{27.2}$×100＝71.3…→71%である。

⑵　27.2－19.4＝7.8(ｇ/㎥)

⑶　部屋の容積は24㎥だから，Ｔシャツを干す直前の部屋の空気は，あと7.8×24＝187.2(ｇ)の水蒸気をふくむことができる。Ｔシャツが１枚乾くと空気中の水蒸気量が128－104＝24(ｇ)増えるから，$\frac{187.2}{24}$＝7.8より，最大で７枚乾かすことができる。

〈12〉

⑴　ア×…「季節風」ではなく「偏西風」が正しい。　ウ×…「反時計回り」ではなく「時計回り」が正しい。

⑵　ア×…地点Ａは温暖前線が通り過ぎた直後なので，乱層雲による雨はすでにやんでいる。　イ×…地点Ｂは暖気，地点Ｃは寒気におおわれているので，地点Ｃの方が気温が低い。

〈13〉

北半球では，星は東の地平線からのぼり，南の空で最も高くなったあと，西の地平線に沈む。ａが午後６時の南の空，ｂが午後６時の西の空，ｃが午後６時の東の空，ｄが午後８時の東の空，ｅが午後８時の南の空，ｆが午後８時の西の空だと考えられる。

⑵　太陽の光の向きと地球の自転の向きより，[Ｗ]が正午，[Ｘ]が午後６時，[Ｙ]が午前０時，[Ｚ]が午前６時の位置である。また，どの位置においても，北極を指している矢印が北を指していることになる。ｂは，午後６時の西の空のようすだから，[Ｘ]からウの方向を見たものである。

⑶　ｃが午後６時([Ｘ])の東の空(ア)のようすであり，このとき，かに座がほぼ真東の地平線付近にある(東の地平線からのぼった直後である)ことに着目する。午後６時に東の地平線からのぼった星は，その６時間後の午前０時([Ｙ])に，ほぼ真南(ア)に見える。

⑷　オリオン座の通り道は，一年中，春分や秋分の太陽の通り道とほぼ同じになる(⑦か⑧)。よって，図ｅより，午後８時にほぼ真南にある⑧が正答となる。

⑸　北の空の星は，北極星を中心に１時間で15度反時計回りに円を描くように動いて見えるから，ｇが午後６時の図，ｈが午後８時の図である。また，角ｘと角ｙの差は15×２＝30(度)である。

―《2022　英語　解説》―

[Ⅰ]　問１　１　「生徒Ａはいつ授業を受けますか？」…お客様の声(生徒Ａ)「私はリスニングの授業を受けています。リスニングを独学するのは難しいので。また，私はＴＯＥＩＣで最低でも700点獲得する必要があります。ですからビジネス英語の授業も受ける予定です。たくさんの授業が受けられるのがいいですね」より，現在受けているのはリスニングの授業だから，①「水曜日に」が適切。　２　「スピーキングの授業を受けたい場合，まず何をすべきですか？」…表の下の２つ目の・の２文目に「スピーキングの授業に興味があるなら，参加するために電話してください」とあるから，②「スクールに電話する」が適切。　３「ポスターにないのはどれですか？」…①○

「英語の学習」…英会話スクールの広告である。　②×「外国に行くこと」…ポスターにない内容。　③○「たくさんの授業を受けること」…お客様の声(生徒A)にある。　④○「インターネットで授業を受ける」…2つ目の・の1文目に「インターネットでスピーキングの授業を受けられます」とある。

問2　【本文の要約】参照。1　「ユウタは何時にアンガク駅で電車に乗りますか？」…駅に着くのが10時50分だから，時刻表より，③の10時55分の電車に乗る。　2　「カホは城西駅でどれくらいの間ユウタを待たなければなりませんか？」…ユウタは10時55分発の電車に乗り，城西駅までの所要時間は20分だから，カホは11時15分までの35分間待つことになる。②が適切。

【本文の要約】

カホ　：もしもし，どこにいるの？私はちょうど城西駅に着いたところよ。

ユウタ：家にいるよ。

カホ　：なんでまだ家にいるの？1③今，午前10時40分よ。私と会うのを忘れちゃった？

ユウタ：あ，ごめん！すぐに出るよ。1③家からアンガク駅までは10分かかるよ。乗れる中で一番早い電車に乗るね。

カホ　：わかったわ。ここで待ってるわね。

ユウタ：すぐに行くね。

Ⅱ　1　トム「すみません。岡崎美術館に行きたいのですが，どこにあるかご存知ですか？」→ケン「ここから遠いですよ。(＝It's far from here.)ですから，向こうでタクシーかバスに乗る必要がありますね」→トム「ありがとうございました」

2　ボブ「野球とバスケットボールではどちらが好き？」→トム「うーん，難しい質問だね。野球はバスケットボールと同じくらいワクワクする(＝as exciting as)と思うよ」

3　ケン「いつもたくさん間違えちゃうから英語を話すのは好きではないよ」→ジョン「間違えるのを恐れないで(＝Don't be afraid)。間違いから英語を学ぶことができるんだよ」

4　ナミ「妹さんは今日学校にいなかったわね。彼女はどうしてる？」→タツ「彼女は3日間(＝for three days)ずっと具合が悪いよ」

5　ケン「君の家族は災害に備えてる？」→トム「うん」→ケン「え，本当？何(＝what)をしたか教えてよ」→トム「非常持ち出しキットを用意したよ。家に保管してあるんだ」

Ⅲ　問1　【本文の要約】参照。

【本文の要約】

アリス：こんにちは，バリー。A⑧何をしているの？

バリー：チヒロからの手紙を読んでいるんだよ。B①彼女のこと，覚えてる？

アリス：ええ。英語を勉強しに来て，去年日本に帰ったのよね。

バリー：今は名古屋の学校に通っているんだ。ちょうど彼女から手紙をもらったよ。

アリス：何て書いてあるの？

バリー：いいニュースだよ！驚くと思うよ。

アリス：何かしら？教えて。

バリー：C⑤彼女が妹たちと僕らの学校に来るんだって。

アリス：すごいわ！また彼女に会えるのね！D④いつ来るの？

バリー：今年の冬だよ。

アリス：待ちきれないわ！彼女は元気かしら？

バリー：ええと，これが僕がもらった手紙と一緒に入っていた写真だよ。はいどうぞ。

アリス：まあ，妹たちと写っているわ。楽しそうね。E⑦彼女に手紙を書いてもいいかしら？

バリー：もちろんさ。僕らの学校の生徒からの手紙が欲しいって書いてあるよ。

アリス：ありがとう，バリー。F②すぐに手紙を送るわ。

問2　【本文の要約】参照。

1　質問「今日は何曜日ですか？」…アキラの３回目の発言より，４時間目が美術の③金曜日が適切。

2　①×「アキラとベティは体育が好きではない」…アキラは２回目の発言で，ベティは４回目の発言で，体育が好きだと述べている。　②○「彼らは体育でテニスをする」　③○「毎週，社会は４時間ある」…時間割と一致。　④○「アキラは数学が好きではない」

【本文の要約】

アキラ：これは僕たちのクラスの時間割だよ。

ベティ：わかったわ。あなたの一番好きな教科は何？

アキラ：僕は体育が好きだな。体育は毎週３時間あるよ。でも２④僕は数学が好きじゃないんだ。数学は毎週５時間あるよ。君の一番好きな教科は何？

ベティ：私は美術が好きよ。絵を描くのが好きなの。美術の授業はいつあるの？

アキラ：１③今日美術の授業があるよ。その後昼食の時間が40分あるよ。

ベティ：わかったわ。一緒に昼食を食べない？今日は昼食の後，何を勉強するの？

アキラ：いい考えだ！理科と体育の授業があるよ。

ベティ：私は理科が好きじゃないの。私には難しいわ。でも体育は好きよ。今日はどんなスポーツをするの？

アキラ：２②テニスをするよ。

ベティ：よかった！

Ⅳ　【本文の要約】参照。

問1　文末の since I was born より，現在完了“継続”〈have/has＋過去分詞＋since …〉「…からずっと～している」の形にする。

問2　B．・for the first time「初めて」　C．・in front of ～「～の前に」

問3　下線部１）と②は，「～するために」という理由を表す不定詞の副詞的用法である。①，③は名詞的用法「～すること」，④は形容詞的用法「～するための」である。

問4　代名詞などの指示語は，直前にある名詞や文を指すことが多い。ここでは直前の文の reading the lyrics, listening and singing along with the vocals of John and Paul を指す。③が適切。

問5　下線部３）と④は〈主語＋動詞〉が続く目的格の関係代名詞で，①，②，③は〈動詞〉が続く主格の関係代名詞である。

問6　I am sure that their songs and English made my life awesome.：I am sure that のあとは〈主語＋動詞〉が続く。「(もの／こと)を(状態)にする」＝make＋my life《もの／こと》＋awesome《状態》

問7　1　質問「ケンはなぜ英語に興味を持ちましたか？」…③「なぜなら，彼は当時イギリスの曲を聴いて楽しんでいたからです」が適切。　2　質問「ケンはいつイギリスに旅行しましたか？」…②「彼が大学生の時です」が適切。　3　質問「ケンはイギリスで何をしたいですか？」…④「彼は子どもたちと一緒に観光を楽しみたいです」が適切。

問8　①○「ケンは今，英語を話すのが上手だ」　②「ケンは×英語を勉強するためにビートルズを聴いた」　③○「ケンは中学生の時，イギリス文化についてよく知らなかった」　④「ケンはビートルズを×見たことがある」　⑤×「ケンはジョンやポールのようになりたいので将来はイギリスに住みたいと思っている」…本文にない内容。　⑥「ケンは×今，仕事をしていない」

【本文の要約】

私の名前はケンです。生まれた時から岡崎に A④住んでいます(＝have lived)。今私は60歳ですが，さまざまなことに興味を持ち，いまだに新しいことに挑戦するのが大好きです。私は音楽，テニス，旅行が好きです。また英語も好きです。問8①英語を話す国で人と会うと，しばしばこう尋ねられます。「ケン，君は英語が上手だね。どうやって勉強したの？」私はいつもこのように答えます。「ジョンとポールが英語を教えてくれたんだ」すると彼らは笑ってこう言います。「君はビートルズのファンなんだね？」その後たいてい私たちは音楽の話をするのです。

私は，中学生の時 B①初めて(＝for the first time) ビートルズを聴きました。友人の一人がビートルズの“Abbey Road”というアルバムをかけてくれたのです。私はそのアルバムの最初の曲である“Come Together”を大好きになりました。問8③私は当時，英語の能力はほとんどなく，イギリスの文化についてもほとんど知りませんでしたが，その歌は私の心を動かしました。私はレコード店に走っていき，彼らのアルバムを買いました。そのアルバムを手に入れた後は，1日に何時間も，繰り返しそれを聴きました。私にとって彼らのメロディーは魅力的で独創的でした。問7.1③すべての歌詞を理解するのはとても難しかったものの，彼らの曲を聴くのをやめられませんでした。私はただ歌詞を読み，ジョンとポールのボーカルを聴いて一緒に歌って楽しみました。そして私は，自分が英語を聞いたり読んだり話したりする練習を一生懸命していることには気づきませんでした。実際私の英語の技術はそれによって向上したのです。ビートルズは私に，英語とイギリス文化を勉強する意欲を与えてくれました。

ビートルズは1970年に解散したので，私は彼らのコンサートには一度も行っていません。その代わり私は彼らの曲を千回以上聞きました。ビートルズについて友人と一緒に話すのも，楽しいことでした。当時，海外旅行は簡単にできるものではありませんでしたが，彼らの曲を通して私はイギリスの風景を想像することができました。私の夢はビートルズ発祥の地であるリバプールを訪れることでした。問7.2②だから私は最初の海外渡航先としてイギリスを選び，その夢は大学の時に叶いました。私はリバプールだけでなくロンドンにも行き，ビートルズが“Abbey Road”の制作に使ったスタジオを見学しました。私はまた，アルバムのジャケットにあるスタジオ C①前の(＝in front of) 横断歩道を歩いて渡りました。

ビートルズは私に英語と音楽を教えてくれただけでなく，私の世界を広げてくれました。私は今，高校で英語を教えています。私は，彼らの曲と英語が私の人生を素晴らしいものにしたと確信しています。私は自分の生徒たちにもこのような経験をしてほしいと思います。私はこの3月で定年退職します。問7.3④退職後の私の夢は，成人した息子と娘と一緒に再びリバプールとロンドンに行くことです。私はそこでビートルズの素晴らしい音楽をBGMにして，パブで1杯のビールを楽しみたいと思います。

《2022　国語　解説》

【一】

問一　本文後ろから２段落目で「やがて、不易(不変)の知識のみが残るようになれば、そのときの知識は、それ自体が力になりうるはずである」と述べている。

問二　Bの前の「知識の量が増大して一定の限度を越すと〜流失してしまう」ということが、「収穫逓減《ていげん》の法則」に似ていると述べている。Bの直後の「似たこと」にあたる内容が、直前に入るはずである。

問三　直前の「はじめのころのような新鮮な好奇心が失われる」と、「[I]、などと言うのは無理である」が同様の意味になる。よって、③の「初心忘るべからず」が適する。

問四　「はじめはプラスに作用した原理」であるから、同じ段落にある「知識ははじめのうちこそ、多《た》々《た》益《ます》々《ます》弁《べん》ず(多ければ多いほどよい)」と同様の内容を指す。よって、本文最初の「知識は多ければ多いほどよい」。

問五　マラソンレースのたとえは、Eの直前の段落で述べた「知識は～飽和状態に達したら、逆の原理、削り落し、精選の原理を発動させなくてはならない～整理が必要になる」ということをわかりやすく説明するためのもの。「折返し点をまわらない」は、知識を集めるだけで整理しないでいるということ。よって、③が適する。

問六　２段落後の「ひょっとするといるかもしれないという気持が手伝うのであろう」より、④が適する。

問七　「骨である」は、困難である、という意味。よって、②の「骨が折れる」(困難である)が同じ。

問八　直前の「その人のもっている関心、興味、価値観」にあたるもの。傍線部⑧の直後の段落に「その人間の個性」とある。

問十　「このため」が指す内容を読み取る。「かりに、価値のものさしがあっても、ゴムでできていて、時によって、伸び縮みする」ということが理由なので、この内容を言い換えている①が適する。

問十一　①の「折返し点以後も知識を増やすことに集中すべき」、②の「ニュートンが言うように」、③の「知識は不要なものである」、⑤の「重要なのは整理よりも忘却である」などは適さない。

【二】

問一ａ　「トマト」が「『いらっしゃい』とあいさつする」「からだを冷やして待っている」と人間の動作をするように表現されているので、⑤「擬人法」。　ｂ　「～ような」とあるので、②の「直喩法」。

問二　亡き妻が「あなたのつくる本がどこでも売れますように」と「今日もどこかで祈ってくれているかもしれない」と思い、「わたしもがんばらなくちゃならん」という気持ちになっているので、③が適する。

問三　同じ段落で「父がこだわっている～母と交際していたころの～やりとりからはじまった～父は、『この儀式がなくなったら、わが家はおしまいだ』と信じている」と述べていることから、⑤のような理由が読み取れる。

問四　弘子さんが「まとめて渡してしまうと、洋ちゃんのことだから、いっぺんに読んでしまうでしょう」と言っていることや、洋介が、晩ごはんのあとで読むことになっているお話を早速電車の中で読んでしまったことから、④のような気持ちがうかがえる。

問六　直後で「父の思いついた～本が売れ出したのだろうか」と思っているように、「このごろは家賃をきちんとおさめていますよ」は、経済的に安定してきていることを意味する。よって、②が適する。ただし「このごろは」とあるので、その前は経営が厳しく、さゆりも気にかけていたのだろうとうかがえる。

問七　「感心」は、立派なことに心を動かされること。①は「歓心」。②は「寒心」。③と⑤は「関心」。

問八　傍線部④のある一文に、弟の世話を焼く姉らしい態度が描かれている。

問九　①の「社会の厳しさ～苦労などがリアルに」、②の「スピード感～高まる緊張感」、④の「夢のある設定～旅を通して子供の世界が楽しく」⑤の「憂いのある雰囲気～悲しみやつらさが克明に」などは適さない。

【四】

問一　君主に対する忠義と、親に対する孝行。よって、⑤が適する。

問二　【古文の内容】を参照。

問四　【古文の内容】を参照。「したいと思っていることがある時」に、「『(あの人が知ったら)わずらわしく、また忠告してくるだろう』と思って、『この事は聞かせまい』と思う」とあることから、①の「あれこれ言われたくないから」という理由が読み取れる。

問五　「聞かせじ」の「じ」は、打ち消しの意志(～するまい)を表す助動詞。よって、②が適する。

問六　「厳しく制止すると、ますます怒る～だから、その時その場の事情を考えて」どのように注意するのが良いと言っているのか考える。厳しく制しない、つまり、③の「やはらかに」(穏やかに)が適する。

問八　３段落目の最後で「腹黒からず～はからふべきなり」(内心で意地悪く思ったりせずに、また気にくわないと思ったりしない程度に対処するべきである)と述べている。

問九　②の「天の神様も親に注意するのは良くないと言っているよ」が誤り。本文では「(勇気を持って忠告する人を)天の神様は立派だとお思いになるだろうが」と言っている。

問十　『源氏物語』、『竹取物語』、『伊勢物語』は平安時代の作品。『雨月物語』は江戸時代の作品。

【古文の内容】

　ある人が言うことには、孔子《こうし》はこうおっしゃったことがある。「ひたすら主君に従い申し上げるのは、忠(忠義、忠誠)ではない。ひたすら親に従うのも、孝ではない。議論しなくてはならない時には議論し、従わなくてはならない時には従う、これを忠とする、これを孝とする」。

　したがって、主君であっても、父母、親類であっても、親友、友人であっても、悪いことは、必ず忠告しなければならないと思うけれども、末世《まっせ》(道徳も人情もすたれた世)ではこのことはかなわない。人の習い(世の常)で、意気ごんでいることを注意するのは、嫌なことであり、賛同して言葉を同じくする人は気に入られるようであるので、(勇気を持って忠告する人を)天の神様は立派だとお思いになるだろうが、主人の悪いところを忠告する者は、主人からよく思われることが、滅多にない。

　ところで、したことが悪い状態にでもなって、落ち着いた気持ちで思い出す時には、「その人がよく言ってくれていたのに」と思い当たるけれども、再び気持ちが引かれることがあって、したいと思っていることがある時には、「(あの人が知ったら)わずらわしく、また忠告してくるだろう」と思って、「この事は聞かせまい」と思うのである。これはひどく愚かなことであるけれども、まったく世の常のことであるので、(話を聞かされなかった人は)内心で意地悪く思ったりせずに、また気にくわないと思ったりしない程度に対処するべきである。

　総じて、人が腹を立てている時は、厳しく制止すると、ますます怒るものだ。さかんに燃えている火に少しの水をかけても、その効果はないはずだ。だから、その時その場の事情を考えて、穏やかに注意するのがよい。主君がもし愚かであっても、賢い家臣が助ければ、その国は乱れるはずがない。親がもし気ままにふるまっていても、孝行な子が行動をつつしんで応じれば、その家は無事であるはずだ。重い物であっても、船に乗せてしまえば、沈まないのと同じである。身分の高い低いは変わっても、身分に応じて、頼ってくる人のためには、やましく意地悪い気持ちが決してあってはならないのである。目に見えないところで、神仏のご加護を思ってのことでもある。

《2022　数学　解説》

1　与式$=9+\{16+(-8)\}\div 4=9+8\div 4=9+2=11$

2　与式$=\frac{2}{3}\times(\frac{9}{12}-\frac{2}{12})=\frac{2}{3}\times\frac{7}{12}=\frac{7}{18}$

3　与式$=15-5\sqrt{7}+3\sqrt{7}-7=8-2\sqrt{7}$

4　与式の両辺を15倍すると，$5(x-2)=6x-15$　　$5x-10=6x-15$　　$x=5$

5　$3x-4y=1$…①，$2x+3y=12$…②とする。

①×３＋②×４でyを消去すると，$9x+8x=3+48$　　$17x=51$　　$x=3$

②に$x=3$を代入すると，$2\times 3+3y=12$　　$3y=6$　　$y=2$

6　与式より，$(x-3)^2=18$　　$x-3=\pm\sqrt{18}$　　$x-3=\pm 3\sqrt{2}$　　$x=3\pm 3\sqrt{2}$

7 **【解き方】表にまとめて考える。**

		b					
		1	2	3	4	5	6
a	1		○				
	2	○			○		
	3						○
	4		○				
	5						
	6			○			

$\sqrt{2ab}$の値が自然数となるのは，$ab = 2\times k^2$と表せるとき(kは自然数)である。

abは1以上36以下だから，$\sqrt{2ab}$の値が自然数となるabの値は，

$2\times 1^2 = 2$，$2\times 2^2 = 8$，$2\times 3^2 = 18$，$2\times 4^2 = 32$がある。

abがこのいずれかになる出方は，右表の○印の6通りある。

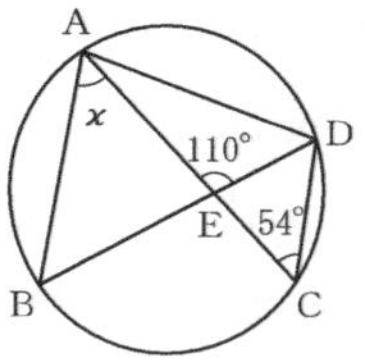

8 右のように作図できる。

△CDEについて，外角の性質より，∠BDC＝110°－54°＝56°

同じ弧に対する円周角は等しいから，∠x＝∠BDC＝56°

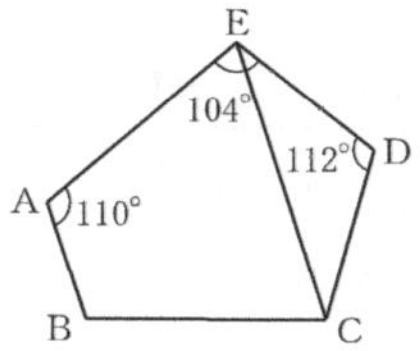

9 右のように作図する。△DECはDE＝DCの二等辺三角形

だから，∠DEC＝(180°－112°)÷2＝34°　　∠AEC＝104°－34°＝70°

∠A＋∠AEC＝110°＋70°＝180°で，AE＝BCだから，四角形AECBは

AB//CEの等脚台形だとわかる。よって，∠B＝∠A＝110°

10 **【解き方】A，B，Cについて，それぞれ右図のように作図し，円の半径をrとする。ひもの長さを直線部分と曲線部分にわけて考える。曲線部分を合わせるといずれも半径がrの円になるので，直線部分の長さを比べる。**

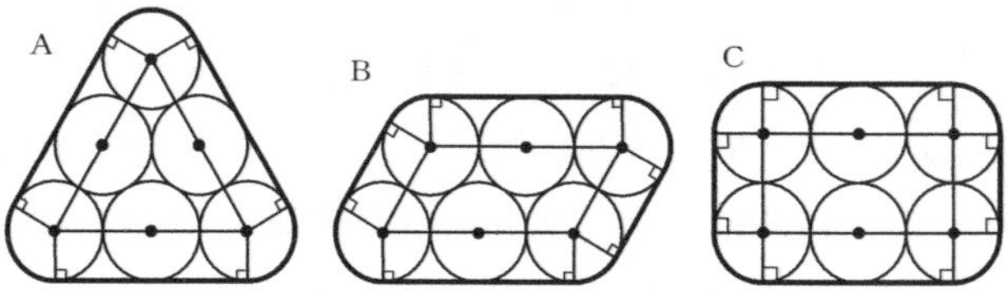

Aのひもの直線部分の長さは，(r×4)×3＝12r

Bのひもの直線部分の長さは，(r×4)×2＋(r×2)×2＝12r

Cのひもの直線部分の長さは，(r×4)×2＋(r×2)×2＝12r

よって，「1：3つともひもの長さは同じである。」ことがわかる。

11 **【解き方】大きい段ボールがx箱，小さい段ボールがy箱あるとして，段ボールの総数とキャベツの数について，連立方程式をたてる。**

段ボールは全部で25箱あるので，$x+y=25$…①

箱詰めをやり直す前，x箱にはキャベツが3個ずつ，y箱にはキャベツが2個ずつ入っていて，箱詰めされていないキャベツが17個あったので，キャベツは全部で$(3x+2y+17)$個ある。

箱詰めをやり直した後，x箱にはキャベツが5個ずつ，$(y-6)$箱にはキャベツが3個ずつ入っているので，キャベツは全部で，$5x+3(y-6)=5x+3y-18$(個)ある。

したがって，$3x+2y+17=5x+3y-18$　　$2x+y=35$…②

②－①でyを消去すると，$2x-x=35-25$　　$x=10$　　①に$x=10$を代入すると，$10+y=25$　　$y=15$

よって，キャベツは全部で，$3\times 10+2\times 15+17=77$(個)

12 **【解き方】樹形図でまとめて考える。2桁の整数が3の倍数となるのは，各位の数の和が3の倍数になるときである。**

カードの引き方は全部で，右樹形図のように20通りある。そのうち，できる2桁の整数が3の倍数となるのは☆印の8通りだから，求める確率は，$\frac{8}{20}=\frac{2}{5}$

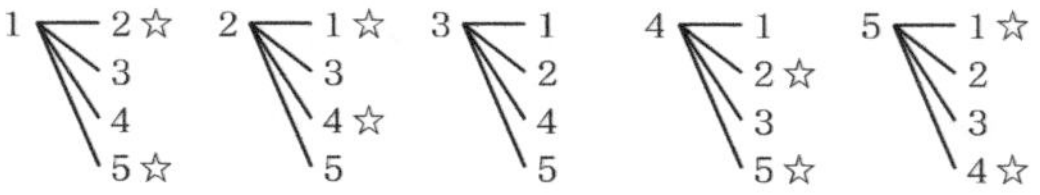

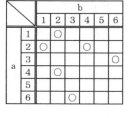

13　**【解き方】xの値を表にまとめて考える。**

硬貨で表が出た場合は表1，裏が出た場合は表2のようになる。

よって，xは全部で32通りあり，$x=4$となるのは表の○印の6通りだから，求める確率は，$\frac{6}{32}=\frac{3}{16}$

表1		2回目			
		1	2	3	4
1回目	1	2	3	④	5
	2	3	④	5	6
	3	④	5	6	7
	4	5	6	7	8

表2		2回目			
		1	2	3	4
1回目	1	1	2	3	④
	2	2	④	6	8
	3	3	6	9	12
	4	④	8	12	16

14　**【解き方】(10円玉の回転数)＝$\frac{\text{(10円玉の中心が動いた距離)}}{\text{(10円玉の円周)}}$で求められる。図2，図3について，10円玉の中心が動いた距離はそれぞれ，図ⅰ，図ⅱの太線部分である。**

10円玉の半径をrとして考える。

図ⅰ

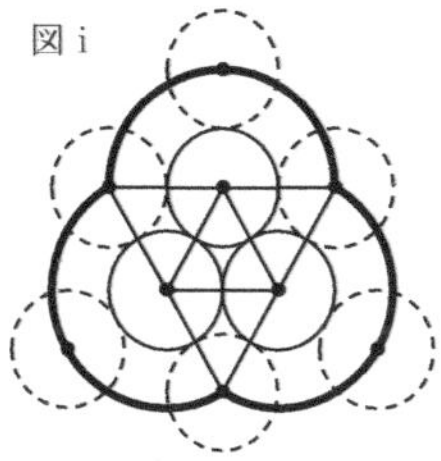

図ⅱ

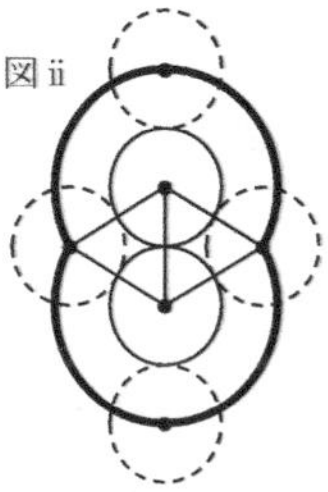

10円玉の円周は，$2\pi \times r = 2\pi r$

図ⅰについて，太線部分の長さは，半径が$r \times 2 = 2r$の半円の弧の長さの3倍だから，$2\pi \times 2r \div 2 \times 3 = 6\pi r$

よって，図2のときの回転数は，$6\pi r \div 2\pi r =$ ヘ $\underline{3}$(回転)

図ⅱについて，太線部分の長さは，半径が2r，中心角が$360° - 60° - 60° = 240°$のおうぎ形の弧の長さの2倍だから，$2\pi \times 2r \times \frac{240°}{360°} \times 2 = \frac{16}{3}\pi r$

よって，図3のときの回転数は，$\frac{16}{3}\pi r \div 2\pi r =$ ホマ $\underline{\frac{8}{3}}$(回転)

15　(1)　A，Bはともに直線$y=x$上の点で，x座標がそれぞれ$x=2$，-4だから，Aのy座標は$y=2$，Bのy座標は$y=-4$

放物線$y=ax^2$はA(2，2)を通るから，$2=a\times 2^2$　　$4a=2$　　$a=\frac{1}{2}$

放物線$y=bx^2$はB(−4，−4)を通るから，$-4=b\times(-4)^2$　　$16b=-4$　　$b=-\frac{1}{4}$

(2)　**【解き方】式を求める直線と直線ℓとの交点をPとする。まず，△OCA＋△OCBから△ABCの面積を求める。△OCA＋△OCPの面積が△ABCの面積の$\frac{1}{2}$になればよい。**

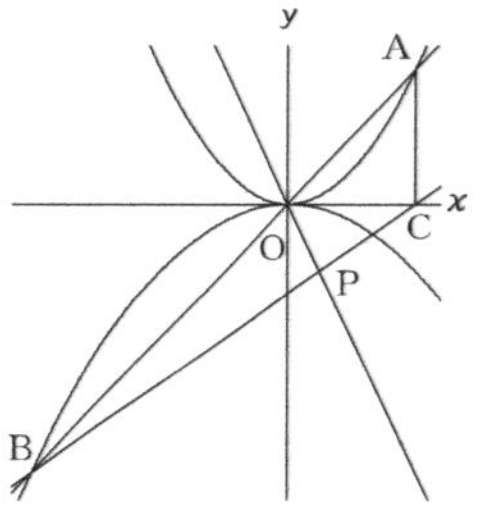

△ABC＝△OCA＋△OCB＝

$\frac{1}{2}$×OC×(AとOのy座標の差)＋$\frac{1}{2}$×OC×(BとOのy座標の差)＝

$\frac{1}{2}\times 2\times 2+\frac{1}{2}\times 2\times\{0-(-4)\}=2+4=6$

△OCA＋△OCP＝$6\times\frac{1}{2}$より，2＋△OCP＝3，△OCP＝1となればよい。

△OCPの面積について，$\frac{1}{2}$×OC×(PとOのy座標の差)＝1より，

(PとOのy座標の差)＝1となるから，Pのy座標は−1である。

次に，直線ℓの式を求める。直線ℓの式を$y=mx+n$とすると，Bの座標から$-4=-4m+n$，Cの座標から$0=2m+n$が成り立つ。これらを連立方程式として解くと，$m=\frac{2}{3}$，$n=-\frac{4}{3}$となる。

直線ℓの式$y=\frac{2}{3}x-\frac{4}{3}$にPの$y$座標の$y=-1$を代入すると，$-1=\frac{2}{3}x-\frac{4}{3}$より，$x=\frac{1}{2}$

直線OPの式を$y=px$とし，P($\frac{1}{2}$，−1)の座標を代入すると，$-1=\frac{1}{2}p$　　$p=-2$

よって，求める直線の式は，$y=-2x$

16　(1)　**【解き方】「私」が家を出発してすぐに妹と同じ方向に進んだとすると，妹がコンビニに着く前に追いついてしまうので，家を出発してすぐに進んだ方向は，妹と「私」で異なる。妹がコンビニA，Bに寄った場合で，場合分けをして考える。**

妹がコンビニAに寄った場合，出発してから$4\div 1=4$(分後)にコンビニAに着き，1分滞在する。

「私」は，妹が出発してから$1+(3+5)\div 2=5$(分後)にコンビニAに着く。

よって，妹がコンビニAに滞在している間に「私」がコンビニAに着くから，条件に合わない。

妹がコンビニＢに寄った場合，出発してから３分後にコンビニＢに着き，１分滞在する。
「私」は，妹が出発してから$1+(4+5)\div 2=\frac{11}{2}$(分後)にコンビニＢに着くから，そのとき妹はコンビニＢを出ていて，図書館に向かって進んでいる。妹は出発してから$3+1+5=9$(分後)，「私」は妹が出発してから$\frac{11}{2}+\frac{5}{2}=8$(分後)に図書館に着くから，コンビニＢから図書館までの間に「私」が妹に追いついたとわかる。
よって，妹が寄ったのはコンビニＢである。

(2)　妹は３分後にコンビニＢに着き(３目盛り移動する)，１分滞在し，$3+1+5=9$(分後)に図書館に着く($3+5=8$目盛り移動する)。よって，グラフは４点(0, 0)(3, 3)(4, 3)(9, 8)をそれぞれ直線で結べばよい。

(3)　**【解き方】(1)より，妹が出発した時間を基準にすると，コンビニＢを出た時間は，妹が４分後，「私」が$\frac{11}{2}$分後である。「私」がコンビニＢを出発したｔ分後に，「私」が妹に追いついたものとし，ｔの方程式を立てる。**
妹がコンビニＢを出発してから「私」がコンビニＢを出発するまでに$\frac{11}{2}-4=\frac{3}{2}$(分)あるから，この間に妹は$\frac{3}{2}$目盛り進んだ。したがって，「私」が妹に追いついた地点はコンビニＢから，$\frac{3}{2}+1\times t=t+\frac{3}{2}$(目盛り)である。
「私」は，コンビニＢを出発してから妹に追いつくまでに$2\times t=2t$(目盛り)進んだ。
したがって，$t+\frac{3}{2}=2t$より，$t=\frac{3}{2}$　　よって，「私」が妹に追いついたのは妹が家を出発してから，
$\frac{11}{2}+\frac{3}{2}=7$(分後)だから，「私」が家を出発してから$7-1=6$(分後)である。

2021 解答例
令和３年度

岡崎城西高等学校

《社　会》

Ⅰ　1．④　2．⑥　3．②　4．④　5．③　6．④

Ⅱ　7．②　8．⑤　9．②　10．④　11．⑤　12．⑥

Ⅲ　13．④　14．④　15．⑤　16．③　17．①　18．②　19．⑤

Ⅳ　20．②　21．④　22．②

Ⅴ　23．④　24．④　25．④　26．⑤

Ⅵ　27．①　28．⑤　29．③　30．②　31．③

Ⅶ　32．③　33．⑤　34．①

《理　科》

〈1〉 1．②　2．⑩　3．②　4．②

〈2〉 5．②　6．①　7．⑧

〈3〉 8．⑤　9．④　10．③　11．③

〈4〉 12．④　13．③　14．②　15．②　16．①

〈5〉 17．①　18．①　19．④　20．②

〈6〉 21．④　22．④　23．③

〈7〉 24．②　25．③　26．③

〈8〉 27．⑤　28．②　29．①　30．④

〈9〉 31．④　32．②　33．⑧

〈10〉 34．②　35．④　36．②　37．①　38．①

〈11〉 39．①　40．⑥　41．③　42．③　43．⑤

《英　語》

Ⅰ　1．Ⓒ　2．Ⓖ　3．Ⓨ　4．Ⓒ　5．Ⓗ

Ⅱ　1．interested　2．player　3．more　4．nothing　5．It

Ⅲ　6．⑦　7．②　8．⑥　9．④　10．①　11．③　12．③　13．②

Ⅳ　14．①　15．①　16．⑦　17．③　18．④　19．①　20．②　21．②　22．④　23．②
24．③　25．④

《国　語》

一　1．③　2．⑤　3．①　4．③　5．④　6．⑤　7．②　8．④　9．④
問九．直接的～い表現

二　10．③　11．④　12．⑤　13．③　14．②　15．③　16．①　17．⑤　18．④　19．②

三　①縮　②も　③契約　④よわね

四　20．④　21．②　22．①　23．③　24．⑤　25．⑤　26．③　27．①　28．②

《数 学》

1 ア．① イ．① ウ．⑧

2 エ．⑦ オ．③

3 カ．⑤

4 キ．② ク．①

5 ケ．③ コ．④

6 サ．② シ．② ス．⑥

7 セ．④

8 ソ．① タ．② チ．⑧ ツ．⓪

9 テ．⑤ ト．⓪ ナ．① ニ．⑨

10 ヌ．⑧ ネ．⑤

11 ノ．② ハ．① ヒ．②

12 フ．⑧ ヘ．⑥ ホ．⑥

13 マ．② ミ．⑤

14 ム．① メ．⑧ モ．① ヤ．④ ユ．① ヨ．⑧ ラ．①

15 (1) $8x$ (2) $x^2-12x+64$ (3) $x^2-28x+192$

←解答例は前のページにありますので，そちらをご覧ください。

―《2021　社会　解説》

Ⅰ　1　④Ａはチベット高原を水源にもち，下流域で稲作が盛んな長江(イ)，Ｂは熱帯雨林を流れるアマゾン川(ウ)，河口からさかのぼった港はマナウス港，Ｃはサハラ砂漠を流れるナイル川(ア)である。

2　⑤アジア州は，人口13億人以上の中国やインドがあるのでＡと判断する。残ったうち，ＧＤＰの値が低いＢをアフリカ州，ＧＤＰの値が高いＣを北アメリカ州と判断する。

3　②が正しい。ＡＳＥＡＮは東南アジア諸国連合の略称である。　①日本が油田の開発・管理を独占したことはない。　③西部大開発は内陸部と沿海部の経済格差を縮小する目的で行われている。　④経済特区はシェンチェン・アモイ・チューハイ・スワトウ・ハイナン島で，シャンハイは含まれない。　⑤ＩＴ産業の中心はインド南部のベンガルール，デリーはインド北部の首都。

4　④が誤り。アフリカ諸国の多くは，未だに一次産品の輸出に頼るモノカルチャー経済となっている。

5　③が正しい。　①地中海沿岸の地域では，乾燥する夏にオリーブやブドウ，まとまった雨が降る冬に小麦を栽培する。　②ヨーロッパ西部は暖流の北大西洋海流と偏西風の影響で冬でも温暖なので，東部よりも年間の気温差が小さくなる。　④園芸農業がさかんなのはオランダである。　⑤東ヨーロッパ諸国は西ヨーロッパ諸国よりも経済力が低いので，東ヨーロッパの労働者が西ヨーロッパに流れている。

6　④かつて五大湖周辺で鉄鋼業や自動車工業などの重工業が発展し，デトロイトには自動車工場が多かった。

Ⅱ　7　新潟県上越市は日本海側の気候なので，北西季節風の影響で冬の降水量(降雪量)が多い②と判断する。①は北海道の気候，③は南西諸島の気候，④は西日本の日本海側の気候，⑤は太平洋側の気候。

8　⑤が正しい。Ｅ(大分県)には，日本最大の地熱発電所の八丁原発電所がある。Ａ(富山県)は水力発電所，Ｂ(福島県)とＤ(静岡県)は原子力発電所，Ｃ(千葉県)は火力発電所。

9　Ｐ→Ｑにかけて，丹波高地→奈良盆地→紀伊山地があるから②と判断する。

10　④が誤り。阪神工業地帯は，第二次世界大戦前は繊維などの軽工業を中心に発達し，戦後は鉄鋼や石油化学などの重化学工業が中心となった。

11　⑤が正しい。レタスの生産量は長野県が日本一なので，Ｅと判断する。長野県では，夏でも涼しい気候をいかして，高原野菜のレタスなどを栽培している(抑制栽培)。Ａはじゃがいも，Ｂは玉ねぎ，Ｃはぶどう，Ｄは茶。

Ⅲ　13　④が正しい。日本町の自治を行った日本人として，アユタヤの山田長政が知られている。　①「コロッセオ」ではなく「アクロポリス」である。コロッセオはローマ(イタリア)にある。　②「ピラミッド」ではなく「ジッグラト」である。ピラミッドはエジプト文明。　③名主・組頭・百姓代は江戸時代の本百姓である。　⑤毛利氏は安芸国(広島)を中心に支配していた。鹿児島は島津氏(薩摩藩)によってつくられた。

14　④が誤り。西廻り航路と東廻り航路の起点は酒田であった。酒田から太平洋沿岸をまわって江戸まで運ぶのが東廻り航路，酒田から日本海沿岸をまわって大阪まで運ぶのが西廻り航路である。

15　⑤が誤り。西ヨーロッパのローマ教皇を首長とするカトリック教会，東ヨーロッパの正教会に二分された。

16　③が正しい。　①「応仁の乱」ではなく「承久の乱」である。応仁の乱は室町時代。　②「遠国奉行」ではなく「町奉行」である。　④「室町幕府」ではなく「江戸幕府」である。　⑤大老は１名のみの臨時職であった。

17　①が正しい。　②「小野妹子」ではなく「菅原道真」である。小野妹子は飛鳥時代の遣隋使。　③「倭の奴国の王」ではなく「邪馬台国の卑弥呼」である。倭の奴国の王は後漢に使いを送り，金印を授かった(『後漢書』東夷伝)。

④「文禄の役と慶長の役」ではなく「文永の役と弘安の役」である。文禄の役・慶長の役は，安土桃山時代に豊臣秀吉が行った朝鮮出兵。　⑤「平清盛」ではなく「足利義満」である。平清盛は平安時代末期に日宋貿易を行った。

18　②が正しい。　①「ポルトガル」ではなく「スペイン」である。　③オランダの拠点はマカオではなくインドネシアである。マカオを拠点としたのはポルトガル。　④マルコポーロは来日しなかった。　⑤「代表なくして課税なし」ではなく「非暴力・不服従」である。「代表なくして課税なし」はアメリカ独立戦争のスローガンである。

19　⑤が正しい。　①秀吉は，キリスト教宣教師の追放を命じるバテレン追放令を出したが，南蛮貿易を奨励していたため徹底されなかった。　②「織田信長」ではなく「大友義鎮(宗麟)・大村純忠・有馬晴信(キリシタン大名)」である。　③出島でもキリスト教の布教は禁止されていた。キリスト教を布教しないオランダの商館が出島に移されて貿易が行われた。　④島原・天草一揆をおこしたのは天草四郎で，徳川家光により鎮圧された。

Ⅳ　20　②が正しい。　①「公武合体論」ではなく「尊王攘夷論」である。　③「長崎」ではなく「大坂」である。　④「ドイツ」ではなく「オランダ」である。　⑤藩校には武士の子のうち男子のみが通えたので，庶民は通えなかった。

21　④写真のバスティーユ牢獄襲撃事件はフランス革命の発端となった事件である。絶対王政がとられていたフランスでは，税金を負担していた平民の不満が高まってフランス革命がおこり，自由と平等を唱えた人権宣言が発表された。革命政府がルイ16世を処刑して共和制を開始すると，軍人のナポレオンが権力を握り，フランス革命は終結した。

22　②が誤り。地租改正では，土地の所有者に税の負担義務を負わせて地券を交付し，課税の対象を収穫高から地価の３％に変更して現金で税を納めさせた。

Ⅴ　23　④が正しい。　【A】ヒトラー率いるナチスは，ドイツ民族の優越を説いて，ユダヤ人排斥・絶滅政策を推し進め，独裁体制を維持した。ファシスト党はイタリアの政党，ソビエトはロシアの評議会。　【B】近衛文麿は1937年から1939年まで(第１次)と，1940年から1941年10月まで(第２次～第３次)内閣総理大臣を務めた。国家総動員法制定は1938年のできごとである。東条英機は1941年10月から1944年７月まで内閣総理大臣を務めた。

24　④が正しい。　①シベリア出兵後の 1918 年の出来事である。　②第一次護憲運動の記述である。　③「満20歳以上」ではなく「満25歳以上」である。　⑤第一次世界大戦(1914～1918年)後の記述なので，第二次護憲運動の開始よりも前のできごとである。

25　④が誤り。レジスタンスは第二次世界大戦中にドイツ(ナチス)の占領に対してフランス人が起こした抵抗運動。

26　⑤が正しい。高度経済成長期は1950年代後半～1973年，日ソ共同宣言調印・国際連合加盟は1956年，日中平和友好条約締結は1978年，日韓基本条約締結は1965年，朝鮮戦争による特需景気は1950～1953年。

Ⅵ　27　①が誤り。秘密選挙の原則により，誰に投票したかを公開する必要はない。

28　すべて正しいから⑤を選ぶ。比例代表制は，死票が少なくなって少数意見が反映されやすくなるが，小政党が乱立しやすい。一方，小選挙区制は，当選者以外に投じられた票はすべて死票となってしまうので，少数派の意見が政治に反映されにくい。

29　③が誤り。弾劾裁判所の設置は国会が持つ権限である。

30　Ⅱのみ誤りだから②を選ぶ。議院内閣制に基づき，衆議院で内閣不信任決議案が可決されると，10日以内に衆議院が解散されない限り，内閣は総辞職しなければならない。

31　③菅義偉政権(2020年11月時点)は，自由民主党・公明党による連立政権である。

Ⅶ　32　③が誤り。日照権は，生存権・幸福追求権を根拠としていて，居住する権利の上に成り立っているので，求めることができる。

34　①が誤り。裁判の審議中における写真撮影や動画撮影は禁止されている。

《2021　理科　解説》

〈1〉

(1)　②○…グラフより，このばねは 20 g のおもりをつるすと 1 cm のびることがわかるので，$\frac{20}{100}$=0.2(N)となる。

(2)　⑩○…実験１より，ＡとＢの間の距離が３cmのときの引き合う力によってばねが１cm分のびるので，磁石の質量 100 g によるばねののび１×$\frac{100}{20}$=５(cm)と合わせて，ばねの長さは 10+(１+５)=16(cm)となる。

(3)　②○…〔仕事(Ｊ)=力の大きさ(Ｎ)×力の向きに物体を動かした距離(ｍ)〕，20cm→0.2m，ばねののびが 2.5 cmのときのばねにはたらく力は 50 g→0.5Ｎより，0.5×0.2=0.1(Ｊ)となる。

(4)　②○…〔仕事率(Ｗ)=$\frac{\text{仕事(J)}}{\text{時間(秒)}}$〕より，$\frac{0.1}{5}$=0.02(Ｗ)となる。

〈2〉

(1)　②○…方位磁針のＮ極が北を指すことから，地球内部には北がＳ極，南がＮ極の磁石があると考えることができる。磁力線は磁石のＮ極からＳ極へ向かう向きである。

(2)　①○…電流が流れる導線のまわりにできる磁界は，電流の向きを右手の親指の向きに合わせて他の指を軽く握ったときの他の指の向きである。したがって，Ａのまわりには上から見て時計回りの磁界ができる。

(3)　⑧○…コイルに流れる電流が大きいほど，電流が磁界から受ける力の大きさが大きくなる。ア～エの全体の抵抗が小さいほど，コイルに流れる電流が大きくなり，コイルの傾きが大きくなる。直列つなぎの全体の抵抗はそれぞれの抵抗の和になり，並列つなぎの全体の抵抗はそれぞれの抵抗よりも小さいので，全体の抵抗が小さい順(コイルの傾きが大きい順)にイ，エ，ア，ウとなる。

〈3〉

(1)　⑤○…〔抵抗(Ω)=$\frac{\text{電圧(V)}}{\text{電流(A)}}$〕より，図１の値を使って，$\frac{4.0}{0.2}$=20(Ω)となる。

(2)　④○…電圧計が6.0Ｖを示したので，Ｙの電流は0.2×$\frac{6.0}{4.0}$=0.3(Ａ)，Ｚの電流は0.1×$\frac{6.0}{3.0}$=0.2(Ａ)である。したがって，電流計を流れる電流は 0.3+0.2=0.5(Ａ)である。

(3)　③○…電源装置を流れる電流と電源装置の電圧の関係から合成抵抗を求める。Ｘを流れる電流は 0.5Ａだから，Ｘの電圧は 5.0Ｖであり，電源電圧は 6.0+5.0=11.0(Ｖ)である。〔抵抗(Ω)=$\frac{\text{電圧(V)}}{\text{電流(A)}}$〕より，$\frac{11.0}{0.5}$=22(Ω)となる。

(4)　③○…〔電力(Ｗ)=電圧(Ｖ)×電流(Ａ)〕より，5.0×0.5=2.5(Ｗ)となる。

〈4〉

(1)(2)　ペットボトルのボトルはポリエチレンテレフタラート(ＰＥＴ)でできている。

(3)　②○…メスシリンダーでは，液面のへこんだ下の面を，真横から見て目もりを読むので，下の面が 80.0mL になっている②が正答である。

(4)　②○…6.0 g の体積が 84.6−80.0=4.6(mL)→4.6 cm^3である。〔密度(ｇ/cm^3)=$\frac{\text{質量(g)}}{\text{体積(cm}^3\text{)}}$〕より，$\frac{6.0}{4.6}$=1.30…→1.3 g/$cm^3$となる。

(5)　①×…例えば，(4)で求めたポリエチレンテレフタラートの密度は 1.3 g/cm^3で，水の密度(1.0 g/cm^3)よりも大きいので水に沈む。

〈5〉

(1)　①○…〔質量パーセント濃度(%)=$\frac{\text{溶質の質量(g)}}{\text{溶液の質量(g)}}$×100〕より，$\frac{4.0}{100+4.0}$×100=3.84…→3.8%となる。

(2)　①○…〔２〕でどちらのリトマス紙の色も変えなかったＡとＢは，水溶液が中性の砂糖か塩化ナトリウムである。これらのうち〔３〕で電流が流れなかったＡが砂糖だから，Ｂは塩化ナトリウムである。

(3)　④○…〔１〕で分離したＣ(酸化カルシウム)のろ液は水酸化カルシウムの水溶液(石灰水)である。二酸化炭

素を石灰水に通すと白くにごる。この白いにごりは炭酸カルシウムである。

⑷　②○…フェノールフタレイン溶液はアルカリ性の水溶液に反応して赤色になる。Ｄ(炭酸水素ナトリウム)の水溶液は弱いアルカリ性だから，フェノールフタレイン溶液を加えるとうすい赤色になる。

〈６〉

⑴　④○…29ｇの酸化銀から 27ｇの銀と 29－27＝2.0(ｇ)の酸素が得られたから，8.0ｇの酸素が得られるのは，酸化銀を $29\times\frac{8.0}{2.0}$＝116(ｇ)分解したときである。

⑵　④○…9.0ｇの水を電気分解すると 1.0ｇの水素と 9.0－1.0＝8.0(ｇ)の酸素が得られるから，18ｇの水を分解すると，$8.0\times\frac{18}{9.0}$＝16(ｇ)の酸素が得られる。

⑶　③○…水の電気分解では，発生する水素と酸素の質量比が水素：酸素＝１：８，体積比が水素：酸素＝２：１になるので，水素原子１個の質量を１とすると，酸素原子１個の質量は８×２＝16 である。銀と酸素は銀：酸素＝27：２の質量比で発生し，化学反応式より，銀原子４個と酸素分子１個(酸素原子２個)が反応するので，原子１個の質量比は 27：(２×$\frac{4}{2}$)＝27：４となる。したがって，酸素原子１個の質量が 16 のとき，銀原子１個の質量は $27\times\frac{16}{4}$＝108 となる。

〈７〉

⑴　②○…マツの雌花のりん片には胚珠が，雄花のりん片には花粉のう(ア)がついている。アブラナの花で花粉が出るのは②(やく)である。

⑵　③○…ホウセンカの種子は，熟すとはじけて飛ぶ。

⑶　③○…イヌワラビはシダ植物で，胞子をつくってふえる。

〈８〉

⑴　①×…無セキツイ動物の方が多くの種類がある。　②×…セキツイ動物は魚類，両生類，ハチュウ類，鳥類，ホニュウ類の５つのグループに分けられる。　③×…マイマイは軟体動物である。　④×…昆虫の胸部や腹部には気門があり，ここからとり入れた空気で呼吸している。　⑥×…イカのように胃や肝臓をもつ無セキツイ動物もいる。

⑵　②○…小腸から肝臓へつながる特徴的な血管などから，図の心臓の右側に全身に血液を送り出す左心室，図の心臓の左側に肺に血液を送り出す右心室がある。したがって，血液が流れる向きはＢである。

⑶　①○…血液中の酸素と二酸化炭素の交かんは，肺で行われる。肺のはたらきで体外に排出される気体は二酸化炭素である。

⑷　④○…からだに不要な物質はじん臓でこし取られて尿として排出されるので，じん臓を通った後の血液には，からだに不要な物質が最も少ない。

〈９〉

⑴　④○…卵細胞や精細胞などの生殖細胞がつくられるとき，染色体の数が半分になる減数分裂が行われる。それぞれの生殖細胞が受精して受精卵ができる。生殖細胞は２種類ずつあるので，２×２＝４(通り)である。

⑵　①×…生殖細胞のはたらきによって新しい個体がつくられる生殖を有性生殖という。　③×…卵と精子は同じ形，同じ大きさではない。　④×…生殖細胞によってつくられる新しい個体がもつ細胞(に含まれる染色体)は，親の細胞と異なることもある。

⑶　⑧○…丸い種子の純系(遺伝子ＡＡとする)としわの種子の純系(遺伝子ａａとする)をかけ合わせてつくった子がすべて丸い種子(Ａａ)になったことから，丸い種子が優性の形質だとわかる。これらの子の自家受粉でできる

孫の遺伝子の組み合わせはＡＡ：Ａａ：ａａ＝１：２：１となり，丸い種子：しわの種子＝３：１となる。したがって，子の代に現れなかった形質は隠れていて，孫の代に現れたと考えられる。

〈10〉

(1)　②○…地下にある岩石が，高温のためにどろどろにとけた物質をマグマという。

(2)　④×…深成岩は，マグマが地下深くでゆっくり冷え固まってできた岩石である。

(3)　②○…マグマのねばりけが弱いと，火山の形は厚みの少ない形になり，黒っぽい岩石が多くなる。また，噴火のようすはおだやかである。一方，マグマのねばりけが強いと，火山はおわんをふせたような形になり，白っぽい岩石が多くなる。また，噴火のようすは激しくなる。

(4)　①○…凝灰岩は火山灰などが降り積もったものが押し固められてできた堆積岩である。

(5)　①○…地層はふつう下にあるものほど古い。アサリの化石の上にある凝灰岩の層は同じ時期に堆積したと考えられるので，その凝灰岩の層よりも下にあるアが最も古い。次にその凝灰岩の層の上にあるイが古く，その上にあるエがその次に古い。Ｃでは，ウの下の層がエ，さらにその下の層がイになり，ウが最も新しい。

〈11〉

(1)(3)　小笠原気団とオホーツク海気団の勢力がほぼつり合っているときに，停滞前線ができる。

(2)　⑥○…小笠原気団とオホーツク海気団はともに海上にできる気団だから，水蒸気を多く含んでいる。

(4)　③○…停滞前線はつゆや秋雨の時期にできる。

(5)　⑤○…停滞前線に沿って帯状の雲ができる。なお，②は日本海にすじ状の雲があるので冬の衛星写真である。

《2021　英語　解説》

Ⅰ　**1**　質問「アンガク駅はどこにありますか？」…ジョン「ここからサークル線のジョウセイ駅まではどうやって行けばいいのかな？」→ケン「３つ目の駅で乗り換えなければいけないね」→ジョン「でもそこにはサークル線は走っていないよ」→ケン「アンガク駅まで歩いて，そこからサークル線に乗ることができるよ」→「なるほど。ありがとう」の流れより，彼らは現在地から３つ目のＢで下車し，サークル線の最寄り駅であるＣまで歩く。

【本文の要約】参照。**2**　質問「城の最寄り駅はどれですか？」…現在地の次の駅でサブウェイ線に乗り換えて１つ目の駅だから，Ｇが適切。　**3**　質問「城はどこにありますか？」…Ｇが城の最寄り駅だから，Ｙが適切。

【本文の要約】

ポール：この線に乗ればオカザキ城に行くための駅に着くことができるかな？

タロウ：いいや。次の駅でサブウェイ線に乗り換えなければいけないよ。もしくは２つ目の駅でバスに乗るか。

ポール：どちらの方が早い？

タロウ：電車だね。サブウェイ線に乗り換えてひとつ目の駅だからね。

ポール：なるほど。ありがとう。

4　質問「和食レストランはどこにありますか？」…リカ「すみません。この近くで，いい和食レストランをご存じですか？」→トム「はい。ここからまっすぐ歩いて行って，２つ目の角を左折してください」→リカ「お店は角にあるのですか？」→トム「いいえ，右側の２軒目です」→リカ「なるほど。ありがとうございます。私たちはこの公園内をずいぶん歩いたのでとてもおなかがすいているんです」の流れより，Ｃが和食レストランである。

5　質問「書店はどこにありますか？」…カナ「すみません。この近くに書店はありますか？」→ボブ「ええ

と，アップル通りのここからＡＴＭまでまっすぐ行って，左折してください。道沿いにありますよ」→カナ「簡単に見つかりますか？私はこの町に来るのは初めてなんです」→ボブ「大丈夫ですよ。すぐに，カフェと本屋を見つけることができますよ」→カナ「ありがとうございました」の流れ。ＡＴＭは２か所あるが，会話と合うのは左側のＡＴＭである。Ｈが書店である。

Ⅱ　１　Ａ)「歌舞伎はジョンにとって興味深いものだ」をＢ)「ジョンは歌舞伎に興味がある」に書きかえる。「～に興味がある」＝be interested in ～

２　Ａ)「ヒロシはサッカーがとても上手だ」をＢ)「ヒロシはとても上手なサッカー選手だ」に書きかえる。

３　Ａ)「この問題はあの問題ほど難しくない」をＢ)「あの問題はこの問題よりも難しい」に書きかえる。「〇〇よりも…」＝比較級＋than＋〇〇　difficult の比較級は more difficult である。

４　Ａ)，Ｂ)共に「今朝は食べ物がなかった」という意味である。〈There was no ～.〉「～がなかった」は，〈主語＋had no ～.〉に書きかえることができる。　・nothing to eat「食べ物がない」

５　Ａ)，Ｂ)共に「私にとってギターの演奏は簡単ではない」という意味である。〈～ing is … for me.〉「私にとって～することは…だ」は，〈It is … for＋人＋to ～.〉に書きかえることができる。

Ⅲ　問１　【本文の要約】参照。

【本文の要約】

店員　：いらっしゃいませ。A⑦何かお探しですか？

エリカ：はい。B②冬のコートが欲しいのですが。

店員　：かしこまりました。新商品のコートがいくつかございます。

エリカ：まあこの赤いのがとても素敵だわ！着てみてもいいですか？

店員　：もちろんです。

―エリカは赤いコートを試着します―

店員　：いかがですか？

エリカ：素敵な色ですね。ただ…C⑥私には少し大きすぎるのですが。

店員　：申し訳ありませんがこちらはワンサイズとなっております。あちらのコートはいかがですか？D④あれは小さなサイズもございます。

エリカ：まあ，素敵ですね。気に入りました。E①おいくらですか？

店員　：3000円です。

エリカ：わかりました。F③それにします。

問２　１　母「どこに行くの？」→息子「名古屋だよ。今夜はトムに会って一緒に夕飯を食べるんだよ」→母「わかったわ。［　　］」→息子「え，雨が降るの？」の流れより，③「出掛ける前に傘を持って行きなさい」が適切。

２　男性「パーティーにようこそ」→女性「わくわくしています」→男性「食べ物を用意しています。［　　］」→女性「わぁ，どれもおいしそうですね！」の流れより，②「ご自由にどうぞ」が適切。

Ⅳ　【本文の要約】参照。

問１　Actually「実は」は，意外なことや，予想に反する事実を言うときに使う。

問２　・among ～「(集団や３つ以上のもの)の間で」

問３Ｃ　・help ～「～を助ける」　・want to＋動詞の原形「～したい」(to 不定詞の名詞的用法)

Ｄ　受動態〈be 動詞＋過去分詞〉「～される」より，eat の過去分詞 eaten が適切。

問5　In Japan, the dish called “nikujaga” is very popular.：文意「日本では，nikujaga と呼ばれる料理が大変人気があります」「nikujaga と呼ばれる料理」は〈過去分詞(＝called)＋語句(＝“nikujaga”)〉で後ろから名詞(＝dish)を修飾して表す。

問6　come from ～「～出身の／～から来た」より，場所についての文だから，場所を尋ねる疑問詞が適切。

問7　①の「南アメリカ」は本文では「ヨーロッパ」，②の「新しい食料」は本文では「金と銀」，③の「その歴史」は本文では「ジャガイモ」である。したがって④「いずれも述べられていない」が適切。

問8　①，③は本文で述べられている内容である。②は本文では「フライパンに油を注ぎ，温める」という順序である。

問9　one は前に出た名詞と同じ種類の不特定のものを指す代名詞。ここでは，直前の文の native own dishes の1つ，という意味。

問10　①×「アメリカ人はさまざまなジャガイモ料理の中でポテトサラダが最も好きだと言われている」…本文にない内容。　②「アイルランドは×ドイツより後に，日常の食べ物としてジャガイモを食べ始めた」　③×「ほとんどの国は独自の料理としてジャガイモを受け入れることができなかった」…本文にない内容。　④○「ドイツの王は200年以上前に，ジャガイモが飢えた人々を救えると考えた」

【本文の要約】

今日は，ジャガイモと僕の好きなジャガイモ料理について話します。皆さんは，フライドポテトがない生活を想像できますか？僕にはできません！A①実は(＝Actually)僕は子どもの頃ジャガイモがまったく好きではありませんでした。しかし母は好きで，僕のためにさまざまな種類のジャガイモ料理を作ってくれました。今ではそれらは全部とてもおいしいしと思いますし，母の作る料理が大好きです！

皆さんはジャガイモの歴史を知っていますか？ジャガイモには長い歴史があります。ジャガイモは南アメリカ原産です。そこでは，ジャガイモは古代からずっと人気がありました。16 世紀，スペイン人が南アメリカに金と銀を探しにやって来ました。彼らがジャガイモをヨーロッパに持ち帰って広めたのです。

最初，ジャガイモはヨーロッパの人B①の間で(＝among)あまり人気がありませんでした。彼らは地下で育った野菜を食べたがりませんでした。17 世紀，アイルランドが，日常の食べ物としてジャガイモを使う最初の国となりました。アイルランド人はジャガイモにたくさんいい点があることを見つけたのです。例えば，ジャガイモは寒くて悪い天候でもよく育ち，人々は痩せた土地でもたくさんのジャガイモを収穫することができたのです。問10④ドイツでは 18 世紀，フレデリック王が，食べ物がない国民をC⑦助けたい(＝wanted to help)と思いました。1774 年，王は国民にジャガイモを育てて食べるように命じました。王はジャガイモが国民を飢えから救えると思ったのです。そしてそれはその通りになりました。

今日，多くの国に独自のジャガイモ料理があります。ドイツ人はポテトサラダを食べ，アメリカにはベイクトポテトがあります。(あ)④もちろん(＝Of course)フランス人はフライドポテトが好きです。今やジャガイモは世界中でD③食べられています(＝are eaten)。日本では，nikujaga と呼ばれる料理が大変人気があります。日本語で niku は肉を表し，jaga がジャガイモを表します。ジャガイモに対する日本語名はE②どこ(＝Where)から来たのでしょうか？それは，インドネシアの最も重要な都市ジャカルタから来ました。16 世紀，オランダ人がジャカルタから日本にジャガイモをもたらしたのです。

(い)④また(＝also)，僕は皆さんに肉ジャガの作り方をお伝えしたいと思います。作ってみましょう！まず，食材を切り分けます。問8①ジャガイモと人参は大きめに，玉ねぎは三角形に切ります。それから牛肉を小さく切ります。次にフライパンに植物油を入れ，熱します。問8③油が熱くなったら，肉，玉ねぎ，にんじん，そしてジャガイモをいためます。それから，それらを鍋に入れ水と調味料を加えます。鍋に落としぶたをして，15～20 分煮ます。(う)④最後に(＝Finally)，汁がほとんどなくなったら完成です。

ジャガイモにはとても長くて興味深い歴史があります。昔，ジャガイモは世界中で人気になりました。今や多くの国に自国のジャガイモ料理があります。今日は日本のF③料理(＝the one)の１つであるnikujagaの作り方を学びました。どうぞ家族とそれを作って楽しんでください。家族にこの素晴らしい野菜の面白い歴史を伝えることもできます。

《2021　国語　解説》

【一】

問二　この後「たとえば、寄付を乞《こ》われた場合〜その金額によっては断るなりできるが、『お志』といわれると、どのていど協力すべきか思い悩まねばならない。相手に判断を強い、思い悩ませるのは、考えてみれば、ずいぶん失礼な話ではないか」と続くので、⑤が適する。

問三　直後に「こんなかんたんな単語でこんな複雑な意味をあらわす言葉というのは、そのコミュニティーにとけこまないかぎり、外部のものにはとうてい理解できない独特の取りきめ、すなわち言語外のルールを持っているにちがいないからである」とある。筆者は、コミュニティーに溶け込んで、「独特の取りきめ」「言語外のルール」を理解するのは無理だと判断し、習うのをあきらめたのである。よって、①が適する。

問四　直後の「家庭内の会話ではくどくどという必要はない。言語の大半が省略されても意志はちゃんと通じる。なぜなら、判断や意志や感情を相手につたえる場合、伝達者と受け手が同質の情報環境に置かれているなら、言葉を厳密に使用する必要はなく、きわめて簡単な表現でも同質の価値観や等質の感情が言葉を補足してくれるからである」より、③が適する。

問五　「補足」は、訓で「補《おぎな》う・足《た》す」と読めるから、④の「救《すく》う・助《たす》ける」と同じ、同じような意味の漢字の組み合わせ。

問六　ここで問題にしているもの、特に「神通力」が意味しているのは、「そのコミュニティーにとけこまないかぎり、外部の者にはとうてい理解できない独特の取りきめ、すなわち言語外のルール」や、「伝達者と受け手が同質の情報環境に置かれているなら」「簡単な表現でも同質の価値観や等質の感情が言葉を補足してくれる」というもの。異国にいて、ふだんは現地の言葉を話している場合でも、日本人同士は日本語で話すはずなので、⑤の「異なる言語」は適当ではない。

問七　虫がいいとは、自分の都合ばかり考えていて他を顧みない、身勝手であるという意味。

問八　傍線部①に続く部分や、最後の段落の内容を参照。特に「『よろしく』という言葉は一見、相手の意志や判断を尊重する言い方に思える。しかし、よく考えてみると、それは責任を相手に転嫁させる事によって、自分の責任をのがれようとする呪文ではないか」「表向きは丁寧で、じつはこの上ない厚かましさに通じているのだ」などと、④の内容が一致する。

問九　「日本の敬語法」に見られ、「表向きは丁寧」なものが入る。文章の最初の方で、日本の敬語について、「直接的で明確な言い方を避け、間接的で断定しない表現」と述べている。

問十　傍線部⑤の前の、「『よろしく』というのはそうした(＝同質の価値観や等質の感情が言葉を補足してくれる)同質環境における言葉のいい例だろう〜だから『よろしく』は外国人に対しては使えない」と、④の内容が一致する。

【二】

問二　直前の「そんなこと」が指しているのは、「自分が何を書くつもりなのか、ちっとも考えていないこと」である。それより「インクがしみ出してくる瞬間や、紙とペン先がこすれあう音や、罫線《けいせん》の間を埋めていく文字の連なりの方が、ずっと大事なのだった」とあるので、④が適する。

問三　少し後に「大人たちは誰も書かれた内容については、興味は示さなかった。どうせ自分たちの知っている漢

字ばかりなんだから、という訳だ」とある。よって、⑤が適する。

問四　「いとおしい気持」にもっとも近いのは、選択肢のなかでは「親近感」。また、「私の指先を擦《す》り抜けて目の前に表れた」言葉を、「私」は「私の味方」と感じている。よって、③が適する。

問五　直前の「ついさっきまでただの白い紙だったページに、意味が与えられている。しかもそれを授けたのは自分自身なのだ。私は疲労感と優越感の両方に浸りながらページを撫《な》で付けた」より、傍線部④までの気持ち、特に「優越感」について触れている②が適する。

問六　直後に「干渉しない点については同じだが、彼女は明らかにこの作業を、勉学とは違う種類のものとして認めていた。敬意さえ払っていたと言ってもいい」とある。次の段落に書かれているキリコさんの行為や態度からも、そうした敬意が読み取れる。よって、③が適する。

問七　「まるで世界の隠された法則を。手に入れたかのような気分だった」や、「今日は何にも書くことがないという日は、一日もなかった。キャップさえ外せば、万年筆はいつでも忠実に動いた」などから、万年筆で書くことにやりがいと喜びを見出し、毎日たくさん書いて充実した日々を送っていたことが読み取れる。そんな時突然、万年筆が壊れてしまったので、絶望してしまったのである。よって、①が適する。

問八　傍線部⑦の「やはり」という表現から、これまでに何度もキリコさんに助けられ、キリコさんを信頼していることがわかる。また、傍線部⑤の次の段落の描写から、キリコさんは、普段から「私」を理解し、そっと見守っていてくれていることがうかがえる。よって、⑤が適する。

問九　作業の内容は、インクの切れた万年筆をよみがえらせるものなので、④の「新しい命を吹き込むように」という意味合いが読み取れる。キリコさんは、「私」のものを書くという行為に敬意を払っていた。また、直前に「慎重に」とある。いろいろな意味で大事な万年筆なので、キリコさんは繊細に作業を行ったと考えられる。よって、④が適する。

問十　問二の解説も参照。「何を書くか」は、「そんなことはたいした問題とは思えなかった」とある。よって、②の「万年筆で書く内容も重要」は、本文の内容と合致しない。

【四】

問一　推量・意志の助動詞「ん(む)」は、「○／○／ん(む)／ん(む)／め／○」と活用する。終止形・連体形は同じ形だが、この前に係助詞「ぞ」があり、係り結びになっている。よって、④の「連体形」が適する。

問二・三　飛びそこなって溝に落ちた鮒が、喉が渇き、助けてほしいと思って荘子に呼びかけた状況から考える。

問四　鮒が飛んで行こうとしていた江湖へ、荘子も二、三日後に遊びに行くところだったと言っている。よって、江湖へ持っていくのは①の「鮒」である。

問五　鮒が頼んだ通りにしてやったので、⑤が適する。

問六　鮒と現在の荘子に共通する点は、今すぐ助けてもらわないと生きられないということである。よって、「まったくそれまでは待てない」という意味の⑤が適する。

問七　荘子にとっての「後の千の金」は、遅すぎる援助である。これは、死にかけている鮒にとっての、二、三日後に江湖に放してもらうことにあたる。よって、③が適する。

問八　最後の二文で述べている内容が、荘子の言いたかったことである。

【古文の内容】

「昨日道を歩いていた時に、後ろの方で呼ぶ声がする。振り返ってみると人はいない。ただ車の輪の跡のくぼんだ所にたまったわずかな水に、一匹の鮒《ふな》がばたばたしている。どうしたのかと思って近寄って見ると、わずかばかりの水に実に大きな鮒である。『どうしたのか、鮒よ。』と問うと、鮒の言うには、『私は河の神の使いで江《ごう》

湖《こ》に行くのです。それが飛びそこなって、この溝に落ち込んだのです。喉《のど》が渇いて、死にそうです。私を助けてほしいと思って、呼んだのです。』と言う。(それに荘子が)答えて、『私はあと二、三日すると、江湖という所に、遊びに行くところだ。そこに持って行って放してやろう。』と言うと、魚は、『まったくそれまでは待てない。ただ今日一堤《ひとひさげ》(提という容器一杯)ほどの水でもって、喉をうるおして下さい。』と言ったので、そうしてやって助けた。鮒の言ったことを、我が身にも思い知った。今日の命は、物を食べなければ、とても保つことができない。後の千の金は、何の役にも立ちません。」

《2021　数学　解説》

1　与式$=\frac{5}{2}+\frac{3}{4}\times(-\frac{3}{2})=\frac{5}{2}-\frac{9}{8}=\frac{20}{8}-\frac{9}{8}=\frac{11}{8}$

2　与式$=(3+\sqrt{2})\times\sqrt{3}(3-\sqrt{2})=\sqrt{3}(3+\sqrt{2})(3-\sqrt{2})=\sqrt{3}(9-2)=7\sqrt{3}$

3　与式の両辺に6をかけて，$12-(x-2)=24-3x$　　$12-x+2=24-3x$　　$2x=10$　　$x=5$

4　$3x-5y=1$…①，$4x-3y=5$…②とする。

①×3－②×5でyを消去すると，$9x-20x=3-25$　　$-11x=-22$　　$x=2$

①に$x=2$を代入すると，$6-5y=1$　　$-5y=-5$　　$y=1$

5　与式より，$2(x^2-3x+2)=x^2-7x+12+4$　　$2x^2-6x+4-x^2+7x-16=0$　　$x^2+x-12=0$

$(x-3)(x+4)=0$　　$x=3,\ -4$

6　与式より，$(x-2)^2=24$　　$x-2=\pm2\sqrt{6}$　　$x=2\pm2\sqrt{6}$

7　**【解き方】問題にある計算のきまりから，$3※x=3+3x-x=2x+3$となる。**

$2x+3=11$より，$2x=8$　　$x=4$

8　**【解き方】1箱の定価をx円とし，安くなったぶんの合計金額についてxの方程式を立てる。**

1箱目は定価のままで，2箱目は$\frac{20}{100}x$円，3箱目は$\frac{30}{100}x$円，4箱目と5箱目は$\frac{50}{100}x$円安くなった。

したがって，安くなった金額の合計について，$\frac{20}{100}x+\frac{30}{100}x+\frac{50}{100}x\times2=1920$　　$\frac{3}{2}x=1920$　　$x=1280$

よって，1箱の定価は1280円である。

9　**【解き方】右の「へこみのある四角形(ブーメラン型)の角度」を利用する。**

$\angle y+\angle y+88°=126°$より，$2\angle y=38°$　　$\angle y=19°$

$\angle x+\angle y+\angle y=88°$より，$\angle x+2\angle y=88°$

$\angle y=19°$を代入すると，

$\angle x+2\times19°=88°$　　$\angle x=50°$

へこみのある四角形(ブーメラン型)の角度

右図の太線のようなブーメラン型の図形において，

三角形の外角の性質から，$\angle d=\angle a+\angle b$，

$\angle x=\angle c+\angle d=\angle c+(\angle a+\angle b)$だから，

$\angle x=\angle a+\angle b+\angle c$

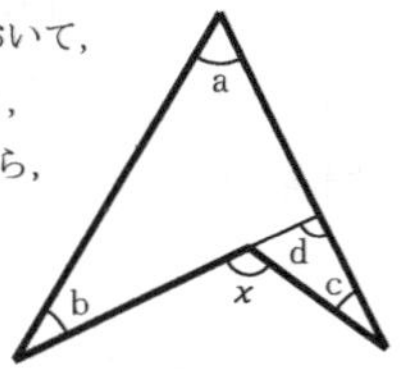

10　**【解き方】右図のように正六角形のいくつかの辺を延長して記号をおく。△JEIの内角の和から$\angle x$を求めたいので，△JKLの内角を1つずつ求めていく。**

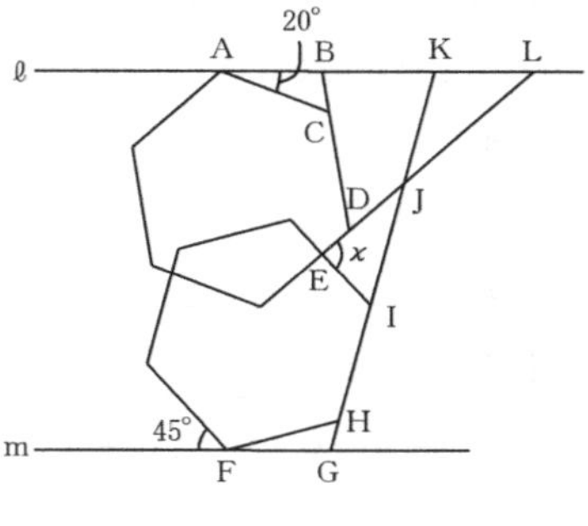

六角形の内角の和は$180°\times(6-2)=720°$だから，正六角形の1つの内角は$720°\div6=120°$，1つの外角は$180°-120°=60°$である。

三角形の外角の性質から，$\angle CBK=\angle BAC+\angle BCA=20°+60°=80°$

△LBDにおいて，

$\angle BLD=180°-\angle LBD-\angle LDB=180°-80°-60°=40°$

$\angle HFG=180°-45°-120°=15°$だから，△FGHにおいて，$\angle FGH=180°-15°-60°=105°$

平行線の錯角は等しいから，ℓ//mより，∠LKG＝∠FGK＝105°

△JKLにおいて，∠KJL＝180°－40°－105°＝35°　　対頂角は等しいから，∠IJE＝∠KJL＝35°

△JEIにおいて，∠x＝180°－35°－60°＝85°

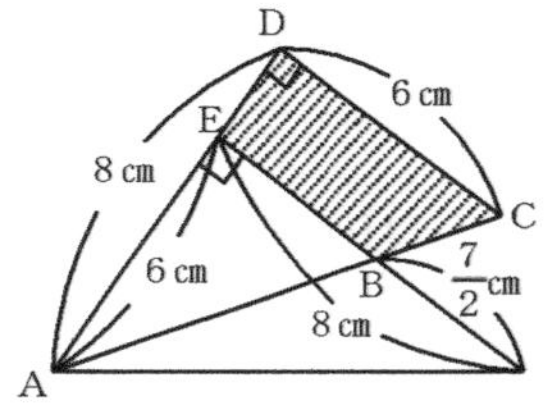

11　**【解き方】右図のように記号をおく。△ADC－△AEBで求める。**

△ADC＝$\frac{1}{2}$×8×6＝24(㎠)

EB＝8－$\frac{7}{2}$＝$\frac{9}{2}$(㎝)だから，△AEB＝$\frac{1}{2}$×6×$\frac{9}{2}$＝$\frac{27}{2}$(㎠)

よって，斜線部分の面積は，24－$\frac{27}{2}$＝$\frac{21}{2}$(㎠)

12　**【解き方】nの百の位の数をx，十の位と一の位の数をyとし，xとyの連立方程式を立てる。**

各位の数の和が20だから，x＋y＋y＝20　　x＋2y＝20…①

n＝100x＋10y＋y，m＝100y＋10y＋xと表せるから，(100x＋10y＋y)－(100y＋10y＋x)＝198

100x＋10y＋y－100y－10y－x＝198　　99x－99y＝198　　x－y＝2…②

①－②でxを消去すると，2y＋y＝20－2　　3y＝18　　y＝6　　②にy＝6を代入すると，x－6＝2　　x＝8

よって，n＝866

13　**【解き方】xは1～6のいずれかだから，yzは6以下でなければならない。yzの値で場合を分けて数えていく。**

例えば，yz＝2となる(y，z)の出方は，(1，2)(2，1)の2通りある。このとき$\frac{x}{yz}$が自然数となるxの値は2，4，6の3通りある。(y，z)の出方1通りごとにxの値が3通りあるから，yz＝2のとき$\frac{x}{yz}$が自然数となる3つのさいころの目の出方は，2×3＝6(通り)ある。

このようにyzの値ごとに条件に合う出方の数を調べると，右表のようになる。よって，求める場合の数は，

6＋6＋4＋3＋2＋4＝25(通り)

yz	(y，z)の出方		条件に合うxの値		条件に合う3つのさいころの目の出方
1	(1，1)	1通り	1，2，3，4，5，6	6通り	1×6＝6(通り)
2	(1，2)(2，1)	2通り	2，4，6	3通り	2×3＝6(通り)
3	(1，2)(2，1)	2通り	3，6	2通り	2×2＝4(通り)
4	(1，4)(4，1)(2，2)	3通り	4	1通り	3×1＝3(通り)
5	(1，5)(5，1)	2通り	5	1通り	2×1＝2(通り)
6	(1，6)(6，1)(2，3)(3，2)	4通り	6	1通り	4×1＝4(通り)

14　(1)　y＝ax^2のグラフはAを通るから，y＝ax^2にx＝－4，y＝2を代入すると，2＝a×(－4)^{2}より，a＝$\frac{1}{8}$

(2)　**【解き方】直線ℓの式をy＝mx＋nとし，2点A，Bの座標からm，nの連立方程式を立てる。**

y＝$\frac{1}{8}x^2$にBのx座標のx＝2を代入すると，y＝$\frac{1}{8}$×2^2＝$\frac{1}{2}$となるから，B(2，$\frac{1}{2}$)である。

y＝mx＋nにAの座標を代入すると，2＝－4m＋n，Bの座標を代入すると，$\frac{1}{2}$＝2m＋n

これらを連立方程式として解くと，m＝－$\frac{1}{4}$，n＝1となるから，直線ℓの式は，y＝－$\frac{1}{4}x$＋1

(3)　**【解き方】△OABの面積は，右の「座標平面上の三角形の面積の求め方」から求める。この応用で，Bを通りy軸に平行な直線と直線OCとの交点をEとすると，**

△OBC＝$\frac{1}{2}$×BE×(OとCのx座標の差)で求められる。

直線ABとy軸との交点をDとする。Dは直線ABの切片だから，D(0，1)，OD＝1とわかるので，

△OAB＝$\frac{1}{2}$×OD×(AとBのx座標の差)＝$\frac{1}{2}$×1×{2－(－4)}＝3

y＝$\frac{1}{8}x^2$にCのx座標のx＝3を代入すると，y＝$\frac{1}{8}$×3^2＝$\frac{9}{8}$と

座標平面上の三角形の面積の求め方

下図において，△OPQ＝△OPR＋△OQR＝△OMR＋△ONR＝△MNRだから，

△OPQの面積は以下の式で求められる。

△OPQ＝$\frac{1}{2}$×OR×(PとQのx座標の差)

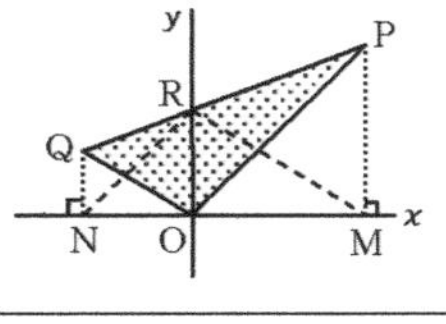

なるから，C$\left(3,\ \frac{9}{8}\right)$である。直線OCは傾きが$\frac{9}{8}\div 3=\frac{3}{8}$だから，直線OCの式は$y=\frac{3}{8}x$である。この式にEの$x$座標の$x=2$を代入すると，$y=\frac{3}{8}\times 2=\frac{3}{4}$となるので，E$\left(2,\ \frac{3}{4}\right)$

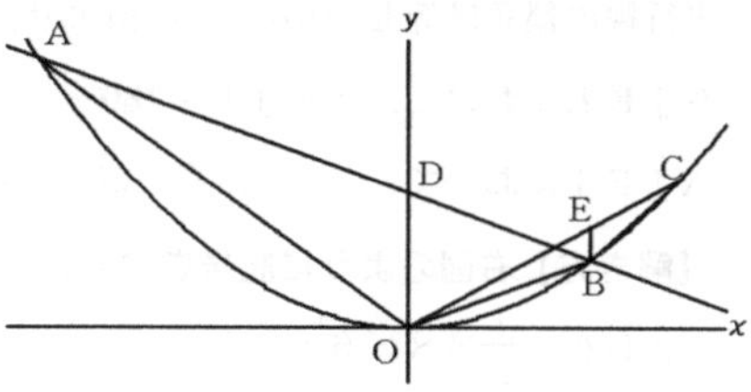

したがって，BE＝(BとEのy座標の差)$=\frac{3}{4}-\frac{1}{2}=\frac{1}{4}$

△OBC$=\frac{1}{2}\times$BE×(OとCのx座標の差)$=\frac{1}{2}\times\frac{1}{4}\times(3-0)=\frac{3}{8}$

よって，△OAB：△OBC$=3:\frac{3}{8}=8:1$

15 (1) **【解き方】Pは$8\div 2=4$(秒)ごとに，Qは$8\div 1=8$(秒)ごとに正方形の頂点を通るので，PがAB上にあるとき，QはCD上にあり，△APQは右図のようになる。**

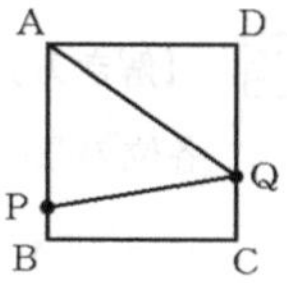

△APQの底辺をAPとしたときの高さはADである。

AP＝$2x$cm，AD＝8cmだから，$y=\frac{1}{2}\times 2x\times 8=8x$

(2) **【解き方】PがBC上にあるのは$4\leqq x\leqq 8$のときだから，QはCD上にあり，△APQは右図のようになる。正方形ABCDの面積から，△ABP，△PCQ，△QDAの面積を引いて，△APQの面積を求める。**

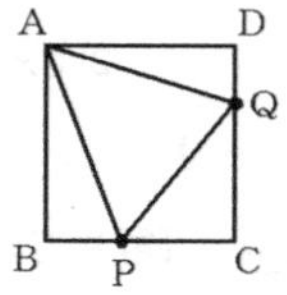

△ABPの底辺をAB＝8cmとしたときの高さはBP＝(Pが動いた長さ)－AB＝$2x-8$(cm)だから，△ABP$=\frac{1}{2}\times 8\times(2x-8)=8x-32$(cm²)

△PCQの底辺をPC＝AB＋BC－(Pが動いた長さ)＝$16-2x$(cm)としたときの高さはCQ＝(Qが動いた長さ)＝$x$cmだから，△PCQ$=\frac{1}{2}\times(16-2x)\times x=-x^2+8x$(cm²)

△QDAの底辺をQD＝CD－(Qが動いた長さ)＝$8-x$(cm)としたときの高さはAD＝8cmだから，

△QDA$=\frac{1}{2}\times(8-x)\times 8=-4x+32$(cm²)

よって，$y=8\times 8-(8x-32)-(-x^2+8x)-(-4x+32)=64-8x+32+x^2-8x+4x-32=x^2-12x+64$

(3) **【解き方】PがCD上にあるのは$8\leqq x\leqq 12$のときだから，QはDA上にあり，△APQは右図のようになる。**

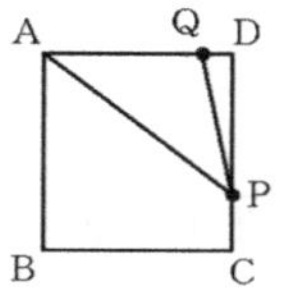

△APQの底辺をAQ＝CD＋DA－(Qが動いた長さ)＝$16-x$(cm)としたときの高さは，

DP＝AB＋BC＋CD－(Pが動いた長さ)＝$24-2x$(cm)だから，

$y=\frac{1}{2}\times(16-x)\times(24-2x)=x^2-28x+192$

2020 解答例 令和２年度　岡崎城西高等学校

《社　会》

Ⅰ　1．※学校当局により全員正解　2．②　3．⑤　4．②　5．③　6．④

Ⅱ　7．④　8．①　9．①　10．⑤　11．③　12．④

Ⅲ　13．②　14．④　15．①　16．②

Ⅳ　17．③　18．⑤　19．④

Ⅴ　20．③　21．⑥　22．④

Ⅵ　23．⑤　24．①　25．②

Ⅶ　26．①　27．④　28．⑥　29．⑤

Ⅷ　30．②　31．③

Ⅸ　32．⑥　33．①　34．④　35．⑤

《理　科》

〈1〉1．④　2．⑤　3．②　4．④　5．②　6．①

〈2〉7．①　8．⑥　9．②　10．①

〈3〉11．⑥　12．④　13．④

〈4〉14．①　15．④　16．③　17．④

〈5〉18．①　19．③　20．④　21．③

〈6〉22．③

〈7〉23．③　24．②　25．①　26．⑤

〈8〉27．③　28．③

〈9〉29．②　30．④　31．⑥　32．③

〈10〉33．④　34．②　35．③　36．④　37．⑧

〈11〉38．③　39．④　40．④　41．②　42．③

《英　語》

Ⅰ　1．②　2．④　3．③　4．④　5．⑥

Ⅱ　1．message　2．looking　3．arrive　4．but　5．things　6．movie　7．interested
8．together　9．umbrella　10．regards

Ⅲ　6．⑥　7．④　8．⑧　9．①　10．⑦　11．③　12．②　13．④　14．⑤　15．①

Ⅳ　16．①　17．⑤　18．③　19．②　20．⑧　21．②　22．④　23．①　24．①　25．②
26．④　27．④　28．③　29．④

《国　語》

一　1．⑤　2．③　3．②　4．④　5．①　6．③　7．⑤　8．②　9．⑤　10．④

二　11．④　12．②　13．⑤　14．③　15．③　16．①　17．②　18．④　19．④　問七．なんか

三　①とうしゅう　②こば　③尽　④抑圧

四　20．④　21．③　22．⑤　23．①　24．②　25．③　26．②　27．④　28．⑤　29．⑤

問五．難じていはく　問六．いわく　問七．ちょうちょう

《数　学》

1　ア．⑦　イ．①　ウ．⑤　エ．⑥　オ．①　カ．①　キ．①　ク．⑤　ケ．②　コ．③

2　サ．②　シ．②　ス．⓪　セ．③　ソ．②　タ．④

3　チ．②　ツ．①

4　テ．④

5　ト．⑦　ナ．③　ニ．⑥

6　ヌ．③　ネ．⑥

7　ノ．①　ハ．②　ヒ．⓪

8　フ．⑥　ヘ．④　ホ．⑥　マ．⓪

9　ミ．③　ム．②　メ．③

10　モ．①　ヤ．⑥　ユ．⑨　ヨ．②　ラ．④

11　(1)右グラフ　(2) 2と$\frac{13}{3}$

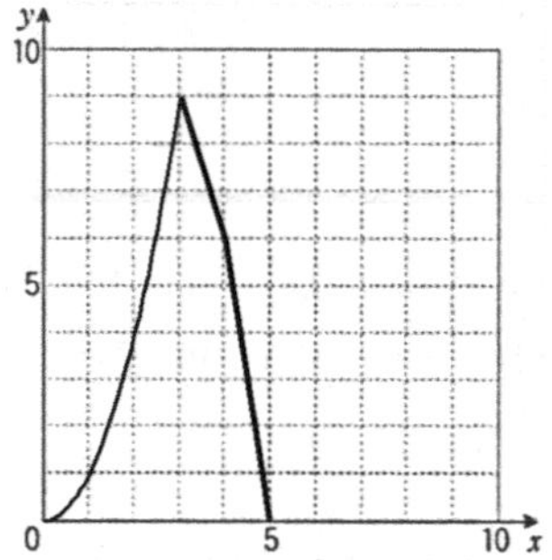

2020 解説 令和２年度 ▶ 岡崎城西高等学校

←解答例は前ページにありますので，そちらをご覧ください。

《2020　社会　解説》

Ⅰ　**問１**　「日本の気候に関する」と設問にあるのに，④は気候についての記述がなかったために不適切な内容として，全員に加点された。④を除けば，③が誤っている。北海道地方に梅雨はないので，「日本全域が梅雨」が誤り。

問２　②の高等学校(⊗)が見られない。また，桑畑(Y)は現在使われていない地図記号である。針葉樹林(Λ)，寺院(卍)，果樹園(ó)

問３　⑤が正しい。各地方の特徴を数値から読み取る。年間商品販売額が全国の約50％を占めるＢを東京大都市圏の関東地方と判断する。また，近畿地方と中部地方を比べたとき，米どころである北陸を含む中部地方の方が，農業生産額が多く面積も広いと判断できる。

問４　②が正しい。それぞれの農産物が特徴的な県を考えると，ピーマン＝宮崎県と高知県，キャベツ＝愛知県と群馬県，なし＝鳥取県が挙げられる。

問５　③が正しい。Ｂはサウジアラビアが１位なので原油と判断する。ＡとＣでは，Ａの４位のカナダ，Ｃの３位のカタールあたりに注目すれば，Ａが石炭，Ｃが天然ガスと判断できる。

問６　④に原子力発電所は所在しない。新潟県には柏崎刈羽，静岡県には浜岡，石川県には志賀，福井県には敦賀・美浜・大飯・高浜の原子力発電所がある。なお，2020年５月現在稼働しているのは，大飯と高浜だけである。

Ⅱ　**問１**　④が正しい。東京は北緯36度に位置する。地図中(い)のローマを通る北緯40度の緯線が，日本の秋田あたりを通ることを知っていれば，それより南側にあるアルジェと判断できる。

問２　①が正しい。Ａ国はスイスである。②はフランス，③はベルギー，④はオランダ，⑤はイギリス。

問３　①が正しい。アフリカのビクトリア湖あたりを赤道が通るので，(お)は南半球の中緯度帯の気候を示すと判断し，７・８月の気温が低く12・１月の気温が高く，比較的温暖な①の雨温図を選ぶ(南半球の地中海性気候)。②は砂漠気候の(う)，③は熱帯サバナ気候の(え)，④は冷帯の(あ)，⑤は北半球の地中海性気候の(い)。

問４　すべて正しいので⑤を選ぶ。

問５　③が正しい。Ｃ国はアラブ首長国連邦である。バグダッドはイラクの首都，エルサレムはイスラエルの都市，アデンはイエメンの都市，テヘランはイランの首都。

問６　④が正しい。長くイギリスの植民地となっていたために，英語とヒンディー語が広く使われている。ベンガルールでは，英語を話すＩＴ技術者が時差が12時間あることを利用して，アメリカ企業の仕事を請け負い発展している。

Ⅲ　**問１**　②が正しい。ア．６世紀の東アジアは右図のような配置だったから，隋と対立していたのは隣接する高句麗と判断できる。イ．「複数…が同時に公卿に昇進する」とあることから，摂関政治によって官位を独占しようとする藤原氏と判断する。

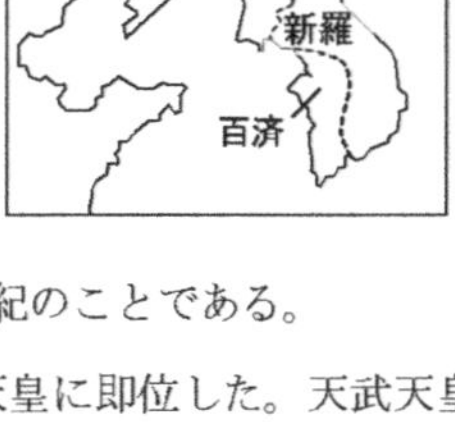

問２　唐が反映していたのは618年から907年だから，④が正しい。イスラム教は，７世紀にムハンマドがおこし，西アジアにイスラム帝国が成立していった。①は紀元前2000年前後，②は紀元前４世紀から紀元前１世紀ごろ，③は紀元前４年ごろ，⑤は15世紀のことである。

問３　①が正しい。壬申の乱に勝利した大海人皇子は，都を飛鳥浄御原宮に移し，天武天皇に即位した。天武天皇は，過去に失われた『天皇記』や『国記』に変わる歴史書の編纂を命じ，長い年月を経て『古事記』『日本書紀』

が成立した。②は奈良時代直前の 708 年，③は奈良時代，⑤は飛鳥時代前半のできごとである。また，④の唐の都は，洛陽ではなく長安であった。

問４　②が正しい。白村江の戦いに敗れた中大兄皇子(後の天智天皇)は，唐・新羅軍の来襲に備えて，水城や山城を整備し，防人に警備させた。律令制度によって定められた税は，収穫の約３％を納める租，特産物を納める調，労役の代わりに布を納める庸などがあり，調と庸は農民自らが都に運んで納める税であった。

Ⅳ **問１**　③が正しい。埼玉県の稲荷山古墳と，熊本県の江田船山古墳から，同じワカタケルの文字が刻まれた鉄剣や鉄刀が出土したために，ヤマト王権の勢力は九州から関東北部にまで及んでいたことがわかっている。高松塚古墳は奈良県明日香村，大仙古墳(仁徳陵古墳)は大阪府にある。

問２　⑤が正しい。越前国の戦国大名・朝倉孝景が制定した分国法として『朝倉孝景条々』が知られる。甲州法度之次第は山梨県，山城国一揆は京都府南部，石見銀山は島根県，尚古集成館は鹿児島県と関連がある。

問３　④が正しい。①について，アイヌと交易したのは福山藩ではなく松前藩。②について，ザビエルが来航したのは(イ)の神奈川ではなく鹿児島県の坊津。③について，織田信長が鉄砲を有効に用いてやぶったのは，甲斐国の大名であった武田勝頼(信玄の子)。⑤について，「ええじゃないか」は東海地方で起こり，近畿から四国地方にまで広がった。

Ⅴ **問１**　③が誤り。1871 年には平民と華族・士族間の結婚が認められた。

問２　⑥が正しい。岩倉使節団に加わらなかった西郷隆盛は，欧米の進んだ文化を体験しなかったために，征韓論において，使節団に加わっていた大久保利通らと対立し，その後政府を離れ，西南戦争を起こすに至った。日清戦争の直前に，外務大臣の陸奥宗光が，イギリスとの間に日英通商航海条約を結んで，領事裁判権の撤廃に成功し，1911 年には，外務大臣の小村寿太郎がアメリカとの間で関税自主権の回復に成功した。

問３　④が誤り。マカオはポルトガルの植民地であった。

Ⅵ **問１**　⑤が正しい。三・一独立運動は，民族自決の機運に乗った朝鮮が，1919 年３月に起こした半日独立運動である。①の中国共産党の成立は 1921 年。②の日本最初のメーデーは 1920 年，③の四か国条約(ワシントン会議)は 1922 年，④のイギリス初の労働党内閣(マクドナルド内閣)は 1924 年。

問２　①が誤り。第一次護憲運動は，桂太郎と西園寺公望が交互に政権を取る桂園時代に，政党政治を望む民衆が，再び桂太郎が首相に指名されたことに対して起こした運動である。

問３　②が正しい。冷戦下で，ソ連の支援する北ベトナムとアメリカの支援する南ベトナムが争ったベトナム戦争は，アメリカの撤退によって北ベトナムの勝利で終わった。38 度線は，北朝鮮と韓国の軍事境界線。

Ⅶ **問１**　①が正しい。Ｚについて，日本国憲法では，前文と第９条で，日本だけでなく国際平和のために努力することを宣言している。

問２　④が誤り。そもそも参議院には解散はない。衆議院の解散を決定することは内閣の専権事項であり，衆議院の解散の宣言は天皇の国事行為にあたる。

問３　⑥が正しい。公共の福祉は社会全体の共通の利益を意味し，基本的人権の中の自由権(経済活動の自由)などは，公共の福祉によってその権利を制限される場合がある。例えば，医師や看護師の国家資格は，国民の生命を守るために，資格を持っていない人の職業選択の自由を制限するものである。

問４　⑤が誤り。居住・移転・職業選択の自由は経済活動の自由に属する。

Ⅷ **問１**　②が正しい。衆議院は，参議院と比べて任期が短く解散もあるため，国民の意見が反映しやすいと言えるので，衆議院の優越が認められている。

問２　③が誤り。弾劾裁判所は，衆議院７名，参議院７名の合計 14 名の議員で構成される。

Ⅸ 問1　⑥が正しい。1989年に３％で導入された消費税は，1997年に５％，2014年に８％，2019年10月１日に10％に引き上げられた。10％への増税時には，飲食料品と定期的に購読する新聞については８％に据え置く軽減税率が導入された。

問2　①が正しい。②について，クーリングオフは購入後の一定期間に限って契約を解除できる制度である。③について，ＣＳ法ではなくＰＬ法(製造物責任法)である。④について，契約は，いつでも取り消せるのではなく，契約の種類によって，契約後１年から５年以内の取り消しが有効である。⑤について，消費者庁は経済産業省ではなく内閣府の外局である。

問3　④が正しい。Ｘについて，配当や議決権は，保有する株式数に応じて割り当てられる。Ｙについて，企業が倒産した場合には，株主は出資した金額までは失うこともあるが，それ以上の負担は負わなくてもよい「株主の有限責任」がある。

問4　⑤が正しい。リーマンショックで上昇した失業率は，東日本大震災の発生した 2011 年までは上昇を続けたが，その後緩やかに経済が回復し始めると，少しずつ下がり始めた。ただし，2020 年前半に発生した「新型コロナウィルス」によって，失業率の変動が予想されるので，今後の数値に注目したい。

《2020　理科　解説》

〈１〉

(1)　④○…１秒で 50 cm→0.5ｍ移動するから，１時間→3600 秒で 0.5×3600＝1800(m)→1.8 km移動する。

(3)　②○…〔仕事(Ｊ)＝力の大きさ(N)×力の向きに動いた距離(m)〕で求められる。加えられた力の大きさと，持ち上げられた距離が等しいから，仕事の大きさは等しい(A＝B)。〔$仕事率(W)=\frac{仕事の大きさ(J)}{仕事に要した時間(s)}$〕より，仕事の大きさが同じならば，仕事に要した時間が短いほど仕事率は大きい(A＞B)。

図Ｉ
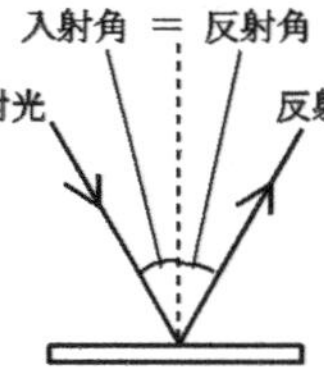

(5)　②○…鏡に当たった光はすべて反射し，図Ｉのように，入射角と反射角は等しい(反射の法則)。

(6)　①○…深くなるほど水圧は大きくなるが，浮力は物体の上面にはたらく水圧と下面にはたらく水圧の差から生じる力なので，物体全体が水中にあるときに物体が受ける浮力の大きさは，深さが変わっても変わらない。

〈２〉

図Ⅱ
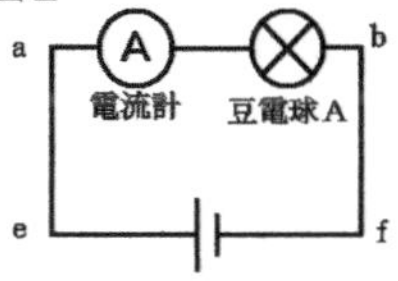

(1)　①○…手順２でできる回路は図Ⅱのようになる。〔$抵抗(\Omega)=\frac{電圧(V)}{電流(A)}$〕より，豆電球の抵抗は$\frac{6.0}{3.0}$＝2.0(Ω)である

(2)　⑥○…〔電力(W)＝電圧(V)×電流(A)〕より，6.0×3.0＝18(W)である。

図Ⅲ
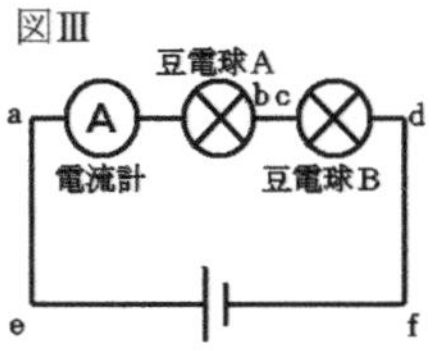

(3)　②○…手順３でできる回路は図Ⅲのような直列回路になるから，全体の抵抗は，2.0×２＝4.0(Ω)である。〔$電流(A)=\frac{電圧(V)}{抵抗(\Omega)}$〕より，電流計は$\frac{6.0}{4.0}$＝1.5(A)を示す。

(4)　①○…図Ⅲ参照。

〈３〉

図Ⅳ
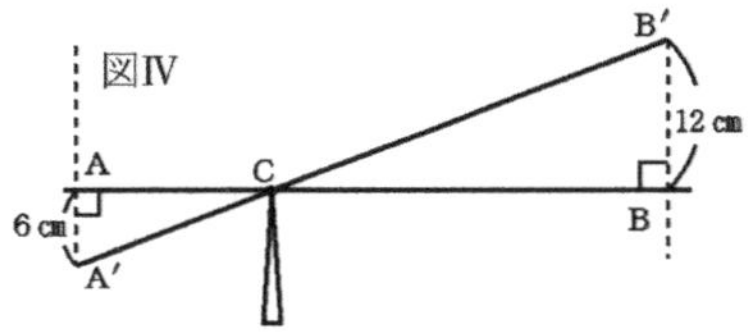

(1)　⑥○…図Ⅳのように記号をおく。△ＡＣＡ′ ∽△ＢＣＢ′ で，相似比は１：２だから，ＡＡ′が６cmのとき，ＢＢ′は６×２＝12(cm)になる。

(2)　④○…滑車を支える左右の糸それぞれに 120×$\frac{1}{2}$＝60(N)ずつの重さ

がかかるから，B点に加わる力は 60Nである。てこは，左右で〔おもりの重さ×支点からの距離〕が等しいとき水平につりあう。よって，A点に加えた力をxNとすると，x×1＝60×2が成り立つから，x＝120(N)である。

⑶ ④○…滑車にかかる糸全体では 12 ㎝持ち上がるが，糸は滑車の両側にかかっているから，おもりが持ち上がる距離は，その半分の6.0㎝になる。

〈4〉

⑴ ①○…塩素は黄緑色の刺激臭のする有毒な気体である。空気よりも重く，漂白作用や殺菌作用がある。

⑵ ④○…水に溶けるとアルカリ性を示す(赤色リトマス紙が青くなる)気体はアンモニアだけである。

⑶ ③○…気体Cはものを燃やすはたらきがあるから酸素，水素は火を近づけると爆発的に燃えるから，気体Dは(水素ではなく)二酸化炭素である。よって，気体Eは水素である。水に溶けると，酸素(気体C)は中性(リトマス紙の色の変化はない)，二酸化炭素(気体D)は酸性を示す(青色リトマス紙が赤くなる)。

〈5〉

⑴ ①○…塩酸(塩化水素)を電気分解すると陰極から水素，陽極から塩素が発生する〔$2HCl \rightarrow H_2 + Cl_2$〕。塩化銅を電気分解すると陽極から塩素が発生し，陰極に銅が付着する〔$CuCl_2 \rightarrow Cu + Cl_2$〕。純粋な水は電気を通さないので電気分解されない。よって，液体Aは塩酸，液体Bは塩化銅水溶液，液体Cは精製水である。

⑶ ④○…水に溶けると，塩化銅は塩化物イオンと銅イオンに電離する〔$CuCl_2 \rightarrow Cu^{2+} + 2Cl^-$〕。陽イオンである銅イオンは，陰極から電子2個をもらって銅原子になり陰極に付着する。

⑷ ③…電解質の水溶液は電気を通す。選択肢の中で電解質の水溶液は食塩水だけである。

〈6〉

(問い) ③○…BTB溶液は酸性で黄色，中性で緑色，アルカリ性で青色を示す。3倍の濃度の水酸化ナトリウム水溶液12mLは，②で使った水酸化ナトリウム水溶液(12×3＝)36mLと同じはたらきをする。精製水4mLについては考えなくてよい。塩酸6mLを中性にするのに必要な②で使った水酸化ナトリウム水溶液は $10\times\frac{6}{5}=12$(mL)だから，④の液は，②で使った水酸化ナトリウム水溶液 36－12＝24(mL)が残っているのと同じ状態である。よって，塩酸をさらに $24\times\frac{5}{10}=12$(mL)加えれば中性になる。

〈8〉

⑴ ③○…ヨウ素液はデンプンがあると青紫色に変化し，ベネジクト液はデンプンが分解された物質に反応して，加熱によって赤褐色の沈殿を生じる。だ液にはデンプンを分解する消化酵素(アミラーゼ)が含まれていて，アミラーゼは体温に近い温度でよくはたらくので，Aの試験管の中のデンプンは分解されて麦芽糖などに変化する。

〈9〉

⑵ ④○…最終的に，デンプンはブドウ糖，タンパク質はアミノ酸，脂肪は脂肪酸とモノグリセリドに分解される。胃液に含まれる消化酵素はペプシンである。

⑷ ③○…生殖細胞は染色体の数が半分になる減数分裂という特別な細胞分裂でつくられる。受精によって，雌雄の生殖細胞の核が合体するので，受精卵は元の細胞と同じ数の染色体をもつようになる。

〈10〉

⑶ ③○…太陽は，東の地平線からのぼり，南の空を通り，西の地平線に沈む。よって，図2の透明半球のAが南とわかるから，Bが東，Cが北，Dが西になる。太陽は真東からのぼり真西に沈んでいるから，観察した日は春分か秋分の日である。Bは東だから，地球の自転の向きから考えて日の出の位置になる③を選べばよい。

(4)　④○…自転の向きと太陽の方向から点Qは日の入りの位置だから，太陽のある方向(イ)が西である。北極側から見た図だからアが南だと考えてもよい。

(5)　⑧○…図Ⅴ参照。北の空の星は北極星を中心に反時計回り(b)に回転する。

図Ⅴ

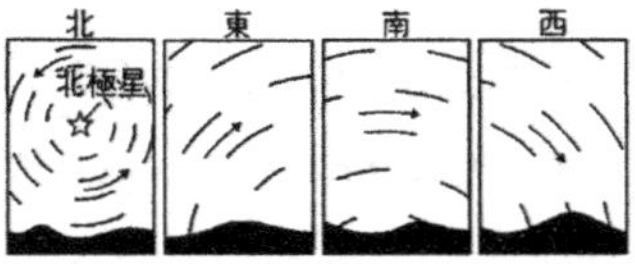

〈11〉

(2)　④○…B層の粒のようすから火山灰などが堆積してできた岩石(凝灰岩)だとわかる。

(3)　④○…うすい塩酸をかけると泡が発生する岩石は石灰岩である。石灰岩の主成分は炭酸カルシウムなので塩酸をかけると二酸化炭素が発生する〔$CaCO_3+2HCl \rightarrow CaCl_2+H_2O+CO_2$〕

(4)　②○…D層に見られるアンモナイトは中生代の示準化石だから，E層に新生代の示準化石であるデスモスチルスの化石は見られないはずである。

《2020　英語　解説》

Ⅰ　**第1問**　1　Aの２回目の発言「君はどこへ行くつもりなんだい？」への返答だから，②「まだ決めていないんだ」が適切。

2　Aの２回目の発言「私はヤハギバシ駅へ行きたいです。そこへの行き方を教えてくれませんか？」に対するBの２回目の発言「もう一度言ってくれませんか？もっとゆっくり話してください」より，④「わかりました。私はヤハギバシ駅へ行きたいです」が適切。

3　Bの２回目の発言「タマネギとニンジンも買いましょう」に対するAの３回目の発言「うちの子はニンジンが好きだけど，学校の友達を連れてくるつもりだからね。ほとんどの子はニンジンが好きじゃないよ」より，③「了解。他の野菜を買いましょう」が適切。

第2問　【放送文の要約】参照。

4，5　①×「雨が降っているとき，多くの人は玄関で靴を脱がない」…本文にはない内容。　②×「ホストファミリーはあまりに内気だったので，クラスメートに靴を脱ぐように言うことができなかった」…本文にはない内容。③×「イギリスでは，ほとんどの人は他の人の家を訪ねるとき靴を脱がない」…本文にはない内容。　④○「ホストファミリーが家で靴を脱ぐと言ったクラスメートもいた」　⑤×「ロンドンでは床の掃除の方法を知るのはとても簡単だ」…本文にはない内容。　⑥○「雪のとき，部屋をきれいに保つために，玄関で靴を脱ぐイギリス人もいる」

【放送文の要約】

私はいつも，イギリスの人は家に入る時に靴を脱がないと聞いています。ですから，去年の冬ロンドンに行った時，私はホストファミリーの家で靴を脱ぎませんでした。私は中に入りました。私はホストファザーが私に靴を脱ぐように言ったので，とても驚きました。彼らの家では，家に入る時はみんな靴を脱ぐのです。④何人かのクラスメートも，ホストファミリーは玄関で靴を脱ぐと言いました。他のクラスメートは，ホストファミリーは家の中で，靴をはいたままだと言いました。しかし，⑥雨や雪の時は，必ず脱いでいました。あとから床を掃除するのを避けるためです。

今では，他人が家の中に入るときにどうするのかを見たいです。もしひとりでだれかの家を訪ねるときは，「靴を脱ぐべきですか？」と尋ねます。よくわからないのなら，それが最も簡単な方法です。

Ⅱ　【本文の要約】参照。

【本文の要約】

ジュリアンへ

1伝言(＝message)，ありがとう。

あなたが京都に来てくれることを2楽しみにしています(＝be looking forward to)。私は日曜日に母と一緒に駅に迎えに行きます。乗ってくる電車は何時に3到着します(＝arrive)か？

あなたは京都を気に入ると思います。私は中心部からは離れたところに住んでいて，車の運転はできません4が(＝but)，バスに乗っていつでも市街地に行くことができます。あなたがここに来たら，たくさんの5こと(＝things)をしましょう。京都東公園に行って周辺をサイクリングしましょう。また，劇場もたくさんあるから，6映画(＝movie)を見ることもできます。あなたが日本の文化に7興味がある(＝be interested)のなら，古いお寺や神社に行くこともできます。そしてもちろん，私の友達みんなに会って，8一緒に(＝together)サッカーをすることもできます。

9傘(＝umbrella)を持ってきてください。ここは，たいてい曇りか雨なので。

10よろしくお願いします(＝Kind regards)。

健太より

Ⅲ 【本文の要約】参照。

14，15 I want you to see this great building someday.：see～「～を見る」の後ろには前置詞がいらない。不要な選択肢は④look。 ・want＋人＋to ～「（人）に～してほしい」 トムが家族にあてた手紙の要約「親愛なるお父さんとお母さんへ。僕は今名古屋城にいるよ。城はとても大きいんだ。これは日本で最も有名な城の１つだよ。僕はいつかこの大きな城を２人に見てほしいな。僕の日本での生活はとてもわくわくしていて，毎日とても幸せだよ。サポートしてくれてありがとう。トム」

【本文の要約】

愛子：トム，いらっしゃい。元気？

トム：愛子。僕は元気だよ。君は？

愛子：元気よ。どうぞ入って。クッキーができたわ。6⑥どうぞ食べて。

トム：ありがとう。ちょっとのどが乾いたな。水をもらえる？

愛子：7④もちろんよ。はいどうぞ。

トム：ありがとう。

愛子：日本の生活はどう？

トム：とても興味深いよ。毎日とても楽しいよ。

愛子：8⑧それはよかったわ。問題は何もない？

トム：ええと，１つ質問があるよ。9①頼みごとをしてもいい？

愛子：もちろん。何？

トム：今週末，名古屋城に行きたいんだ。行くA②方法(＝how to)を教えてくれる？

愛子：そうね，名古屋駅を使ったことある？

トム：ないよ。たくさん路線があるんだよね。緊張しちゃうよ。

愛子：でもその駅を使わなくてはいけないのよ。

トム：そうだね。B④どの(＝Which)路線に乗ればいいの？名古屋城はそこから近い？

愛子：Bラインに乗って。電車は赤色だからすぐわかるわ。たった２つ目で降りるのよ。

トム：よかった！お城でやろうと思っていることがあるのさ。

愛子：いいわね。10⑦詳しく教えて。

トム：そこで手紙を書いてね，オーストラリアの家族に送るのさ。

愛子：まあ，いい考えね。家族も喜ぶわよ。

トム：うん。僕の家族は日本文化が大好きだからね。

愛子：いいじゃない。

トム：いろいろありがとう。

愛子：11③どういたしまして。週末が楽しみね！

Ⅳ 【本文の要約】参照。

16，17 Do you know how much garbage we produce every day?：文中に疑問詞を含む間接疑問文では，疑問詞の後ろは肯定文の語順になる。

18 代名詞などの指示語の指す内容は直前にあることが多い。ここでは直前の文の garbage makes the sea worse を指す。

19 read「読む」は原形と過去形が同じ形だが発音が異なる。過去形の発音は[red]となるので，②が適切。

26 ・don't have to ～「～する必要はない」

27 ①「×兄は『数頭のクジラはたくさんのビニール袋を食べて死亡した』と彼女に言った」 ②「この×冬サキは兄と一緒に海岸のゴミを拾い，大量のプラスチックゴミを目にして驚いた」 ③×「多くの国や会社がゴミを減らすためにプラスチックを燃やしている」…本文にはない内容。 ④○「プラスチックを他のものに変えるために，プラスチックを注意深く分別すべきだ」

28 「古新聞はいつ収集されますか？」…Collection Calendar「収集カレンダー」より，③「木曜日」が適切。

29 「1月13日に収集されるゴミの種類は何ですか？」…January「1月」のカレンダーより，13日は第2月曜日である。Collection Calendar「収集カレンダー」の表の1番上にある The First Monday「第1月曜日」The Third Monday「第3月曜日」より，第2月曜日に収集されるゴミはない。したがって④「何もない」が適切。

【本文の要約】

みなさん，こんにちは。みなさんは私たちが毎日どのくらいのゴミを出しているのか知っていますか？そのゴミによって海がもっと汚れていることを知っていますか？これは，世界の最も大きな問題の1つです。今日私は，海のゴミを減らし，海をきれいにする方法について話します。

この春私は新聞である記事を読みました。それには，「数頭のクジラの赤ちゃんがたくさんのビニール袋を食べて死亡した」とありました。私はそれを聞いてとてもびっくりして，プラスチックを減らし，海をきれいにするために，何かしなければと決意しました。

この8月，私は清掃活動にA⑧参加し（＝took part in），兄と一緒に海岸のゴミを拾いました。私たちは海辺を歩き，大量のゴミを拾いました。3時間後，海岸はとてもきれいになりました。とても暑い日で，私たちはとても疲れましたB①が（＝Though），とても幸せな気分でした。それにしても，私はその大量のプラスチックのゴミを見て，とても驚きました。

プラスチックは私たちにとても役に立っています。毎日私たちは買い物袋やボトルC①のような（＝such as），多くのプラスチックを使っています。現代ではそれらは日常生活の重要な一部です。しかしプラスチックは分解しにくいのです。多くの魚や海の生き物が，マイクロプラスチックD②と呼ばれる（＝called）小さなプラスチックの破片や，他の体内に残ってしまう物を食べます。ですから私たちがプラスチックを減らすことは大切なのです。

プラスチックを減らすにはどうすればいいでしょう？最初に，プラスチックを禁止するべきです。実際，多くの国や企業が，プラスチックの使用をやめる計画を立てています。あ例えば（＝For example），イギリスではプラスチックを販売するのを禁止する予定です。また，有名なコーヒーショップが2020年までにプラスチックのストローを使用するのをやめます。いもちろん（＝Of course），プラスチックを使わないと，私たちの日常生活は不便になります。しかし，自分

自身の袋をスーパーマーケットに持っていけば，E④ビニール袋は使う必要はありません。

次に，27④私たちはプラスチックゴミを注意して分別するべきです。みなさんはゴミ箱にゴミを入れる時，注意して分けていますか？ゴミの分別こそリサイクルのための行う最初のことです。27④プラスチックは他のものに変えることができます。ぁ例えば(＝For example)，使用したプラスチックのボトルは，さまざまな多くのものに作り変えられます。ボールペン，卵を入れる容器，シャツなどです。ぅしかしながら(＝However)，もし使用済みのプラスチックボトルを注意して分別しなかったら，このような他のものは作れません。

これらは小さなことかもしれませんが，小さな心がけが大きなF④違いを生み出す(＝make a difference)のです。取り返しのつかない状態になる前に，私たち１人１人がより環境に注意を払うべきです。

―《2020　国語　解説》―

【一】

問一　なみなみ(と)は、酒や水などが容器からあふれるほどあるさま。

問二　空欄［A］を含む文の前後の内容に着目する。「何よりも、デコボコのコップには歴史があった。何人もの人間がこれで喉《のど》をうるおしたという歴史が。そして、その歴史がコップの実体を、実体としてのコップを～つくりあげていたのだ」。「コップにかぎらない。弁当箱も～鰹《かつお》節けずりも～何から何までが『実体』であった」とあるので、空欄［B］には「実体」が入る。また、少しあとで、「デコボコの(アルミニウムの)コップ」とは反対のものとして、「使い捨ての紙製(のコップ)」をあげ、同様のものとして「電動式のエンピツけずり」半自動的になった「鰹節けずり」などを例示したあと、「それらは機能的には進歩した。だが、実体的にはまったく希薄になった」「機能という面ばかりに目を向け、便利さばかりに気をとられていると～実体の喪失感を呼びさます」と述べている。よって、空欄［A］には空欄［B］と対立するものとしてあげられている「機能」が入る。

問三　空欄［A］の１～４行前に「何よりも、デコボコのコップには歴史があった。その歴史がコップの実体を、実体としてのコップを～つくりあげていたのだ」とある。最後の２段落でも「実体」と「歴史」の密接な関係を繰り返し説明しており、最後の１文に「歴史こそが『実体』の生みの親」とまで言っている。よって、②が適する。

問四　以下の１文で、直前の２文のようになってしまう理由を説明している。よって、後に理由がくることを表す④の「なぜなら」が適する。

問五　一般的な考え方では、便利だということと住みやすいということは、同じではないが重なる部分も多く、両立しないということはない。しかし、都市や建物を「機能という点に神経を集中して設計」したことは、「実体の喪失感を呼びさま」し、「無重力状態のような不安を呼びおこ」した。つまり、便利さを追求した結果、「便利だが住みにく」い建物や都市ができあがったのである。こうした「住みよいことと、便利であることが共に成り立たない」状態を「奇妙な二律背反」と言っている。よって、①が適する。

問六　詩は文学であり、感動や心情を表現したものである。現代の都市や建築の機能主義は、「住むということ」の「その本質において詩的」な部分を満たしていない。「人間は便利さのためにのみ生きるのではない」とあるように、「詩的」なものは、便利さや機能性とは異なる、人間の心に関係のあるものである。よって、③が適する。

問七　少しあとに、「それは人間をひとつの実体としてではなく、一個の機能としてしか考えないような人間の扱い方である。たとえば会社の、あるいは家庭の、その他さまざまな人間組織のなかの、一個の役割としてしか人間を考えないおそるべき心性である。そのとき人間は、人間としての役割を捨てて、役割としての人間になってしまうであろう」と述べている。これと⑤の内容がほぼ一致する。

問八　ミッシェル・ラゴンがその著書『巨大な過ち』のなかで、ハイデッガーの言葉を引いている部分は、すなわ

ち、「住むというのは居住するということではない。住むということは、その本質において詩的」である。筆者はこれをふまえて、「詩を忘れた機能主義は、まず建築の分野で破産した」と言っているが、この「詩を忘れた機能主義」が、ハイデッガー流の表現における「『詩』の喪失ということ」である。よって、②が適する。

問九　最後の２段落を参照のこと。筆者はハイデッガー流にいうなら「『詩』の喪失」となる機能主義の失敗を、私の言い方では、「『実体』の喪失」で「『歴史』の抹殺」だと言っている。そしてそれをふまえ、最後の段落では、「いま、私たちにとっていちばん大切なこと」は、「歴史」を問い直してみることで、それは、「何のための便利さか、何のための合理主義か、それを問い直すこと」だと言っている。つまり、「利便性、合理性を追求することへの疑問」を提示し、それよりも「歴史」や「実体」を重視するべきだと述べている。よって、⑤が適する。

問十　４～７段落の内容、特に空欄 C を含む段落の１文目で述べていることと④の内容が一致する。ボコボコのコップで飲む水飲み場の水のおいしさを象徴的に述べた部分から明らかなように、筆者は「歴史(実体)」の重要性を主張している。

【二】

問一　「こんなぜいたくな泳ぎ」とは、直前の一文の「勢いよく飛び込むと、クロールで二十五メートルの往復を始めた」というもの。そのような、思い通りの泳ぎができるのはなぜか。直前の段落に「いつも超満員の市民プールも～人影がまばらだった」とあるのが理由。よって、④が適する。

問二　直後に、泳ぎ手の様子が具体的に説明されている。「問題は彼の泳ぎ方！　なんておかしな格好だ～どう見ても、じたばたもがいている。溺れるんじゃないか」とあることに、②が適する。

問三　「目を皿にする」は、驚いたり物を探したりする時に目を大きく開いて見ること。「ぶしつけ」は、礼を欠くこと。よって、⑤が適する。

問四　左腕がない彼をじろじろと見つめていたら「彼はぼくの目をきっとにらんだ」。それを受けて「ごめん。つまり……」と謝っている。失礼なことをして怒らせてしまったのだと思い、すぐに見るのをやめたということ。よって、③が適する。

問五　傍線部⑤は、左腕がない彼(広一《こういち》)の様子である。「『おまえ、両方あるのに右に曲がるのな』その挑戦的な台詞《せりふ》を～言い放つ」「『バランスが悪いんだ』大声で言いながら」という、堂々と「ぼく」の泳ぎの欠点を指摘してきた態度から、自信にあふれる様子がうかがえる。よって、③が適する。

問六　「はにかむ」とは、恥ずかしがること。直後の「でも、もうじき引っ越すからね。母さん、結婚するんだ」を言い出すのが少し恥ずかしかったということ。よって、①が適する。

問七　傍線部⑦のある会話文の後の広一の言葉で、「ほんとに十本の指で弾いているのかなって思うほど～母さんのピアノ。なんか、こう、きらきらと降ってきて、下からもずんずんわいてきて、部屋が音でわあっとふくらむんだ。そりゃあ、いいんだ！」と説明している。下線の一文に比喩表現が見られる。

問八　「三歳の時から、クラシック・ピアノをやってたんだ。嫌いじゃなかった」と過去のことを話し、その続きを言わなかったということ。続きを話さなくても、「うまいね」と「心から」言ってくれている「ぼく」に、今の自分が理解されていると感じたからだと考えられる。よって、②が適する。

問九　「母を独り占めできる」ことを願っている様子は本文に描かれていない。よって、④が適さない。

問十　広一くんのために何かしたいと思ったが、「役に立たない」ということ。「せめて佳奈ほどでも(ピアノが)弾けたらなあ、とつくづく思った」とあることからも、その気持ちがうかがえる。何も出来ないことを歯がゆく思っている様子なので、④が適する。

【四】

問一　蟻とダニについて、「自然に学問する辺に住みて、共に学生なりけるが～」と言っている。つまり蟻とダニが「学生(学者)」であり、別に「学生」が出てくるわけではない。よって、④が適する。

問二　「論議せん」の「ん(む)」は意志を表す助動詞で、論議することを望んでいた。よって、③が適する。

問四・五　蟻とダニがお互いに相手の名前の由来について問い、その回答について反論している。反論しているのが分かる部分が、5～6行目と12行目に見られる「難じていはく」である。

問六・七　古文で言葉の先頭にない「はひふへほ」は、「わいうえお」に直す。また、古文の「エ段＋う」は、「イ段＋ょう」に直す。

問八　ダニが蟻に反論している部分で、「前後があるのを蟻と名づけるのならば、(やはり前後のある形をしている)輪鼓《りゅうご》などでも蟻と名づけないのはなぜか」と問いかけている。よって、②が適する。

問九　古文の9行目の「蟻問ひていはく」から、「『突拍子《とびょうし》等をも准例《じゅんれい》するにはまたしかなり』。」までのやりとりを追えばよい。

問十　生徒Aの「この蟻と蟎は前世が学僧であるのだろうか」をもとに、過去の意味を表す「ける」の意味を加えたものが正しい。よって、⑤が適する。

【古文の内容】

南都の春日野《かすがの》の辺《あた》りに、学僧の房《ぼう》(＝住む所)の近くに蟻《あり》とダニがいた。たまたま学問をする人が住む辺りに住んでいたので、どちらも学者だったのだが、ある時、どちらもお互いの評判を聞き及んで寄り合って議論をしようと思っていたら、たまたま道でばったり出会った。そこでお互いに喜んで、すぐにダニが聞いて言うには、「どうして蟻という名なのか」。蟻が答えるには、「身体に前と後ろがあり、だから蟻というのだ」。蟻の身体の中ほどはくびれて前後の形があるのをこのように言うのである。ダニがこれに反論して言うには、「前後があるのを蟻と名づけるのならば、(やはり前後のある形をしている)輪鼓《りゅうご》などでも蟻と名づけないのはなぜか」。蟻が答えて言うには、「そうではない。蟻という名がつく前に輪鼓《りゅうご》という名が付いていたからなのだ。執転提《しってんてい》などの名前の由来も同じように理解せよ」。蟻という名がつくより先に輪鼓《りゅうご》という名がついていたから、蟻とは言わないのだ。しってんていなどの名前の由来も同様に理解せよ、と蟻は言うのだ。蟻が聞いて言うには、「どうしてダニはダニという名なのか」。蟻はダニにどうしてダニという名なのかを聞いている。ダニが答えるには、「背中の上が谷だから、ダニと名づけたのだ」。背中の上がくぼんで、谷に似ているから、と言うのである。蟻が反論して言うには、「背中の上が谷なのをダニと名づけるならば、団子などもダニと名づけないのはなぜか」。背中の上がくぼんでいるからダニと言うのならば、団子も背中がくぼんでいるから、ダニと言うべきではないのか、と言うのである。ダニが答えて言うには、「そうではない、ダニという名がつく前に、団子と名づけられていたからだ。(やはり上がくぼんだ形の)突拍子《とびょうし》などの名づけ方も同様である」。ダニという名がつくより前に団子と名づけられたので、ダニとは言わないのだ、突拍子などの名前の由来も同様に理解せよ、とダニは言うのである。

南都である人が話してくれたことを、何かの参考になればと書き留めたのだが、この蟻とダニは、前世が学僧であったのだろうか。

―《2020　数学　解説》―

1 (1)　与式$=\dfrac{2}{3}-\dfrac{1\times2}{2\times5}=\dfrac{2}{3}-\dfrac{1}{5}=\dfrac{10}{15}-\dfrac{3}{15}=\dfrac{7}{15}$

(2)　与式$=\sqrt{2}\times3\sqrt{2}-\sqrt{2}\times2\sqrt{3}+\sqrt{3}\times3\sqrt{2}-\sqrt{3}\times2\sqrt{3}=6-2\sqrt{6}+3\sqrt{6}-6=\sqrt{6}$

(3)　与式の両辺を12倍して，$3(3x-1)-2(2x-5)=12$　　$9x-3-4x+10=12$　　$5x=5$　　$x=1$

(4)　$2x-3y=-5$…①，$3y=x+4$…②とする。①に②を代入すると，$2x-(x+4)=-5$

$2x-x-4=-5$　　$x=-1$　　②に$x=-1$を代入すると，$3y=-1+4$　　$3y=3$　　$y=1$

(5)　与式より，$(x+5)^2=12$　　$x+5=\pm\sqrt{12}$　　$x=-5\pm2\sqrt{3}$

2　1個あたりの税込み価格は，品物Aが$200\times\left(1+\frac{10}{100}\right)=220$(円)，品物Bが$300\times\left(1+\frac{8}{100}\right)=324$(円)なので，求める支払金額は，$220x+324y+5$(円)である。

3　$\sqrt{\frac{28n}{3}}=\sqrt{\frac{2^2\times7\times n}{3}}$が自然数となるとき，$\frac{2^2\times7\times n}{3}$が自然数の2乗となるから，$n=3\times7\times a^2$(aは自然数)である。よって，最も小さい自然数nは，$a=1$のときの$n=3\times7\times1^2=21$である。

4　yの最大値が正の数なので，$a>0$である。よって，$y=ax^2$のグラフは上に開いた放物線だから，xの絶対値が大きいほどyの値は大きくなる。したがって，$-2\leqq x\leqq1$で，yの最大値が16となるのは，$x=-2$のときなので，$16=a\times(-2)^2$　　$4a=16$　　$a=4$

		小					
		1	2	3	4	5	6
大	1				○		
	2		○		○		
	3				○		
	4	○	○	○			
	5						
	6						

5　大小2つのサイコロを同時に投げるときの出る目は全部で，$6\times6=36$(通り)ある。そのうち得点が4点となるのは，右表の○印の7通りあるから，求める確率は，$\frac{7}{36}$である。

6　$\angle BAC=\angle CAD=\angle DAE=a^\circ$とすると，$\angle DAB=2a^\circ$である。
平行線の錯角は等しいから，ED//ABより，$\angle EDA=\angle DAB=2a^\circ$である。したがって，△ADEの内角の和より，$a+2a+2a=180$　　$5a=180$　　$a=36$　　よって，$\angle BAC=36^\circ$である。

7　右のように作図する(Oは円の中心)。

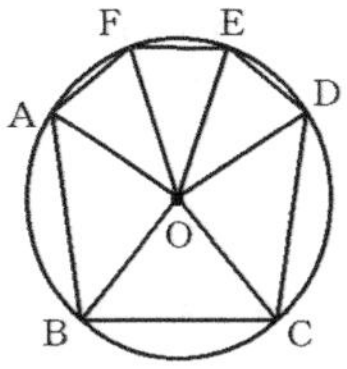

中心角は，弧の長さに比例するから，$\angle DOE=\angle EOF=\angle FOA=a^\circ$とすると，$\angle AOB=\angle BOC=\angle COD=2a^\circ$である。したがって，$a\times3+2a\times3=360$となるから，$a=40$である。△FAOはOF＝OAの二等辺三角形だから，$\angle FAO=(180-40)\div2=70(^\circ)$，△ABOはOA＝OBの二等辺三角形だから，$\angle OAB=(180-2\times40)\div2=50(^\circ)$である。
よって，$\angle FAB=\angle FAO+\angle OAB=70+50=120(^\circ)$である。

8　(1)　平均点は，$(4\times4+5\times6+6\times12+7\times10+8\times5+9\times2+10\times1)\div40=256\div40=6.4$(点)

(2)　$40\div2=20$より，中央値は，テストの点数を低い(高い)順に並べたときの20番目と21番目の点数の平均である。5点以下が$4+6=10$(人)，6点以下が$10+12=22$(人)だから，テストの点数を低い順に並べたときの20番目と21番目の点数はどちらも6点とわかり，中央値は6.0点である。

得点(点)	人数(人)
0	1
1	3
2	
3	10
4	
5	
6	1
計	30

9　(1)　テストの得点について，わかっていることをまとめると右表のようになる。
このとき，2点の人の人数をx人，4点，5点の人の人数をそれぞれy人とすると，人数について，$1+3+x+10+y+y+1=30$より，$x+2y=15$…①，得点の合計について，
$0\times1+1\times3+2x+3\times10+4y+5y+6\times1=3.3\times30$より，$2x+9y=60$…②となる。
①と②を連立方程式として解くと，$x=3$，$y=6$だから，2点の人の人数は3人である。

(2)　第3問は3点だから，第3問を正解した人の得点は必ず3点以上となる。ただし，得点が3点の人には，第1問と第2問だけを正解した人も含まれ，4点以上の人は全員第3問を正解している。第3問を正解した人の最大の人数を求めるから，3点の人が全員第3問を正解したとする。(1)の解説より，4点，5点の人の人数はそれぞれ6人だから，求める人数は$10+6\times2+1=23$(人)である。

10　Bは放物線$y=\frac{1}{4}x^2$上の点であり，x座標は$x=-2$なので，y座標は$y=\frac{1}{4}\times(-2)^2=1$である。
よって，直線$y=ax+3$はB(−2，1)を通るので，$1=a\times(-2)+3$　　$2a=2$　　$a=1$
Cは放物線$y=\frac{1}{4}x^2$と直線$y=x+3$との交点なので，この2式を連立方程式として解く。$y=x+3$に$y=\frac{1}{4}x^2$を

代入すると，$\frac{1}{4}x^2=x+3$　　$x^2-4x-12=0$　　$(x+2)(x-6)=0$　　$x=-2,\ 6$

$x=-2$ はBの x 座標なので，Cの x 座標は $x=6$ とわかり，Cの y 座標は $y=6+3=9$ なので，C(6，9)

右のように作図し記号をおくと，3点C，B，Dは同一直線上にあるから，

△ABC：△ADC＝BC：DC＝(BとCの x 座標の差)：(DとCの x 座標の差)

となる。Dは直線 $y=x+3$ 上の点であり，y 座標は $y=0$ なので，x 座標は，

$0=x+3$ より，$x=-3$

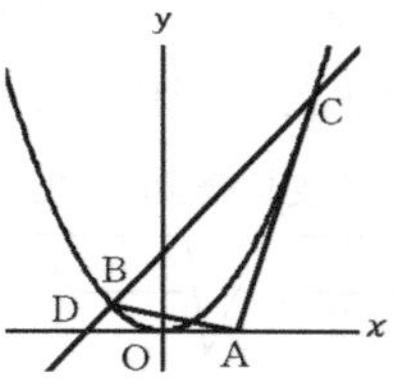

よって，△ABC：△ADC＝{6－(－2)}：{6－(－3)}＝8：9である。

△ADC＝$\frac{1}{2}$×AD×(AとCの y 座標の差)＝$\frac{1}{2}$×{3－(－3)}×9＝27なので，△ABC＝27×$\frac{8}{9}$＝24である。

11　(1)　PはA→Bに進むのに6÷2＝3(秒)かかるから，PがAB上で進んでいるのは $0\leqq x\leqq 3$，PはB→Cに進むのに4÷2＝2(秒)かかるから，PがBC上で進んでいるのは $3\leqq x\leqq 5$ である。また，QはB→Cに進むのに4÷1＝4(秒)かかるから，QがBC上で進んでいるのは $0\leqq x\leqq 4$ である。

したがって，x 秒後の△APQの面積 y cm²について，$0\leqq x\leqq 3$，$3\leqq x\leqq 4$，$4\leqq x\leqq 5$ の3つにわけて考える。

$0\leqq x\leqq 3$ のとき，PがAB上，QがBC上を進んでいるから，右図Ⅰのようになり，

△APQ＝$\frac{1}{2}$×AP×BQだから，$y=\frac{1}{2}\times 2x\times x=x^2$ である。これより，$0\leqq x\leqq 3$ のグラフは，点(0，0)，(1，1)，(2，4)，(3，9)を結んだ放物線である。

図Ⅰ

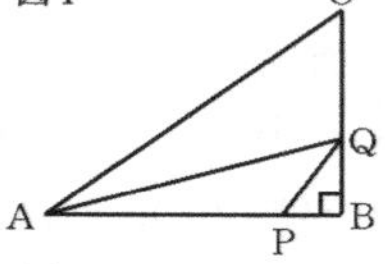

$3\leqq x\leqq 4$ のとき，P，QともにBC上を進んでいるから，右図Ⅱのようになり，

△APQ＝$\frac{1}{2}$×PQ×ABで，PQ＝BQ－PB＝$x-(2x-6)=-x+6$ だから，

$y=\frac{1}{2}\times(-x+6)\times 6=-3x+18$ である。これより，$3\leqq x\leqq 4$ のグラフは，

点(3，9)，(4，6)を結んだ直線である。

図Ⅱ

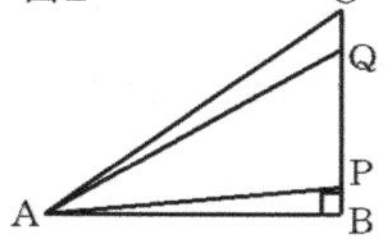

$4\leqq x\leqq 5$ のとき，PはBC上を進み，QはCで停止しているから，右図Ⅲのようになり，

△APQ＝$\frac{1}{2}$×PQ×ABで，PQ＝BC－PB＝$4-(2x-6)=-2x+10$ だから，

$y=\frac{1}{2}\times(-2x+10)\times 6=-6x+30$ である。これより，$4\leqq x\leqq 5$ のグラフは，

点(4，6)，(5，0)を結んだ直線である。

図Ⅲ

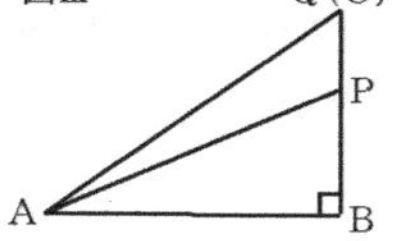

(2)　△ABC＝$\frac{1}{2}$×6×4＝12(cm²)だから，△APQ＝$\frac{1}{3}$△ABC＝4(cm²)となる時間を求める。(1)のグラフより，$y=4$ となる x は，$0\leqq x\leqq 3$ のときと，$4\leqq x\leqq 5$ のときに1回ずつあるとわかる。

$0\leqq x\leqq 3$ のとき，$y=x^2$ だから，$y=4$ より，$4=x^2$　　$x=\pm 2$　　$0\leqq x\leqq 3$ より，$x=2$

$4\leqq x\leqq 5$ のとき，$y=-6x+30$ だから，$y=4$ より，$4=-6x+30$　　$6x=26$　　$x=\frac{13}{3}$

よって，求める時間は，出発してから2秒後と $\frac{13}{3}$ 秒後である。

■ ご使用にあたってのお願い・ご注意

（1）問題文等の非掲載

著作権上の都合により，問題文や図表などの一部を掲載できない場合があります。

誠に申し訳ございませんが，ご了承くださいますようお願いいたします。

（2）過去問における時事性

過去問題集は，学習指導要領の改訂や社会状況の変化，新たな発見などにより，現在とは異なる表記や解説になっている場合があります。過去問の特性上，出題当時のままで出版していますので，あらかじめご了承ください。

（3）配点

学校等から配点が公表されている場合は，記載しています。公表されていない場合は，記載していません。

独自の予想配点は，出題者の意図と異なる場合があり，お客様が学習するうえで誤った判断をしてしまう恐れがあるため記載していません。

（4）無断複製等の禁止

購入された個人のお客様が，ご家庭でご自身またはご家族の学習のためにコピーをすることは可能ですが，それ以外の目的でコピー，スキャン，転載（ブログ，ＳＮＳなどでの公開を含みます）などをすることは法律により禁止されています。学校や学習塾などで，児童生徒のためにコピーをして使用することも法律により禁止されています。

ご不明な点や，違法な疑いのある行為を確認された場合は，弊社までご連絡ください。

（5）けがに注意

この問題集は針を外して使用します。針を外すときは，けがをしないように注意してください。また，表紙カバーや問題用紙の端で手指を傷つけないように十分注意してください。

（6）正誤

制作には万全を期しておりますが，万が一誤りなどがございましたら，弊社までご連絡ください。

なお，誤りが判明した場合は，弊社ウェブサイトの「ご購入者様のページ」に掲載しておりますので，そちらもご確認ください。

■ お問い合わせ

解答例，解説，印刷，製本など，問題集発行におけるすべての責任は弊社にあります。

ご不明な点がございましたら，弊社ウェブサイトの「お問い合わせ」フォームよりご連絡ください。迅速に対応いたしますが，営業日の都合で回答に数日を要する場合があります。

ご入力いただいたメールアドレス宛に自動返信メールをお送りしています。自動返信メールが届かない場合は，「よくある質問」の「メールの問い合わせに対し返信がありません。」の項目をご確認ください。

また弊社営業日（平日）は，午前９時から午後５時まで，電話でのお問い合わせも受け付けています。

2025 春

株式会社教英出版
〒422-8054　静岡県静岡市駿河区南安倍３丁目 12-28
TEL　054-288-2131　　FAX　054-288-2133
URL　https://kyoei-syuppan.net/
MAIL siteform@kyoei-syuppan.net

学校別問題集

北海道
①札幌北斗高等学校
②北星学園大学附属高等学校
③東海大学付属札幌高等学校
④立命館慶祥高等学校
⑤北海高等学校
⑥北見藤高等学校
⑦札幌光星高等学校
⑧函館ラ・サール高等学校
⑨札幌大谷高等学校
⑩北海道科学大学高等学校
⑪遺愛女子高等学校
⑫札幌龍谷学園高等学校
⑬札幌日本大学高等学校
⑭札幌第一高等学校
⑮旭川実業高等学校
⑯北海学園札幌高等学校

青森県
①八戸工業大学第二高等学校

宮城県
①聖和学園高等学校(A日程)
②聖和学園高等学校(B日程)
③東北学院高等学校(A日程)
④東北学院高等学校(B日程)
⑤仙台大学附属明成高等学校
⑥仙台城南高等学校
⑦東北学院榴ケ岡高等学校
⑧古川学園高等学校
⑨仙台育英学園高等学校(A日程)
⑩仙台育英学園高等学校(B日程)
⑪聖ウルスラ学院英智高等学校
⑫宮城学院高等学校
⑬東北生活文化大学高等学校
⑭東北高等学校
⑮常盤木学園高等学校
⑯仙台白百合学園高等学校
⑰尚絅学院高等学校(A日程)
⑱尚絅学院高等学校(B日程)

山形県
①日本大学山形高等学校
②惺山高等学校
③東北文教大学山形城北高等学校
④東海大学山形高等学校
⑤山形学院高等学校

福島県
①日本大学東北高等学校

新潟県
①中越高等学校
②新潟第一高等学校
③東京学館新潟高等学校
④日本文理高等学校
⑤新潟青陵高等学校
⑥帝京長岡高等学校
⑦北越高等学校
⑧新潟明訓高等学校

富山県
①高岡第一高等学校
②富山第一高等学校

石川県
①金沢高等学校
②金沢学院大学附属高等学校
③遊学館高等学校
④星稜高等学校
⑤鵬学園高等学校

山梨県
①駿台甲府高等学校
②山梨学院高等学校(特進)
③山梨学院高等学校(進学)
④山梨英和高等学校

岐阜県
①鶯谷高等学校
②富田高等学校
③岐阜東高等学校
④岐阜聖徳学園高等学校
⑤大垣日本大学高等学校
⑥美濃加茂高等学校
⑦済美高等学校

静岡県
①御殿場西高等学校
②知徳高等学校
③日本大学三島高等学校
④沼津中央高等学校
⑤飛龍高等学校
⑥桐陽高等学校
⑦加藤学園高等学校
⑧加藤学園暁秀高等学校
⑨誠恵高等学校
⑩星陵高等学校
⑪静岡県富士見高等学校
⑫清水国際高等学校
⑬静岡サレジオ高等学校
⑭東海大学付属静岡翔洋高等学校
⑮静岡大成高等学校
⑯静岡英和女学院高等学校
⑰城南静岡高等学校
⑱静岡女子高等学校
⑲常葉大学附属常葉高等学校
常葉大学附属橘高等学校
常葉大学附属菊川高等学校
⑳静岡北高等学校
㉑静岡学園高等学校
㉒焼津高等学校
㉓藤枝明誠高等学校
㉔静清高等学校
㉕磐田東高等学校
㉖浜松学院高等学校
㉗浜松修学舎高等学校
㉘浜松開誠館高等学校
㉙浜松学芸高等学校
㉚浜松聖星高等学校
㉛浜松日体高等学校
㉜聖隷クリストファー高等学校
㉝浜松啓陽高等学校
㉞オイスカ浜松国際高等学校

愛知県
①[国立]愛知教育大学附属高等学校
②愛知高等学校
③名古屋経済大学市邨高等学校
④名古屋経済大学高蔵高等学校
⑤名古屋大谷高等学校
⑥享栄高等学校
⑦椙山女学園高等学校
⑧大同大学大同高等学校
⑨日本福祉大学付属高等学校
⑩中京大学附属中京高等学校
⑪至学館高等学校
⑫東海高等学校
⑬名古屋たちばな高等学校
⑭東邦高等学校
⑮名古屋高等学校
⑯名古屋工業高等学校
⑰名古屋葵大学高等学校
(名古屋女子大学高等学校)
⑱中部大学第一高等学校
⑲桜花学園高等学校
⑳愛知工業大学名電高等学校
㉑愛知みずほ大学瑞穂高等学校
㉒名城大学附属高等学校
㉓修文学院高等学校
㉔愛知啓成高等学校
㉕聖カピタニオ女子高等学校
㉖滝高等学校
㉗中部大学春日丘高等学校
㉘清林館高等学校
㉙愛知黎明高等学校
㉚岡崎城西高等学校
㉛人間環境大学附属岡崎高等学校
㉜桜丘高等学校

㉝光ヶ丘女子高等学校
㉞藤ノ花女子高等学校
㉟栄徳高等学校
㊱同朋高等学校
㊲星城高等学校
㊳安城学園高等学校
㊴愛知産業大学三河高等学校
㊵大成高等学校
㊶豊田大谷高等学校
㊷東海学園高等学校
㊸名古屋国際高等学校
㊹啓明学館高等学校
㊺聖霊高等学校
㊻誠信高等学校
㊼誉高等学校
㊽杜若高等学校
㊾菊華高等学校
㊿豊川高等学校

三重県

①暁高等学校(3年制)
②暁高等学校(6年制)
③海星高等学校
④四日市メリノール学院高等学校
⑤鈴鹿高等学校
⑥高田高等学校
⑦三重高等学校
⑧皇學館高等学校
⑨伊勢学園高等学校
⑩津田学園高等学校

滋賀県

①近江高等学校

大阪府

①上宮高等学校
②大阪高等学校
③興國高等学校
④清風高等学校
⑤早稲田大阪高等学校
(早稲田摂陵高等学校)
⑥大商学園高等学校
⑦浪速高等学校
⑧大阪夕陽丘学園高等学校
⑨大阪成蹊女子高等学校
⑩四天王寺高等学校
⑪梅花高等学校
⑫追手門学院高等学校
⑬大阪学院大学高等学校
⑭大阪学芸高等学校
⑮常翔学園高等学校
⑯大阪桐蔭高等学校
⑰関西大倉高等学校
⑱近畿大学附属高等学校
⑲金光大阪高等学校
⑳星翔高等学校
㉑阪南大学高等学校
㉒箕面自由学園高等学校
㉓桃山学院高等学校
㉔関西大学北陽高等学校

兵庫県

①雲雀丘学園高等学校
②園田学園高等学校
③関西学院高等部
④灘高等学校
⑤神戸龍谷高等学校
⑥神戸第一高等学校
⑦神港学園高等学校
⑧神戸学院大学附属高等学校
⑨神戸弘陵学園高等学校
⑩彩星工科高等学校
⑪神戸野田高等学校
⑫滝川高等学校
⑬須磨学園高等学校
⑭神戸星城高等学校
⑮啓明学院高等学校
⑯神戸国際大学附属高等学校
⑰滝川第二高等学校
⑱三田松聖高等学校
⑲姫路女学院高等学校
⑳東洋大学附属姫路高等学校
㉑日ノ本学園高等学校
㉒市川高等学校
㉓近畿大学附属豊岡高等学校
㉔夙川高等学校
㉕仁川学院高等学校
㉖育英高等学校

奈良県

①西大和学園高等学校

岡山県

①[県立]岡山朝日高等学校
②清心女子高等学校
③就実高等学校
(特別進学コース〈ハイグレード・アドバンス〉)
④就実高等学校
(特別進学チャレンジコース・総合進学コース)
⑤岡山白陵高等学校
⑥山陽学園高等学校
⑦関西高等学校
⑧おかやま山陽高等学校
⑨岡山商科大学附属高等学校
⑩倉敷高等学校
⑪岡山学芸館高等学校(1期1日目)
⑫岡山学芸館高等学校(1期2日目)
⑬倉敷翠松高等学校
⑭岡山理科大学附属高等学校
⑮創志学園高等学校
⑯明誠学院高等学校
⑰岡山龍谷高等学校

広島県

①[国立]広島大学附属高等学校
②[国立]広島大学附属福山高等学校
③修道高等学校
④崇徳高等学校
⑤広島修道大学ひろしま協創高等学校
⑥比治山女子高等学校
⑦呉港高等学校
⑧清水ヶ丘高等学校
⑨盈進高等学校
⑩尾道高等学校
⑪如水館高等学校
⑫広島新庄高等学校
⑬広島文教大学附属高等学校
⑭銀河学院高等学校
⑮安田女子高等学校
⑯山陽高等学校
⑰広島工業大学高等学校
⑱広陵高等学校
⑲近畿大学附属広島高等学校福山校
⑳武田高等学校
㉑広島県瀬戸内高等学校(特別進学)
㉒広島県瀬戸内高等学校(一般)
㉓広島国際学院高等学校
㉔近畿大学附属広島高等学校東広島校
㉕広島桜が丘高等学校

山口県

①高水高等学校
②野田学園高等学校
③宇部フロンティア大学付属香川高等学校
(普通科〈特進・進学コース〉)
④宇部フロンティア大学付属香川高等学校
(生活デザイン・食物調理・保育科)
⑤宇部鴻城高等学校

徳島県

①徳島文理高等学校

香川県

①香川誠陵高等学校
②大手前高松高等学校

愛媛県

①愛光高等学校
②済美高等学校
③FC今治高等学校
④新田高等学校
⑤聖カタリナ学園高等学校

福岡県

①福岡大学附属若葉高等学校
②精華女子高等学校(専願試験)
③精華女子高等学校(前期試験)
④西南学院高等学校
⑤筑紫女学園高等学校
⑥中村学園女子高等学校(専願入試)
⑦中村学園女子高等学校(前期入試)
⑧博多女子高等学校
⑨博多高等学校
⑩東福岡高等学校
⑪福岡大学附属大濠高等学校
⑫自由ケ丘高等学校
⑬常磐高等学校
⑭東筑紫学園高等学校
⑮敬愛高等学校
⑯久留米大学附設高等学校
⑰久留米信愛高等学校
⑱福岡海星女子学院高等学校
⑲誠修高等学校
⑳筑陽学園高等学校(専願入試)
㉑筑陽学園高等学校(前期入試)
㉒真颯館高等学校
㉓筑紫台高等学校
㉔純真高等学校
㉕福岡舞鶴高等学校
㉖折尾愛真高等学校
㉗九州国際大学付属高等学校
㉘祐誠高等学校
㉙西日本短期大学附属高等学校
㉚東海大学付属福岡高等学校
㉛慶成高等学校
㉜高稜高等学校
㉝中村学園三陽高等学校
㉞柳川高等学校
㉟沖学園高等学校
㊱福岡常葉高等学校
㊲九州産業大学付属九州高等学校
㊳近畿大学附属福岡高等学校
㊴大牟田高等学校
㊵久留米学園高等学校
㊶福岡工業大学附属城東高等学校
(専願入試)
㊷福岡工業大学附属城東高等学校
(前期入試)
㊸八女学院高等学校
㊹星琳高等学校
㊺九州産業大学付属九州産業高等学校
㊻福岡雙葉高等学校

佐賀県

①龍谷高等学校
②佐賀学園高等学校
③佐賀女子短期大学付属佐賀女子高等学校
④弘学館高等学校
⑤東明館高等学校
⑥佐賀清和高等学校
⑦早稲田佐賀高等学校

長崎県

①海星高等学校(奨学生試験)
②海星高等学校(一般入試)
③活水高等学校
④純心女子高等学校
⑤長崎南山高等学校
⑥長崎日本大学高等学校(特別入試)
⑦長崎日本大学高等学校(一次入試)
⑧青雲高等学校
⑨向陽高等学校
⑩創成館高等学校
⑪鎮西学院高等学校

熊本県

①真和高等学校
②九州学院高等学校
(奨学生・専願生)
③九州学院高等学校
(一般生)
④ルーテル学院高等学校
(専願入試・奨学入試)
⑤ルーテル学院高等学校
(一般入試)
⑥熊本信愛女学院高等学校
⑦熊本学園大学付属高等学校
(奨学生試験・専願生試験)
⑧熊本学園大学付属高等学校
(一般生試験)
⑨熊本中央高等学校
⑩尚絅高等学校
⑪文徳高等学校
⑫熊本マリスト学園高等学校
⑬慶誠高等学校

大分県

①大分高等学校

宮崎県

①鵬翔高等学校
②宮崎日本大学高等学校
③宮崎学園高等学校
④日向学院高等学校
⑤宮崎第一高等学校
(文理科)
⑥宮崎第一高等学校
(普通科・国際マルチメディア科・電気科)

鹿児島県

①鹿児島高等学校
②鹿児島実業高等学校
③樟南高等学校
④れいめい高等学校
⑤ラ・サール高等学校

新刊
もっと過去問シリーズ

愛知県

愛知高等学校
7年分(数学・英語)
中京大学附属中京高等学校
7年分(数学・英語)
東海高等学校
7年分(数学・英語)
名古屋高等学校
7年分(数学・英語)
愛知工業大学名電高等学校
7年分(数学・英語)
名城大学附属高等学校
7年分(数学・英語)
滝高等学校
7年分(数学・英語)

※もっと過去問シリーズは入学試験の実施教科に関わらず、数学と英語のみの収録となります。

教英出版
〒422-8054
静岡県静岡市駿河区南安倍3丁目12－28
TEL 054-288-2131
FAX 054-288-2133
詳しくは教英出版で検索
教英出版 検索
URL https://kyoei-syuppan.net/

2024年度

入 学 試 験

第1時限　社　　会

放送で「始め」という合図があるまで、このページ以外のところを見てはいけません。
それまでは注意事項を静かにくりかえし読みなさい。

注　　意

1．試験時間は正味45分で行います。

2．受験番号は、必ずマークしなさい。

受験番号			
千	百	十	一
●	●	⓪	⓪
①	①	●	①
②	②	②	●
③	③	③	③

（例）　受験番号　12の場合
（0012とマークする）
受験番号をマークする。
（マークは記入例に従い濃くマークしなさい。
鉛筆はHより濃いものを使用しなさい。）

3．解答は、解答用紙の解答記入欄にマークしなさい。
たとえば、［20］と表示のある問いに対して③を解答する場合は、次の（例）のように解答番号20の解答記入欄の③にマークしなさい。

（例）

解答番号	解答記入欄									
20	①	②	●	④	⑤	⑥	⑦	⑧	⑨	⑩

4．記入上の注意
(1)　マークは黒鉛筆で長円内をぬりつぶしなさい。
（鉛筆はHより濃いものを使用しなさい。）
(2)　訂正するときは、消しゴムできれいに消し、消しくずを残さないようにしなさい。
(3)　解答用紙には、所定の記入欄以外に何も書かないようにしなさい。
(4)　解答用紙は、折り曲げたり、汚さないようにしなさい。

5．問題についての質問は受けつけません。ただし、ページ数が不足していたり、印刷の文字が不鮮明であるときに質問することはさしつかえありません。

6．時間の終わりに放送で「やめ」という合図があったら、ただちに解答をやめなさい。

岡崎城西高等学校

Ⅰ　次の地図をみて、各問いに答えなさい。

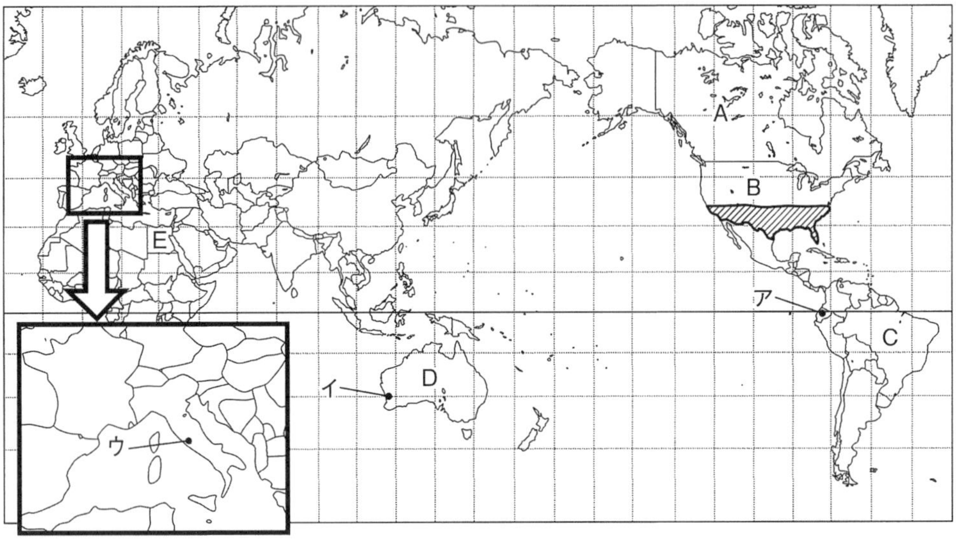

問１　次の雨温図Ⅰ・Ⅱは、地図中の都市アからウのいずれかを示している。雨温図と都市の組み合わせとして、正しいものを一つ選びなさい。　1

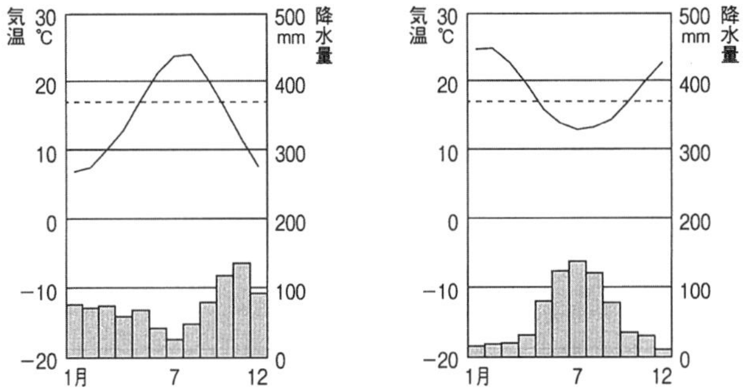

Ⅰ　　　　Ⅱ

①　Ⅰ－ア　Ⅱ－イ　　②　Ⅰ－ア　Ⅱ－ウ　　③　Ⅰ－イ　Ⅱ－ア
④　Ⅰ－イ　Ⅱ－ウ　　⑤　Ⅰ－ウ　Ⅱ－ア　　⑥　Ⅰ－ウ　Ⅱ－イ

問２　次の表は、大豆・小麦・とうもろこしにおける生産量の上位４か国を示している。表中のＸ・Ｙにあてはまる国を地図中ＡからＥの中から選び、正しい組み合わせを一つ選びなさい。　2

	大豆	小麦	とうもろこし
第１位	Ｘ	中国	Ｙ
第２位	Ｙ	インド	中国
第３位	アルゼンチン	ロシア	Ｘ
第４位	中国	Ｙ	アルゼンチン

（出典　FAOSTAT）

①　Ｘ－Ａ　Ｙ－Ｂ　　②　Ｘ－Ｃ　Ｙ－Ａ　　③　Ｘ－Ｃ　Ｙ－Ｂ
④　Ｘ－Ｄ　Ｙ－Ｂ　　⑤　Ｘ－Ｅ　Ｙ－Ｃ　　⑥　Ｘ－Ｅ　Ｙ－Ｄ

問３　次の文Ⅰ・Ⅱは、地図中ＡからＥの国のいずれかについて述べたものである。文Ⅰ・Ⅱに該当する国の組み合わせとして、正しいものを一つ選びなさい。　3

Ⅰ　国内には砂漠が存在する一方で、東部や南西部には温帯が広がる。
Ⅱ　砂漠の東側に大河が北に向かって流れており、沿岸部に都市が広がり人口も集中している。

①　Ⅰ－Ａ　Ⅱ－Ｃ　②　Ⅰ－Ｂ　Ⅱ－Ｅ　③　Ⅰ－Ｄ　Ⅱ－Ｃ
④　Ⅰ－Ｄ　Ⅱ－Ｅ　⑤　Ⅰ－Ｅ　Ⅱ－Ｃ　⑥　Ⅰ－Ｅ　Ⅱ－Ｄ

問４　地図中の斜線部の地域における工業の特色として、正しいものを一つ選びなさい。　4

①　経済特区を設けることにより、積極的に外国企業を受け入れている。
②　2000年頃から「西部大開発」とよばれる内陸部の大規模な開発が始まった。
③　奴隷制によるプランテーションが広がり、工業は発達していない。
④　ピッツバーグは鉄鋼業、デトロイトは自動車工業の中心地である。
⑤　ＩＣＴ産業や航空宇宙産業などの先端技術産業が発展している。

問５　次の文Ⅰ・Ⅱは、地図中Ａの国について述べたものである。正誤の組み合わせとして、正しいものを一つ選びなさい。　5

Ⅰ　16世紀にスペイン人が先住民の国を滅ぼして支配した。
Ⅱ　近年では地球温暖化により、永久凍土の融解が問題となっている。

①　Ⅰ－正　Ⅱ－正　②　Ⅰ－正　Ⅱ－誤
③　Ⅰ－誤　Ⅱ－正　④　Ⅰ－誤　Ⅱ－誤

問６　地図中Ｄの国について述べた文として、誤っているものを一つ選びなさい。　6

①　1970年代にイギリスがＥＣに加盟すると、アジア諸国との関係を重視するようになった。
②　東部のゴールドコーストや中部のウルルなど、世界各地から大勢の観光客が訪れている。
③　20世紀半ばまでの輸出の中心は羊毛であったが、現在では鉄鉱石や石炭が主力となっている。
④　北東部では、地下水を利用した牛の飼育が行われている。
⑤　東部では鉄鉱山、北西部では炭鉱が広く分布している。

Ⅱ　次の会話は、ある授業中に班で話し合ったものである。これを読んで、各問いに答えなさい。

タカシさん：自然災害は各地で起きているね。これは本当に他人事ではないよ。

セイコさん：そうだね。2011年に起きた東日本大震災は、とても大きな被害をもたらしたわ。 a.リアス式海岸が被害の拡大を招いたといわれているよ。私たちは、どうやって自然災害を防ぐのか、地域の特徴にもとづいて考える必要があるよ。

タカシさん：瀬戸内の地域は降水量が少ないけど、 2014年には広島で豪雨災害が起こったね。広島の年間b.降水量を考えると、信じられないほどの雨が降ったよね。

セイコさん：c.自然災害に備える工夫は、それぞれの地域で昔からおこなわれてきたわね。

タカシさん：九州地方の火山活動が心配だけど、 d.火山やほかの自然環境は人々の生活と密接に関係しているよね。

モモコさん：ところで、1995年には阪神淡路大震災が起こったよ。この地域の、 e.町工場を中心とした工業の発展ぶりは震災後も変わらず、人間の力強さとモノづくりに対する情熱を感じるよ。

セイコさん：災害を克服して、さらなる街づくりにチャレンジする人たちを尊敬するよ。

タカシさん：2021年に開催された東京オリンピックや、過去に開催された東京オリンピックも「復興」が共通のテーマで、 f.さまざまな公共設備がつくられたよ。

問1　下線部aについて、この海岸と同じ形状が見られる場所を、地図中AからEの中から、正しいものを一つ選びなさい。　7

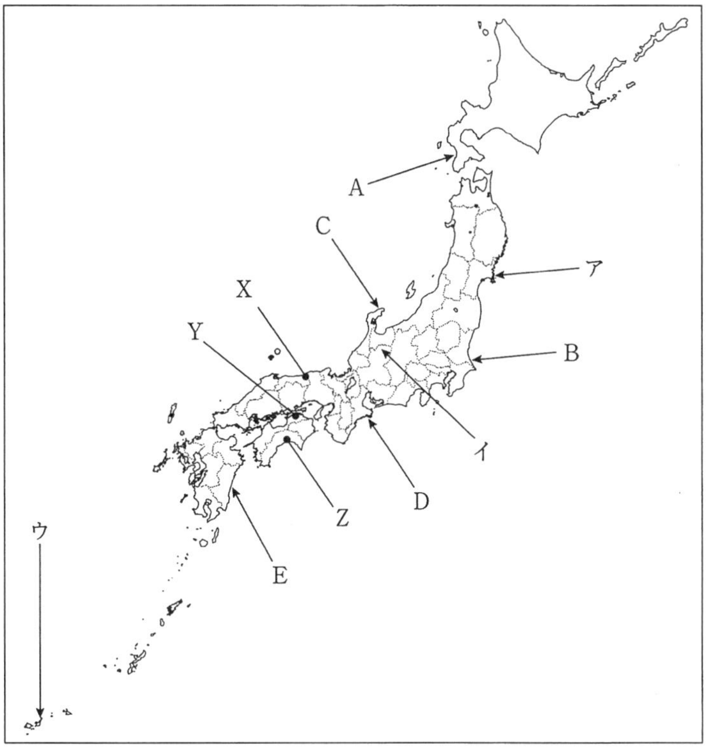

①－A　　②－B　　③－C　　④－D　　⑤－E

問2　下線部bについて、次の雨温図ⅠからⅢは、地図中XからZの都市のいずれかを示している。雨温図と都市の組み合わせとして、正しいものを一つ選びなさい。　8

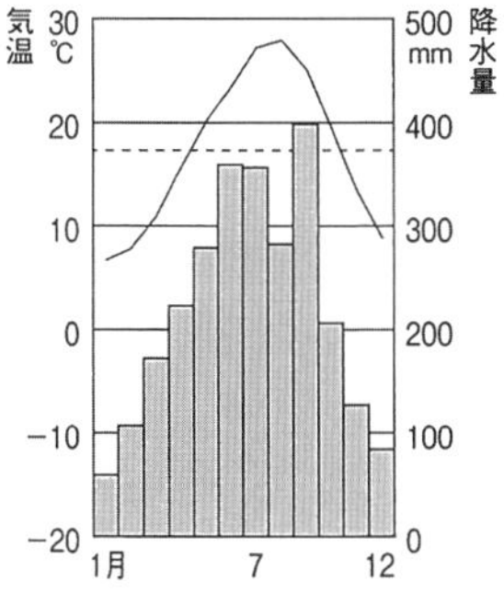

Ⅰ

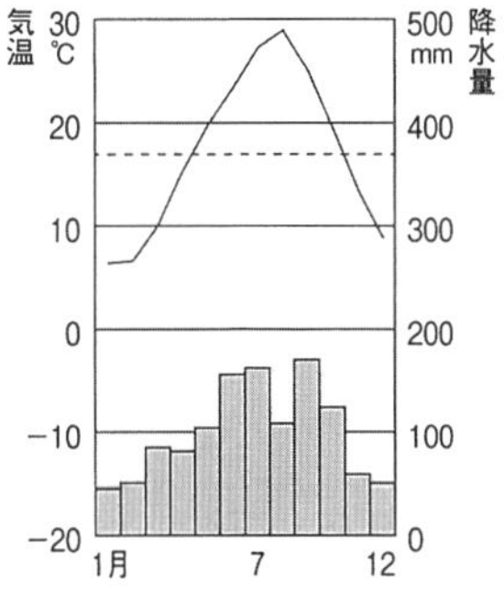

Ⅱ

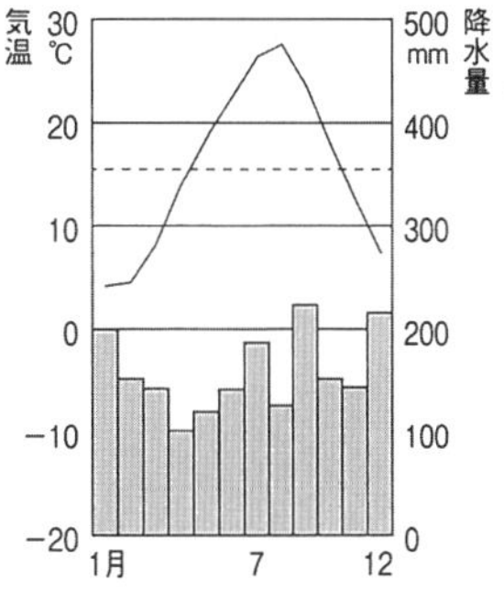

Ⅲ

①　Ⅰ－X　Ⅱ－Y　Ⅲ－Z　　②　Ⅰ－Y　Ⅱ－Z　Ⅲ－X
③　Ⅰ－Z　Ⅱ－X　Ⅲ－Y　　④　Ⅰ－X　Ⅱ－Z　Ⅲ－Y
⑤　Ⅰ－Z　Ⅱ－Y　Ⅲ－X　　⑥　Ⅰ－Y　Ⅱ－X　Ⅲ－Z

問３　下線部ｃについて、次の家屋Ⅰ・Ⅱが見られる地域を、地図中アからウの中から選び、その正しい組み合わせを一つ選びなさい。　9

Ⅰ

Ⅱ

①　Ⅰ－ア　Ⅱ－イ　　②　Ⅰ－イ　Ⅱ－ウ
③　Ⅰ－ウ　Ⅱ－イ　　④　Ⅰ－ア　Ⅱ－ウ

問４　下線部ｄについて、九州地方における火山や自然環境を利用した各産業の説明として、誤っているものを一つ選びなさい。　10

①　日本国内において、２番目に発電量の多い地熱発電所があり、地下にある熱水や蒸気を利用した発電をおこなっている。
②　シラスが広がる南部は稲作に適さないため、畜産がさかんである。
③　日本の近代産業を支えた筑豊炭田は、現在も鉱山開発がすすめられている。
④　リゾートの開発が進み、サンゴ礁などの自然環境をいかした観光業がさかんである。
⑤　火山は被害を与える一方、美しい景色を楽しむことができる温泉宿などのサービス業がさかんである。

問５　下線部ｅについて、次のグラフは各都市・地域における「面積１㎢あたりの工場の数」を示している。東京23区や名古屋市と比較して、東大阪市や大阪市で工場の数が多い理由として、誤っているものを一つ選びなさい。　11

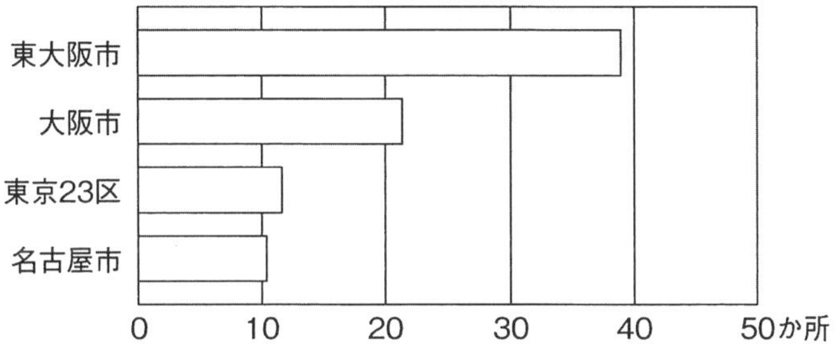

（出典　2020年工業統計調査）

① 巨大なコンビナートを所有する大企業ではなく、数多くの中小企業が密集しているため。
② 建設現場で使われるボルトのように、精密で小さな部品を生産しているため。
③ 優れた技術によって高品質の部品を生産している工場が数多く存在するため。
④ 中小工場周辺の地域と騒音や振動を規制するための条例を制定し、工場と住民が共存できているため。
⑤ 大阪市の臨海部に埋め立て地をつくり、大型機械部品を扱う中小工場が密集しているため。

問６　下線部ｆについて、1964年に東京オリンピックが開催され、さまざまな交通機関が整備された。2021年の開催では関連施設やＩＣＴの活用がすすんだ。これらの取り組みやできごととして、誤っているものを一つ選びなさい。　12

① 1964年の大会では、東京と大阪を結ぶ東海道新幹線が開業した。
② 1964年の大会では、空港と都心部とをつなぐモノレールが開業した。
③ 2021年の大会では、ロードヒーティングによって熱中症対策が講じられた。
④ 2021年の大会では、ビッグデータの分析により人々の移動量やルートを予測し、効率的な運営がおこなわれた。
⑤ 2021年の大会では、1964年の大会と同様にメインスタジアムとなる国立競技場が建てかえられた。

Ⅲ　次の写真をみて、各問いに答えなさい。

A

B

C

D

問１　写真Aが用いられた時代を説明した文アからウの正誤の組み合わせとして、正しいものを一つ選びなさい。　13

ア　槍の先やナイフの原料となる黒曜石は、原産地から遠く離れた場所で加工されることもあった。

イ　貝塚は、海の近くで暮らす人々が貝がらや魚の骨を捨てた場所である。

ウ　ナウマンゾウなどの大型動物の化石の発見は、日本とユーラシア大陸が陸続きであったことを証明した。

① ア－正　イ－正　ウ－正　　② ア－正　イ－正　ウ－誤

③ ア－正　イ－誤　ウ－正　　④ ア－正　イ－誤　ウ－誤

⑤ ア－誤　イ－正　ウ－誤　　⑥ ア－誤　イ－誤　ウ－誤

問２　写真Bには次のような絵が描かれているものもある。この絵を参考にして、日本の農耕について述べた文アからウの正誤の組み合わせとして、正しいものを一つ選びなさい。　14

ア　秋に収穫した稲は、絵のように脱穀されて高床倉庫に収められた。

イ　稲作がさかんになると、土地や貯えた食糧をめぐる争いが増加した。

ウ　九州北部に伝えられた稲作は、やがて北海道まで広がった。

① ア－正　イ－正　ウ－正　② ア－正　イ－正　ウ－誤
③ ア－正　イ－誤　ウ－正　④ ア－正　イ－誤　ウ－誤
⑤ ア－誤　イ－正　ウ－誤　⑥ ア－誤　イ－誤　ウ－誤

問３　写真Ｃがつくられた時代について、次の文章中の【　ア　】から【　ウ　】にあてはまる語句の組み合わせとして、正しいものを一つ選びなさい。　15

天智天皇の死後、後継ぎをめぐって【　ア　】の乱が起こった。これに勝利した【　イ　】天皇は、中国にならった律令や都、さらに歴史書をつくるように命じた。また政治の中心地を【　ウ　】地方に戻した。

①　【　ア　】－壬申　【　イ　】－持統　【　ウ　】－九州
②　【　ア　】－応仁　【　イ　】－天武　【　ウ　】－飛鳥
③　【　ア　】－壬申　【　イ　】－天武　【　ウ　】－飛鳥
④　【　ア　】－応仁　【　イ　】－持統　【　ウ　】－九州
⑤　【　ア　】－壬申　【　イ　】－天武　【　ウ　】－九州

問４　写真Ｄは、奈良時代に用いられた木簡である。奈良時代の税や労役の説明として、正しいものを一つ選びなさい。　16

① 15歳から65歳までの男子には、九州の防衛を担う防人も含めて、兵役が課せられた。
② 20歳以上の男子には、地方で土木工事を担う雑徭が課せられた。
③ 戸籍に登録された12歳以上の男女には、身分に関係なく口分田が与えられた。
④ 人々の中には、重い税の負担から逃れるために逃亡する者もいた。
⑤ 布や特産物を納める調は、諸国の倉庫に収められた。

Ⅳ　次の地図をみて、各問いに答えなさい。

問１　地図中の場所ア・イについて説明した文Ａ・Ｂの正誤の組み合わせとして、正しいものを一つ選びなさい。　17

Ａ　場所アを拠点とした奥州藤原氏は、金や馬などの産物と北方との交易によって栄えた。

Ｂ　真言宗を開いた空海は、場所イに金剛峯寺を建立した。

①　Ａ－正　　Ｂ－正　　②　Ａ－正　　Ｂ－誤

③　Ａ－誤　　Ｂ－正　　④　Ａ－誤　　Ｂ－誤

問2　地図中の都市ウを説明した、次の文章中の【　A　】・【　B　】にあてはまる語句の組み合わせとして、正しいものを一つ選びなさい。　18

地図中の都市ウは大阪湾に面し、【　A　】とよばれる有力商人たちが運営した自治都市である。戦国時代に来日したイエズス会の宣教師は、「この町は【　B　】のように自治が行われている」と手紙の中で記している。

① 【　A　】－町衆　【　B　】－リスボン
② 【　A　】－会合衆　【　B　】－ベネチア
③ 【　A　】－会合衆　【　B　】－リスボン
④ 【　A　】－町衆　【　B　】－ベネチア
⑤ 【　A　】－町衆　【　B　】－ローマ
⑥ 【　A　】－会合衆　【　B　】－ローマ

問3　日本に伝来したキリスト教について述べた文として、正しいものを一つ選びなさい。　19

① 日本は「神の国」であるとして、徳川家康はバテレン追放令を出した。
② ジャン・カルヴァンは、イエズス会の布教活動において中心的な人物であった。
③ プロテスタントに対抗するため、カトリック教会がイエズス会をつくった。
④ マルティン・ルターは、キリスト教を布教するために来日した。
⑤ イエズス会は免罪符を販売して、大聖堂を建築するための資金を集めた。

問4　地図中の都市エを説明したものとして、正しいものを一つ選びなさい。　20

① この地を拠点としていた大友氏は、南蛮貿易をすすめるために教会を建てた。
② 厳しい年貢の取り立てに苦しんだ人々は、天草四郎を中心として一揆を起こした。
③ ロシアの使節であったラクスマンは、この地に来航して江戸幕府との通商を求めた。
④ オランダは、平戸にあった商館をこの地の出島に移転し、江戸幕府と貿易をおこなった。
⑤ アメリカの軍艦がこの地に侵入したことをきっかけに、江戸幕府は異国船打払令を出した。

問5　地図中の場所オの説明として、誤っているものを一つ選びなさい。　21

① 江戸時代になると琉球王国は、定期的に徳川将軍に使節を派遣した。

② 15世紀初め、南山の王だった尚氏が琉球王国を建てた。

③ 琉球王国は、日本・中国・朝鮮半島、そして東南アジアとの中継貿易によって栄えた。

④ 琉球でつくらせた黒砂糖を独占的に販売したことで、薩摩藩は江戸時代末期に雄藩となった。

⑤ 明治時代になると、新政府は軍隊の力を背景に沖縄県を設置し、沖縄の人々に同化政策をおこなった。

Ⅴ　次の年表をみて、各問いに答えなさい。

	日本のできごと	世界のできごと
1721年	目安箱を設置する	
1722年	上げ米の制を定める・・・Ⅰ	
1775年		アメリカ独立戦争がおこる・・・Ⅱ
1787年	寛政の改革がおこなわれる・・・Ⅲ	
1789年		フランス革命がおこる・・・Ⅳ

問１　年表中Ⅰのできごとの説明として、正しいものを一つ選びなさい。　22

① 幕府は参勤交代における大名の在江戸期間を、１年から半年に短縮した。
② 大名は町人に対して、飢饉に備えた米の貯蔵を命じた。
③ 幕府は大名に対して、１万石につき50石の米を幕府に納めさせた。
④ 幕府は大名に強制していた参勤交代を廃止した。

問２　年表中Ⅱのできごとについて、次の二つの文章と関係の深い語句アからウとこの国でおきたできごとの資料ＸからＺとの組み合わせとして、正しいものを一つ選びなさい。　23

> イギリスは、フランスとの戦争の費用で財政が苦しくなった。これにより、植民地への課税を強化するため新たな税をかけたが、植民地側は「代表なくして課税なし」と唱えたことにより植民地側との根本的な対立が表面化した。

> 我々は以下のことを自明の真理であると信じる。人間はみな平等に創られ、ゆずりわたすことのできない権利を神によってあたえられていること、その中には、生命・自由・幸福の追求がふくまれていくことである。

<関係の深い語句>
ア　人権宣言　　　イ　独立宣言　　　ウ　権利章典
<できごとの資料>

X

Y

Z

① ア－Ｘ　② ア－Ｚ　③ イ－Ｘ
④ イ－Ｙ　⑤ ウ－Ｙ　⑥ ウ－Ｚ

問3　年表中Ⅲのできごとについて述べた文A・Bの正誤の組み合わせとして、正しいものを一つ選びなさい。　24

A　江戸に出てきた農民を故郷に帰し、商品作物の生産をすすめた。
B　旗本や御家人がかかえていた借金の利息を帳消しにした。

① A－正　B－正　② A－正　B－誤
③ A－誤　B－正　④ A－誤　B－誤

問4　年表中Ⅳのできごとについて、次の文アからウを年代順に並べ替えたとき、正しいものを一つ選びなさい。　25

ア　革命政府は国王を退位させて、共和政を始めた。
イ　三部会の平民議員たちは、国民議会をつくった。
ウ　ナポレオンは、国民の人気を得て権力をにぎり、皇帝になった。

① ア→イ→ウ　② ア→ウ→イ　③ イ→ア→ウ
④ イ→ウ→ア　⑤ ウ→ア→イ　⑥ ウ→イ→ア

VI　あなたの中学校の社会の先生が卒業式のメッセージを書いた。さらに、一人ひとりの理解を深めるために補足の問いをつけ足した。これを読んで、各問いに答えなさい。

「みなさんは将来、どのようなA.職業に就きたいと思っていますか。B.株式会社のような私企業でしょうか。公共性の高い公企業でしょうか。もしかすると起業して、とても有名な実業家になっているかもしれませんね。

さて、所得を得て生活をするようになると、毎日の生活の中でC.景気の動向や物価の変化が気になることでしょう。また、三河地域は自動車関係の製造業がさかんな地域です。海外との取引も活発ですので、D.為替相場も企業の業績に影響してきます。

（中略）

それでは、将来の目標が決まったらいつでも報告に来てください。たくさんの人の目標が聞きたいです。」

問1　下線部Aについて、近年の労働環境について述べた文として、誤っているものを一つ選びなさい。　26

① 非正規労働者にも、待遇改善を求めて労働組合をつくる権利が認められている。
② ワークライフバランスとは、労働時間を短縮することでほかの人と仕事を分かち合い、互いの雇用を維持しようとする考え方である。
③ 日本の労働時間はいまだに先進工業国の中で長い状態にあり、長時間労働が原因で心身の病気や過労死がなくなっていない。
④ 外国人労働者は一般的に賃金が低く、労働条件や契約の継続は経済状況に影響されやすい。
⑤ 今後は労働力不足が懸念されており、高齢者や女性の就業促進が課題となっている。

問2　下線部Bについて述べた文として、誤っているものを一つ選びなさい。　27

① 企業が株式を発行して資金を調達する方法を間接金融という。
② 株式会社の株主は、企業の利潤の中から配当を受け取ることができる。
③ 企業の生産活動は、土地・設備・労働力という三つの生産要素を組み合わせておこなわれている。
④ 株式会社の株主は有限責任である。
⑤ 企業が利潤をあげるためには、絶えず技術革新を追求することが必要である。

問３　下線部Ｃについて述べた文Ｘ・Ｙの正誤の組み合わせとして、正しいものを一つ選びなさい。　28

Ｘ　日本銀行は、好景気の時は一般の銀行から国債などを買い取り、銀行から企業への貸し出しを減らそうとする。

Ｙ　物価の下落と企業利益の減少が連続しておこる状況をデフレスパイラルという。

① Ｘ－正　Ｙ－正　　② Ｘ－正　Ｙ－誤

③ Ｘ－誤　Ｙ－正　　④ Ｘ－誤　Ｙ－誤

問４　下線部Ｄについて説明した次の文章中の【　ア　】から【　ウ　】にあてはまる語句の組み合わせとして、正しいものを一つ選びなさい。　29

円安になると、資源や材料などの輸入品の価格が【　ア　】し、国内での物価の【　イ　】につながる。一方で、輸出企業は利益が【　ウ　】。

① 【　ア　】－上昇　【　イ　】－上昇　【　ウ　】－増える

② 【　ア　】－下落　【　イ　】－下落　【　ウ　】－減少する

③ 【　ア　】－上昇　【　イ　】－下落　【　ウ　】－増える

④ 【　ア　】－下落　【　イ　】－下落　【　ウ　】－増える

⑤ 【　ア　】－上昇　【　イ　】－上昇　【　ウ　】－減少する

⑥ 【　ア　】－下落　【　イ　】－上昇　【　ウ　】－減少する

Ⅶ　次の各問いに答えなさい。

問１　次の文ＸからＺは、アイヌ民族について述べたものである。その正誤の組み合わせとして、正しいものを一つ選びなさい。　30

Ｘ：現在でも北海道では、伝統芸能であるエイサーが、お盆の時期に踊られている。
Ｙ：2022年の「賤称廃止令」によって、アイヌ民族という呼び方は廃止された。
Ｚ：2019年の「アイヌ民族支援法」によって、アイヌ民族は先住民族として法的に位置づけられた。

① Ｘ－正　Ｙ－正　Ｚ－誤　　② Ｘ－正　Ｙ－誤　Ｚ－正
③ Ｘ－正　Ｙ－誤　Ｚ－誤　　④ Ｘ－誤　Ｙ－正　Ｚ－正
⑤ Ｘ－誤　Ｙ－正　Ｚ－誤　　⑥ Ｘ－誤　Ｙ－誤　Ｚ－正

問２　日本や世界における権利に関する文として、誤っているものを一つ選びなさい。　31

① 1985年に男女雇用機会均等法が制定され、雇用における女性への差別が禁止された。
② 1948年に採択された世界人権宣言は、条約としての効力がないが、各国の人権保障の模範となっている。
③ 労働基本権の中では、社会全体の利益を守るために、公務員によるストライキが禁止されている。
④ イギリスの権利章典では、すべての人間は生まれながらに自由で平等な権利をもつと宣言された。
⑤ 20世紀に制定されたワイマール憲法の中で、初めて社会権を保障した。

問３　日本の戦争と平和に関する文として、誤っているものを一つ選びなさい。　32

① 自衛隊は、政府からの指示があれば、先制攻撃をすることができる。
② 唯一の被爆国である日本は、日本国憲法第９条第２項で交戦権を認めていない。
③ 沖縄にはアメリカ軍基地が多数存在しており、基地の移設が問題となっている。
④ 日本と密接な関係にある国が攻撃を受け、日本にも危険が及び、ほかに適当な手段がない場合、攻撃国に対して集団的自衛権を行使できる。
⑤ 日本はアメリカと日米安全保障条約を結んでいるため、日本が他国から攻撃された際、日米共同で対応することになっている。

問4　日本における国会の審議に関する文として、正しいものを一つ選びなさい。　33

① 予算案を審議する際、参議院から審議することが定められている。
② 憲法改正については、衆議院で可決されて参議院で否決された場合でも、再び衆議院で出席議員の３分の２以上の賛成で可決されれば、国民投票にかけることができる。
③ 提出された法律案や予算は、数十人の有識者のみで構成される委員会で詳しく審査された後、本会議に送られる。
④ 内閣総理大臣の指名については、衆議院と参議院の議決が異なる場合、両院協議会は開かれずに衆議院の議決が優先される。
⑤ 衆議院でのみ内閣不信任の決議をおこなうことができる。

問5　次の文章は、日本の内閣に関するものである。文章中の下線部ＡからＥの中で、誤っているものを一つ選びなさい。　34

内閣は、内閣総理大臣と国務大臣から構成されており、国務大臣は、そのA.過半数を国会議員から選ぶことが定められている。内閣の仕事は、行政機関の指揮監督や条約の締結、B.最高裁判所長官の任命、天皇の国事行為に対する助言と承認を与えることなど、多岐にわたる。大日本帝国憲法のもとでは、内閣はC.各大臣が天皇を輔弼する機関だったが、日本国憲法が公布されると、天皇は日本の象徴的な存在となり、内閣は国会に対して連帯責任を負う機関へと変化した。現在では、D.衆議院の総選挙がおこなわれた際、必ず総辞職しなければならず、選挙の結果を踏まえて新たな内閣が組閣される。現状の内閣が信用できず、内閣不信任の決議が可決された場合、内閣はE.10日以内に衆議院の解散をおこなうか、総辞職しなければならない。こうして、国会と内閣はたがいの権力のいきすぎを抑制し均衡を保っている。

① A　② B　③ C　④ D　⑤ E

問６　次の文章は、日本の地方自治に関するものである。文章中の【　A　】から【　C　】にあてはまる語句の組み合わせとして、正しいものを一つ選びなさい。 35

地方自治は、「【　A　】の学校」と呼ばれており、地方公共団体は、その地域の住民のために仕事をしている。地方公共団体が住民の多様なニーズに対応するには、財源が必要である。しかし、地方公共団体が独自で多くの資金を集めることは難しく、多くを国に依存している。特定の仕事の費用にあてられる【　B　】を国から支給されたり、借金をするなどして仕事をすすめている状態である。集められた財源は、地方議会で使いみちを決めていく。もし、地域の住民が議会のはたらきぶりを信用できず、仕事を任せられないと判断した場合、議会の解散請求をすることができる。有権者が30万人の地域であれば、有権者の【　C　】以上の署名を集めて選挙管理委員会に請求し、住民投票で有効投票の過半数の同意があれば解散させることができる。このような権利を直接請求権という。

①　【　A　】－民主主義　【　B　】－国庫支出金　【　C　】－6,000人
②　【　A　】－民主主義　【　B　】－地方交付税交付金　【　C　】－60,000人
③　【　A　】－民主主義　【　B　】－国庫支出金　【　C　】－100,000人
④　【　A　】－国民主権　【　B　】－地方交付税交付金　【　C　】－6,000人
⑤　【　A　】－国民主権　【　B　】－国庫支出金　【　C　】－60,000人
⑥　【　A　】－国民主権　【　B　】－地方交付税交付金　【　C　】－100,000人

（問題は以上となります。）

教英出版

2024年度

入 学 試 験

第5時限　数　　学

（45分）

放送で「始め」という合図があるまで，このページ以外のところを見てはいけません。
それまでは注意事項を静かにくりかえし読みなさい。

注　　　意

1　解答は解答用紙の問題番号に対応した解答欄にマークしなさい。

2　問題の文中の $\boxed{\text{ア}}$，$\boxed{\text{イウ}}$ などには，数字（0 ～ 9）が入ります。

ア，イ，ウ，… の一つ一つは数字一つに対応します。

例えば，$\boxed{\text{アイ}}$ に 31 と答えたいとき，以下のようにマークしなさい。

ア	⓪	①	②	●	④	⑤	⑥	⑦	⑧	⑨
イ	⓪	●	②	③	④	⑤	⑥	⑦	⑧	⑨

3　分数の形で解答する場合，それ以上約分できない形で答えなさい。

例えば，$\dfrac{\boxed{\text{ウ}}}{\boxed{\text{エ}}}$ に，$\dfrac{3}{4}$ と答えるところを，$\dfrac{6}{8}$ と答えてはいけません。

4　小数の形で解答する場合，指定された桁までマークしなさい。

例えば，$\boxed{\text{オ}}.\boxed{\text{カ}}$ に5と答えたいときは，5.0と答えなさい。

5　根号を含む形で解答する場合，根号の中に現れる自然数が最小となる形で答えなさい。

例えば，$\boxed{\text{キ}}\sqrt{\boxed{\text{ク}}}$ に $4\sqrt{2}$ と答えるところを，$2\sqrt{8}$ と答えてはいけません。

岡崎城西高等学校

1　$\frac{14}{3}-\frac{3}{2}\times\frac{5}{6}$を計算すると，$\dfrac{\boxed{\text{アイ}}}{\boxed{\text{ウエ}}}$ である。

2　$\left(-\frac{3}{2}\right)^2\div 0.25^2-9\times(-1)^3$を計算すると，$\boxed{\text{オカ}}$ である。

3　$(2\sqrt{3}-2\sqrt{2})(\sqrt{8}+\sqrt{12})$ を計算すると，$\boxed{\text{キ}}$ である。

4　1次方程式　$2-\frac{x-4}{3}=\frac{x}{2}$　を解くと，$x=\boxed{\text{ク}}$ である。

5　2次方程式　$3x(x-2)=(x-2)^2$　を解くと，$x=-\boxed{\text{ケ}}$，$\boxed{\text{コ}}$ である。

6 2次方程式　$(x-2)(x-4)=7$　を解くと，$x=$ [サ] ± [シ] $\sqrt{\text{[ス]}}$ である。

7 連立方程式　$\begin{cases} \dfrac{1}{x}-\dfrac{1}{y}=3 \\ \dfrac{2}{x}+\dfrac{3}{y}=-4 \end{cases}$　を解くと，$x=$ [セ]，$y=-\dfrac{\text{[ソ]}}{\text{[タ]}}$ である。

8 1辺1mの立方体の水槽がある。この空の水槽に毎秒 $\dfrac{1}{3}$ Lずつ水を入れる。入れ始めて x 秒後の水面の高さを y cmとする。

(1) x と y の関係式は $y=\dfrac{x}{\text{[チツ]}}$ である。

(2) 水を入れ始めてから [テト] 分 [ナニ] 秒後に水面の高さが25 cmになる。

9 下のヒストグラムは，あるクラスの生徒 36 人の夏休み１日あたりの平均学習時間を聞き取ったものである。

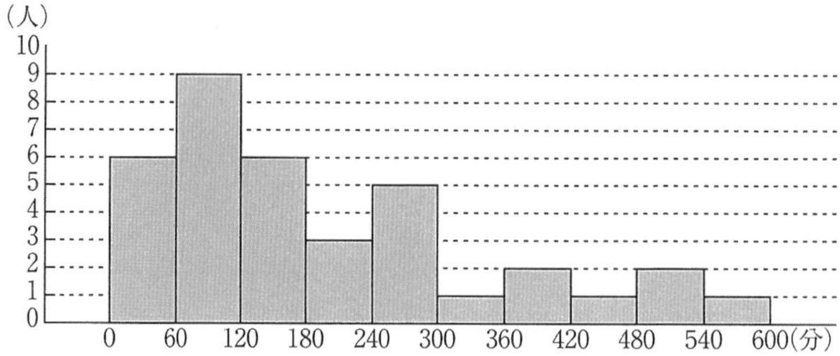

このとき，中央値は [ヌネノ] 分である。

10 大小２個のさいころがある。さいころを振って，大きいさいころの目を十の位，小さいさいころの目を一の位として，２桁の整数をつくる。

(1) この２桁の数が，４の倍数になる確率は $\dfrac{\boxed{ハ}}{\boxed{ヒ}}$ である。

(2) この２桁の数を分数の分子とする。さらに，もう一度小さいさいころのみを振って出た目の数を分母とするとき，その分数を約分して整数になるのは [フヘ] 通りである。

11 図のように，底面が半径２cmの円で，母線の長さが 12 cmの直円すいがある。この直円すいの底面の円周上に点Aをとり，ひもを最短の長さになるように図のように１周させる。このとき必要なひもの長さは [ホマ] cmである。

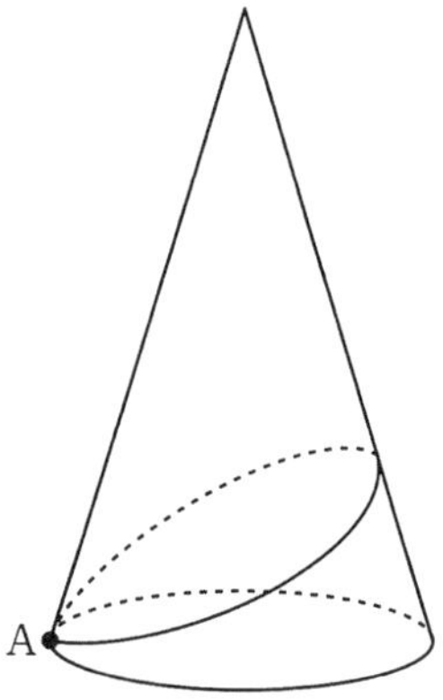

注意

1．記入は必ずHより濃い黒鉛筆で⓪の中を正確にぬりつぶして下さい。（記入例参照）
2．訂正は、消しゴムできれいに消し、消しくずを残さないで下さい。
3．所定の記入欄以外には何も書かないで下さい。
4．解答用紙は、折り曲げたり、汚さないで下さい。

※50点満点
（配点非公表）

解答記入欄					
①	②	③	④	⑤	
①	②	③	④		
①	②	③	④	⑤	⑥
①	②	③	④		
①	②	③	④	⑤	⑥
①	②	③	④	⑤	
①	②	③	④	⑤	
①	②	③	④		
①	②	③	④	⑤	⑥
①	②	③	④	⑤	⑥

解答番号	解答記入欄					
31	①	②	③	④	⑤	
32	①	②	③	④	⑤	
33	①	②	③	④	⑤	
34	①	②	③	④	⑤	
35	①	②	③	④	⑤	⑥

岡崎城西高等学校

入　欄
⑥ ⑦
⑥
⑥
⑥ ⑦

注意
1．記入は必ずHより濃い黒鉛筆で ⃝ の中を正確にぬりつぶして下さい。（記入例参照）
2．訂正は、消しゴムできれいに消し、消しくずを残さないで下さい。
3．所定の記入欄以外には何も書かないで下さい。
4．解答用紙は、折り曲げたり、汚さないで下さい。

解答番号	解　答　記　入　欄
27	① ② ③ ④ ⑤
28	① ② ③ ④ ⑤ ⑥ ⑦ ⑧ ⑨ ⑩
29	① ② ③ ④ ⑤ ⑥ ⑦ ⑧ ⑨
30	① ② ③ ④ ⑤ ⑥ ⑦
31	① ② ③ ④ ⑤ ⑥ ⑦
32	① ② ③ ④
33	① ② ③ ④ ⑤ ⑥
34	① ② ③ ④ ⑤ ⑥
35	① ② ③ ④
36	① ② ③ ④ ⑤ ⑥
37	① ② ③ ④ ⑤ ⑥ ⑦
38	① ② ③ ④ ⑤
39	① ② ③ ④ ⑤ ⑥ ⑦ ⑧
40	① ② ③ ④ ⑤ ⑥
41	① ② ③ ④ ⑤ ⑥
42	① ② ③ ④ ⑤

※50点満点
（配点非公表）

岡崎城西高等学校

注意

1．記入は必ずＨより濃い黒鉛筆で()の中を正確にぬりつぶして下さい。(記入例参照)
2．訂正は､消しゴムできれいに消し､消しくずを残さないで下さい。
3．所定の記入欄以外には何も書かないで下さい。
4．解答用紙は、折り曲げたり、汚さないで下さい。

※50点満点
（配点非公表）

問番号	解答番号		解答記入欄						
1	A	16	1	2	3	4	5	6	7
	B	17	1	2	3	4	5	6	7
2	A	18	1	2	3	4	5	6	7
	B	19	1	2	3	4	5	6	7
3	A	20	1	2	3	4	5	6	7
	B	21	1	2	3	4	5	6	7
4	A	22	1	2	3	4	5	6	7
	B	23	1	2	3	4	5	6	7
5	A	24	1	2	3	4	5	6	7
	B	25	1	2	3	4	5	6	7
問1	A	26	1	2	3	4	5	6	7
	B	27	1	2	3	4	5	6	7
問2		28	1	2	3	4			
問3	1	29	1	2	3	4			
	2	30	1	2	3	4			
	3	31	1	2	3	4			
問4		32	1	2	3	4			
問5		33	1	2	3	4			
問6		34	1	2	3	4			
問7		35	1	2	3	4	5	6	

岡崎城西高等学校

注意

1．記入は必ずHより濃い黒鉛筆で () の中を正確にぬりつぶして下さい。（記入例参照）
2．訂正は、消しゴムできれいに消し、消しくずを残さないで下さい。
3．所定の記入欄以外には何も書かないで下さい。
4．解答用紙は、折り曲げたり、汚さないで下さい。

欄
5
5
5
5
5
5
5
5
5
5
5

	解答番号	解答記入欄				
三	25	1	2	3	4	5
	26	1	2	3	4	5
	27	1	2	3	4	5
	28	1	2	3	4	5
	29	1	2	3	4	5
	30	1	2	3	4	5
	31	1	2	3	4	5
	32	1	2	3	4	5
	33	1	2	3	4	5
	34	1	2	3	4	5
	35	1	2	3	4	5

※50点満点
（配点非公表）

岡崎城西高等学校

入 欄				
	⑥	⑦	⑧	⑨
	⑥	⑦	⑧	⑨
	⑥	⑦	⑧	⑨
	⑥	⑦	⑧	⑨
	⑥	⑦	⑧	⑨
	⑥	⑦	⑧	⑨
	⑥	⑦	⑧	⑨
	⑥	⑦	⑧	⑨
	⑥	⑦	⑧	⑨
	⑥	⑦	⑧	⑨
	⑥	⑦	⑧	⑨
	⑥	⑦	⑧	⑨
	⑥	⑦	⑧	⑨
	⑥	⑦	⑧	⑨
	⑥	⑦	⑧	⑨
	⑥	⑦	⑧	⑨
	⑥	⑦	⑧	⑨
	⑥	⑦	⑧	⑨
	⑥	⑦	⑧	⑨
	⑥	⑦	⑧	⑨

注意
1．記入は必ずHより濃い黒鉛筆で⬯の中を正確にぬりつぶして下さい。（記入例参照）
2．訂正は、消しゴムできれいに消し、消しくずを残さないで下さい。
3．所定の記入欄以外には何も書かないで下さい。
4．解答用紙は、折り曲げたり、汚さないで下さい。

解答番号	解答記入欄									
ユ	⓪	①	②	③	④	⑤	⑥	⑦	⑧	⑨
ヨ	⓪	①	②	③	④	⑤	⑥	⑦	⑧	⑨
ラ	⓪	①	②	③	④	⑤	⑥	⑦	⑧	⑨
リ	⓪	①	②	③	④	⑤	⑥	⑦	⑧	⑨
ル	⓪	①	②	③	④	⑤	⑥	⑦	⑧	⑨
レ	⓪	①	②	③	④	⑤	⑥	⑦	⑧	⑨
ロ	⓪	①	②	③	④	⑤	⑥	⑦	⑧	⑨
ワ	⓪	①	②	③	④	⑤	⑥	⑦	⑧	⑨
あ	⓪	①	②	③	④	⑤	⑥	⑦	⑧	⑨
い	⓪	①	②	③	④	⑤	⑥	⑦	⑧	⑨
う	⓪	①	②	③	④	⑤	⑥	⑦	⑧	⑨
え	⓪	①	②	③	④	⑤	⑥	⑦	⑧	⑨
お	⓪	①	②	③	④	⑤	⑥	⑦	⑧	⑨
か	⓪	①	②	③	④	⑤	⑥	⑦	⑧	⑨
き	⓪	①	②	③	④	⑤	⑥	⑦	⑧	⑨
く	⓪	①	②	③	④	⑤	⑥	⑦	⑧	⑨
け	⓪	①	②	③	④	⑤	⑥	⑦	⑧	⑨

※50点満点
（配点非公表）

岡崎城西高等学校

2024年度

数学解答用紙

受験番号	番	出身中学	中学校	氏名	

受験番号			
千	百	十	一
0	0	0	0
1	1	1	1
2	2	2	2
3	3	3	3
4	4	4	4
5	5	5	5
6	6	6	6
7	7	7	7
8	8	8	8
9	9	9	9

（マーク記入例）

良い例	悪い例

解答番号	解答記入欄									
ア	0	1	2	3	4	5	6	7	8	9
イ	0	1	2	3	4	5	6	7	8	9
ウ	0	1	2	3	4	5	6	7	8	9
エ	0	1	2	3	4	5	6	7	8	9
オ	0	1	2	3	4	5	6	7	8	9
カ	0	1	2	3	4	5	6	7	8	9
キ	0	1	2	3	4	5	6	7	8	9
ク	0	1	2	3	4	5	6	7	8	9
ケ	0	1	2	3	4	5	6	7	8	9
コ	0	1	2	3	4	5	6	7	8	9
サ	0	1	2	3	4	5	6	7	8	9
シ	0	1	2	3	4	5	6	7	8	9
ス	0	1	2	3	4	5	6	7	8	9
セ	0	1	2	3	4	5	6	7	8	9
ソ	0	1	2	3	4	5	6	7	8	9
タ	0	1	2	3	4	5	6	7	8	9

解答番号	解		
チ	0	1	2
ツ	0	1	2
テ	0	1	2
ト	0	1	2
ナ	0	1	2
ニ	0	1	2
ヌ	0	1	2
ネ	0	1	2
ノ	0	1	2
ハ	0	1	2
ヒ	0	1	2
フ	0	1	2
ヘ	0	1	2
ホ	0	1	2
マ	0	1	2
ミ	0	1	2
ム	0	1	2
メ	0	1	2
モ	0	1	2
ヤ	0	1	2

2024年度

国語解答用紙

受験番号	番	出身中学	中学校	氏名	

受験番号			
千	百	十	一
0	0	0	0
1	1	1	1
2	2	2	2
3	3	3	3
4	4	4	4
5	5	5	5
6	6	6	6
7	7	7	7
8	8	8	8
9	9	9	9

	解答番号	解答記入欄				
一	1	1	2	3	4	5
	2	1	2	3	4	5
	3	1	2	3	4	5
	4	1	2	3	4	5
	5	1	2	3	4	5
	6	1	2	3	4	5
	7	1	2	3	4	5
	8	1	2	3	4	5
	9	1	2	3	4	5
	10	1	2	3	4	5
	11	1	2	3	4	5
	12	1	2	3	4	5
	13	1	2	3	4	5

	解答番号	解答	
二	14	1	2
	15	1	2
	16	1	2
	17	1	2
	18	1	2
	19	1	2
	20	1	2
	21	1	2
	22	1	2
	23	1	2
	24	1	2

（マーク記入例）

良い例	悪い例
●	⦶ ⦶ ⊗ ✓

2024年度

英語解答用紙

受験番号	番	出身中学	中学校	氏名	

受験番号			
千	百	十	一
0	0	0	0
1	1	1	1
2	2	2	2
3	3	3	3
4	4	4	4
5	5	5	5
6	6	6	6
7	7	7	7
8	8	8	8
9	9	9	9

大問番号	小問番号		解答番号	解答記入欄									
I	問1	1	1	1	2	3	4						
		2	2	1	2	3	4						
		3	3	1	2	3	4						
	問2	1	4	1	2	3	4						
		2	5	1	2	3	4						
II	問1	ア	6	1	2	3	4	5	6	7	8	9	10
		イ	7	1	2	3	4	5	6	7	8	9	10
		ウ	8	1	2	3	4	5	6	7	8	9	10
		エ	9	1	2	3	4	5	6	7	8	9	10
		オ	10	1	2	3	4	5	6	7	8	9	10
	問2	ア	11	1	2	3	4	5	6	7	8	9	10
		イ	12	1	2	3	4	5	6	7	8	9	10
		ウ	13	1	2	3	4	5	6	7	8	9	10
		エ	14	1	2	3	4	5	6	7	8	9	10
		オ	15	1	2	3	4	5	6	7	8	9	10

（マーク記入例）

良い例	悪い例

2024年度

理科解答用紙

受験番号	番	出身中学	中学校	氏名

受験番号			
千	百	十	一
0	0	0	0
1	1	1	1
2	2	2	2
3	3	3	3
4	4	4	4
5	5	5	5
6	6	6	6
7	7	7	7
8	8	8	8
9	9	9	9

（マーク記入例）

良い例	悪い例

解答番号	解答記入欄
1	① ② ③ ④
2	① ② ③ ④
3	① ② ③ ④ ⑤
4	① ② ③ ④ ⑤
5	① ② ③ ④ ⑤
6	① ② ③ ④ ⑤ ⑥
7	① ② ③ ④ ⑤ ⑥ ⑦
8	① ② ③ ④ ⑤
9	① ② ③ ④ ⑤ ⑥
10	① ② ③ ④ ⑤ ⑥
11	① ② ③ ④ ⑤
12	① ② ③ ④ ⑤ ⑥ ⑦
13	① ② ③

解答番号	解
14	① ②
15	① ②
16	① ②
17	① ②
18	① ②
19	① ②
20	① ②
21	① ②
22	① ②
23	① ②
24	① ②
25	① ②
26	① ②

2024年度

社会解答用紙

受験番号	番	出身中学	中学校	氏名

受験番号			
千	百	十	一
0	0	0	0
1	1	1	1
2	2	2	2
3	3	3	3
4	4	4	4
5	5	5	5
6	6	6	6
7	7	7	7
8	8	8	8
9	9	9	9

（マーク記入例）

良い例	悪い例

解答番号	解答記入欄	解答番号	解答記入欄
1	① ② ③ ④ ⑤ ⑥	11	① ② ③ ④ ⑤
2	① ② ③ ④ ⑤ ⑥	12	① ② ③ ④ ⑤
3	① ② ③ ④ ⑤ ⑥	13	① ② ③ ④ ⑤
4	① ② ③ ④ ⑤	14	① ② ③ ④ ⑤
5	① ② ③ ④	15	① ② ③ ④ ⑤
6	① ② ③ ④ ⑤	16	① ② ③ ④ ⑤
7	① ② ③ ④ ⑤	17	① ② ③ ④
8	① ② ③ ④ ⑤ ⑥	18	① ② ③ ④ ⑤
9	① ② ③ ④	19	① ② ③ ④ ⑤
10	① ② ③ ④ ⑤	20	① ② ③ ④ ⑤

12 図の円Ｏにおいて，線分ＢＣが円の中心を通るように円周上に２点Ｂ，Ｃをとる。さらに円周上に∠ＡＢＣ＝29° となるように点Ａをとる。線分ＢＣに関して点Ａと反対側の円周上に$\overset{\frown}{\mathrm{BD}}:\overset{\frown}{\mathrm{DC}}=1:2$となるように点Ｄをとる。点Ｄから円の中心Ｏに向かって直線を引き，この直線と円周の交点のうち点Ｄとは異なるものを点Ｐとする。点Ｐの位置に関する記述について，最も適切なものは①～③のうち［ミ］である。

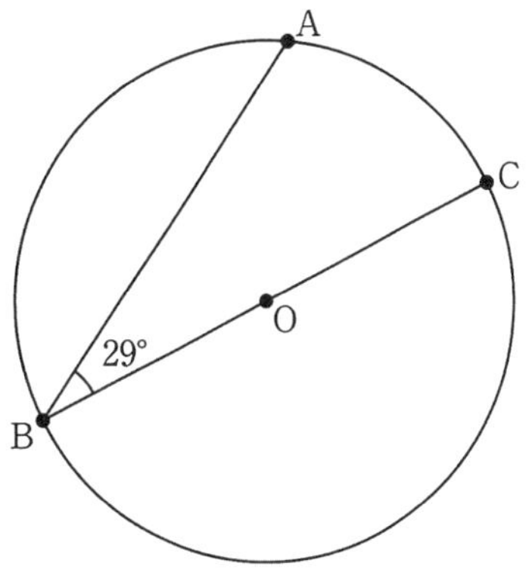

【選択肢】

① 点Ｐは点Ａと同じ場所にとれる。

② 点Ｐは点Ａよりも点Ｂ側にとれる。

③ 点Ｐは点Ａよりも点Ｃ側にとれる。

13 △ＡＢＣを図のようにＡＤで折り，頂点Ｂが辺ＡＣ上に重なるようにし，その点をＥとした。

ＡＥ：ＥＣ＝４：３，ＢＣ＝17 のとき，ＤＥ＝$\dfrac{\boxed{ムメ}}{\boxed{モヤ}}$ である。

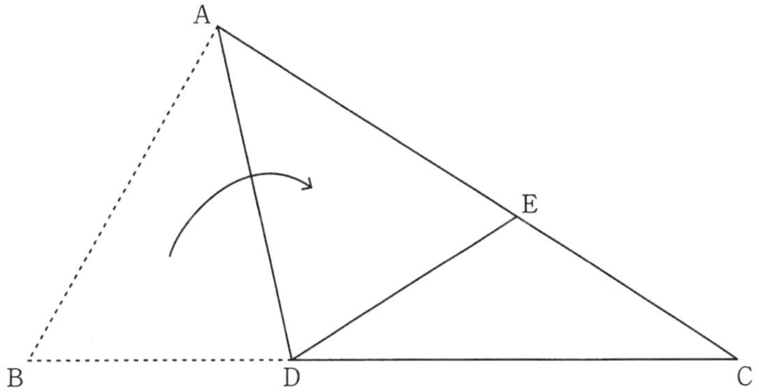

14 図のように，$y=ax^2$，$y=\frac{b}{x}$，$y=-x+4$ のグラフが点Dで交わっている。直線ＡＢと直線ＣＤは y 軸と平行であり，点Ｂの x 座標は－４，点Ｃの x 座標は２である。このとき，$b=$ $\boxed{\text{ユ}}$ である。また四角形ＡＢＣＤの面積を２等分し，点Ａを通る直線の方程式は

$$y=-\frac{\boxed{\text{ヨラ}}}{\boxed{\text{リル}}}x-\frac{\boxed{\text{レ}}}{\boxed{\text{ロワ}}}$$ である。

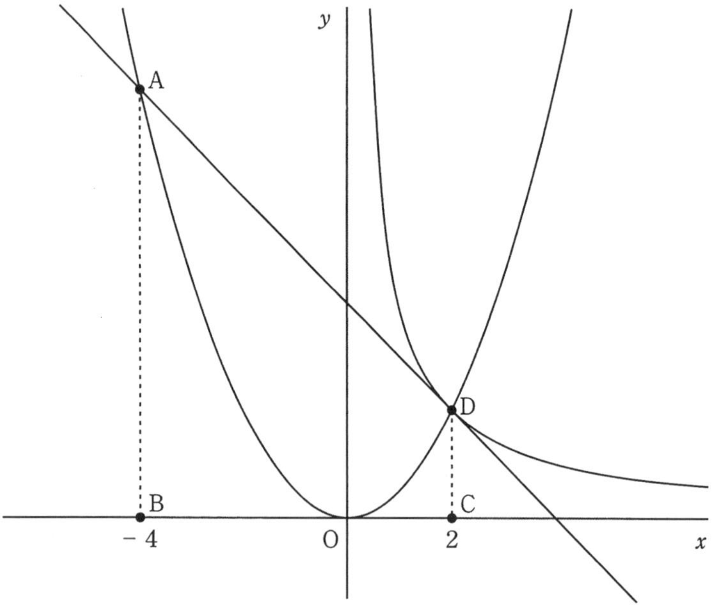

15 ある高校の校舎は6階建てで，1階から2階までは20段，1階から3階までは40段，……，1階から6階までは100段の階段になっている。A君とB君が，じゃんけんをして勝ったときだけ階段を上れる遊びをしている。じゃんけんをして「グー」で勝ったときは3段，「チョキ」で勝ったときは5段，「パー」で勝ったときは6段上れるものとする。また，「あいこ」の場合はじゃんけんをした回数に数えないものとする。

A君とB君が2階から3階まで上るとき，4回目のじゃんけんでA君が先に3階にたどり着くのが何通りあるかを，以下の場合に分けて考えた。

(i) A君が4回とも「パー」を出し，A君が先に3階にたどり着くのは［あ］通り。

(ii) A君が3回「パー」を出し，残り1回は別のものを出して，A君が先に3階にたどり着くのは［い］通り。

(iii) A君が2回「パー」を出し，残り2回は別のものを出して，A君が先に3階にたどり着くのは［うえ］通り。

(iv) A君が1回「パー」を出し，残り3回は別のものを出して，A君が先に3階にたどり着くのは［お］通り。

(v) A君が4回とも「パー」以外を出し，A君が先に3階にたどり着くのは［か］通り。

したがって，A君とB君が2階から3階まで上るとき，4回目のじゃんけんでどちらかが先に3階にたどり着く場合の数は［きく］通りである。

このように，A君とB君がじゃんけんをして階段を上るとき，正しいものを以下の選択肢から選ぶと［け］である。

a．1階から6階まで上る場合の数は，2階から3階まで上る場合の数の5倍になる。

b．1階から2階へ上るのも，1階から3階へ上るのも，同じ確率でA君が先にたどり着く。

c．2階から3階まで上るとき，5回目のじゃんけんでA君が先に3階にたどり着く場合の数は，4回目のじゃんけんでA君が先に3階へたどり着く場合の数よりも多い。

【選択肢】

① a　② b　③ c　④ aとb　⑤ bとc　⑥ aとc

⑦ aとbとc　⑧ 正しいものはない

（問題は以上となります。）

2024年度

入 学 試 験

第4時限　国　語

放送で「始め」という合図があるまで、このページ以外のところを見てはいけません。
それまでは注意事項を静かにくりかえし読みなさい。

注　意

1．試験時間は正味45分で行います。

2．受験番号は、必ずマークしなさい。

受験番号			
千	百	十	一
●	●	⓪	⓪
①	①	●	①
②	②	②	●
③	③	③	③

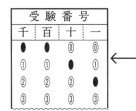

（例）　受験番号　１２の場合
（００１２とマークする）
受験番号をマークする。
（マークは記入例に従い濃くマークしなさい。
鉛筆はＨより濃いものを使用しなさい。）

3．解答は、解答用紙の解答記入欄にマークしなさい。
たとえば、20 と表示のある問いに対して③を解答する場合は、次の（例）のように解答番号 20 の解答記入欄の③にマークしなさい。

（例）

解答番号	解答記入欄									
20	①	②	●	④	⑤	⑥	⑦	⑧	⑨	⑩

4．記入上の注意
⑴　マークは黒鉛筆で長円内をぬりつぶしなさい。
（鉛筆はＨより濃いものを使用しなさい。）
⑵　訂正するときは、消しゴムできれいに消し、消しくずを残さないようにしなさい。
⑶　解答用紙には、所定の記入欄以外に何も書かないようにしなさい。
⑷　解答用紙は、折り曲げたり、汚さないようにしなさい。

5．問題についての質問は受けつけません。ただし、ページ数が不足していたり、印刷の文字が不鮮明であるときに質問することはさしつかえありません。

6．時間の終わりに放送で「やめ」という合図があったら、ただちに解答をやめなさい。

岡崎城西高等学校

【一】次の文章を読んで、後の問いに答えなさい。

われわれにとって、テレビは、[1]世界全体を一つの地域社会とするための道具である。かつてわれわれが、地域社会の人びとの気心を知っており、気心の知れている同士として、たがいにジロジロ見合ってもさしつかえなかったように、いま、われわれは、テレビのカメラが及ぶかぎりの人びとをジロジロ見ようとしている。ただ、われわれは、[2]そうして眺めている人びとの気心を知っているわけではなく、また、カメラが一方的に被写体となった人をジロジロ見つめるだけで、被写体のほうでカメラを通じて視聴者を見据えるということがない。[3]そこにアンバランスが生じる。テレビの視聴者参加番組の数は多いが、そこには主婦などの出演希望者が非常に多いという。見る一方の立場であることがもの足りなく、自分も見られる側に立ちたいわけであろう。見ることと、見られることとのあいだのバランスを回復したいのであろう。それは［ A ］、テレビを通じて気心の知れた世界を拡大したいという願望の現われであろう。

都市化し、流動化することによって、社会は、そこに住む人にとって、[4]なにかよそよそしいものに変わってゆく。気心の知れた世界というものが遠ざかってゆく。よそよそしい世界とは、だれもが自分にほほえみかけない世界である。また、理由もなしに隣人にほほえみかけたりすると、なにを考えてニヤニヤしているのかと、かえって警戒される世界である。

そこで、テレビでは、タレントといわれる人びとが、ほほえみかけることをやめた隣人に代わって視聴者にほほえみかける。［ B ］、その微笑が単なる営業用のものであり、本物でないことがもの足りなく、視聴者は、せめて多くの人から自分を見てもらいたくて、カメラの前に出る。また、親しくない隣人の行動を眺める代わりに、テレビが見知らぬ他人を眺めてくれるのを眺めておもしろがる。そこにはどうしても、ある程度の食い足りなさがつきまとうが、その食い足りなさが、逆に、カメラの目がいっそうサディスティックになることを要求する。「どっきりカメラ」のような罪のないイタズラだけでなく、「夫の浮気を調べます」式の意地悪さがカメラに求められる。見ることと、見られることとの分離、見る一方の人びとと、見られる一方の人びととの分離が、[5]それを[a]ジョチョウするのである。

そのとき、見ることにおける節度、といったものを維持することは困難になってくる。

テレビには、本質的に、ものごとを公開してゆく性質があると思う。テレビだけでなく、ジャーナリズムとかマスコミとよばれるものは、本来そういう性質をもっているであろう。しかし、社会には、見ることが禁じられていることによって秩序が成り立っているものが多数ある。ところが、コミュニケーションの手段が発達してゆくことによって、それまで見られないことがあたりまえだったものが、人間の目に見えるものになってゆくのである。そして、[6]見えなかったものが見えてくることによって、われわれの内部と、われわれの社会にはどういうことが生じるのだろうか。

かつて、マクルーハンの理論というものが流行した。そして、マクルーハンの理論によれば、テレビはクールなメディアであって、テレビによって情報を得ている人間は冷静になる、ということだった。しかし、事実は明らかにその逆であって、テレビが[b]フキュウしている地域の人間は、冷静になるということはなく、むしろ積極的・行動的になる傾向が認められる。

すなわち、テレビは人びとに、自分の見失っていた社会を再発見させ、それに積極的に参加する気持ちに導く可能性をもっている。この可能性は、これから、もっとプラスの方向にハッキされてゆくべきものである。それは一面では、他人の私生活に対するのぞき見といったような、くだらないかたちをとるであろう。しかし、その同じ種類の興味が、場合によっては、世界を一つの地域社会とする、人びとの関心のもち方に転化されないとはかぎらないであろう。

私が考えるテレビ番組の一つは、[C]、ある種の裁判をテレビで公開するといったものである。現在、裁判の公開性というものは、原則的には憲法でホショウされており、だれでも希望すれば法廷で傍聴できることになっている。しかし、その数は制限されており、傍聴席ではメモをとることも、写真をとることも許されない。

[D]、個人的な事件で他人には関係のないものや、被告がマスコミでの報道を嫌う場合もあるが、事件によっては、被告が裁判の進行状況を国民全部に知ってもらいたいと思い、国民の側からも、そうとう多数がそれを希望するような裁判はしばしばある。その場合、テレビは法廷からそれを中継していいのではないか。そうすると、一般国民が裁判の進行に興奮して裁判所に圧力をかけるようになり、裁判の中立と公正が損なわれるおそれがある、という問題は当然生じてくることになると思う。が、しかし、国民の大多数が裁判というものは自分とはまったく関係のないものだと思って無関心でいる状態よりは、多少の混乱と動揺はあっても、それを国民が注目し、討論する状態のほうが、コミュニティとしての条件を満たす点で、より好ましいのではないか。かりに裁判の中継ということを思いつく一例としてあげたが、現代の社会をコミュニティとして再建するために、テレビがやれることはたくさんあると思う。

（佐藤忠男『見ることと見られること』岩波現代文庫）

問一　波線部a～dについて、傍線部と同じ漢字になるものを次の中から一つずつ選び、番号をマークしなさい。

a　ジョチョウ　1

① 交差点でジョコウ運転する。
② 教科書の範囲からジョガイする。
③ 親は子をフジョする義務がある。
④ 選手の実力にジョレツをつける。
⑤ 事件をありのままにジョジュツする。

b　フキュウ　2

① この素材は音をキュウシュウする。
② あえて古い事件にゲンキュウする。
③ 乾燥地に水をキョウキュウする。
④ 海か山のどちらかでキュウカを過ごす。
⑤ 難民たちの苦しみをキュウサイする。

c　ハッキ　3

① 旅行のキテンは空港である。
② 仕事をするキブンになれない。
③ 絶好のキカイを逃す。
④ けががなかったのがキセキだ。
⑤ サッカーチームをシキする。

d　ホショウ　4

① 電車の利用をスイショウする。
② それが正しいことをショウメイする。
③ どんなダイショウを払ってでもやりたい。
④ 道路のショウガイ物を撤去する。
⑤ ショウバイをする店が減っている。

問二　傍線部1「世界全体を一つの地域社会とする」とはどういうことですか。最も適当なものを次の中から一つ選び、番号をマークしなさい。　5

① 世界中の人たちを一つの生活共同体の構成員にすること。
② 世界中の人たちに生活上の共通認識を持たせるようにすること。
③ 世界中の人たちが他の人々や社会に関心を持つようにすること。
④ 世界中の人たちが互いに支え合い生きていけるようにすること。
⑤ 世界中の人たちが国境を越えて交流できるようにすること。

問三　傍線部2「そうして眺めている人びと」が指すものとして最も適当なものを次の中から一つ選び、番号をマークしなさい。　6

①　テレビの出演希望者　　②　地域社会の人々
③　気心の知れた人々　　④　テレビの視聴者
⑤　テレビに映る人々

問四　傍線部3「そこにアンバランスが生じる」とありますが、どのような状態のことを「アンバランス」というのですか。最も適当なものを次の中から一つ選び、番号をマークしなさい。　7

①　映す側と映される側の関係性が双方向である状態。
②　映す側と映される側の関係性が双方向でない状態。
③　見る側と見られる側の関係性が双方向である状態。
④　見る側と見られる側の関係性が双方向でない状態。
⑤　見る側と映す側の関係性が双方向でない状態。

問五　空欄 A ～ D に入る語の組み合わせとして最も適当なものを次の中から一つ選び、番号をマークしなさい。　8

①　A　おそらく　B　しかし　C　たとえば　D　もちろん
②　A　もちろん　B　たとえば　C　しかし　D　おそらく
③　A　たとえば　B　しかし　C　もちろん　D　おそらく
④　A　おそらく　B　たとえば　C　しかし　D　もちろん
⑤　A　もちろん　B　おそらく　C　たとえば　D　しかし

問六　傍線部4「よそよそしい」の対義語として最も適当なものを次の中から一つ選び、番号をマークしなさい。　9

①　ふてぶてしい　　②　あつかましい　　③　ういういしい
④　なげかわしい　　⑤　なれなれしい

問七　傍線部5「それ」が指すものとして適当でないものを次の中から一つ選び、番号をマークしなさい。　10

①　多くの人から自分を見てもらいたくてカメラの前に出ること。
②　テレビが見知らぬ他人を眺めてくれるのを眺めておもしろがること。
③　ある程度の食い足りなさがつきまとうこと。
④　カメラの目がいっそうサディスティックになること。
⑤　意地悪さがカメラに求められること。

問八　傍線部6「見えなかったものが見えてくることによって、われわれの内部と、われわれの社会にはどういうことが生じるのだろうか」とありますが、筆者は何が生じることを期待していますか。最も適当なものを次の中から一つ選び、番号をマークしなさい。　11

① 物事に対する知識が増えることで、社会の出来事をみんなが冷静に判断できるようになること。

② 社会に積極的に参加しようという気持ちが生まれ、他の人々とのつながりが生まれること。

③ 新しいことに挑戦しようという気持ちが生まれ、人々に社会の一員としての自覚が芽生えること。

④ 他人の私生活に対する興味・関心が深まり、地域の人との仲が深まること。

⑤ 地域の良さを見つけたいという気持ちが生まれ、社会に貢献しようとする人が増えること。

問九　傍線部7「コミュニティとしての条件を満たす点で、より好ましい」とありますが、筆者が言う「コミュニティとしての条件」として適当でないものを次の中から一つ選び、番号をマークしなさい。　12

① 目的を分かち合うこと。

② 課題を共有すること。

③ 活発なやりとりをすること。

④ 同じ時間を過ごすこと。

⑤ 同じ地域に住むこと。

問十　本文の内容と合致するものとして最も適当なものを次の中から一つ選び、番号をマークしなさい。　13

① テレビの出演者に主婦が多いという現代のジェンダーギャップを批判し、テレビによる気心の知れた世界の拡大を積極的に支援していくよう促している。

② 現代の情報化社会がよそよそしい世界を生んでいる経緯を説明し、忘れられていた過去の地域社会を思い出させて原点回帰させようとしている。

③ 昔のコミュニティと比較し、現代のコミュニケーション手段の発達によるよそよそしい社会を批判しつつも、テレビによる地域社会再建の糸口を提示している。

④ マクルーハンの理論を例に挙げ、テレビの無限の可能性をプラスに働かせるには人々の関心の持ち方が変化しないよう注意を与えている。

⑤ テレビの物足りなさ解消のために裁判をテレビ公開することによって、コミュニティ再建のために多少の秩序の乱れは仕方がないと説得している。

【二】 次の文章を読んで、後の問いに答えなさい。

芝生広場を横切り、赤い屋根の売店を目指す。予選通過を確信できた大学は、選手の表情ですぐわかる。緊迫感を漂わせているのは、寛政のようにボーダーライン上の大学だ。もっと下位であることが歴然としている大学は、総じて穏やかに結果発表を待っていた。なかには、女子マネージャーが作った重箱の弁当を、仲良くつついているチームもある。

いろいろだな、と走《かける》は思った。このひとたちにとっては、予選会に出る、ということが目標なんだ。最初から結果はわかりきっているから、走り終わったらピクニックと同じようなイベントにして、楽しんでしまう。それが悪いわけではないけれど、1俺たちとはちがう。走はそう感じた。

俺は、予選会で終わるなんてごめんだ。もっと高みを見たい。もっと速く、強いチームになって、箱根駅伝で戦いたい。そのための練習をしてきたし、そのためならこれからも、もっと練習する気持ちがある。

「どうなるでしょうね、走」

ムサが心配そうに話しかけてきた。

「行けますよ、箱根に」

走は請けあった。2熱いマグマが、腹の底に湧いてくる。今日だって全員が全力で予選会を走った。負けるわけがない。

力のこもった言葉に、ムサは目を見開いた。

「走はなんだか、強くなったようです」

「そんなことはないですよ」

走は首を振った。「俺たち、けっこう頑張って走ったじゃないですか。だから大丈夫だと思うだけで」

ムサはうなずいた。

「3そうですね。私たちは箱根に行くのでした。みんなで」

ムサが言うと、おとぎ話の幸福な結末のようにも、信頼のおける予言のようにも聞こえるのだった。

走とムサが、「氷がほしい」と頼んだところ、売店の店員は快くわけてくれた。手ぶらで来てしまったので、店員は紙コップに氷を入れる。「うっかりしていましたね」と話すムサの背後を、見物客の一団が通りかかった。

「また黒人選手がいる。ずりぃよなあ、留学生を入れるのは」

「あんなのがゴロゴロいたら、日本人選手はかないっこないもんな」

聞こえよがしな囁《ささや》きに、ムサはサッと顔を強張《こわば》らせ、走は振り返って抗議しようとした。

「4いいんです、走」

ムサが押しとどめる。「今日だけでも、ああいう意見をずいぶん耳にしました」

「あんな勝手なこと、言わせておけないですよ！」

走はなおも、遠ざかっていく見物客を追おうとしたが、ムサに腕をつかまれた。

「喧嘩はいけません。あのひとたちが言っているのは、陸上の才能を見込まれてやってきた留学生のことでしょう。私は恥ずかしいです。自分が恥ずかしいです。彼らには区別がついていないようですが、私の足は速くない。やっかまれるほどの才能もない、ただの留学生だからです」

「そんなこと、関係ない！」

5走は憤然とした。「ムサさんも、俺も、今日、一位と二位を取ったひとたちも、同じコースを走ったことには変わりないですよ。それをあんな……」

どう言っていいのかわからなかったが、走は悔しかった。ともに寝起きするムサも、自分自身も、会話を交わしたこともない他大学の留学生も、

まとめて侮辱された気分だった。そうだ、うまく表現できないけれど、これは走りに真剣に向きあうものに対する侮辱だ。6走は肩をいからせた。
「蔵原の言うとおりだな」
と声がした。振り向くと、頭をつるつるに丸めた、ひょろ長い男が立っていた。
「だが、放っておけ。あいつらは、走るってことがわかっていない素人だ」
男は走とムサが見ているまえで、売店でウーロン茶を買った。どこかで会ったことがある。走は警戒を解かないままに、あわただしく記憶を探った。この、よく光る頭には見覚えがあるぞ。
「六道大の藤岡！……さん」
走は解答を導きだした。箱根で連続優勝している六道大。そのキャプテンの、藤岡一真だ。春の東体大記録会で顔を合わせたきりだが、どうしてこのひとが、予選会になんか来てるんだろう。
走の疑問を読み取ったのか、
「敵状視察だよ」
と藤岡は言った。「寛政大はずいぶん強くなったな。箱根まで出てきそうじゃないか」
藤岡には王者の余裕と貫禄《かんろく》があった。
「おかげさまで」
走は生来の負けん気が頭をもたげ、昂然《こうぜん》と答えた。藤岡は、一歩も引かぬ視線を走と激突させてから、ムサを見た。
「ああいう輩《やから》は、気にしないほうがいい。ばかげた意見だ」
「どういうところがですか」
茶を飲みながら去っていこうとする藤岡を、走は呼びとめた。見物客の、ムサへの言いぐさには腹が立つ。だが、どうして腹が立つのか、はっきりと把握できなかった。このもやもやの原因がどこにあるのか、藤岡はわかっているようだ。
「教えてください」
と走は頼んだ。藤岡は足を止め、おもしろそうに走を眺めた。「いいだろう」と、走とムサに向き直る。
「ばかげた部分は、少なくとも二つある。ひとつは、日本人選手が太刀打ちできないから、留学生をチームに入れるのはずるい、という理屈。じゃあオリンピックはどうするんだ。俺たちがやっているのは競技であって、お手々つないでワン・ツー・フィニッシュする幼稚園の運動会じゃない。身体能力に個人差があるのは、当然のこと。しかしそのうえでなおかつ、スポーツとは平等で公正なものなんだ。彼らは、同じ土俵で同じ競技を戦うとはどういうことかを、まったくわかっていない」
ムサは黙って、藤岡の言葉に聞き入っている。走は、静かに繰りだされる藤岡の分析に、ただ圧倒されていた。
「彼らのもうひとつの勘違いは、勝てばいいと思っているところだ」
と、藤岡はつづけた。「日本人選手が一位になれば、金メダルを取れば、それでいいのか？断固としてちがうと、俺は確信している。競技の本質は、そんなところにはないはずだ。たとえ俺が一位になったとしても、自分に負けたと感じれば、それは勝利ではない。タイムや順位など、試合ごとにめまぐるしく入れ替わるんだ。世界で一番だと、だれが決める。そんなものではなく、変わらない理想や目標が自分のなかにあるからこそ、俺たちは走りつづけるんじゃないのか」
そうだ。走は、もやもやが晴れていくのを感じた。こういうことに、俺は引っかかり、怒りを覚えたんだ。藤岡はすごい。走の感じたこと、言いたかったことを、いともたやすく解きほぐして言葉にしてしまった。

「あいかわらずだね、藤岡」
と声がした。いつのまにか清瀬が、走とムサの背後に立っていた。
「部外者が余計なことを言った」
藤岡はストイックな態度で清瀬に一礼し、今度こそ去っていく。
「いいや、助かるよ」
清瀬が言うと、藤岡は肩越しに振り返り、7口の端に笑みを浮かべた。
「なかなかの人材をそろえたようじゃないか」
「まあね」
「箱根で待つ」
最後まで、王者にふさわしい毅然《きぜん》とした態度で、藤岡は木々のあいだに消えていった。涅槃《ねはん》で待つ、みたいだなとか、ここまで来たのに結果発表は見ていかないのかな、などと走は思ったが、あわてて藤岡の背中に向けて頭を下げる。ムサも、「ありがとうございます」と言って深々とお辞儀をした。雷雲を払うような藤岡の言葉が、走とムサに活力を抱かせた。
「袋も持たずに行ってしまうから、追ってきた」
清瀬はビニール袋を掲げてみせた。走は「すみません」と受け取り、店員からもらった氷を袋に移す。清瀬はもう、脚を引きずることなく歩いている。
「藤岡さんというのですか。すごいかたですね」
とムサは感激したふうだ。
「箱根で勝ちつづけるには、精神力と本当の意味でのかしこさが必要だってことだろう」
清瀬はちょっと笑った。「まあ、あいつは昔っから、妙に落ち着いてたけどね。あだ名が『修行僧』の高校生って、ちょっといやだろ」
走とムサは顔を見合わせ、たしかに、とうなずいた。

ゴール地点近くの大きな掲示板に、見物客や選手たちが集まりはじめている。
「そろそろ発表だな」
「行きましょう」
ムサは小走りになって、寛政大の陣地へ戻る。走は清瀬のペースに合わせ、ゆっくりと芝生を踏みしめた。どんな結果が出るか気になるが、ここまで来てあがいても、もうどうにもならない。それよりもいま、走の心を占めているのは、藤岡の姿だった。
思いを言葉にかえる力。自分のなかの迷いや怒りや恐れを、冷静に分析する目。
藤岡は強い。走りのスピードも並ではないが、それを支える精神力がすごい。俺がただがむしゃらに走っているときに、きっと藤岡は目まぐるしく脳内で自分を分析し、もっと深く高い次元で走りを追求していたのだろう。
走はうちひしがれると同時に奮い立つという、8奇妙な興奮を味わった。
俺に欠けていたのは、言葉だ。もやもやを、もやもやしたまま放っておくばかりだった。でも、これからはそれじゃあだめだ。藤岡のように、いや、藤岡よりも速くなる。そのためには、走る自分を知らなければ。
それがきっと、清瀬の言う強さだ。
「俺、わかってきたような気がします」
走はぽつりと言った。
「そうか」
9清瀬は満足そうだった。

(三浦しをん『風が強く吹いている』新潮文庫刊)

問一　傍線部1「俺たちとはちがう」とありますが、走がこのように感じた理由として最も適当なものを次の中から一つ選び、番号をマークしなさい。 14

① 結果を求めないチームはレース後楽しく食事ができるが、自分たちは食事の時間も惜しいと思っているから。
② 予選通過が難しいチームは諦めているが、自分たちは諦めきれずにいるから。
③ 予選に出場することが目標のチームもあるが、自分たちは予選通過を目標に本気で臨んでいるから。
④ 予選通過のボーダー上のチームは神に祈る気持ちだが、自分たちは通過が期待できて悠々としているから。
⑤ 予選通過で表情が和らいでいるチームもあるが、自分たちは簡単には喜べないから。

問二　傍線部2「熱いマグマが、腹の底に湧いてくる」とありますが、この部分に用いられている表現技法として最も適当なものを次の中から一つ選び、番号をマークしなさい。 15

① 反復法　② 直喩法　③ 擬人法
④ 倒置法　⑤ 隠喩法

問三　傍線部3「そうですね。私たちは箱根に行くのでした。みんなで」とありますが、このときのムサの心情として最も適当なものを次の中から一つ選び、番号をマークしなさい。 16

① 箱根駅伝に出場できるか不安だったが、他のボーダーライン上の大学の様子を見て安心した気持ち。
② 箱根駅伝に出場できるか不安そうな走の心に寄り添い、励まそうとする気持ち。
③ 箱根駅伝に出場できるか不安だったが、走の力のこもった言葉で予選通過を信じようとする前向きな気持ち。
④ 自分のせいで箱根駅伝に出場できないのではないかと心配していたが、走の優しい言葉になぐさめられ安心した気持ち。
⑤ 走が箱根駅伝に出場できるか焦っていたため、その不安な気持ちを少しでも和らげようとする気持ち。

問四　傍線部4「いいんです、走」とありますが、ムサがこのように言ったのはなぜですか。その理由の説明として最も適当なものを次の中から一つ選び、番号をマークしなさい。 17

① 周囲の人たちから留学生として結果を求められすぎることにうんざりしていたから。
② 悪口を言われることには慣れており、自分のために喧嘩をしてほしくなかったから。
③ 自分はマラソンのために留学してきたのだという自負があったから。
④ 走が喧嘩をしてしまうと問題になり、予選通過が認められなくなると思ったから。
⑤ このまま言い争いを続けても、自分たちの力の無さを痛感するだけだと思ったから。

問五　傍線部５「走は憤然とした」とありますが、その理由として最も適当なものを次の中から一つ選び、番号をマークしなさい。　18

①　努力で良いタイムを出しているのにも関わらず、留学生がいるから勝てるだけだという周りの評価に納得できないから。
②　全く事情を知らない人たちに、留学生を選手としてチームにいれるという作戦を見破られてしまったから。
③　ムサは足が速いわけではないのに、ムサをメンバーにすることがずるいと言われて理不尽だと感じたから。
④　自分のチームがどんな練習をしてきたかを全く知らない他のチームの選手に聞えよがしに嫌味を言われたから。
⑤　日本人でも留学生に負けないようにと良い結果を出そうとしている人たちに対して失礼だから。

問六　傍線部６「肩をいからせた」とありますが、このように体の部分を用いた慣用句の使い方として正しいものを次の中から一つ選び、番号をマークしなさい。　19

①　先生はいつも口が重く、立て板に水のようだ。
②　大好きな作家の死に触れ、胸がすく思いだ。
③　テストや部活で忙しく、首が回らない。
④　突然舞い込んだ話で、耳を疑った。
⑤　友達に足をすくわれ、なんとか成功した。

問七　傍線部７「口の端に笑みを浮かべた」とありますが、その理由として適当でないものを次の中から一つ選び、番号をマークしなさい。　20

①　清瀬たちと箱根で戦うことができると期待していたから。
②　走やムサとの会話から解放されることがうれしかったから。
③　寛政大をライバルとして認める気持ちになったから。
④　負けん気の強い走との会話が面白かったから。
⑤　自分の言葉に素直に耳を傾ける走たちのことを気に入ったから。

問八　傍線部８「奇妙な興奮を味わった」とありますが、ここに表れている走の思いとして最も適当なものを次の中から一つ選び、番号をマークしなさい。　21

①　自分の才能のなさからすっかり自信をなくすと同時に、予選会を通過したことで心を立て直す気持ち。
②　藤岡に対し完全な敗北を感じると同時に、なんとしても優勝してもらいたいと応援する気持ち。
③　自分の実力不足から無力感を味わうと同時に、他の大学が勝つことで藤岡を負かしたいと気負い立つ気持ち。
④　自分たちの予選敗退を知って絶望すると同時に、来年は絶対に予選通過を果たしたいと意気込む気持ち。
⑤　藤岡の本当の強さを痛感すると同時に、もっと走りを追求したいと勇み立つ気持ち。

問九　傍線部9「清瀬は満足そうだった」とありますが、その理由として最も適当なものを次の中から一つ選び、番号をマークしなさい。　22

① 清瀬たちのチームの予選通過が決定したから。

② 藤岡が走やムサを説得した上で清瀬の味方になってくれたから。

③ ムサや走が清瀬の旧友である藤岡のことを尊敬してくれたから。

④ 走が藤岡と話したことで人間的に成長していると感じたから。

⑤ 自分たちの仲間であるムサが見物客に侮辱されずに済んだから。

問十　本文中の内容に合致するものとして最も適当なものを次の中から一つ選び、番号をマークしなさい。　23

① 寛政大の藤岡は敵状視察のために訪れた予選会で走やムサと言い争いになったが、旧友である清瀬のおかげで無事に和解をすることができた。

② 全力を出し切って予選通過を確信した走たちは、女子マネージャーが作った重箱の弁当を食べながら穏やかな気持ちで結果発表を待っていた。

③ 六道大の留学生であるムサは日本人選手たちがうらやむほどの陸上の才能を持っており、予選会でも見事な走りでチームに貢献した。

④ 見物客の発言に腹を立てた走だったが、藤岡の言葉で分析に圧倒されながらもやもやした気持ちが晴れていくのを感じることができた。

⑤ 藤岡と話すことで勝ち続けるための精神力とかしこさを知った清瀬だったが、この予選会ではどのような結果が出るのかが気になって仕方がなかった。

問十一　この作品の特徴として最も適当なものを次の中から一つ選び、番号をマークしなさい。　24

① 「六道大の藤岡！……さん」のように、「……」を用いて、劇的な場面転換を効果的に表している。

② ムサの冷静な様子が比喩表現を用いて描写されており、物語の単調さを強調している。

③ 走の視点を中心に語られており、心情描写や会話文を中心に話が展開している。

④ 走の心情を表す際には現在形を用い、情景描写では過去形が用いられ、物語の臨場感を表現している。

⑤ 走以外の登場人物も的確に心情描写をすることで、物語を重層的に展開させている。

【三】 次の古文を読んで、後の問いに答えなさい。

（設問の都合上、一部表記を変えてあります。）

仏師定朝の、弟子覚助をば義絶して、家中へも入れざりけり。しかるに母に謁《えつ》せんがため、定朝1他行の隙《ひま》などには、2密々に来けり。定朝、左近府の陵王の面打ち進らすべき由、仰せ下さるるにより、3至心に打ち出して、愛して4褻居《けい》の前なる柱に掛けて置きたりけるを、父他行の隙に覚助来たりけるに、この面を取り下ろして見て「あな心憂。この定にて進らせられたらましかば《このまま納めたならば》、あさましからまし」とて、腰刀を抜き、5むずむずとけづり直して、本のごとく柱に掛け、6退き帰りをはんぬ。定朝帰り来て、この面を見ていはく「7このしれもの、来たり入りたりけりな。不孝の者、他行の間といへども、入り居る事奇怪の事なり。この陵王の面作り直してけり。ただし、8かなしく直されにけり」とて、勘当を免ぜしむ、と云々。

『古事談』

問一 傍線部1「他行の隙」の解釈として最も適当なものを次の中から一つ選び、番号をマークしなさい。 25

① 家には誰もいない間
② 仕事場で準備をしている間
③ 仏師修行をしている間
④ 仕事で留守にしている間
⑤ 仏師以外の仕事をしている間

問二 傍線部2「密々に来けり」の主語は誰ですか。最も適当なものを次の中から一つ選び、番号をマークしなさい。 26

① 定朝
② 覚助
③ 母
④ 父
⑤ 陵王

問三 傍線部3「至心に打ち出して」の解釈として最も適当なものを次の中から一つ選び、番号をマークしなさい。 27

① 少しばかり手を抜きながら作って
② 作業に集中できないまま作って
③ 間に合わせるために急いで作って
④ あれこれと試しながら作って
⑤ ひたすらに心を込めて作って

問四　傍線部４「褻居の前なる柱に掛けて置きたりける」とありますが、どのような気持ちで「掛け」たのですか。最も適当なものを次の中から一つ選び、番号をマークしなさい。 28

① 出来上がりに満足して掛けておいた。
② 間に合ったことで安心して掛けておいた。
③ 後で手直しするつもりで掛けておいた。
④ 出来を褒めてもらいたくて掛けておいた。
⑤ 覚助に見てもらおうと掛けておいた。

問五　傍線部５「むずむずとけづり直して」とありますが、この表現からどのようなことが読み取れますか。最も適当なものを次の中から一つ選び、番号をマークしなさい。 29

① 未熟な覚助のつたない技量が表現されている。
② 短気な覚助の定朝に対する怒りが表現されている。
③ 覚助の自信に満ちた力強い動作が表現されている。
④ 定朝の焦っている心の動揺が表現されている。
⑤ 覚助を見守る母の愛情の強さが表現されている。

問六　傍線部６「退き帰りをはんぬ」の時の心情として最も適当なものを次の中から一つ選び、番号をマークしなさい。 30

① これで勘当は許されるという安堵感
② これで見返すことできたという達成感
③ これで恥をかかせられるという復讐《しゅう》心
④ これで恥をかかせずに済むという安心感
⑤ これで母の思いに応えたという満足感

問七　傍線部７「このしれもの」とは何を指しますか。最も適当なものを次の中から一つ選び、番号をマークしなさい。 31

① 定朝
② 覚助
③ 母
④ 定朝の彫った面
⑤ 覚助が彫り直した面

問八　傍線部８「かなしく」の意味として最も適当なものを次の中から一つ選び、番号をマークしなさい。 32

① すばらしく
② みすぼらしく
③ 悲しく
④ ひどく
⑤ 愛らしく

問九　定朝と覚助の関係をあらわしたものとして最も適当なものを次の中から一つ選び、番号をマークしなさい。　33

① 兄弟子と弟弟子
② 兄と弟
③ 祖父と孫
④ 母と子
⑤ 父と子

問十　本文の主題を言い表したことわざとして最も適当なものを次の中から一つ選び、番号をマークしなさい。　34

① 故郷に錦を飾る
② 親の七光り
③ とんびが鷹を生む
④ 蛙の子は蛙
⑤ 虎の威を借る

問十一　本文の出典『古事談』は鎌倉時代の説話集です。同じ時代の作品を次の中から一つ選び、番号をマークしなさい。　35

① 枕草子
② 土佐日記
③ 平家物語
④ 万葉集
⑤ 日本書紀

（問題は以上となります。）

2024年度

入学試験

第3時限　英　　語

放送で「始め」という合図があるまで、このページ以外のところを見てはいけません。
それまでは注意事項を静かにくりかえし読みなさい。

注　　　意

1．試験時間は正味45分で行います。

2．受験番号は、必ずマークしなさい。

受験番号			
千	百	十	一
●	●	⓪	⓪
①	①	●	①
②	②	②	●
③	③	③	③

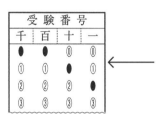

（例）　受験番号　12の場合
（0012とマークする）
← 受験番号をマークする。
（マークは記入例に従い濃くマークしなさい。
鉛筆はHより濃いものを使用しなさい。）

3．解答は、解答用紙の解答記入欄にマークしなさい。
たとえば、20 と表示のある問いに対して③を解答する場合は、次の（例）のように解答番号20の解答記入欄の③にマークしなさい。

（例）

解答番号	解答記入欄									
20	①	②	●	④	⑤	⑥	⑦	⑧	⑨	⑩

4．記入上の注意
(1) マークは黒鉛筆で長円内をぬりつぶしなさい。
（鉛筆はHより濃いものを使用しなさい。）
(2) 訂正するときは、消しゴムできれいに消し、消しくずを残さないようにしなさい。
(3) 解答用紙には、所定の記入欄以外に何も書かないようにしなさい。
(4) 解答用紙は、折り曲げたり、汚さないようにしなさい。

5．問題についての質問は受けつけません。ただし、ページ数が不足していたり、印刷の文字が不鮮明であるときに質問することはさしつかえありません。

6．時間の終わりに放送で「やめ」という合図があったら、ただちに解答をやめなさい。

岡崎城西高等学校

I 問1．スポーツジムのチラシを見ながらトムとケンが会話をしています。設問に対する答えとして最も適切なものを選び、番号をマークしなさい。

OJ Rock Climbing Gym

Have you ever tried "Rock Climbing"?
It's an interesting sport and you can start it easily.
We're open from 11:00 to 21:00.

Prices

● 3 hours:	15 $	(Student: 10 $)
● 1 day:	20 $	(Student: 15 $)
● 1 Month Pass:	200 $	(Student: 150 $)
● 3 Month Pass:	500 $	(Student: 400 $)
● 1 Year Pass:	1,000 $	(Student: 800 $)

FAQ

Q. What do I have to prepare to start rock climbing?
A. You need climbing shoes only!

Q. I don't have climbing shoes.
A. Don't worry. You have to pay 5 dollars a day to use rental shoes.

Q. How much do I have to pay to use the gym?
A. We have many price plans. Please choose your favorite plan. If you are a student, you can choose "Student Price".

Q. What is "Pass"?
A. If you use our gym frequently, it's a better idea to buy a "Pass". For example, to have a "1 Month Pass" means "You can use the gym as many times as you want for a month".

注
Rock Climbing：ロッククライミング（壁を登るスポーツ）
FAQ：よくある質問　　rental：レンタルの
frequently：頻繁に　　as many times as～：～の回数と同じだけ

Tom : I'm interested in rock climbing. I've heard that you like it.

Ken : Yes. I'm a member of OJ Rock Climbing Gym. I often use the gym because it's near my company. I enjoy climbing after work. I usually go there twice a week and stay for 3 hours.

Tom : Great.

Ken : I bought new climbing shoes last month and it makes me very excited. So I want to buy a "Pass" and practice harder, but I can't do it now.

Tom : Why?

Ken : Now, I'm very busy on weekdays.

Tom : That's too bad.

Ken : Well, are you free this weekend? Why don't we go there together?

Tom : Sounds nice! I don't have any school events or much homework to do this weekend.

Ken : I see. Climbing looks easy but it'll make you tired. Let's try it for a few hours.

Tom : OK. I'll do my best!

Ken : All right. I hope you'll like it. Please remember that you have to pay for the rental shoes.

1. How much does Ken usually pay a month to use the gym?

① 80 dollars ② 120 dollars ③ 160 dollars ④ 200 dollars

[1]

2. When will they go to the gym?

① Monday ② Wednesday ③ Thursday ④ Sunday

[2]

3. How much will Tom pay to use the gym?

① 10 dollars ② 15 dollars ③ 20 dollars ④ 30 dollars

[3]

問2．スポーツジムに向かう途中、トムとケンが会話をしています。設問に対する答えとして最も適切なものを選び、番号をマークしなさい。

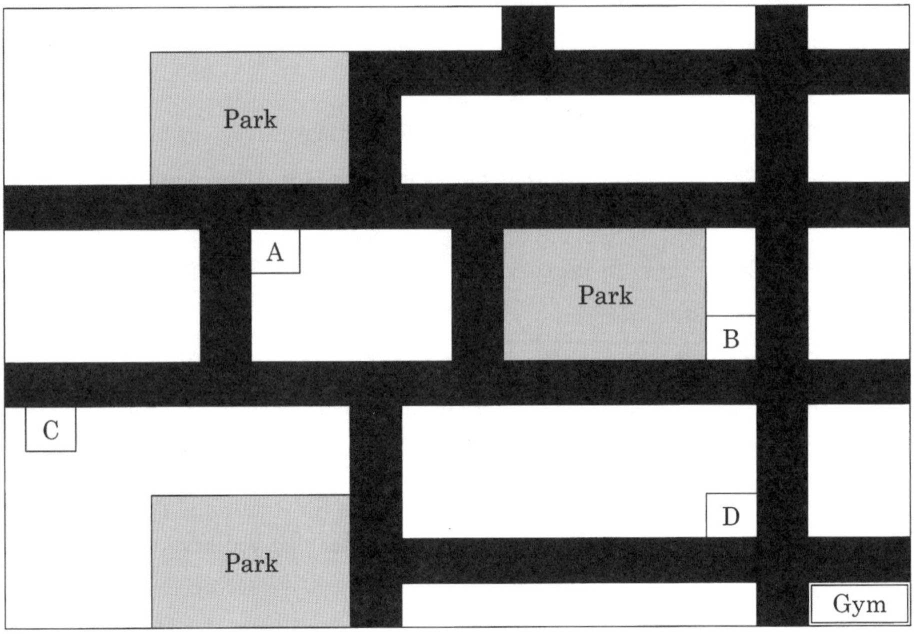

Tom　:　Ken, I want to take a rest after my workout.

Ken　:　I see. I know a nice cafe in this town. It's only one block from the gym.

Tom　:　That sounds good. I also want to visit a park if it is sunny. I like to spend time in nature.

Ken　:　There are some nice parks in this town. The park with a big pond is my favorite. But it's not near the gym. So you have to walk a lot to go <u>there</u>.

Tom　:　No problem. I like walking and I can use another station to go back home. It's better for me.

Ken　:　OK. Let's go there after the workout. There is another good cafe in front of it.

Tom　:　Nice! I'd like to have a parfait!

1．下線部thereが指す場所を選びなさい。

① cafe　　② gym　　③ park　　④ pond　　[4]

2．彼らが最後に訪れようとしている場所を地図上から選びなさい。

① A　　② B　　③ C　　④ D　　[5]

II 問1．以下の会話を読んで、下線部ア～オに当てはまる文を①～⑩の中からそれぞれ選び、番号をマークしなさい。

Clerk : ア＿＿＿＿＿＿＿＿ What can I get for you?

Customer : イ＿＿＿＿＿＿＿＿

Clerk : Is that all?

Customer : ウ＿＿＿＿＿＿＿＿

Clerk : Sure. Would you like a strawberry on it?

Customer : How much is it?

Clerk : It's $1 more.

Customer : OK, I'd like that.

Clerk : All right, so a cup of tea with milk and a piece of cake with a strawberry?

Customer : That's right.

Clerk : エ＿＿＿＿＿＿＿＿

Customer : Yes.

Clerk : That will be $12.

Customer : オ＿＿＿＿＿＿＿＿

Clerk : Thank you. Have a nice day.

ア [6] イ [7] ウ [8] エ [9] オ [10]

① Well, let's see.
② Can you also get a piece of cake?
③ We'll give some money.
④ Can I also get a piece of cake?
⑤ I would like a cup of tea with milk.
⑥ Is that everything?
⑦ Welcome to Johsei Coffee.
⑧ Thanks to you.
⑨ Here you are.
⑩ Pardon me?

問２．以下の会話を読んで、下線部ア～オに当てはまる文を①～⑩の中からそれぞれ選び、番号をマークしなさい。

Rino ： Good morning. This is Rino. ア ____________________

John ： No, this is his father, John.

Rino ： Oh, may I speak to Han?

John ： Sorry, he is out. イ ____________________

Rino ： Yes, please.

John ： OK. Oh! He has just got back right now! Just a moment.

Han ： It's me, Han. Sorry, I just went to the convenience store to buy donuts. ウ ____________________

Rino ： I want to decide when and where to meet today. Let's meet in front of Johsei High School.

Han ： OK. What time?

Rino ： Hmm, it's 9 a.m. now. I'm going to meet Jun at 10 a.m. for breakfast. Do you want to join us?

Han ： I'm afraid I can't. I'm busy in the morning. エ ____________________

Rino ： Good, how about 1 p.m.?

Han ： Could we meet a little later?

Rino ： OK. How about 3 p.m.?

Han ： Sounds nice. オ ____________________

Rino ： Bye.

ア [11] イ [12] ウ [13] エ [14] オ [15]

① Do you speak with Han?
② What's up?
③ I'll see you in six hours.
④ Am I speaking to Han?
⑤ Is this your first time calling me?
⑥ I'll see you in three hours.
⑦ Maybe some other time.
⑧ I apologize for it.
⑨ Do you want him to call you back later?
⑩ Could you take care of it, please?

Ⅲ 以下の会話が成り立つように語群の語句を空欄に当てはめたとき、A・Bに入るものを①〜⑦よりそれぞれ選び、番号をマークしなさい。ただし、語群には余分なものが1つ含まれている。なお、文頭にくる語も小文字で示してある。

1.

Tom : Could you ( )(A)( )( )(B)( ) our classroom?

Mike : OK, but I think it is tough.

① carry ② help ③ me ④ table

⑤ this ⑥ to ⑦ with A [16] B [17]

2.

Sara : Tom is 18 years old, but Mike is 36 years old.

Mary : Really? ( )( )(A)( )( ) as (B).

① as ② is ③ Mike ④ old

⑤ Tom ⑥ twice ⑦ younger A [18] B [19]

3.

Rob : I ( )( )(A)( )( )(B) I bought yesterday. Did you see it?

Nick : No. I'll help you.

① been ② for ③ have ④ looking

⑤ the DVD ⑥ to ⑦ which A [20] B [21]

4.

Kento : We need to help the environment to protect the animals.

Meg : Yes. ( ) is ( )(A) us ( )( )(B) to do.

① decide ② for ③ it ④ necessary

⑤ of ⑥ to ⑦ what A [22] B [23]

5.

Mikine : Do you need some help?

A tourist : Oh, yes! Could you ( )( )( )(A)( )(B) a bus?

① can ② did ③ get ④ tell

⑤ I ⑥ me ⑦ where A [24] B [25]

Ⅳ Florence Nightingale（フローレンス・ナイチンゲール）という人物に関する以下の英文を読み、各問いに答えなさい。

Florence Nightingale, a British woman, was born in Italy in 1820 and lived in *Britain. Her family was rich and had several large houses in different parts of Britain. Florence didn't go to school. Instead, her father was her teacher at home.

Florence's parents hoped that she would *get married and become a good wife and mother. But, at the age of 17, she had a dream about helping other people because she met a lot of poor people. Some years later, she decided to become a nurse. Her parents were angry, and (1) they (　　) (　A　) (　　) (　　) (　　) (　B　) (　　). Then, doctors went to sick people's houses to see them, and hospitals were bad places for poor people. They thought that a nurse was a hard and bad job for poor women. But Florence began to study to be a nurse in *Germany in 1851. Then, she started to work as a nurse in 1853 in a small London hospital.

Florence enjoyed her job and worked hard. (　C　), Britain was in a war. In 1854, she traveled to *Turkey with 38 other nurses to take care of sick and injured *soldiers. At first, they couldn't work there because soldiers didn't like nurses. The hospital was not clean, and many soldiers got even sicker when they were in the hospital. A lot of soldiers died because they got ill after they were injured in a war. She wanted to change (2) that, and she believed that clean hospitals could help people get better. She started to clean restrooms in the hospital to keep the hospital clean. She was very kind and friendly to the soldiers. She bought beds and clothes for the sick people. She became very popular in the hospital, and she was finally able to work as a nurse there. Every night she worked very late. She walked around the hospital with a *lamp. So people there called her "The Lady with the Lamp."

In 1856, she came back to London, but she didn't stop working. She wrote books and gave speeches about how to make hospitals better. She said that cleaning hospitals was very important. It could help people get good. Later, her story became famous all over Britain. Thanks to her, hospitals started to become cleaner and safer places for sick people.

After hearing about Florence Nightingale, many young women wanted to become nurses. (3) This means that she changed many people's ideas about nurses. Then, she made *the Florence Nightingale School of Nursing and Midwifery, a special school to learn to become nurses and *midwives in London in 1860. At the school, students could learn how to take care of sick people or people who were having babies. They learn about the human body, and how to be kind and helpful to sick people. They also learned about keeping hospitals clean and safe for everyone. Her ideas and hard work changed the lives of many people.

注

Britain : イギリス　　get married : 結婚する　　Germany : ドイツ

Turkey : トルコ　　soldiers : 兵士　　lamp : ランプ（明かり）

midwives : 助産師

the Florence Nightingale School of Nursing and Midwifery : ナイチンゲール看護学校

問１．下線部(1)を「彼らは、それは彼らの娘には難しすぎると思った」という意味になるように以下の語群を並べ替えた場合、空欄Ａ・Ｂに入れるのに最も適切なものをそれぞれ選び、番号をマークしなさい。

① for　② hard　③ it　④ their daughter

⑤ thought　⑥ too　⑦ was　A [26]　B [27]

問２．空欄Ｃに入れるのに最も適切なものを選び、番号をマークしなさい。

① After a while　② At that time　③ In the future　④ Up until

[28]

問３．次の質問に対する答えとして最も適切なものを選び、番号をマークしなさい。

1．How did Florence Nightingale study when she was young?

① She was taught by her father at home.

② She was taught by many different teachers.

③ She went to school in Britain.

④ She went to school in Italy.

[29]

2．When did Florence become a nurse?

① When she came back to Britain.

② When she was 17 years old.

③ When she was 33 years old.

④ When she went to Turkey.

[30]

3．Why was Florence popular with the soldiers?

① Because she took care of 38 other nurses.

② Because she was famous all over Britain.

③ Because she was very kind and helpful to soldiers.

④ Because she worked as a nurse in London.

[31]

問４．フローレンス・ナイチンゲールの両親が彼女に対して怒った理由として最も適切なものを選び、番号をマークしなさい。

① 彼女が学校に行っていなかったから。

② 彼女の両親は、彼女に結婚して欲しくないと思っていたから。

③ 彼女が1851年に看護師になるための勉強を始めたから。

④ 当時、看護師は貧しい女性のための大変な仕事だと思われていたから。

[32]

問５．下線部(2)が指している内容として最も適切なものを選び、番号をマークしなさい。

①病院をきれいにすることが、人々が回復する手助けになること。

②病院がきれいではなく、兵士たちが病院にいる間、さらに体調が悪くなってしまうこと。

③兵士たちに好かれておらず、看護師として働くことができなかったこと。

④病院をきれいにするため、病院のトイレ掃除をしたこと。　33

問６．下線部(3)が指している内容として最も適切なものを選び、番号をマークしなさい。

①フローレンス・ナイチンゲールの話を聞いて、多くの女性が看護師になりたがったこと。

②彼女が多くの人の看護師に対する考え方を変えたこと。

③彼女のおかげで、病院がきれいで安全な場所になってきていること。

④彼女が看護師になるための専門学校を作ったこと。　34

問７．本文中で述べられていないものを次の中から全て選び、番号をマークしなさい。

① Florence Nightingale bought beds, clothes, and food for sick people.

② Florence Nightingale called nurses "The Lady with the Lamp."

③ Florence Nightingale wanted to help other people when she was 17 years old.

④ Florence Nightingale was born in Britain in 1820.

⑤ Hospitals in London became better places after Florence Nightingale started to work as a nurse.

⑥ In the Florence Nightingale School of Nursing and Midwifery, people could study how to work as a nurse in a hospital.　35

（問題は以上となります。）

2024年度

入　学　試　験

第2時限　理　　科

> 放送で「始め」という合図があるまで，このページ以外のところを見てはいけません。
> それまでは注意事項を静かにくりかえし読みなさい。

注　　意

1．試験時間は正味45分で行います。

2．受験番号は，必ずマークしなさい。

受験番号			
千	百	十	一
●	●	⓪	⓪
①	①	●	①
②	②	②	●
③	③	③	③

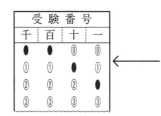

（例）　受験番号　１２の場合
（００１２とマークする）
← 受験番号をマークする。
（マークは記入例に従い濃くマークしなさい。
鉛筆はＨより濃いものを使用しなさい。）

3．解答は，解答用紙の解答記入欄にマークしなさい。
たとえば，［20］と表示のある問いに対して③を解答する場合は，次の（例）のように解答番号 20 の解答記入欄の③にマークしなさい。

（例）

解答番号	解答記入欄									
20	①	②	●	④	⑤	⑥	⑦	⑧	⑨	⑩

4．記入上の注意
(1)　マークは黒鉛筆で長円内をぬりつぶしなさい。
（鉛筆はＨより濃いものを使用しなさい。）
(2)　訂正するときは，消しゴムできれいに消し，消しくずを残さないようにしなさい。
(3)　解答用紙には，所定の記入欄以外に何も書かないようにしなさい。
(4)　解答用紙は，折り曲げたり，汚さないようにしなさい。

5．問題についての質問は受けつけません。ただし，ページ数が不足していたり，印刷の文字が不鮮明であるときに質問することはさしつかえありません。

6．時間の終わりに放送で「やめ」という合図があったら，ただちに解答をやめなさい。

岡崎城西高等学校

〈1〉から〈8〉の問いに答えなさい。答は解答群の中から１つ選び，番号をマークしなさい。

〈１〉 次の問いに答えなさい。

Ⅰ　次の文章の（　ア　），（　イ　）に入る語句の組合せとして正しいものはどれですか。

1

誘導コイルを使って真空放電管に高い電圧を加えたところ，図のように蛍光板上に光る線が見えた。このとき，蛍光板を光らせる粒子は真空放電管の内部で（　ア　）に向かって流れている。次に光る線が見えている状態のまま，別の電源を用意し，電極板Aをその電源の＋極に，電極板Bを－極にそれぞれつないで電圧を加えたところ，光る線は（　イ　）の側に曲がった。

	ア	イ
①	＋極から－極	電極板A
②	＋極から－極	電極板B
③	－極から＋極	電極板A
④	－極から＋極	電極板B

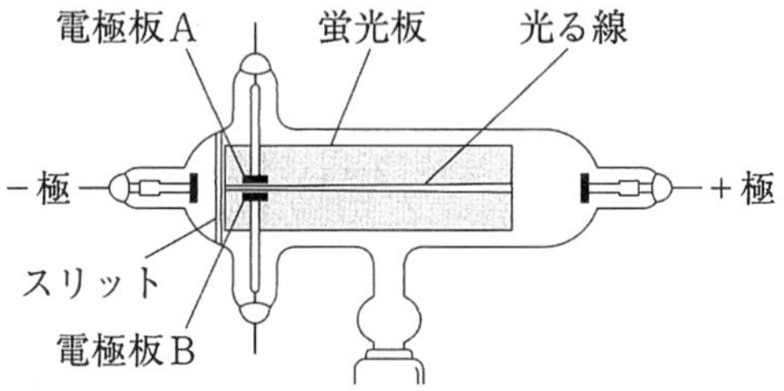

Ⅱ　10 Ωの抵抗２個，電流計，電源装置を用いて回路をつくり，電源装置の電圧を5.0 Vにしたところ，電流計は1.0 Aを示した。この回路の回路図として正しいものはどれですか。

2

①
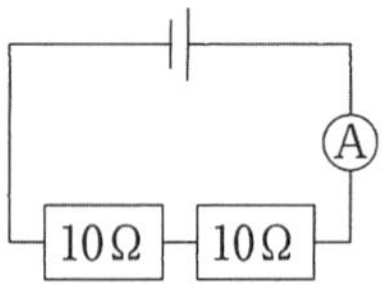

②
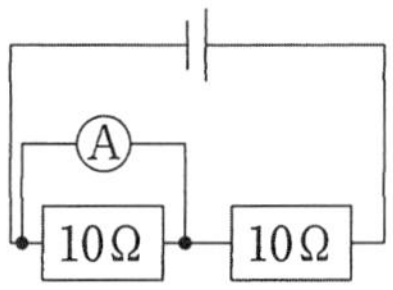

③
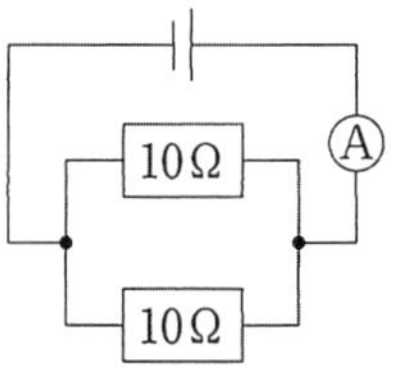

④
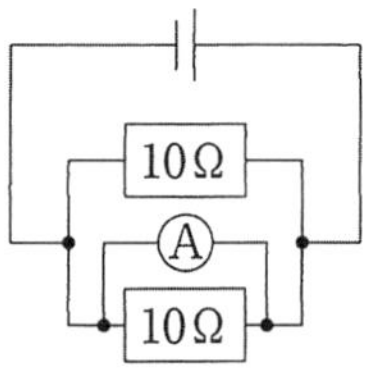

Ⅲ　図１は電熱線Ｘ，Ｙのそれぞれについて，加わる電圧と流れる電流の関係を示したものである。次の問いに答えなさい。

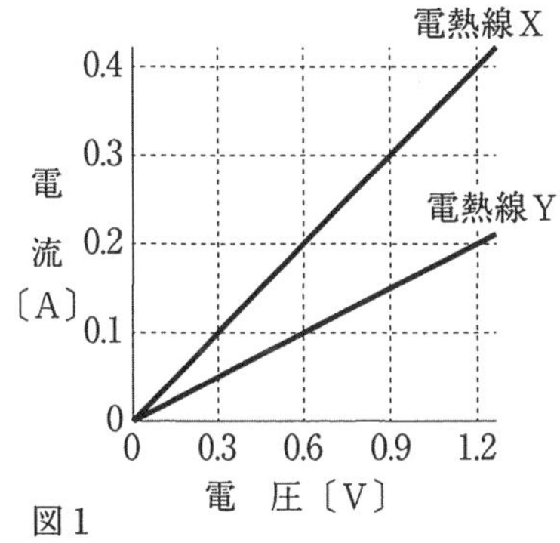

図１

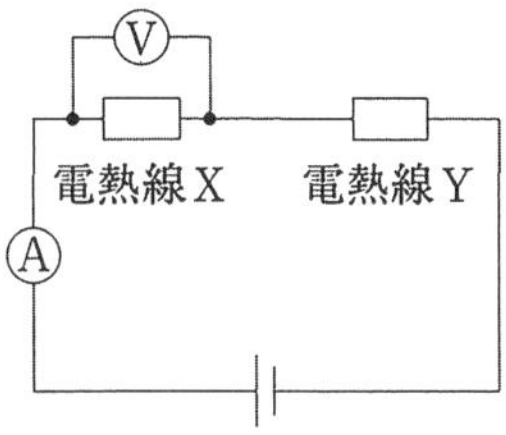

図２

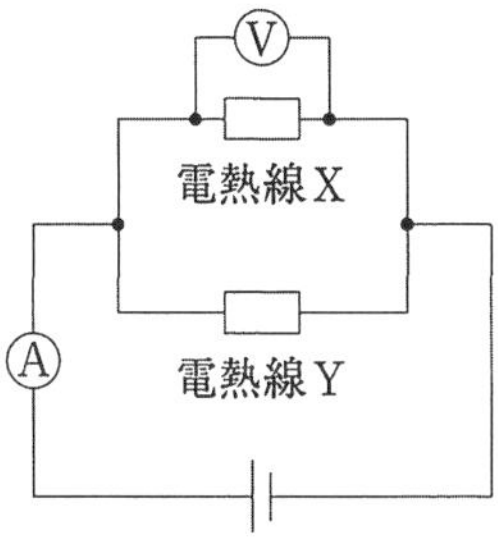

図３

(1)　電熱線Ｘの抵抗の大きさは何Ωですか。　［3］Ω

①　0.16　②　0.33　③　3.0　④　3.3　⑤　6.0

(2)　電熱線Ｘと電熱線Ｙを図２のように接続して，電熱線Ｘに加わる電圧を測定すると0.60 Vであった。電源の電圧は何Ｖですか。　［4］Ｖ

①　0.20　②　0.90　③　1.2　④　1.8　⑤　5.0

(3)　電熱線Ｘと電熱線Ｙを図３のように接続して，電熱線Ｘに加わる電圧を測定すると3.00 Vであった。電流計の測定値は何Ａですか。　［5］Ａ

①　0.33　②　1.0　③　1.5　④　2.0　⑤　3.0

(4)　図３で，電熱線Ｙの消費電力は電熱線Ｘの消費電力の何倍ですか。　［6］倍

①　$\frac{1}{4}$　②　$\frac{1}{2}$　③　2　④　3　⑤　4　⑥　9

〈2〉 次の問いに答えなさい。

Ⅰ　糸１と糸２を使って，おもりを天井から図のようにつるした。糸１と糸２がおもりを引く力の大きさをそれぞれａ，ｂ，おもりにはたらく重力の大きさをｗとする。おもりが静止しているとき，ａ，ｂ，ｗの大小関係を正しく表しているものはどれですか。　7

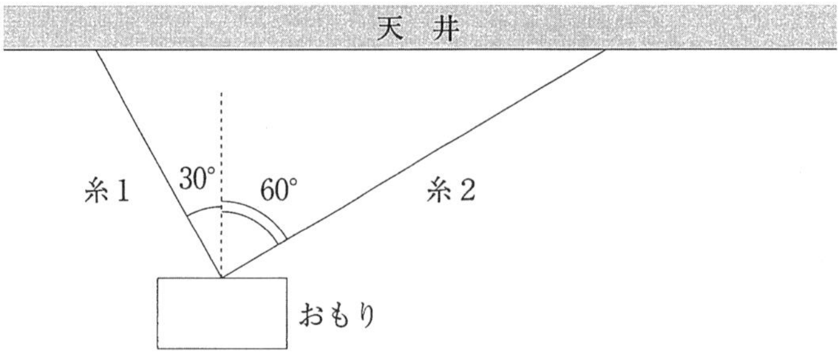

①　ａ＝ｂ＝ｗ　②　ａ＝ｂ＜ｗ　③　ｗ＜ａ＝ｂ　④　ａ＜ｂ＜ｗ
⑤　ｂ＜ａ＜ｗ　⑥　ｗ＜ａ＜ｂ　⑦　ｗ＜ｂ＜ａ

Ⅱ　右図のように，物体Ａと物体Ｂを水平な床の上に重ねて置いた。図のａ～ｆの矢印は，物体Ａ，物体Ｂ，床のどれかにはたらいている力の向きと作用点のみを表しており，矢印の長さは力の大きさに関係しない。

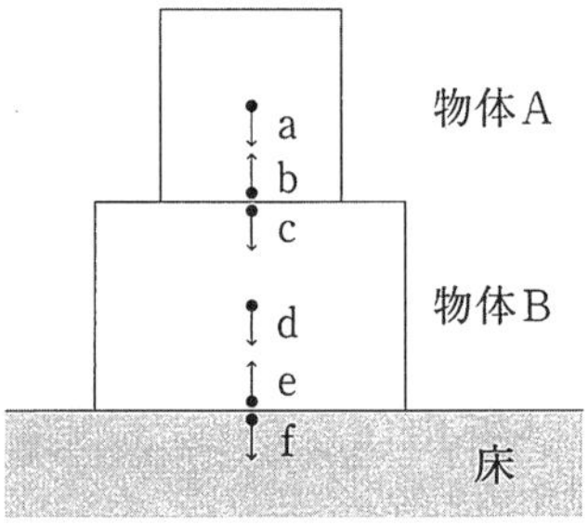

(1)　物体Ｂにはたらいている力を図のａ～ｆの中からすべて選んだ組合せはどれですか。　8

①　ｂ，ｄ，ｅ　②　ｂ，ｄ，ｆ　③　ｃ，ｄ，ｅ
④　ｃ，ｄ，ｆ　⑤　ｂ，ｃ，ｄ，ｅ，ｆ

(2)　作用と反作用の関係にある２力の組合せをすべて選んでいるものはどれですか。　9

①　ａとｂ　②　ｂとｃ　③　ｄとｅ　④　ｅとｆ
⑤　ａとｂ，ｄとｅ　⑥　ｂとｃ，ｅとｆ

(3)　次のうち，つり合っている力の組合せはどれですか。　10

①　ａとｂ　②　ａとｃ　③　ｂとｃ　④　ｄとｅ
⑤　ｅとｆ　⑥　ａとｂとｃ

(4)　物体Ａの質量は変えずに物体Ｂの質量を大きくする。ａ～ｆの力のうち，その大きさが変わらないものをすべて選んでいるものはどれですか。　11

①　ａ　②　ａ，ｂ　③　ａ，ｂ，ｃ
④　ａ，ｂ，ｃ，ｅ　⑤　ａ，ｂ，ｃ，ｅ，ｆ

Ⅲ　高さが11 cmで同じ形で同じ質量の直方体の容器を２つ用意した。容器Aは中を空にし，容器Bには中に砂を380 gつめ，それぞれリングのついたふたをした。図１のように，ばねばかりに容器Aをつるすと，ばねばかりの値は1.2 Nであった。

次に，図２のように水の入った水そうに容器Aと容器Bを静かに入れたところ，容器Aは水面から6.0 cm沈んで静止し，容器Bはすべて沈んだ。ふたについているリングの重さと体積は考えないものとする。また，100 gにはたらく重力の大きさを１ Nとする。

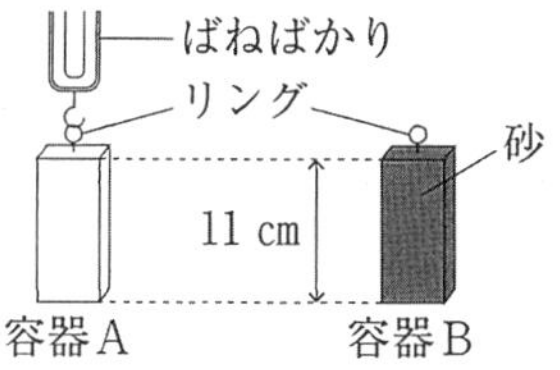

図１

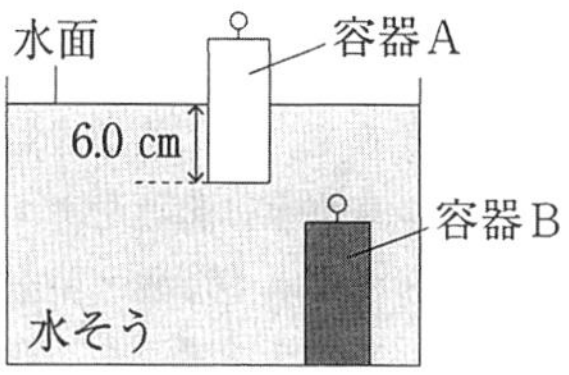

図２

(1) 図２で容器Aにはたらく浮力の大きさは何Nですか。　12 N

①　0.72　②　1.1　③　1.2　④　6.0　⑤　7.2　⑥　11　⑦　12

(2) 容器Bをすべて水の中に入れたとき，容器Bにはたらく重力の大きさは，すべて水の外にあるときと比べてどのようになりますか。　13

①　大きくなる　②　小さくなる　③　変わらない

(3) 容器Bがすべて水の中にあるとき，容器Bの側面にはたらく水圧の大きさを矢印で模式的に表した図として最も適当なものはどれですか。ただし，矢印が長いほど水圧が大きいことを表すものとする。　14

①
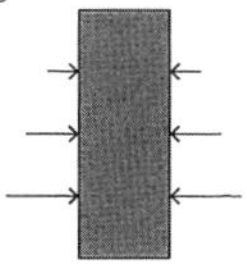
②
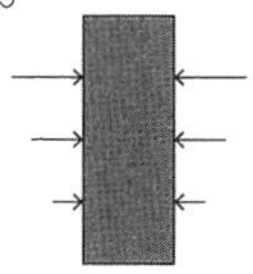
③
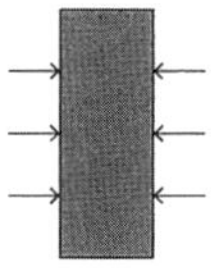
④
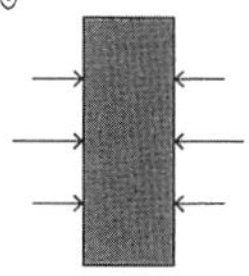

(4) 図３のように，容器Bをばねばかりにつるし，水の入った水そうに以下の（ｉ）～（iii）のようにそれぞれ沈める。
（ｉ）容器Bの下面が水面から5.0 cmになるように沈める。
（ii）容器Bの上面が水面と同じになるように沈める。
（iii）容器Bの上面が水面から5.0 cm下になるように沈める。

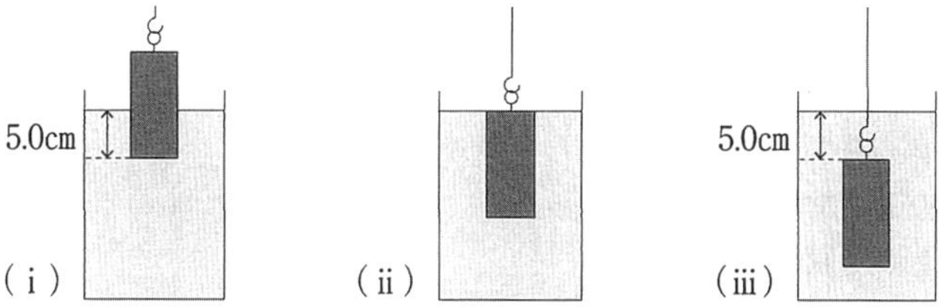

図３

（ｉ）～（iii）でばねばかりが示す値をそれぞれａ〔N〕，ｂ〔N〕，ｃ〔N〕とする。ａ，ｂ，ｃの大小関係を正しく表しているものはどれですか。　15

①　ａ＝ｂ＝ｃ　②　ａ＝ｂ＜ｃ　③　ｃ＜ａ＝ｂ　④　ａ＜ｂ＝ｃ
⑤　ｂ＝ｃ＜ａ　⑥　ａ＜ｂ＜ｃ　⑦　ｃ＜ｂ＜ａ

〈3〉 次の文章を読んで，あとの問いに答えなさい。

ゆうきさんは，友だちから手作りの発泡入浴剤をもらいました。作り方を聞くと，重曹（炭酸水素ナトリウム），クエン酸，香料などを混ぜて型に入れて固めて作ったと話してくれました。

ゆうきさんは，もらった発泡入浴剤に教科書で見たクエン酸と理科の実験で使った炭酸水素ナトリウムが含まれていたので，理科の先生にいくつかの質問をしました。先生からは，「塩酸に炭酸水素ナトリウムを加えると気体が発生する。水に溶けたクエン酸は塩酸と同じはたらきをするので，水に発泡入浴剤を加えても同じ気体が発生する。発泡入浴剤に含まれる炭酸水素ナトリウムが水に溶けたクエン酸と完全に反応したとき発生する気体の質量は，同じ質量の炭酸水素ナトリウムが塩酸と完全に反応したとき発生する気体の質量と等しい。」と教えてもらいました。

この話を聞いて，ゆうきさんは発泡入浴剤に含まれる炭酸水素ナトリウムの割合を求めてみたくなり，次の実験をしました。

実験1　薬包紙に炭酸水素ナトリウム0.63 gをはかり，図1のようにうすい塩酸30 mLを入れたビーカーとともに電子てんびんで反応前の全体の質量をはかった。

図1　電子てんびん

実験2　図2のようにうすい塩酸に炭酸水素ナトリウム0.63 gを加えると，気体が発生した。

図2

実験3　気体の発生が終わったとき，炭酸水素ナトリウムはすべて反応していた。その後，図3のように電子てんびんで全体の質量をはかったら，反応前より質量が0.33 g減少していた。

図3　電子てんびん

実験4　手作りの発泡入浴剤をくだき，そのうち4.00 gをはかり，図4のように水30 mLを入れたビーカーとともに電子てんびんで反応前の全体の質量をはかった。

図4　電子てんびん

実験5　水に発泡入浴剤4.00 gを加えると，気体が発生した。

実験6　気体の発生が終わるまで待ち，図5のように電子てんびんで全体の質量をはかったら，反応前より質量が1.10 g減少していた。

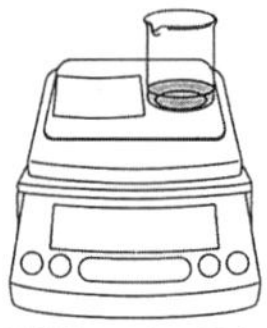

図5　電子てんびん

(1) 次のうち，実験２で発生した気体はどれですか。 16

① 酸素　② 水素　③ 二酸化炭素　④ 塩化水素

(2) ゆうきさんが実験について考察した次の文章の空欄にあてはまる語句の正しい組合せはどれですか。 17

実験３と実験６で質量が減少したのは，発生した気体が空気中に出て行ったためだと考えた。理科の授業で，炭酸水素ナトリウムとうすい塩酸を密閉した容器中で反応させる実験をしたとき，全体の質量は化学変化の前後で（　ア　）。これを（　イ　）ということを習った。

	ア	イ
①	減少した	フロギストン説
②	増加した	フロギストン説
③	変わらなかった	フロギストン説
④	減少した	質量保存の法則
⑤	増加した	質量保存の法則
⑥	変わらなかった	質量保存の法則

(3) 実験６から，4.00 gの発泡入浴剤に含まれる炭酸水素ナトリウムは何gですか。ただし，実験６で気体の発生が終わったとき，発泡入浴剤に含まれる炭酸水素ナトリウムはすべて反応したものとする。 18 g

① 1.1　② 1.6　③ 2.1　④ 2.9　⑤ 3.2

(4) この発泡入浴剤の質量に対する炭酸水素ナトリウムの質量の割合は何％ですか。ただし，発泡入浴剤中の炭酸水素ナトリウムは均一であるとする。 19 ％

① 27.5　② 40.0　③ 52.5　④ 72.5　⑤ 80.0

(5) 次のア，イの（　　）内の語句のうち，炭酸水素ナトリウムの性質として正しい組合せはどれですか。 20

ア　炭酸水素ナトリウムの粉末を加熱すると（　燃焼する　分解する　）。
イ　炭酸水素ナトリウムの粉末を水に入れると（　酸性　アルカリ性　中性　）を示す。

	ア	イ
①	燃焼する	酸性
②	燃焼する	アルカリ性
③	燃焼する	中性
④	分解する	酸性
⑤	分解する	アルカリ性
⑥	分解する	中性

〈4〉 水溶液について，次の問いに答えなさい。

Ⅰ　次の文のうち，水溶液の性質として正しい組合せはどれですか。　21

ア　溶質が気体の場合もある。
イ　溶質は時間がたつと容器の底に沈殿する。
ウ　無色透明である。

①　ア　　②　イ　　③　ウ　　④　ア，イ
⑤　ア，ウ　　⑥　イ，ウ　　⑦　ア，イ，ウ

Ⅱ　硝酸カリウムの溶解度（100 gの水に溶ける質量）は，20℃で31.6 g，60℃で109.2 gである。3つのビーカーA，B，Cに，60℃の水25 gをはかり，それぞれに硝酸カリウムを溶かし飽和水溶液を作った。これを水溶液A，水溶液B，水溶液Cとする。

(1)　水溶液Aに溶けている硝酸カリウムは何gですか。　22 g

①　7.9　　②　21.8　　③　27.3　　④　31.6　　⑤　109.2

(2)　水溶液Aの質量パーセント濃度は約何％ですか。　23 ％

①　21　　②　24　　③　32　　④　52　　⑤　56

(3)　水溶液Aを40℃まで冷やすと，11.3 gの硝酸カリウムが結晶として出てきた。40℃で，硝酸カリウムの溶解度は何gですか。　24 g

①　16　　②　40　　③　51　　④　64　　⑤　70

(4)　水溶液Bを20℃まで冷やすと，結晶として出てくる硝酸カリウムの質量は何gですか。　25 g

①　15.5　　②　19.4　　③　31.6　　④　40.0　　⑤　77.6

(5)　水溶液Cの温度を60℃にたもち，しばらく放置したところ，水が蒸発して4.4 gの硝酸カリウムが結晶として出てきた。このとき蒸発した水は何gですか。　26 g

①　4.0　　②　4.4　　③　4.8　　④　5.2　　⑤　6.4

(6)　硝酸カリウムの結晶の特徴として正しいものはどれですか。　27

①　青色の結晶　　②　黄色の結晶　　③　立方体の結晶
④　八面体の結晶　　⑤　針状の結晶

〈5〉 次の会話文は，ひろみさんとかずみさんがヒトの体のつくりとはたらきについて話し合い学習をしているときのものである。これについてあとの問いに答えなさい。

ひろみ　：　尿素は「尿素入り保湿クリーム」や「尿素入り化粧水」として利用されているんだね。ところで尿素ってどんな物質なんだろう？

かずみ　：　尿素という物質は無色無臭の粉末状の結晶で，水に大変よく溶けるようだよ。またこの結晶を加熱すると，（　ア　）という物質が刺激臭のする気体の状態で発生するそうだよ。

ひろみ　：　そういえば，この尿素はヒトの体内でも（　ア　）という物質からつくられるんだったね。（　ア　）は人体にとって有害なので，無害な尿素にする。ただし体内のどこででもできるわけではなく，（　イ　）という器官でできる。尿素はこのあと血液で（　ウ　）という器官に運ばれ，（　ウ　）で血液を（　エ　）することで尿中に排出される。このように学習したよ。

かずみ　：　ところで，なぜ体内に（　ア　）がつくられるんだったか，覚えている？

ひろみ　：　いくつかの原因があるそうなんだけど，その一つは，体内の（　オ　）という成分が分解されてつくられるというものだったよね。

かずみ　：　体内の（　オ　）が分解されると常に新しく補給しなくてはならないので，食物を食べることで（　オ　）を体内に取り込むんだね。もちろん，（　オ　）は直接体内に吸収できないので，（　カ　）にまで消化されるんだったよね。その消化の様子は図1のようにまとめられるよ。

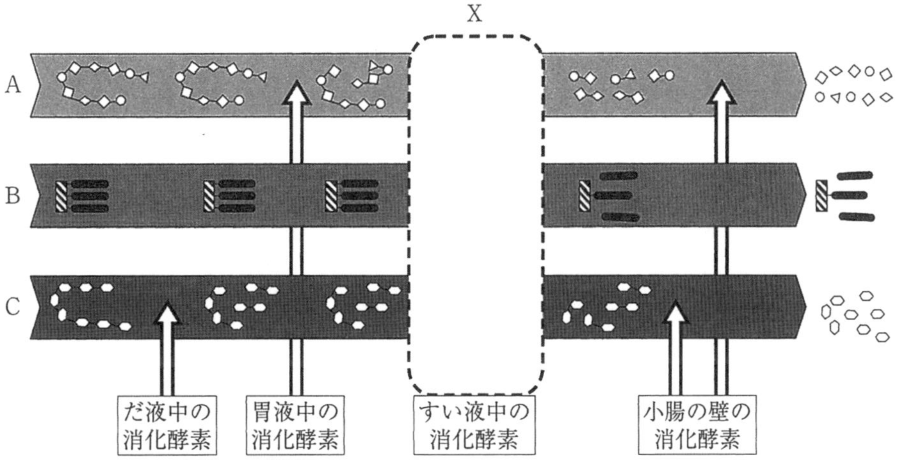

図1

図1は，ヒトの消化管ではたらく消化酵素によって，栄養分A～Cが消化されていくようすを模式的に表したもので，A～Cはデンプン，タンパク質，脂肪のどれかだよ。図1では，左から右へ消化が進み，消化酵素からの矢印はどの栄養分にはたらくかを示しているんだ。

ひろみ　：　ところで話は変わるのだけれど，今日は部活動のサッカーで激しい練習を長い時間行ったので（　オ　）の代わりに（　カ　）をとって栄養補給をしたんだ。Y（　カ　）は小腸で吸収され，血液の循環であしの筋肉に届けられ，筋肉のもととなる（　オ　）が合成されるそうだよ。これによって，あしの内部で傷ついた筋肉を回復させ，さらに太くし，筋力アップにつながると言うんだ。

かずみ　：　聞くところによると，ドリブルで相手を抜く練習をたくさんやったそうだね。

ひろみ　：　新しい技術を教えてもらい，その練習をやったんだよ。z考えながらゆっくりやると，教えてもらったとおり新しい技術であしの筋肉を動かすことができるのだけれど，自然に体が動くところまでにはまだいっていないんだ。

(1)　会話文中の（　ア　）～（　エ　）にあてはまる語句の正しい組合せはどれですか。　28

	①	②	③	④	⑤	⑥	⑦	⑧	⑨	⑩
ア	塩素	アンモニア	塩素	アンモニア	塩素	アンモニア	塩素	アンモニア	塩素	アンモニア
イ	小腸	小腸	小腸	小腸	じん臓	じん臓	肝臓	肝臓	肝臓	肝臓
ウ	ぼうこう	ぼうこう	肝臓	肝臓	ぼうこう	ぼうこう	ぼうこう	ぼうこう	じん臓	じん臓
エ	ろ過	ろ過	解毒	解毒	ろ過	ろ過	解毒	解毒	ろ過	ろ過

(2)　会話文中の（　オ　）と（　カ　）にあてはまるものの正しい組合せはどれですか。ただし（　オ　）の選択肢A～Cは，図１のA～Cのことである。　29

	①	②	③	④	⑤	⑥	⑦	⑧	⑨
オ	A	A	A	B	B	B	C	C	C
カ	ブドウ糖	脂肪酸とモノグリセリド	アミノ酸	ブドウ糖	脂肪酸とモノグリセリド	アミノ酸	ブドウ糖	脂肪酸とモノグリセリド	アミノ酸

(3)　図１のXに入る「すい液中の消化酵素がどの栄養素にはたらきかけるのか」を表す模式図として，最も適当なものはどれですか。　30

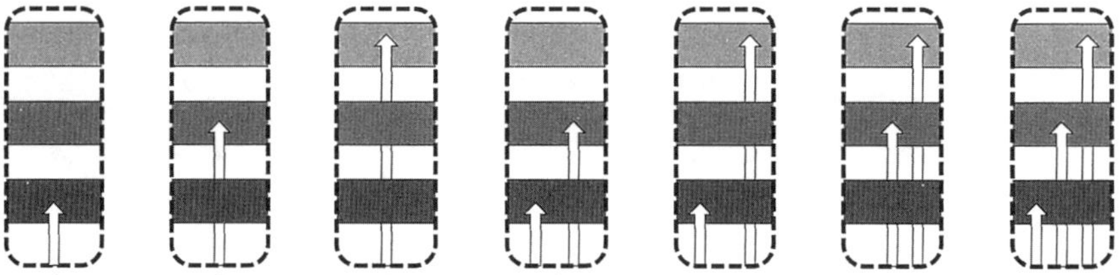

①　②　③　④　⑤　⑥　⑦

(4) 図2は，ヒトの血液の流れを模式的に示したものである。会話文中の（　カ　）が下線部Yのように運ばれるときの最短の通り道を，図2のa～rの記号を矢印でつないで表したい。最も適当なものはどれですか。 31

① m→n→r→q
② m→n→o→h→f→d→c→e→g→r→q
③ m→l→j→i→h→f→d→c→e→g→r→q
④ m→l→j→i→p→q
⑤ m→l→j→i→h→f→d→c→e→g→o→h→f→d→c→e→g→r→q
⑥ m→l→j→k→r→q
⑦ m→l→j→k→b→a→f→d→c→e→g→r→q

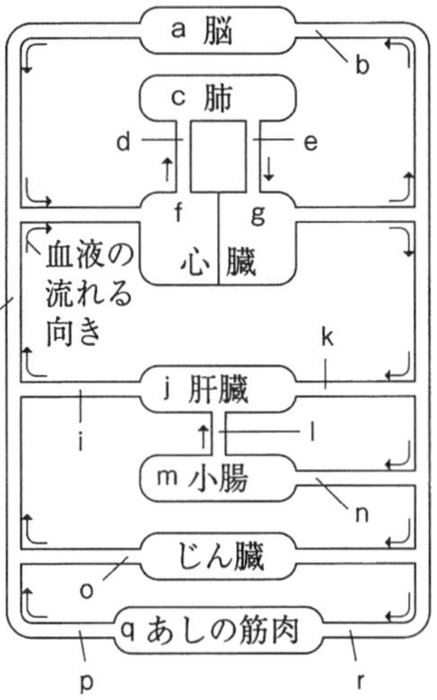

図2

(5) 下線部Zについて説明した文のうち，最も適当なものはどれですか。 32

① この動きは反射であり，脊髄に伝わった信号が運動神経を通ってあしの筋肉に直接伝わり，あしの筋肉を動かしたというものである。
② この動きは反射であり，脊髄に伝わった信号が運動神経を通ってあしの骨格に直接伝わってあしの骨格を動かし，その結果骨格についているあしの筋肉が動いたというものである。
③ この動きは，脳で反応のしかたが決定され，それにしたがって脳を出た信号が脊髄と運動神経を通ってあしの筋肉に直接伝わり，あしの筋肉を動かしたというものである。
④ この動きは，脳で反応のしかたが決定され，それにしたがって脳を出た信号が脊髄と運動神経を通ってあしの骨格に直接伝わってあしの骨格を動かし，その結果骨格についているあしの筋肉が動いたというものである。

〈6〉 次の会話文を読み，あとの問いに答えなさい。

あおい：夏休みに家族旅行で海に行ったんだ。白く切り立った岩山がたくさん海から突き出していて，初めて見る景色だったよ。岩山に生える松の緑と岩肌の白，海の群青とのコントラストがとても素晴らしかった。

みずき：それはいいものを見たね。

あおい：なんでも4400万年前に地表付近でマグマが冷えて固まってつくられた岩場なんだって。石英の成分である二酸化ケイ素を多く含んでいるから白い岩肌をしているようだよ。

みずき：そういえば理科の授業でマグマについて学習したね。マグマのねばりけが弱い火山は気体成分が（　a　）ため，噴火のようすは（　b　）のだったね。また，山の形は（　c　）になると学んだよ。

あおい：今度は山登りにも挑戦したいな。日本は火山が多いから色んな山の形を比較してみると面白そうだね。

(1) 会話文中の下線部にみられる火成岩の種類として最も適当なものはどれですか。 33

① 玄武岩《げんぶがん》　② 花崗岩《かこうがん》　③ 閃緑岩《せんりょくがん》　④ 斑《はん》れい岩　⑤ 流紋岩《りゅうもんがん》　⑥ 安山岩

(2) 会話文中の（　a　）～（　c　）にあてはまることばの組合せとして正しいものはどれですか。 34

	a	b	c
①	抜けやすい	あまり爆発的にならない	傾斜の緩やかな形
②	抜けにくい	あまり爆発的にならない	おわんをふせたような形
③	抜けやすい	あまり爆発的にならない	おわんをふせたような形
④	抜けにくい	激しい爆発をともなう	傾斜の緩やかな形
⑤	抜けやすい	激しい爆発をともなう	傾斜の緩やかな形
⑥	抜けにくい	激しい爆発をともなう	おわんをふせたような形

(3) 次のうち，誤っているものはどれですか。 35

① 火山砕屑物が火口近くで落下して円錐形に降り積もり，その上を溶岩が覆う過程をくり返してつくられる火山を成層火山という。

② マグマの熱で火山の地下水が沸騰し周囲の岩石とともに爆発的にふき出す現象を水蒸気噴火という。

③ マグマから出てきた気体を火山ガスといい，火山ガスは火山砕屑物に含まれる。

④ マグマが冷え固まった岩石を火成岩とよび，そのうちの深成岩には同じくらいの大きさの鉱物がきっちりと組み合わさってできた等粒状組織がみられる。

〈7〉 2007年7月16日に発生した新潟県中越沖地震は，マグニチュード（M）6.8，最大震度6強を観測する大きな地震であった。この地震におけるP波の速さは5.0 km/s，S波の速さは3.0 km/sとして次の問いに答えなさい。

(1) この地震のエネルギーはM4.8の地震のエネルギーの約何倍ですか。 [36]

① 2倍　② 4倍　③ 32倍　④ 64倍　⑤ 1000倍　⑥ 32000倍

(2) この地震のある地点における初期微動継続時間は20秒であった。この地点の震源からの距離は何kmですか。 [37] km

① 10　② 20　③ 40　④ 60　⑤ 100　⑥ 150　⑦ 300

〈8〉 表1は気象庁が発表した愛知県岡崎市の観測所における2023年5月18日から5月20日にかけての3時間ごとの気温と湿度の一覧である。表2は乾湿計用湿度表の一部を示したものである。また，この3日間の日の出は4：45頃，日の入りは18：51頃であった。この表と日の出，日の入りの時刻を参考にして次の問いに答えなさい。

	5月18日								5月19日								5月20日							
時	0	3	6	9	12	15	18	21	0	3	6	9	12	15	18	21	0	3	6	9	12	15	18	21
気温	18.8	17	17.3	25.1	29.1	25.8	22.6	21.4	20.9	20.1	20	19	17.4	17.2	17.5	17.6	17.6	17.6	17.3	22.5	26.3	27.9	24.6	21
湿度	79	84	83	55	43	55	69	72	79	84	81	86	93	96	93	97	97	96	96	69	55	52	61	79

表1

乾球の読み〔℃〕	乾球と湿球との目盛りの読みの差〔℃〕								
	0	0.5	1	1.5	2	2.5	3	3.5	4
25	100	96	92	88	84	80	76	72	68
24	100	96	91	87	83	79	75	71	68
23	100	96	91	87	83	79	75	71	67
22	100	95	91	87	82	78	74	70	66
21	100	95	91	86	82	77	73	69	65
20	100	95	91	86	81	77	72	68	64

表2

(1) 5月19日6：00にこの観測所にて，乾湿計の乾球と湿球の示す温度を調べた。次のうち，湿球の示す温度として最も適当なものはどれですか。 38

① 18　② 20　③ 22　④ 24　⑤ 26

(2) 5月19日21：00にこの観測所で観測された風は西南西から東北東に向かってふいており，風力は1であった。風向，風力を表す記号として適当なものはどれですか。ただし，天気記号は実際の天気によらず○を用いて表しており，紙面の上方向を北とする。 39

①
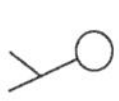
②
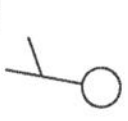
③

④
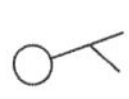
⑤
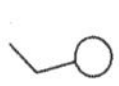
⑥

⑦

⑧

(3) 5月18日の３時間ごとの飽和水蒸気量を表したグラフとして最も適当なものはどれですか。 40

①
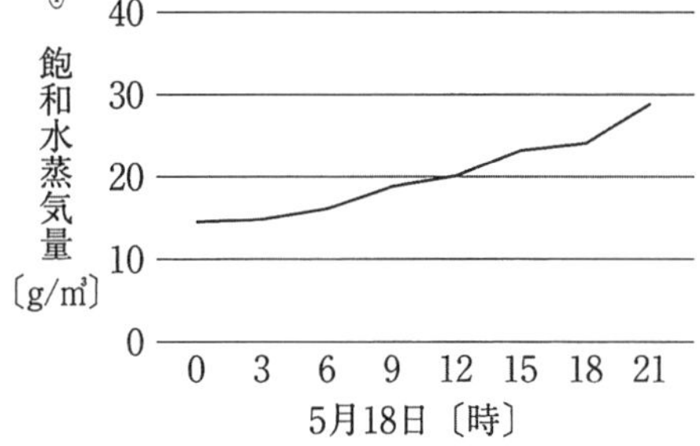

②
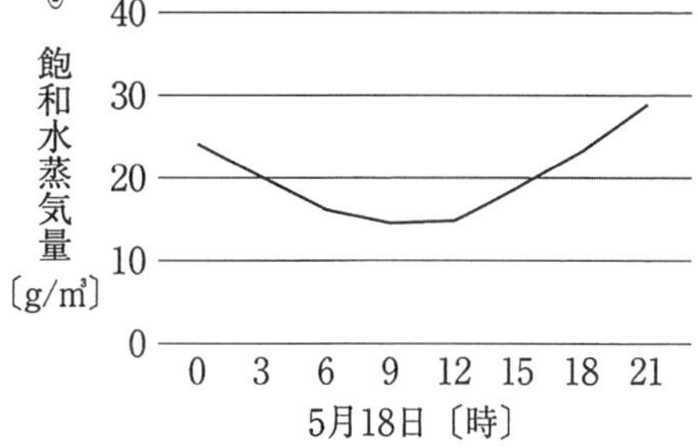

③
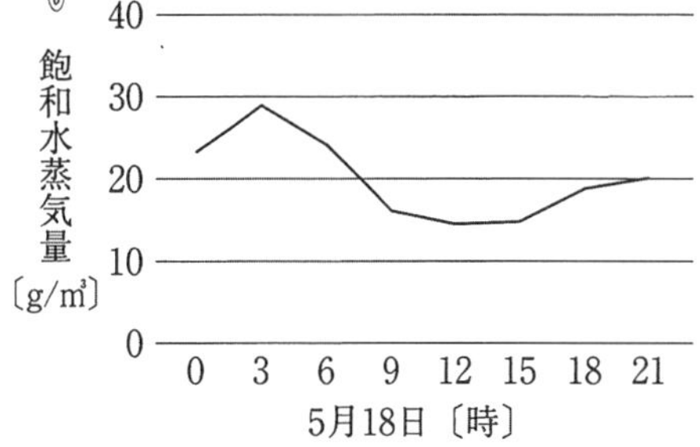

④
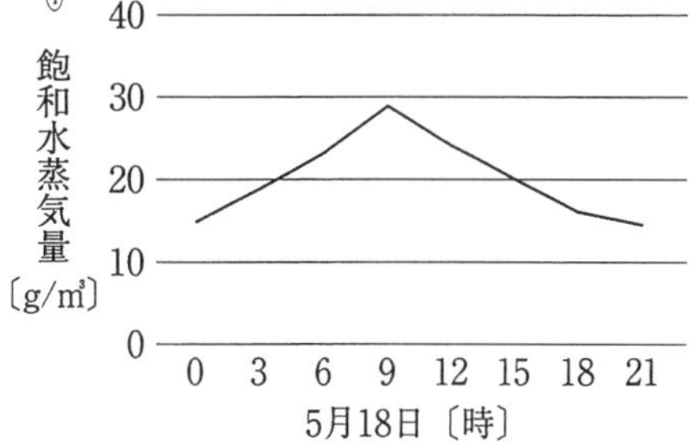

⑤
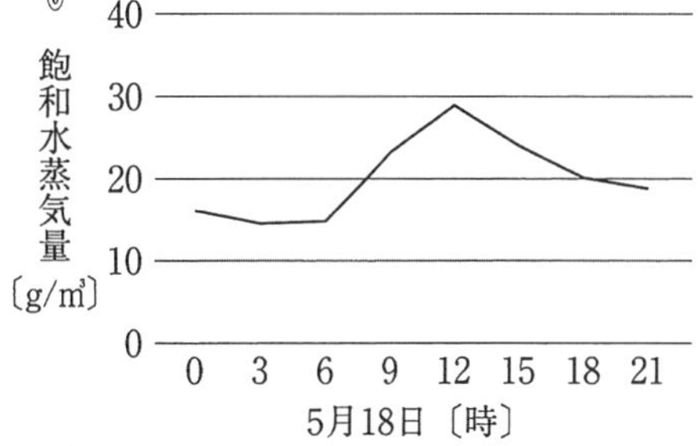

⑥
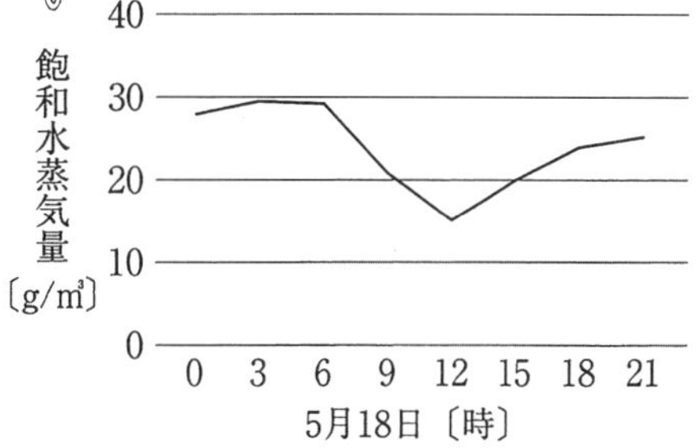

(4) 5月19日と20日の12：00のこの観測所における天気を推測したとき，その天気記号の組合せとして最も適当なものはどれですか。 41

	①	②	③	④	⑤	⑥
5月19日	○	⦶	◎	●	⦶	●
5月20日	⦶	◎	●	○	⦶	●

(5) 次の時間帯のうち，放射冷却の効果が最も大きく表れているものはどれですか。 42

① 5月18日 0：00 から 3：00
② 5月18日 9：00 から 12：00
③ 5月19日 0：00 から 3：00
④ 5月19日 9：00 から 12：00
⑤ 5月20日 0：00 から 3：00

（問題は以上となります。）

2023年度

入学試験

第1時限　社　会

放送で「始め」という合図があるまで、このページ以外のところを見てはいけません。
それまでは注意事項を静かにくりかえし読みなさい。

注　意

1．試験時間は正味45分で行います。

2．受験番号は、必ずマークしなさい。

受験番号			
千	百	十	一
●	●	⓪	⓪
①	①	●	①
②	②	②	●
③	③	③	③

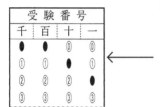

（例）　受験番号　１２の場合
（００１２とマークする）
受験番号をマークする。
（マークは記入例に従い濃くマークしなさい。
鉛筆はＨより濃いものを使用しなさい。）

3．解答は、解答用紙の解答記入欄にマークしなさい。
たとえば、[20] と表示のある問いに対して③を解答する場合は、次の（例）のように解答番号20の解答記入欄の③にマークしなさい。

（例）

解答番号	解答記入欄									
20	①	②	●	④	⑤	⑥	⑦	⑧	⑨	⑩

4．記入上の注意

(1) マークは黒鉛筆で長円内をぬりつぶしなさい。
（鉛筆はＨより濃いものを使用しなさい。）

(2) 訂正するときは、消しゴムできれいに消し、消しくずを残さないようにしなさい。

(3) 解答用紙には、所定の記入欄以外に何も書かないようにしなさい。

(4) 解答用紙は、折り曲げたり、汚さないようにしなさい。

5．問題についての質問は受けつけません。ただし、ページ数が不足していたり、印刷の文字が不鮮明であるときに質問することはさしつかえありません。

6．時間の終わりに放送で「やめ」という合図があったら、ただちに解答をやめなさい。

岡崎城西高等学校

Ⅰ　次の地図をみて、各問いに答えなさい。

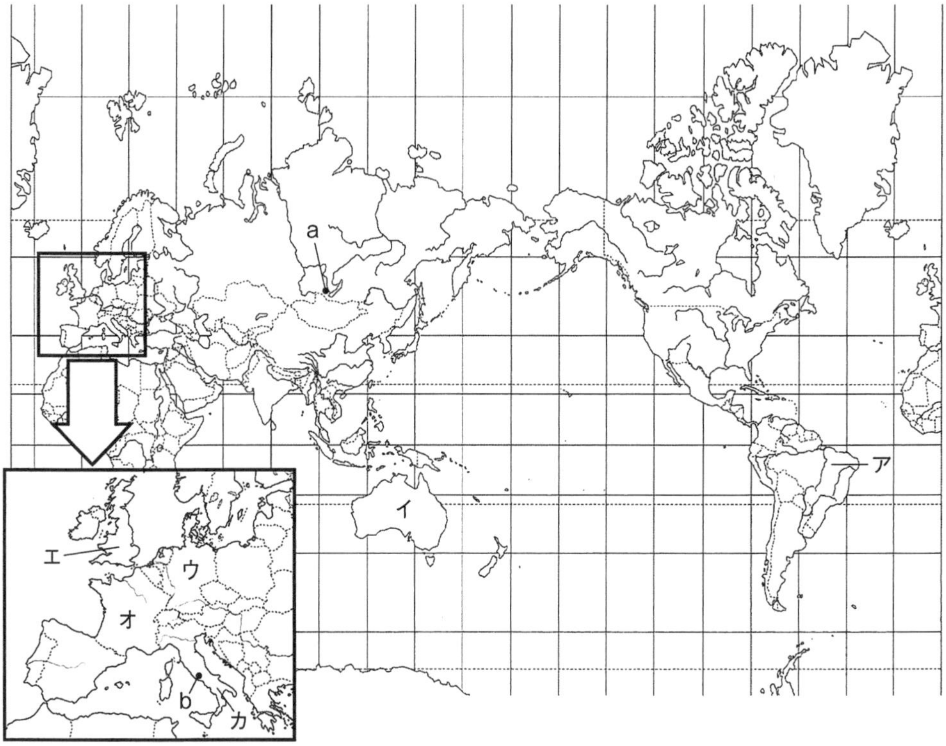

問１　地図中ａ・ｂの都市の雨温図ⅠからⅢと、その地域の暮らしについて述べた文Ｘ・Ｙの組み合わせとして、正しいものを一つ選びなさい。　1

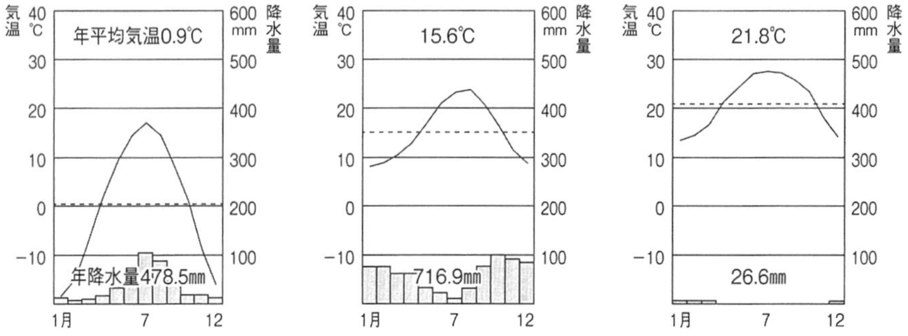

（世界の雨温図 World climate graph［1991-2020 averages］）

Ｘ　この地域は、１年の気温差が大きい。人々は、寒い冬を乗り切るために太い丸太を組み合わせたログハウスに住んでいる。

Ｙ　この地域は、夏にほとんど雨が降らずに乾燥している。人々は、強い日差しを防ぐために石でできた壁の住居に住んでいる。

① ａ：Ⅰ－Ｘ　ｂ：Ⅱ－Ｙ　② ａ：Ⅰ－Ｘ　ｂ：Ⅲ－Ｙ
③ ａ：Ⅱ－Ｘ　ｂ：Ⅰ－Ｙ　④ ａ：Ⅱ－Ｘ　ｂ：Ⅲ－Ｙ
⑤ ａ：Ⅲ－Ｘ　ｂ：Ⅰ－Ｙ　⑥ ａ：Ⅲ－Ｘ　ｂ：Ⅱ－Ｙ

問２　地図中アの国に関する文として、誤っているものを一つ選びなさい。　2

① 豊富な鉱産資源と労働力を背景に急速に経済が成長し、自動車や航空機の製造が盛んである。
② 大量の作物栽培をおこなうために焼畑農業を実施したことで、熱帯雨林の減少が進んでいる。
③ 企業的で大規模な農業が発達し、さとうきびを栽培して砂糖やバイオエタノールを生産している。
④ タイガとよばれる針葉樹林が形成されているが、森林伐採により、永久凍土が溶けだす地域がみられる。
⑤ 日本と協力して種や土地の改良などをおこなった結果、大豆の生産が世界第一位となった。

問３　地図中イの国に関する文として、誤っているものを一つ選びなさい。　3

① 1970年代まで白豪主義がとられ、ヨーロッパ系以外の移民を制限していた。
② アボリジニをはじめ、多様な民族が共存するために多文化社会をきずこうとしている。
③ 東部の観光地では、日本企業による住宅やホテル、ゴルフ場の開発がおこなわれている。
④ ヒスパニックとよばれるスペイン語圏からの移民は、重労働かつ低賃金の職場で働いている人が多い。
⑤ サイクロンによる洪水被害の発生など、異常気象への対応が重要な課題となっている。

問４　地図中ウの国に関する文として、正しいものを一つ選びなさい。　4

① ＥＵ最大の工業国であり、かつては鉄鋼業がさかんであったが、近年ではハイテク産業が成長している。
② 2016年にＥＵ残留か離脱を問う国民投票が行われたが、国民の過半数が離脱を選択した。
③ それぞれの州が憲法・議会・裁判所をもち、「永世中立」を外国に宣言している。
④ ＥＵ加盟国の一つであるが、一人当たりの国民総所得（GNI）は２万ドル未満と低い。
⑤ 夏の高温・乾燥に強いとうもろこしやオレンジの栽培がさかんにおこなわれている。

問5　次の表は、小麦・ブドウ・オリーブの生産上位五か国を示しています。表中のⅠ・Ⅱにあてはまる国と地図中エからカの組み合わせとして、正しいものを一つ選びなさい。　5

	小麦			ブドウ			オリーブ		
	国　名	生産量（万トン）	割合（%）	国　名	生産量（万トン）	割合（%）	国　名	生産量（万トン）	割合（%）
第1位	中　国	13,360	17.4	中　国	1,428	18.5	スペイン	5,965	30.6
第2位	インド	10,360	13.5	Ⅱ	790	10.2	Ⅱ	2,194	11.3
第3位	ロシア連邦	7,445	9.7	アメリカ	623	8.1	モロッコ	1,912	9.8
第4位	アメリカ	5,226	6.8	スペイン	575	7.4	トルコ	1,525	7.8
第5位	Ⅰ	4,060	5.3	Ⅰ	549	7.1	ギリシャ	1,228	6.3
	その他	36,126	47.3	その他	3,749	48.7	その他	6,640	34.2
	総　計	76,577	100	総　計	7,714	100	総　計	19,464	100

（『2022データブックオブ・ザ・ワールド』）

① Ⅰ－エ　Ⅱ－オ　② Ⅰ－エ　Ⅱ－カ　③ Ⅰ－オ　Ⅱ－エ
④ Ⅰ－オ　Ⅱ－カ　⑤ Ⅰ－カ　Ⅱ－エ　⑥ Ⅰ－カ　Ⅱ－オ

Ⅱ　次の地図を見て、各問いに答えなさい。

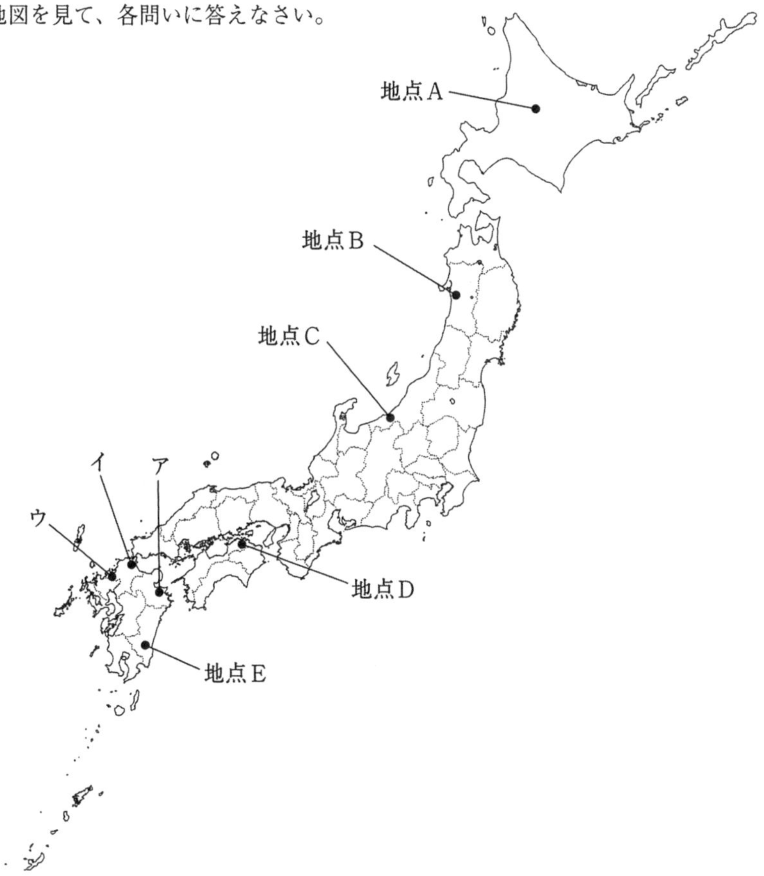

問１　次の雨温図は、地図中の地点Aから地点Eにそれぞれあてはまります。地点Bの雨温図をあらわしているのはどれですか。正しいものを一つ選びなさい。　6

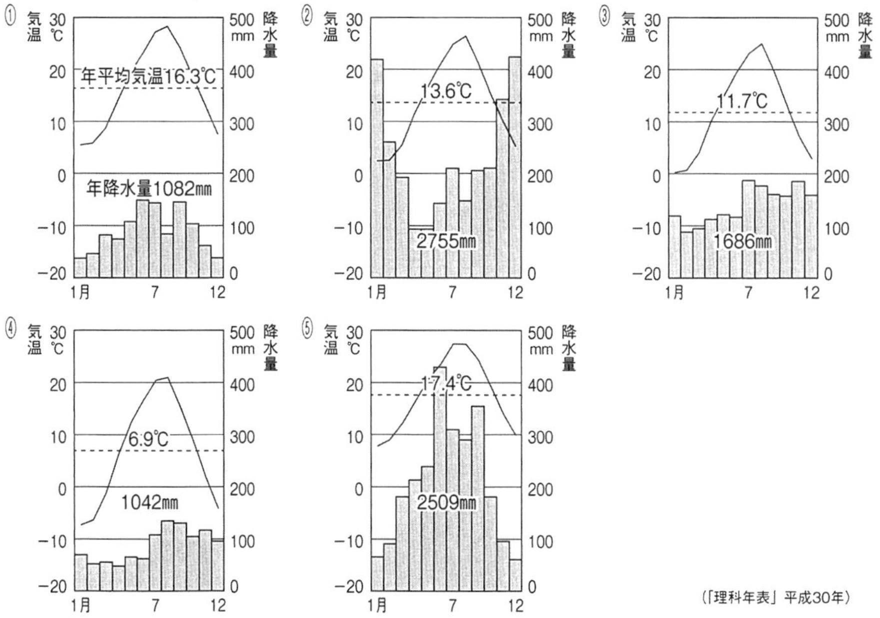

（「理科年表」平成30年）

問２　関東地方の特色について述べた文として、正しいものを一つ選びなさい。　7

① 河川の長さが日本最長である利根川が流れ、川沿いの広大な低地には水田が広がっている。

② 箱根山や富士山などの火山灰が堆積した地層をシラスとよぶ。

③ リゾート開発によって土壌が海に流出し、さんごが死滅するなど環境問題が起きている。

④ 郊外の都市では、昼間人口が夜間人口よりも少なくなっている。

⑤ 臨海部に広がる北関東工業地域には、製鉄所や自動車関連の工場などが立ち並んでいる。

問３　次の表は、都道府県別の果樹栽培における収穫量割合を示しています。ⅠからⅢには、それぞれ中部地方の県名が、ＸとＹには果実名があてはまります。その組み合わせとして、正しいものを一つ選びなさい。　8

農産物名	収穫量（t）	収穫量の上位５都道府県				
		１位	２位	３位	４位	５位
Ｘ	16万5100	Ⅰ	Ⅱ	岡　山	山　形	福　岡
Ｙ	10万7300	Ⅰ	福　島	Ⅱ	山　形	和歌山
みかん	74万9000	和歌山	愛　媛	Ⅲ	熊　本	長　崎

（農林水産省資料、令和3年）

① Ⅰ－長　野　Ⅱ－山　梨　Ⅲ－愛　知　Ｘ－もも　Ｙ－ぶどう

② Ⅰ－長　野　Ⅱ－山　梨　Ⅲ－静　岡　Ｘ－もも　Ｙ－ぶどう

③ Ⅰ－長　野　Ⅱ－山　梨　Ⅲ－愛　知　Ｘ－ぶどう　Ｙ－もも

④ Ⅰ－山　梨　Ⅱ－長　野　Ⅲ－静　岡　Ｘ－もも　Ｙ－ぶどう

⑤ Ⅰ－山　梨　Ⅱ－長　野　Ⅲ－愛　知　Ｘ－ぶどう　Ｙ－もも

⑥ Ⅰ－山　梨　Ⅱ－長　野　Ⅲ－静　岡　Ｘ－ぶどう　Ｙ－もも

問4　近畿地方の府県の特徴を述べたⅠからⅢの文と府県の組み合わせとして、正しいものを一つ選びなさい。　9

Ⅰ　平地が少ないため、丘陵地をけずってニュータウンを建設した。その一方で、けずった土を臨海部のうめ立てやポートアイランドの建設に利用した。

Ⅱ　日本でも有数の工場の密集地域があり、そこでは高い技術力で精密な部品を生産している。郊外のニュータウンでは、開発から５０年以上たち、建物の老朽化や住民の少子高齢化が課題となっている。

Ⅲ　古くから日本有数の林業の中心地として栄えていた。しかし、近年外国産の安い木材との競争で林業が衰退し、人口も大きく減少している。

① Ⅰ－大阪府　Ⅱ－兵庫県　Ⅲ－滋賀県
② Ⅰ－大阪府　Ⅱ－兵庫県　Ⅲ－奈良県
③ Ⅰ－大阪府　Ⅱ－兵庫県　Ⅲ－京都府
④ Ⅰ－兵庫県　Ⅱ－大阪府　Ⅲ－滋賀県
⑤ Ⅰ－兵庫県　Ⅱ－大阪府　Ⅲ－奈良県
⑥ Ⅰ－兵庫県　Ⅱ－大阪府　Ⅲ－京都府

問5　中国・四国地方の特色について述べた文として、誤っているものを一つ選びなさい。　10

① 広島のかきや愛媛県のまだいなど、魚介類の養殖が盛んにおこなわれている。
② 三つの本州四国連絡橋が建設され、中国地方と四国地方の結び付きが強まっている。
③ 瀬戸内海沿岸では、石油化学コンビナートが形成され、石油製品を製造する工場が集まっている。
④ 瀬戸内海では、潮の満ち引き差が大きく晴天が続くことから、江戸時代より塩田がつくられてきた。
⑤ 高知県では、ビニールハウスを利用した、レタスやキャベツなどの野菜の促成栽培が盛んである。

問6　次のグラフは、九州地方にある北九州工業地域の工業生産額割合の変化を示しています。グラフ中のXとYは、機械と金属のいずれかを示しています。日本地図中のアからウのいずれかは、北九州工業地域の中心である北九州市の場所を示しています。その組み合わせとして、正しいものを一つ選びなさい。　11

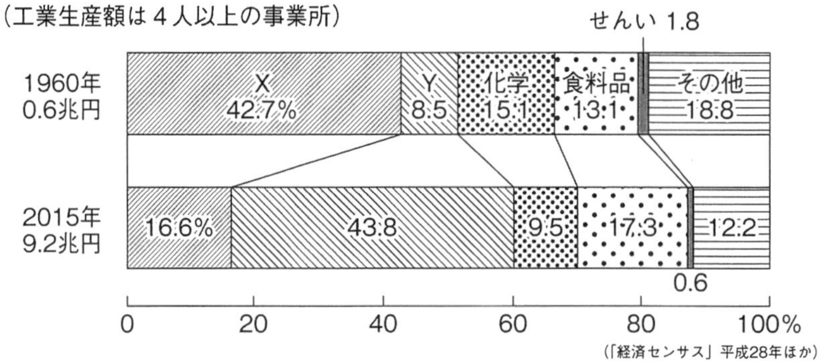

① 地図中－ア　X－金　属　Y－機　械

② 地図中－イ　X－金　属　Y－機　械

③ 地図中－ウ　X－金　属　Y－機　械

④ 地図中－ア　X－機　械　Y－金　属

⑤ 地図中－イ　X－機　械　Y－金　属

⑥ 地図中－ウ　X－機　械　Y－金　属

Ⅲ　あるクラスの社会科の授業で、「日本は外国からどのような影響を受けてきたか」という視点から、各時代のできごとについて学習しました。次のⅠからⅦのカードは、各時代のできごとに関わる絵や写真について調べ、わかったことをそれぞれまとめたものです。これらを見て、各問いに答えなさい。

Ⅰ　法律の制定

左の写真は、メソポタミアを初めて統一した王が整えたA：法律である。法の重要性が各地で考えられ、中国でも法治国家の思想が主流となった。その流れは確実に日本にも伝わり、唐にならった国家が成立した。

Ⅱ　モンゴルの多様性と日本

左の絵は、広大な領土を築いたB：モンゴル帝国の騎兵である。彼らは幼少のころから馬や弓の訓練を受けるため、高い移動力と軍事力を持ち、中国のみならずヨーロッパの一部にまで領土を広げ、日本にも軍隊を進めたこともある。一方で、他民族の宗教や言語を認めるなど、多様性も見られた。

Ⅲ　西洋との交わり

左の絵は、南蛮人の来航を描いたものである。日本との交わりは、ポルトガル人による鉄砲伝来やスペイン人によるキリスト教布教などが挙げられる。一方でこの二国は、C：武力行使や貿易を通して支配地域を拡大し、植民地化によって莫大な利益を上げていた。

Ⅳ　鎖国下の窓口

左の絵は、江戸時代の政策・鎖国を象徴する出島が描かれた図屏風である。D：諸外国との貿易を制限していたとはいえ、近隣諸国はもちろん、ヨーロッパとの交易も続けていた。そのため、江戸幕府は西欧の情勢に明るかった。

Ⅴ　物価上昇

左の写真は、江戸時代末期に流通した「天保小判」(左)と「万延小判」(右)である。開国当初、金銀交換比率のちがいから、E：貿易によって金貨が大量に国外に持ち出された。幕府はその対策として小判の質を落としたため、物価が急速に上昇し、人々の生活は苦しくなった。

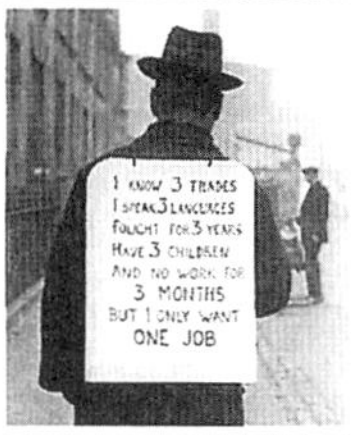

Ⅵ　世界恐慌とその波及

左の写真は、ロンドンの街頭で職を求めている人である。世界恐慌の発端はアメリカのニューヨークだが、F：全世界にさまざまな変化をおよぼした。当然、日本も大きな影響を受けることになった。

Ⅶ　負の遺産と平和運動

左の写真は、太平洋戦争末期、広島に落とされた原子爆弾の威力によって、廃墟となった広島の様子である。その後冷戦に突入してからも各国は核開発・競争を止めず、世界各国でG：さまざまな動きがあった。

問１　下線部Ａについて、各時代や地域の法律や憲法に関する文として、誤っているものを一つ選びなさい。 12

① ハンムラビ王がつくったハンムラビ法典には、くさび形文字が用いられた。
② イギリスで制定された権利章典は、国王の専制を防ぐために出された。
③ 北条義時が政治の判断の基準を設けた御成敗式目を定めた。
④ 大日本帝国憲法では、衆議院と貴族院の二院制が明記されていた。
⑤ 第二次世界大戦後、日本政府はＧＨＱの憲法草案をもとに改正案を作成した。

問２　下線部Ｂについて、13世紀はモンゴル帝国の時代といわれます。同世紀におこったできごとを古い順に並び替えたとき、順序の正しいものを一つ選びなさい。 13

Ⅰ　鎌倉幕府は、御家人を救うために徳政令を出した。
Ⅱ　チンギス・ハンがハンを名乗り、モンゴル帝国を建設した。
Ⅲ　フビライ・ハンが高麗を服属させ、宋を滅ぼした。

① Ⅰ→Ⅱ→Ⅲ　② Ⅰ→Ⅲ→Ⅱ　③ Ⅱ→Ⅰ→Ⅲ
④ Ⅱ→Ⅲ→Ⅰ　⑤ Ⅲ→Ⅰ→Ⅱ　⑥ Ⅲ→Ⅱ→Ⅰ

問３　下線部Ｃについて、ヨーロッパの世界進出が本格化した大航海時代に関する文として、正しいものを一つ選びなさい。 14

① 羅針盤の実用化や航海術の進歩により、15世紀後半に大航海時代が始まった。
② スペイン、アメリカは独自の技術から大航海時代の先がけとなった。
③ コロンブスはインドに到達し、ヨーロッパとインドが海路でつながった。
④ 16世紀にバスコ・ダ・ガマが初めて世界一周を成し遂げた。
⑤ アジアの国々は、ヨーロッパの特産品である香辛料を多く輸入した。

問４　下線部Dについて、江戸時代の外交に関する文として、誤っているものを一つ選びなさい。　15

①　鎖国下において、対馬藩の努力で朝鮮との国交が回復し、朝鮮通信使が派遣された。
②　琉球王国は、薩摩藩に服属したが、幕府は琉球を異国と位置づけた。
③　ヨーロッパやアジアの情勢を知るために、オランダや中国（清）から風説書を提出させた。
④　松前藩は、幕府からアイヌの人々との交易の独占を許されていた。
⑤　集団で船を襲い、大陸沿岸を荒らす倭寇が出現した。

問５　下線部Eについて、次のグラフは幕末の貿易における輸入品および輸出品をあらわしている。グラフ中のアとイにあてはまる貿易品の組み合わせとして、正しいものを一つ選びなさい。　16

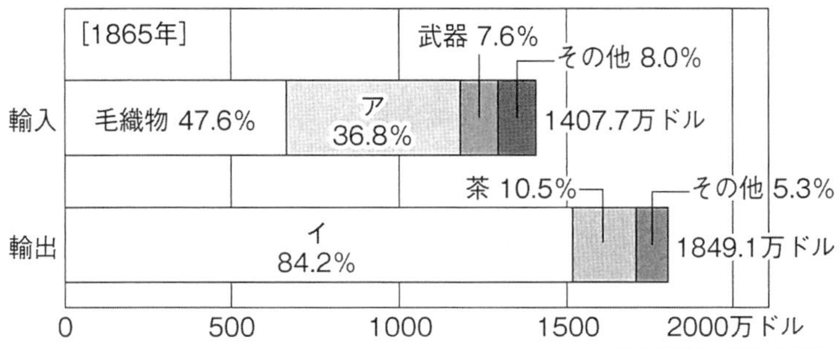

（「日本経済史3 開港と維新」）

①　ア－陶磁器　イ－綿織物　　②　ア－綿織物　イ－陶磁器
③　ア－生糸　　イ－陶磁器　　④　ア－陶磁器　イ－生糸
⑤　ア－綿織物　イ－生糸　　　⑥　ア－生糸　　イ－綿織物

問６　下線部Fについて、世界恐慌による各国の動向に関する文として、誤っているものを一つ選びなさい。　17

①　アメリカのルーズベルト大統領は、公共事業に力を入れるニューディール政策をおこなった。
②　イギリスでは植民地以外との関税を低くし、経済を立て直すブロック経済をすすめた。
③　五か年計画を進めていたソ連は、大不況のなかで成長を続け、アメリカに次ぐ工業国となった。
④　世界恐慌の影響から、日本では昭和恐慌と呼ばれる深刻な不況が発生した。
⑤　同時期にイタリアやドイツ、スペインなどでは、ファシズムが勢力をのばした。

問７　下線部Ｇについて、核の脅威に対抗するためにおこなわれるようになった運動・政策に関する文として、正しいものを一つ選びなさい。　18

① 中東における核の使用が懸念されたため、1973年に石油危機がおこった。
② 佐藤栄作内閣の時、「持たず、作らず、持ち込ませず」という非核三原則が国の方針となった。
③ サンフランシスコ平和条約承認が強行されたため、1960年代に安保闘争がおこった。
④ ソ連の水素爆弾の実験で、第五福竜丸が被ばくした事件をきっかけに、原水爆禁止運動が全国に広がった。
⑤ キューバでのミサイル基地建設をめぐって、アメリカと中国の緊張が高まった。

問８　ⅠからⅦのカードに、次のⅧのカードを加えたい。時代順に並べる場合、どこにカードを加えればよいか、正しいものを一つ選びなさい。　19

	Ⅷ　成金の風刺画 左の絵は、大戦景気によって急に金持ちになる成金が現れたことを表現した風刺画である。女性が「暗くてお靴がわからないわ」と訴えているのに対し、男性が紙幣を燃やして「どうだ明るくなつたろう」（原文）と答えている。

① Ⅰ→（　）→Ⅱ　② Ⅱ→（　）→Ⅲ　③ Ⅲ→（　）→Ⅳ
④ Ⅳ→（　）→Ⅴ　⑤ Ⅴ→（　）→Ⅵ　⑥ Ⅵ→（　）→Ⅶ

Ⅳ　各時代の文化について、各問いに答えなさい。

問１　日本各地には多くの遺跡があり、多数の出土品が発見されています。次の遺跡AからCと最も関係の深い文をⅠからⅢの中から選び、その組み合わせとして、正しいものを一つ選びなさい。 20

A　稲荷山古墳　　B　三内丸山遺跡　　C　吉野ケ里遺跡

Ⅰ　人々は集団をつくって生活し、豊作をいのるための土偶がつくられた。
Ⅱ　ワカタケル大王の名を刻んだ鉄剣が発見され、倭王武のものであるとされている。
Ⅲ　稲作が広がった一方で、蓄えた食料をめぐり国同士で争いが起きた。

① A－Ⅰ　B－Ⅱ　C－Ⅲ　　② A－Ⅰ　B－Ⅲ　C－Ⅱ
③ A－Ⅱ　B－Ⅰ　C－Ⅲ　　④ A－Ⅱ　B－Ⅲ　C－Ⅰ
⑤ A－Ⅲ　B－Ⅱ　C－Ⅰ　　⑥ A－Ⅲ　B－Ⅰ　C－Ⅱ

問２　鎌倉文化に関する文として、正しいものを一つ選びなさい。 21

① 後鳥羽上皇の命令で日本最古の歌集である『万葉集』が編集された。
② 『源氏物語』や『枕草子』など、女性による文学作品が著された。
③ 一遍は、念仏の札を配りながら教えを広め、禅宗を開いた。
④ 東大寺南大門には、宋から伝わった新しい建築様式が取り入れられた。
⑤ 軍記物である『平家物語』は、兼好法師によって語り伝えられた。

問３　近世の日本に広まった文化に関する文アからウの正誤の組み合わせとして、正しいものを一つ選びなさい。 22

ア　安土桃山時代には天守を備える壮大な城が建設され、城内には狩野永徳をはじめとする画家によって、はなやかな絵が描かれた。
イ　上方で栄えた元禄文化では、絹の小袖に優美な友禅染の技法が流行した。
ウ　庶民をにない手として発展した化政文化では、葛飾北斎や歌川広重の風景画など、優れた作品が生み出され、ヨーロッパの絵画にも大きな影響を与えた。

① ア－正　イ－正　ウ－正　　② ア－正　イ－正　ウ－誤
③ ア－正　イ－誤　ウ－正　　④ ア－正　イ－誤　ウ－誤
⑤ ア－誤　イ－正　ウ－誤　　⑥ ア－誤　イ－誤　ウ－誤

Ⅴ　次の文章は、中学生のジョウ君と、歴史に興味があるセイコさんとの会話です。この文章を読み、各問いに答えなさい。

ジョウ：セイコちゃん、最近歴史を勉強しているって聞いたけど、本当なの？

セイコ：うん、最近テレビで見た「近代日本とその周辺国のできごと」がとても面白かったんだ。歴史を動かしたA：偉人の魅力にすっかり虜になったわ。

ジョウ：強烈な個性を持った人物がたくさん出てくるよね。僕は中国に興味があるな。なんていうのかなぁ、考え方が面白いんだよ。B：歴代王朝に関わるドラマがたくさんあるしね。

セイコ：中国は、日本にとっても身近な国だもんね。

ジョウ：近代も面白いけど複雑だよね。古代はシンプルでいいよ。C：後の歴史につながっていることも多いよね。

セイコ：今では当たり前のことでも、当時ではかなり斬新だっただろうし、古代人の発想力は面白いよ。

ジョウ：セイコちゃんがここまで歴史を勉強しているとは思わなかったよ。次のテストはお互い頑張ろう！

問１　下線部Aについて、世界史において多大な功績を残した人物に関する文として、正しいものを一つ選びなさい。　23

① ナポレオンは、イギリスを含むヨーロッパ諸国を支配し、ロシアの大部分も侵略した。
② ジョージ・ワシントンは、独立後のアメリカで初代大統領に選ばれた。
③ ロックやモンテスキュー、ルソーらの思想家は、ピューリタン革命を指導し、近代の世界に大きな影響を与えた。
④ イタリアの首相となった「鉄血宰相」ビスマルクは、イタリア統一を実現した。
⑤ キューバでは、マルクス主義の影響を受けたレーニンが近代化をめざした。

問２　下線部Bについて、中国の歴代王朝とそれに関連した語句の組み合わせとして、正しいものを一つ選びなさい。　24

①	殷－兵馬俑	秦－シルクロード	漢－甲骨文字
②	殷－シルクロード	秦－兵馬俑	漢－甲骨文字
③	殷－兵馬俑	秦－甲骨文字	漢－シルクロード
④	殷－甲骨文字	秦－シルクロード	漢－兵馬俑
⑤	殷－甲骨文字	秦－兵馬俑	漢－シルクロード
⑥	殷－シルクロード	秦－甲骨文字	漢－兵馬俑

問３　下線部Ｃについて、古代のできごとに関する文として、誤っているものを一つ選びなさい。　25

① ギリシャのアテネでは、成年の男性市民全員が参加する民会を中心に民主政がおこなわれた。

② アレクサンドロス大王の遠征によって、ギリシャの文明が東方に広がり、オリエントの文化と融合した。

③ パレスチナ地方で広まったイエスの教えは、弟子たちによって『聖書(新約聖書)』としてまとめられ、キリスト教と呼ばれるようになった。

④ 中国では、孔子が「仁」と「礼」を基本にした政治をするべきと説く儒学(儒教)が広まった。

⑤ ローマ帝国は、世界最大級の都市ローマを首都としたが、ギリシャの文化を受け継ぎ、民主政がそのまま発展した。

Ⅵ　私たちの暮らしと経済に関する次の文章を読んで、各問いに答えなさい。

> 生産とA：消費を通じて人々の暮らしを豊かにするしくみを経済という。以前は、経済の成長を通じて、B：雇用や収入を増やすことが重視されてきた。しかし近年では、C：企業による競争が激しくなると、雇用問題や収入の格差が広がり、D：私たちの社会生活全般にもさまざまな問題が生じている。人々が生活に不安を感じる中で、雇用と収入をどのように保障していくのか、今後の課題である。

問１　下線部Aについて、消費者に関する文X・Yの正誤の組み合わせとして、正しいものを一つ選びなさい。　26

X　消費者を保護するしくみとして、通信販売や訪問販売などで商品を購入した場合、購入後８日間であれば消費者側から無条件で契約を解除できるクーリング・オフ制度がある。

Y　消費者基本法は、消費者が被害にあうことを防ぐだけでなく、自立した消費生活を送れるように支援することを定めている。

① X－正　Y－正　　② X－正　Y－誤
③ X－誤　Y－正　　④ X－誤　Y－誤

問２　下線部Bについて、労働基準法に関する四つの文のうち、誤っている文はいくつあるか、正しいものを一つ選びなさい。　27

・労働条件は、使用者が一方的に決定するものである。
・使用者は、労働者の賃金について、女性であることを理由に男性と差別的取扱いをしてはならない。
・使用者は、労働者に休憩時間を除き、１週間について40時間を超えて労働させてはならない。
・使用者は、満18歳に満たない者を午後11時から午前６時までの間において使用してはならない。

① 0　② 1つ　③ 2つ　④ 3つ　⑤ 4つ

問３　下線部Ｃについて、次の文章の空欄（　ア　）から（　ウ　）にあてはまる語句の組み合わせとして、正しいものを一つ選びなさい。 28

利潤を目的とする個人企業や法人企業を私企業という。個人企業には農家や個人商店が含まれ、法人企業には株式会社などが含まれる。しかし、すべてが利潤を目的とした企業ではない。国や地方公共団体の資金で運営される企業を公企業といい、（　ア　）のために活動する。また、企業は資本金や従業員の数によって、大企業と中小企業に分けられる。日本企業の99％以上が中小企業であり、日本の生産力を支えている。近年では、独自の先進技術を活用して急成長する（　イ　）の重要性が高まっている。

また、教育や文化、環境保護などの面で積極的に社会に貢献しようとする企業も増えており、利潤を求めるだけでなく、（　ウ　）を果たすべきだと考えられている。

① ア－公共の福祉　イ－ビジネス企業　ウ－ＣＳＶ
② ア－公共の福祉　イ－ベンチャー企業　ウ－ＥＳＧ
③ ア－公共の福祉　イ－ビジネス企業　ウ－ＥＳＧ
④ ア－公共の目的　イ－ベンチャー企業　ウ－ＣＳＲ
⑤ ア－公共の目的　イ－ビジネス企業　ウ－ＣＳＲ
⑥ ア－公共の目的　イ－ベンチャー企業　ウ－ＣＳＶ

問４　下線部Ｄについて、社会保障と財政に関する次のグラフを参考にして、正しいものを一つ選びなさい。ただし、すべて誤っている場合は⑤を選びなさい。 29

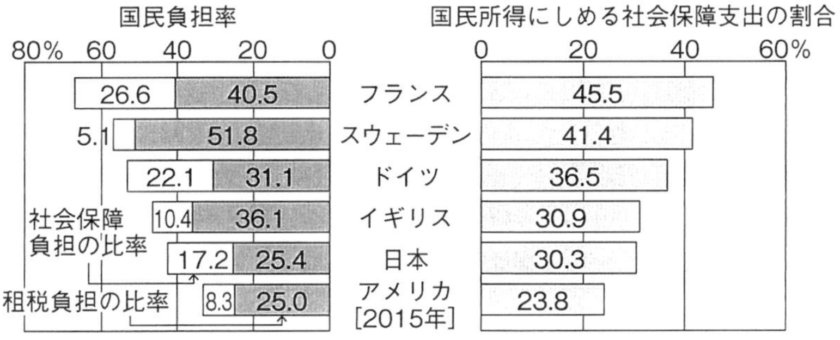

（厚生労働省資料）

① フランスでは、租税負担の比率よりも社会保障負担の比率の方が高く、大きな政府に分類される。
② スウェーデンでは、社会保障と租税などの国民負担が大きく、小さな政府に分類される。
③ ドイツでは、国民所得にしめる社会保障支出の割合がイギリスよりも低い。
④ 日本では、社会保障費の増加に対応するために、2019年に消費税率が５％から８％に引き上げられた。

Ⅶ　高校３年生のハルキ君と高校１年生のヒロシ君の会話を読んで、各問いに答えなさい。

ヒロシ：ハルキ先輩、一緒に駅まで帰りましょう。

ハルキ：いいよ、宿題があるから早く帰ろう。

ヒロシ：わかりました。ところで先輩、どんな宿題が出たんですか？

ハルキ：僕も３年生だから、担任の先生に「将来どんな職業につきたいか考えてきなさい。」と言われたんだ。その職業に興味を持った理由も答えないといけないんだ。

ヒロシ：そうなんですね。では先輩は今、どんなことに興味があるんですか？

ハルキ：まず考えたのは、世界の絶景や旅行記に興味があるからＡ：観光業界かな。

ヒロシ：いいですね。僕も旅行や名物料理が大好きです。他には？

ハルキ：授業で学んだことで印象に残っていることは、Ｂ：少子高齢社会かな。だから福祉関係にも興味があるんだ。

ヒロシ：先輩、尊敬します！僕からみれば、先輩はキャプテンとしてみんなをまとめているし、正義感も強いから、日本を背負って立つ政治家になってくださいよ！

ハルキ：いやあ、ちょっと高評価で照れちゃうなあ。でも、日本のため、社会のために働いているＣ：公務員には興味があるかな。

ヒロシ：あっ、政治家で思い出しました。先輩、18歳の誕生日おめでとうございます。確か昨日でしたよね？これで先輩もＤ：選挙に行けますね。大人の仲間入りですね。

ハルキ：…ありがとう。ヒロシも将来のこと、少しずつでも考えていこうな。

問１　下線部Ａについて、「観光庁」はどこの省に属するか、正しいものを一つ選びなさい。

30

① 総務省　② 文部科学省　③ 経済産業省
④ 国土交通省　⑤ 環境省

問２　下線部Ｂについて、次のグラフを説明する文Ｘ・Ｙの正誤の組み合わせとして、正しいものを一つ選びなさい。　31

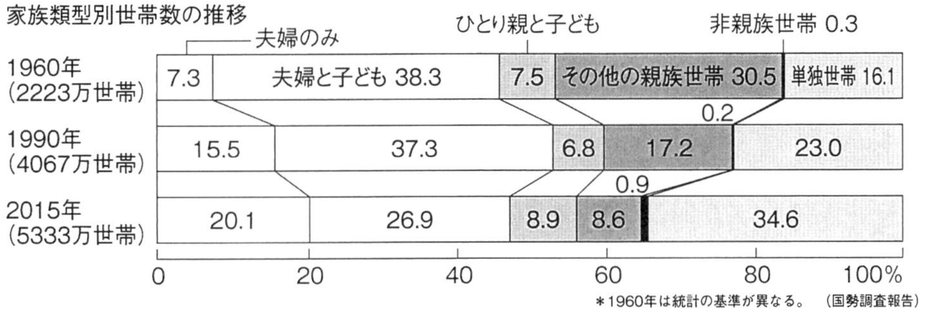

Ｘ　1990年における核家族世帯の割合は、1960年と比較して増加している。

Ｙ　2015年における単独世帯数は、1500万世帯をこえている。

① Ｘ－正　Ｙ－正　　② Ｘ－正　Ｙ－誤
③ Ｘ－誤　Ｙ－正　　④ Ｘ－誤　Ｙ－誤

問３　下線部Ｃについて、次のグラフでは、2007年度に国家公務員の急激な減少がみられます。2007年におこったできごととして、正しいものを一つ選びなさい。　32

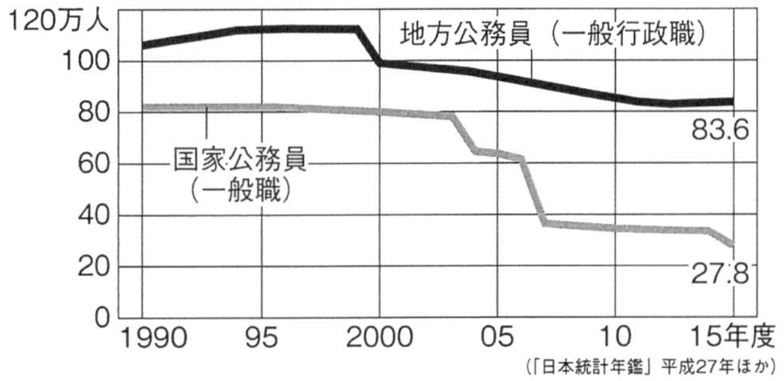

① 日本国有鉄道（現JR）民営化　　② 郵政民営化
③ 中央官庁再編　　④ 日本電信電話公社（現NTT）民営化
⑤ 公務員制度改革

問４　下線部Ｄについて述べた文として、正しいものを一つ選びなさい。　33

① 18歳であっても学生の場合は、投票には保護者の同意が必要である。
② わが国の選挙は、普通選挙のほか、平等選挙、直接選挙、公開選挙の四原則のもとでおこなわれている。
③ 被選挙権が引き下げられ、衆議院議員は20歳以上、参議院議員は25歳以上で立候補できる。
④ 小選挙区制は、比例代表制と比較して、小政党にも議席を獲得する可能性が高い。
⑤ 最高裁判所の裁判官の国民審査は、衆議院議員総選挙の際におこなわれる。

Ⅷ　次の文章を読んで、各問いに答えなさい。

A：裁判所は、国民の権利を守る最後のとりでといえる。特に刑事事件では、強い権限を持つ警察・検察による捜査に行き過ぎがないよう、被疑者・被告人の権利が憲法で保障されている。

2009年、司法制度改革の一環として、B：裁判員制度がはじまった。これは、国民が裁判員として刑事裁判に参加し、裁判官とともに被告人の有罪・無罪や刑の内容を決める制度で、国民の司法に対する理解と信頼が深まることを期待したものといえる。

問１　下線部Aについて述べた文として、正しいものを一つ選びなさい。　34

① 最高裁判所は、下級裁判所から控訴された事件をあつかい、三審制で最後の段階の裁判をおこなう。
② 高等裁判所は、地方裁判所などから控訴された事件をあつかい、東京、大阪の２か所に設置されている。
③ 地方裁判所は、一部の事件を除く第一審と、簡易裁判所から控訴された民事裁判の第二審をおこなう。
④ 家庭裁判所は、家族内の争いや少年事件をあつかい、各都道府県の市町村に設置されている。
⑤ 簡易裁判所は、民事裁判のみをおこない、刑事裁判はおこなわない。

問２　下線部Bについて述べた文として、誤っているものを一つ選びなさい。　35

① 裁判員制度の対象となるのは、殺人や強盗致死などの重大な犯罪事件である。
② 裁判員が参加するのは第一審のみで、第二審からは裁判官だけで裁判がおこなわれる。
③ 裁判員は国内で選挙権のある人の中からくじと面接で選ばれる。
④ 裁判員に選出されたら、いかなる場合においても辞退することはできない。
⑤ 一つの事件を６人の裁判員と３人の裁判官で評議する。

（問題は以上となります。）

2023年度

入学試験

第2時限　理　科

> 放送で「始め」という合図があるまで，このページ以外のところを見てはいけません。
> それまでは注意事項を静かにくりかえし読みなさい。

注　意

1．試験時間は正味45分で行います。

2．受験番号は，必ずマークしなさい。

受験番号			
千	百	十	一
●	●	⓪	⓪
①	①	●	①
②	②	②	●
③	③	③	③

（例）　受験番号　１２の場合
（００１２とマークする）
← 受験番号をマークする。
（マークは記入例に従い濃くマークしなさい。
鉛筆はHより濃いものを使用しなさい。）

3．解答は，解答用紙の解答記入欄にマークしなさい。
たとえば，［20］と表示のある問いに対して③を解答する場合は，次の（例）のように解答番号20の解答記入欄の③にマークしなさい。

（例）

解答番号	解答記入欄									
20	①	②	●	④	⑤	⑥	⑦	⑧	⑨	⑩

4．記入上の注意
(1)　マークは黒鉛筆で長円内をぬりつぶしなさい。
（鉛筆はHより濃いものを使用しなさい。）
(2)　訂正するときは，消しゴムできれいに消し，消しくずを残さないようにしなさい。
(3)　解答用紙には，所定の記入欄以外に何も書かないようにしなさい。
(4)　解答用紙は，折り曲げたり，汚さないようにしなさい。

5．問題についての質問は受けつけません。ただし，ページ数が不足していたり，印刷の文字が不鮮明であるときに質問することはさしつかえありません。

6．時間の終わりに放送で「やめ」という合図があったら，ただちに解答をやめなさい。

岡崎城西高等学校

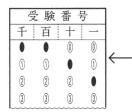

〈1〉から〈10〉の問いに答えなさい。答は解答群の中から1つ選び，番号をマークしなさい。

〈1〉 次の各問いに答えなさい。

(1) 水中の物体に加わる浮力の大きさは何と関係していますか。 [1]

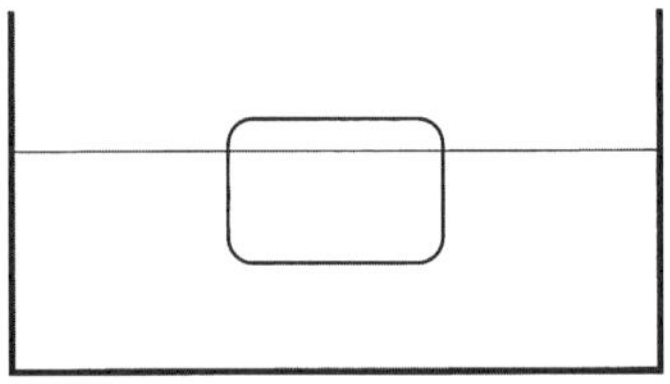

① 物体全体の質量
② 物体全体の体積
③ 物体の水中に入っている部分の質量
④ 物体の水中に入っている部分の体積

(2) 電圧計，電流計，電熱線，電源装置を用いて，図のような回路を作成し，電源装置の電圧の大きさを変化させ，電流の大きさを測定した。その結果をグラフにした。この電熱線の抵抗の大きさは何Ωですか。 [2] Ω

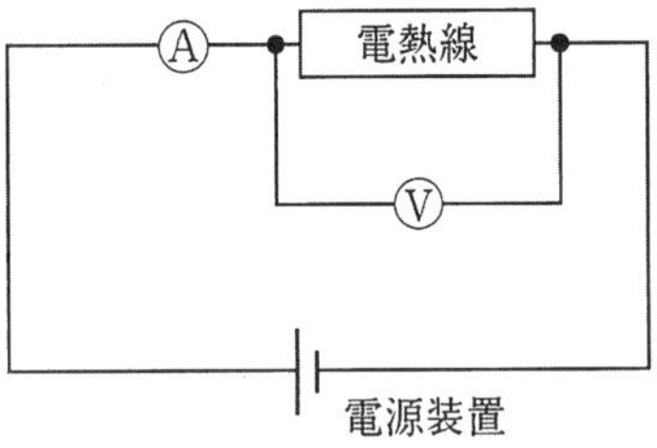

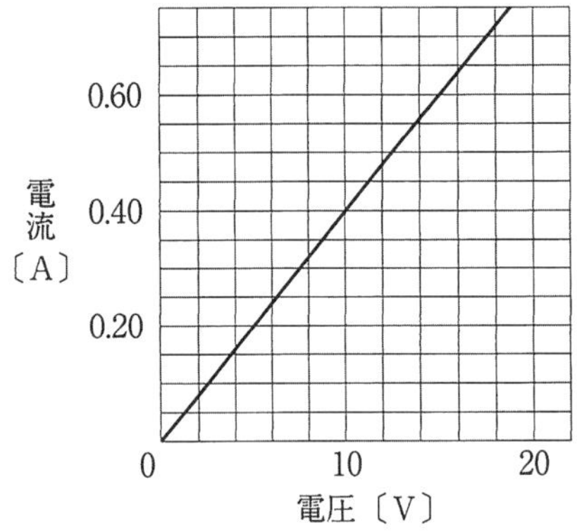

① 0.60　② 4　③ 10　④ 25　⑤ 40

(3) 図のように2枚の鏡を直角に配置し，点Aに物体を置き，点Pから観測をした。点Pから観測される鏡に映る物体の像はいくつですか。 [3]

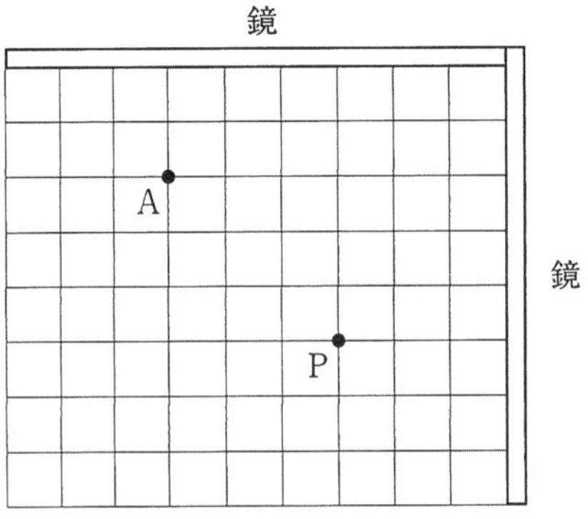

① 1　② 2　③ 3　④ 4　⑤ 5　⑥ 0

(4) 次のａ～ｃのうち，正しい文をすべて選んだものはどれですか。 [4]

ａ 放射線には光のなかまであるものや高速の粒子の流れであるものがあり，物体を通り抜ける性質や原子の構造を変える性質がある。

ｂ 同じ質量の物体が同じ向き，同じ速さで運動している。このとき，密度の大きい物体の方が運動エネルギーは大きい。

ｃ 物体に加えた力がした仕事の大きさは，その物体に加えた力の大きさと力の向きに動かした距離に関係する。

① ａ ② ｂ ③ ｃ ④ ａ，ｂ
⑤ ａ，ｃ ⑥ ｂ，ｃ ⑦ ａ，ｂ，ｃ

〈2〉 次の各問いに答えなさい。

図のように，大きな壁から同一直線上にそれぞれ102 m，153 m，306 m離れた地点P，Q，Rがある。地点Pと地点Rに大きな「パンッ」という破裂音を出す装置A，装置Bを置き，地点Qに観測装置を置き以下の実験を行った。

［実験1］装置Aで破裂音を1回鳴らし，観測装置でその音を観測した。
［実験2］装置Aと装置Bで破裂音を同時に1回鳴らし，その音を観測装置で観測した。
［実験3］装置Aと装置Bで破裂音を同時に1回鳴らし，その音を観測装置で観測した。観測装置が1つ目の音を観測した瞬間から観測装置をPに向けて動かし続けた。

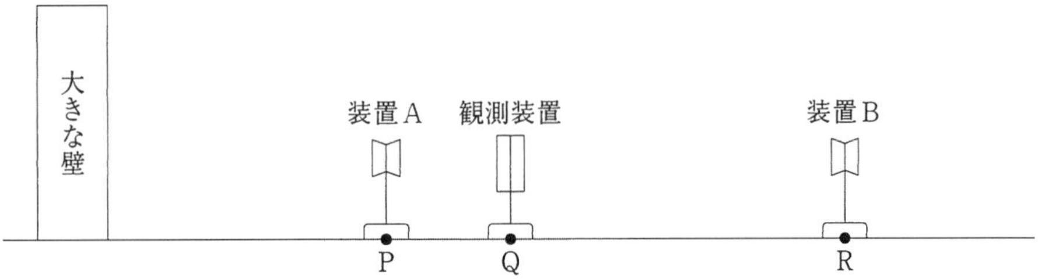

(1) 実験1で，観測装置が1つ目の音を観測してから2つ目の音を観測するまでの時間は0.60秒であった。音の速さは何m/sですか。 [5] m/s

① 170　② 255　③ 320　④ 334　⑤ 340

(2) 実験2で，観測装置は4つの音を観測した。1つ目の音が観測されてから2つ目の音が観測されるまでの時間をt_{12}，2つ目の音が観測されてから3つ目の音が観測されるまでの時間をt_{23}，3つ目の音が観測されてから4つ目の音が観測されるまでの時間をt_{34}とする。t_{12}，t_{23}，t_{34}の大小の関係として正しいものはどれですか。 [6]

① $t_{12}=t_{23}=t_{34}$　② $t_{12}<t_{23}<t_{34}$　③ $t_{12}<t_{23}=t_{34}$　④ $t_{12}=t_{23}<t_{34}$
⑤ $t_{12}>t_{23}>t_{34}$　⑥ $t_{12}>t_{23}=t_{34}$　⑦ $t_{12}=t_{23}>t_{34}$

(3) 実験3で，観測装置は4つの音を観測した。(2)と同様に1つ目の音が観測されてから2つ目の音が観測されるまでの時間をT_{12}，2つ目の音が観測されてから3つ目の音が観測されるまでの時間をT_{23}とする。t_{12}とT_{12}，t_{23}とT_{23}，それぞれの大小関係として最も適当な組合せはどれですか。 [7]

①	$T_{12}=t_{12}$	$T_{23}=t_{23}$
②	$T_{12}=t_{12}$	$T_{23}<t_{23}$
③	$T_{12}=t_{12}$	$T_{23}>t_{23}$
④	$T_{12}<t_{12}$	$T_{23}=t_{23}$
⑤	$T_{12}<t_{12}$	$T_{23}<t_{23}$
⑥	$T_{12}<t_{12}$	$T_{23}>t_{23}$
⑦	$T_{12}>t_{12}$	$T_{23}=t_{23}$
⑧	$T_{12}>t_{12}$	$T_{23}<t_{23}$
⑨	$T_{12}>t_{12}$	$T_{23}>t_{23}$

〈3〉 図1のように糸の端に棒磁石をつけた振り子をつくった。図2は，この棒磁石をA点まで持ち上げ静かにはなし，B点，C点，最下点D点を順に通過していくようすを表したものである。次の各問いに答えなさい。ただし，一連の運動において空気抵抗は無視するものとする。

図1

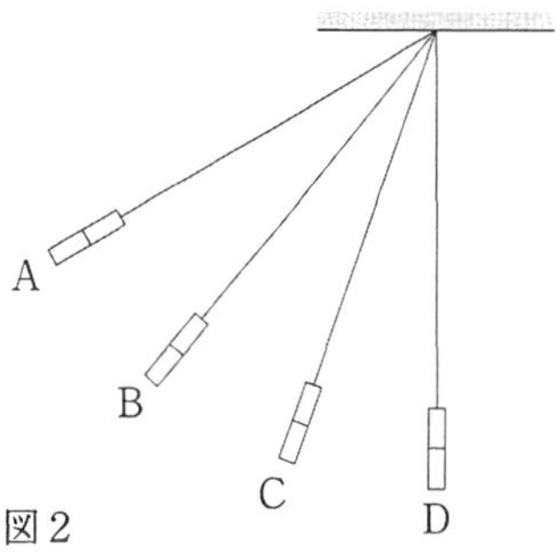

図2

(1) 棒磁石がB点を通過するときに棒磁石にはたらく力をすべて図示しているものはどれですか。 [8]

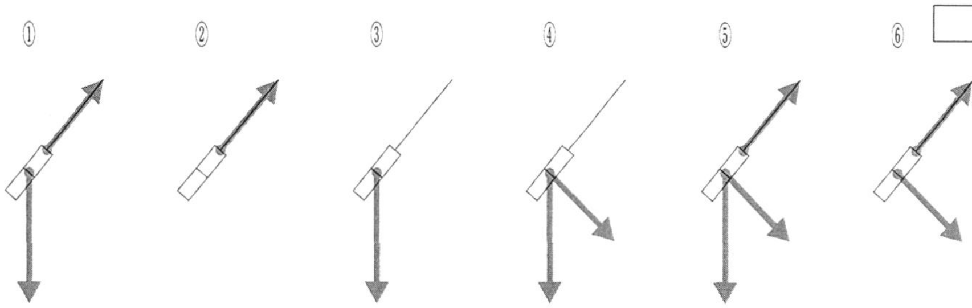

(2) 棒磁石がA点からD点に運動するとき，棒磁石の水平方向の位置と運動エネルギーの関係を表しているグラフとして最も適当なものはどれですか。 [9]

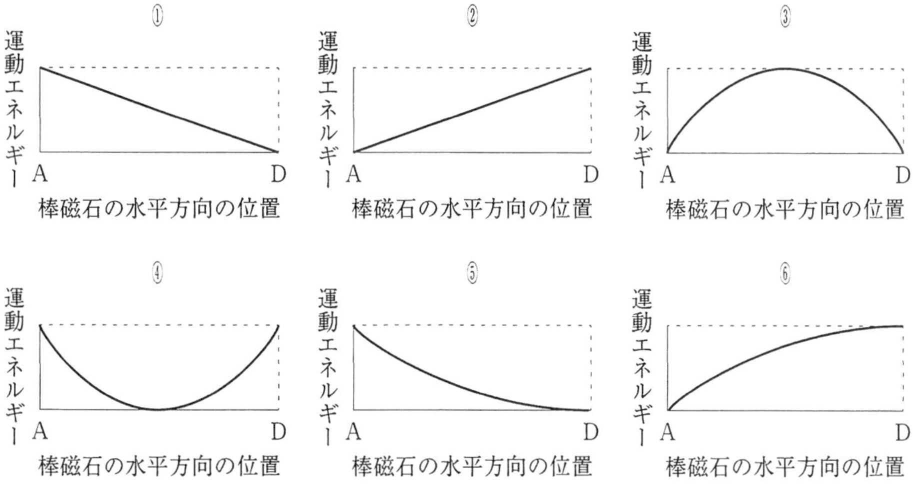

(3) D点を基準とするとA点での位置エネルギーが100Jで，棒磁石がC点を通過するときの位置エネルギーは18Jだった。C点での運動エネルギーは何Jですか。 [10] J

① 0　② 18　③ 50　④ 82　⑤ 100

次に，図３のようにＤ点の真下に検流計につないだコイルを水平に置き，棒磁石をＡ点まで持ち上げ静かにはなした。棒磁石がＣ点からＤ点へ移動するまで，検流計の針は－側に振れていた。

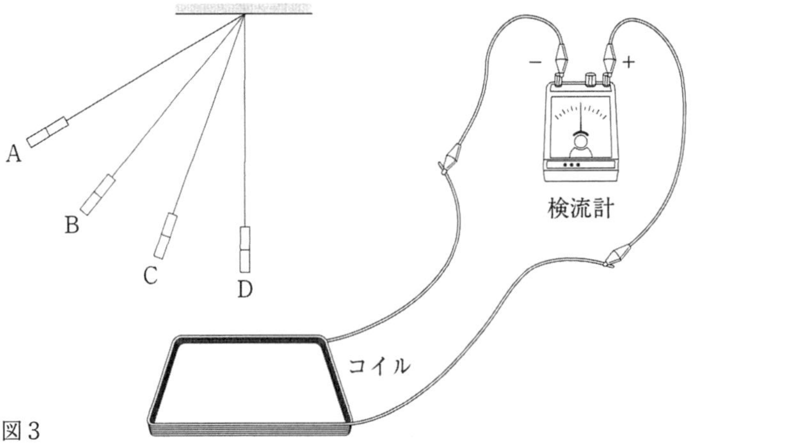

図３

(4) このようにコイルに磁石が近づくときに電圧が生じ，電流が流れる現象を何といいますか。 11

① 電磁誘導　② 誘導電流　③ 放電　④ オームの法則

(5) 棒磁石がＤ点を通過するとき，検流計の針はどのように振れますか。 12

① 針は－側に振れたままである。
② Ｄ点を通過するときに針は一度０に戻り，その後針はまた－側に振れる。
③ Ｄ点を通過するときに針は一度０に戻り，その後針は＋側に振れる。

(6) 棒磁石をＢ点ではなしたとき，検流計の針は次のうちどのように振れますか。 13

① Ａ点ではなしたときよりも大きく振れる。
② Ａ点ではなしたときよりも小さく振れる。
③ Ａ点ではなしたときと同じ大きさで振れる。

〈4〉 図のような装置で，水25 mLとエタノール5 mLの混合物を加熱する実験を行った。次の各問いに答えなさい。

【実験】

操作１　枝つきフラスコに水25 mLとエタノール5 mLの混合物を入れ，加熱した。

操作２　試験管Ａ，Ｂ，Ｃの順に液体を約3 mLずつ集めた。また，液体を集めているときの温度を測定した。

操作３　試験管Ａ～Ｃに集めた液体をそれぞれ脱脂綿につけて，燃えるかどうかを調べた。

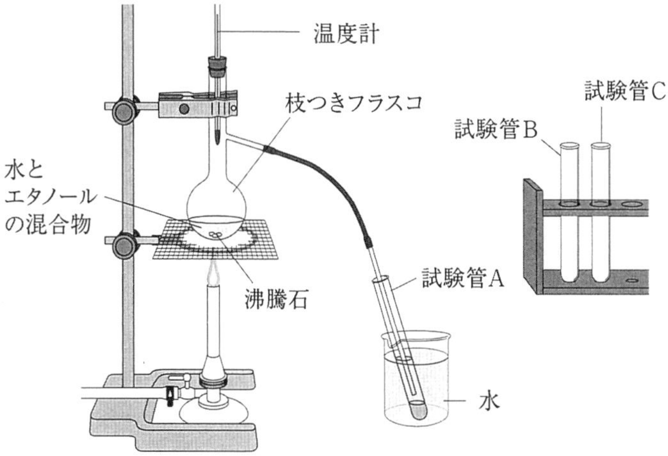

【結果】

試験管	Ａ	Ｂ	Ｃ
温度〔℃〕	72.5 ～ 81.0	81.0 ～ 90.0	90.0 ～ 94.5
脱脂綿に火をつけたときのようす	長く燃えた	少し燃えるが，すぐに消えた	燃えなかった

(1) 水25 mLをはかりとったときのメスシリンダーの目盛りと液面付近のようすを表したものはどれですか。 14

①　②　③　④　⑤

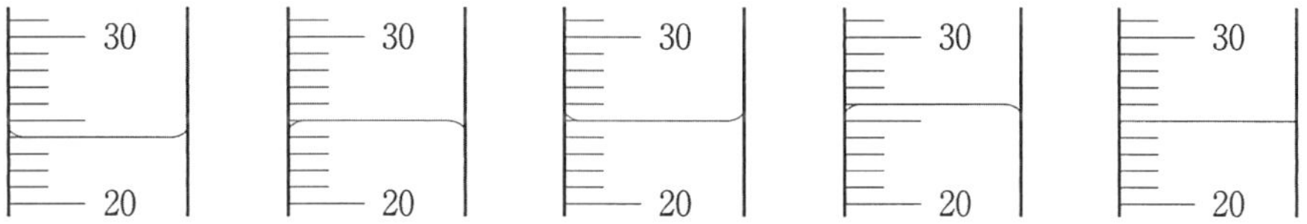

(2) 脱脂綿に火をつけたときのようすから，集めた液体にエタノールを最も多く含む試験管はどれですか。 15

① Ａ　② Ｂ　③ Ｃ

(3) この実験のように，液体を加熱して気体にし，それを冷やして再び液体にして集める方法を何といいますか。 16

① 下方置換法　② ろ過　③ 蒸留　④ 再結晶

〈5〉 ゆずきさんとたくみさんは，化学エネルギーを電気エネルギーに変換する電池の仕組みを調べるために，実験１を行った。また，学校にあるもので電池を作る実験２を行った。次の各問いに答えなさい。

【実験１】

操作１　亜鉛板，銅板，マグネシウム板をそれぞれ２枚，うすい塩酸，$_{a}$15 %の食塩水，15 %の砂糖水を用意した。

操作２　図１のように，電極Ａとして亜鉛板を，電極Ｂとして銅板を用い，水溶液にうすい塩酸を使い，電極に電子オルゴールをつないで音が鳴るかどうかを調べた。

操作３　電極Ａ，電極Ｂに用いる金属板や水溶液の組合せを変え，電子オルゴールが鳴るかどうかを調べた。

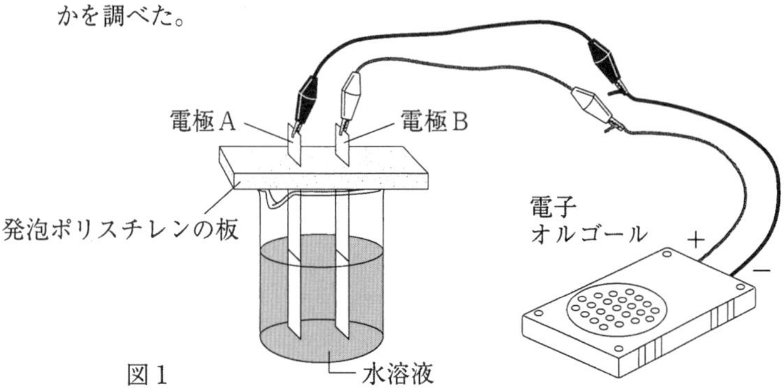

図１

【結果】

電極を水溶液に入れたときや，電極に電子オルゴールをつないだとき，$_{b}$電極から気体が発生することがあった。

電極に用いる金属板		水溶液		
電極Ａ	電極Ｂ	うすい塩酸	食塩水	砂糖水
亜鉛板	銅板	○	○	×
マグネシウム板	銅板	○	○	×
銅板	銅板	×	×	×
亜鉛板	亜鉛板	×	×	×
マグネシウム板	亜鉛板	○	○	×
マグネシウム板	マグネシウム板	×	×	×

○…電子オルゴールの音が鳴った　　×…電子オルゴールの音が鳴らなかった

(1)　下線部ａについて，15 %の食塩水をつくるために，電子てんびんと薬包紙を用いて食塩7.50 gをはかりとった。操作方法ア～オを，正しい操作の順に並べたものはどれですか。 17

ア　電子てんびんの表示が7.50になるまで，食塩を少量ずつのせる。
イ　電子てんびんの表示を0.00にする。
ウ　電子てんびんの電源を入れる。
エ　薬包紙を電子てんびんの上にのせる。
オ　電子てんびんを水平な台の上に置く。

① ウ→イ→オ→エ→ア　② ウ→イ→エ→オ→ア　③ ウ→オ→イ→エ→ア
④ ウ→オ→エ→イ→ア　⑤ オ→ウ→エ→イ→ア　⑥ オ→ウ→イ→エ→ア
⑦ エ→ウ→イ→オ→ア　⑧ エ→ウ→オ→イ→ア

(2) 食塩7.50 gを用いて，質量パーセント濃度が15 %の食塩水をつくるために必要な水は何gですか。 18 g

① 15.0　② 35.0　③ 37.5　④ 42.5　⑤ 50.0
⑥ 85.0　⑦ 112.5　⑧ 200

(3) 操作2で電子オルゴールが鳴っているとき，亜鉛板の表面で起きた化学反応を反応式で表したものとして最も適当なものはどれですか。 19

① $Zn \rightarrow Zn^{2+} + 2e^-$　② $Zn \rightarrow Zn^+ + e^-$
③ $Zn^{2+} + 2e^- \rightarrow Zn$　④ $Zn^+ + e^- \rightarrow Zn$
⑤ $Zn + 2e^- \rightarrow Zn^{2-}$　⑥ $Zn + e^- \rightarrow Zn^-$

(4) 下線部bについて，電子オルゴールが鳴っているときに電極から発生した気体はどれですか。 20

① 酸素　② 窒素　③ 水素　④ 二酸化炭素　⑤ 塩素

(5) 金属板と水溶液を使って電気エネルギーを取り出すために必要な条件として【結果】から分かることはどれですか。 21

① 同じ種類の金属板を電極に用い，非電解質の水溶液を使うこと。
② 同じ種類の金属板を電極に用い，電解質の水溶液を使うこと。
③ 異なる種類の金属板を電極に用い，非電解質の水溶液を使うこと。
④ 異なる種類の金属板を電極に用い，電解質の水溶液を使うこと。

【実験２】

操作１　図２のように，15 ％の食塩水をしみこませたペーパータオルを備長炭に巻き付け，さらにその上からアルミニウムはくを巻きつけた。

操作２　図３のように，アルミニウムはくと備長炭にそれぞれ針金を巻き付けてセロハンテープで固定し，アルミニウムはくと備長炭を電極とした備長炭電池をつくった。電極に電子オルゴールをつないで音が鳴るかどうかを調べた。

操作３　備長炭電池で電子オルゴールを鳴らし続けたあと電子オルゴールとの接続を切って備長炭電池を分解し，電極Ｐ付近のペーパータオルにフェノールフタレイン溶液を数滴かけた。

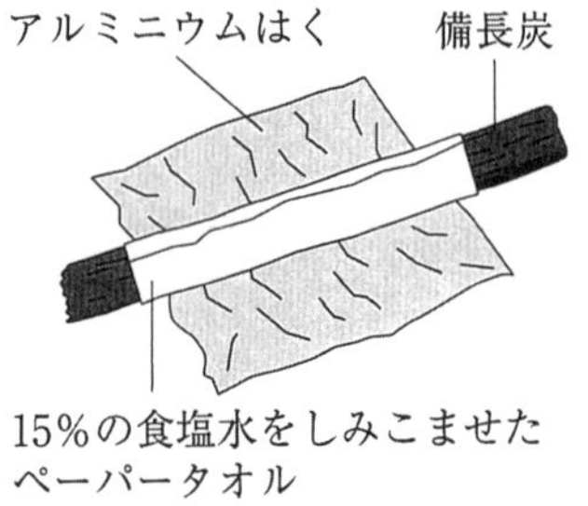

図２

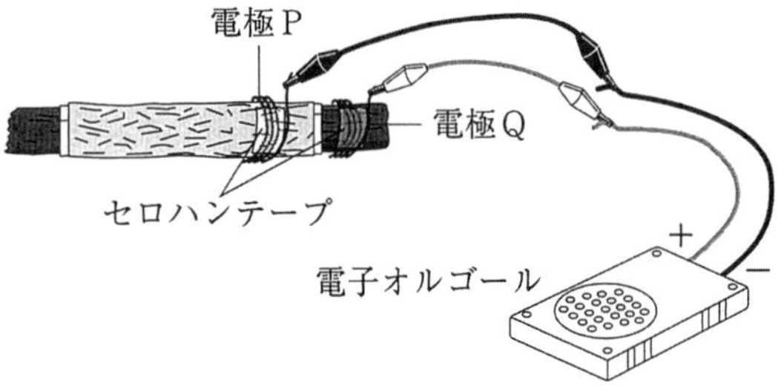

図３

【結果】

○　操作２で，電子オルゴールの－極を電極Ｐに，＋極を電極Ｑに接続すると，電子オルゴールが鳴った。

○　操作３で備長炭電池を分解すると，$_{c}$<u>アルミニウムはくに穴があいて，ボロボロになっていた</u>。$_{d}$<u>フェノールフタレイン溶液をかけたところは，ペーパータオルが赤くなった</u>。

(6)　【結果】の下線部ｃについて，ゆずきさんとたくみさんが会話をしました。その会話文の空欄にあてはまる語句や記号として最も適当な組合せはどれですか。　22

ゆずき：アルミニウムはくの表面から，アルミニウムがイオンになって食塩水の中に溶けたと考えられるね。

たくみ：アルミニウム原子は金属だから，アルミニウムイオンは（　ア　）だね。アルミニウムは，電子を（　イ　）いると考えられるね。

ゆずき：ということは，アルミニウムはくが（　ウ　）極になったんだね。

	ア	イ	ウ		ア	イ	ウ
①	陽イオン	放出して	＋	⑤	陰イオン	放出して	＋
②	陽イオン	放出して	－	⑥	陰イオン	放出して	－
③	陽イオン	受け取って	＋	⑦	陰イオン	受け取って	＋
④	陽イオン	受け取って	－	⑧	陰イオン	受け取って	－

(7)　下線部ｄのようにペーパータオルが赤くなったのは，次のうちどのイオンが生じたからですか。　23

①　アルミニウムイオン　　②　水素イオン
③　ナトリウムイオン　　④　水酸化物イオン

〈6〉 銅の粉末を空気中で加熱する実験を行った。図は加熱した銅の質量と，生成した酸化銅の質量の関係を表している。次の各問いに答えなさい。

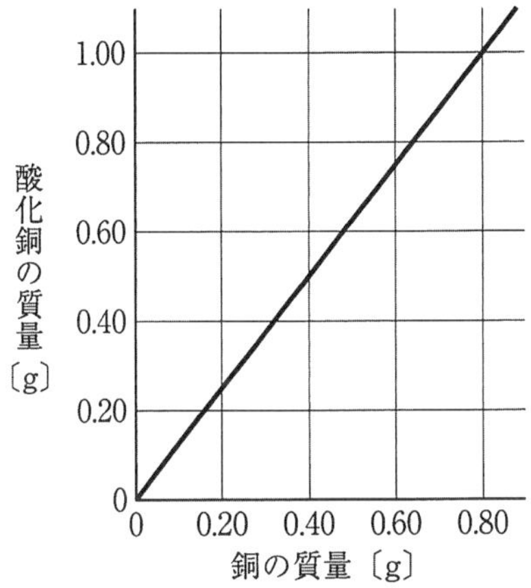

(1) 銅の粉末1.00 gを完全に酸化銅にすると，酸化銅は何gできますか。 [24] g

① 0.25　② 0.80　③ 1.00　④ 1.25　⑤ 1.30　⑥ 2.00

(2) 銅の粉末2.00 gを完全に酸化銅にするとき，必要な酸素は何gですか。 [25] g

① 0.25　② 0.50　③ 1.00　④ 1.25　⑤ 2.00　⑥ 2.50

(3) 銅の粉末2.00 gを加熱し，一部の銅が酸化銅に変化したところで加熱をやめて質量を測定したところ，2.20 gであった。酸化されていない銅の質量は何gですか。 [26] g

① 0.80　② 1.00　③ 1.20　④ 1.40　⑤ 1.60　⑥ 1.80

〈7〉 ひかるさんは，「気候変動（地球温暖化）によりサンゴ礁が影響を受ける」という話を耳にした。そこでひかるさんは，サンゴ礁をつくるサンゴ※1についてくわしく調べ，次のように「サンゴ礁をつくるサンゴとその生活」という題名でレポートをまとめた。

※1 サンゴの中には，サンゴ礁をつくらない種類もある。

サンゴ礁をつくるサンゴとその生活

1．サンゴはイソギンチャクと同じ仲間の動物である。海水中に生きるサンゴは，［ ア ］。ただし，「イソギンチャクが骨格をもたないのに対し，サンゴは骨格をもつ」という違いがある。サンゴの骨格の特徴は［ イ ］であるが，そのようすは右の「サンゴの体のつくり」の図でも表されている。

2．右の図のように，サンゴはウ褐虫藻《かっちゅうそう》という微生物をその体内に住まわせている。

3．褐虫藻はエ光合成を行い（右の図参照），水に溶けた二酸化炭素を吸収して有機物をつくる。サンゴは褐虫藻がつくったこの有機物の一部を食物として体内に取り込んで生活し，また一部を体外に粘液として放出する。

サンゴの体のつくり

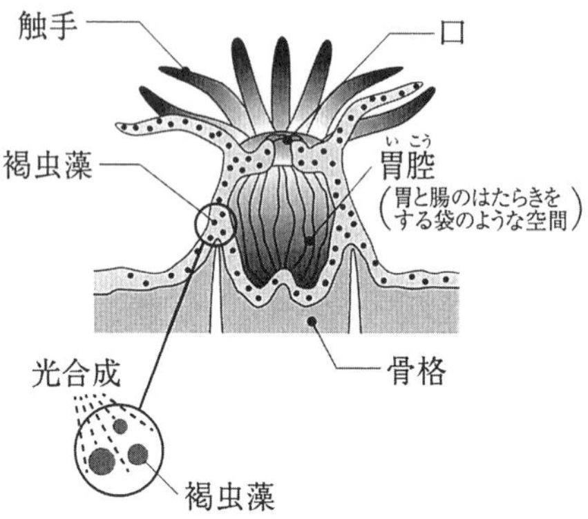

4．サンゴから放出された粘液は，海中のいろいろな生物のえさとして利用される。またオサンゴを直接食べる生物たちもいる。

5．サンゴがつくるサンゴ礁は，そのつくりの特徴により，いろいろな生き物が“隠《かく》れ家《が》”にしたり“すみか”にしたりしている。

6．上の「4.」「5.」より，サンゴ礁とその周辺は，そこに住む生物の種類，数量ともに海洋の中で最も多くなっている。ただしサンゴ礁とその周辺では，褐虫藻以外で光合成のできる生物はほぼいないとされている。

7．サンゴにとって適した海水温は25～28℃くらいである。しかし海水温が30℃を超え，それが1週間も続くと，サンゴの体内から褐虫藻が放出され，体内から褐虫藻が失われる。するとサンゴの白い骨格が透けて見える現象が起こる。これをサンゴの白化《はっか》という。白化の状態が長く続くとサンゴは死滅する（ただし，白化は他の原因で起こることもある）。

(1) 次のうち，レポート「サンゴ礁をつくるサンゴとその生活」の中の ア にはａ～ｅのいずれかが， イ にはｆ～ｈのいずれかがそれぞれあてはまる。 ア ， イ にあてはまるものの組合せとして最も適当なものはどれですか。 27

a　セキツイ（脊椎）動物のうち魚類である
b　セキツイ（脊椎）動物のうち両生類である
c　無セキツイ（無脊椎）動物のうち節足動物である
d　無セキツイ（無脊椎）動物のうち軟体動物である
e　無セキツイ（無脊椎）動物のうち軟体動物でも節足動物でもない
f　背骨をもつこと
g　外骨格となっていること
h　背骨をもたず，また外骨格でもないこと

	①	②	③	④	⑤	⑥	⑦	⑧
ア	a	b	c	c	d	d	e	e
イ	f	f	g	h	g	h	g	h

(2) 下線部エが本当に起こるかどうかを確かめるため，水中で生きるオオカナダモを褐虫藻の代わりに使い次のような実験を行った。

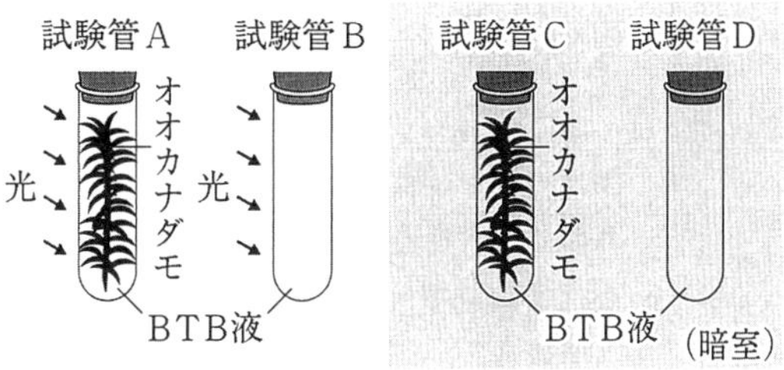

［実験］

Ⅰ　初め青色のＢＴＢ液に二酸化炭素を溶けこませて黄色に調整した。これを図のように試験管Ａ～Ｄに入れたあと，試験管Ａ，Ｃにはオオカナダモを入れた。このとき試験管の中のオオカナダモやＢＴＢ液が外部の空気に触れないようにするため，どの試験管もゴム栓でふたをした。

Ⅱ　試験管Ａ，Ｂは光の十分当たるところに，また試験管Ｃ，Ｄは光の全く当たらない暗室に，試験管内の水温が常に25℃くらいになるようにして置いた。30分後，試験管Ａ～ＤにおけるＢＴＢ液の色の変化を観察したところ，１本の試験管のみ青色に変化し，残りの３本の試験管は黄色のままだった。

このとき，青色に変化していたと考えられる試験管はＡ～Ｄのうちどれですか。 28

①　Ａ　　②　Ｂ　　③　Ｃ　　④　Ｄ

(3) 次のａ～ｅのうち，(2)の［実験］に関する説明として正しい文をすべて選んだものはどれですか。 29

ａ ［実験］ⅠでＢＴＢ液に二酸化炭素を溶けこませてＢＴＢ液が黄色になったのは，二酸化炭素は水に溶けるとアルカリ性になるからである。

ｂ ［実験］Ⅱの終了後に試験管Ａと試験管ＢのＢＴＢ液の色を比較することで，オオカナダモが水に溶けた二酸化炭素を取り入れた可能性があると言うことができる。

ｃ 「オオカナダモは光が当たることで水に溶けた二酸化炭素を取り入れることができる」と結論付けるためには，［実験］Ⅱの終了後に試験管Ａと試験管ＣのＢＴＢ液の色を比較するだけで可能である。

ｄ 「オオカナダモが水に溶けた二酸化炭素を取り入れるには光が必要である」と結論付けるためには，［実験］Ⅱの終了後に試験管Ａと試験管ＤのＢＴＢ液の色を比較するだけで十分である。

ｅ 「外部の空気に触れないようにしたＢＴＢ液には，光が当たることが直接の原因となって色が変化するという性質がある」と認められない。

① ａ ② ｃ ③ ｅ ④ ｂ，ｅ
⑤ ｃ，ｄ ⑥ ｃ，ｅ ⑦ ａ，ｂ，ｅ ⑧ ａ，ｃ，ｄ
⑨ ｂ，ｄ，ｅ ⑩ ａ，ｂ，ｄ，ｅ

(4) 図は，サンゴ礁にすむ生物どうしのつながりと物質の流れを模式的に示している。図中のａ，ｂの⇨は食物連鎖を表し，気体Ｘ，気体Ｙは酸素，水素，二酸化炭素のいずれかを表している。またレポート「サンゴ礁をつくるサンゴとその生活」の中の下線部ウ，オは，図中の「生物Ａ」，「生物Ｃ」，「生物Ｄ」のいずれかに当てはまる。気体Ｙの名称と，下線部ウ，オが当てはまるものを表した最も適当な組合せはどれですか。 30

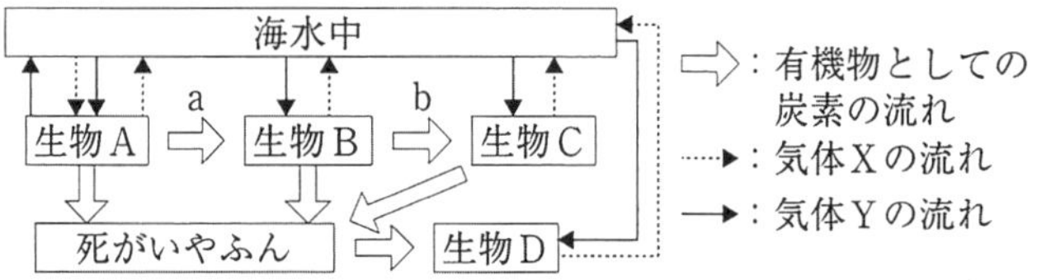

	①	②	③	④	⑤	⑥	⑦	⑧	⑨
気体Ｙ	酸素	酸素	酸素	水素	水素	水素	二酸化炭素	二酸化炭素	二酸化炭素
ウ	生物Ａ	生物Ｃ	生物Ｄ	生物Ａ	生物Ｃ	生物Ｄ	生物Ａ	生物Ｃ	生物Ｄ
オ	生物Ｃ	生物Ｄ	生物Ａ	生物Ｄ	生物Ａ	生物Ｃ	生物Ｃ	生物Ｄ	生物Ｃ

(5) 国際連合（国連）は，「サンゴ礁が形成されている海では，気候変動の影響によりしばしば海水の異常高温が見られるようになった。それが原因で発生したカ白化現象が長く続き，それによってほとんどのサンゴが死滅してしまったサンゴ礁が増加した」という要旨の報告をしている[※2]。下線部カのようなサンゴ礁でその後起きると考えられることとして正しく述べた文はどれですか。ただしレポート「サンゴ礁をつくるサンゴとその生活」をもとに考えること。

※2 「国連・気候変動に関する政府間パネル（IPCC）第６次評価報告書 第２作業部会報告書（2022年２月28日発表）」による

31

① サンゴは死滅したままでも，サンゴ礁周辺のサンゴ以外の生物の種類，数量ともにほとんど変化がない。

② サンゴ礁周辺では，サンゴ以外の生物の種類は大きく減少するが，サンゴが死滅したままでもサンゴ以外の生物の数量はほとんど変わらない。

③ サンゴ礁周辺では，サンゴ以外の生物の数量は大きく減少するが，サンゴが死滅したままでもサンゴ以外の生物の種類はほとんど変わらない。

④ サンゴ礁周辺では，サンゴの死滅にとどまらず，サンゴ以外の生物の種類，数量ともに大きく減少し，もとには戻らない。

⑤ サンゴ礁周辺では，サンゴ以外の生物の種類，数量ともにいったん大きく減少するが，サンゴは死滅したままでも，サンゴ以外の生物の種類，数量ともにその後回復を見せる。

〈8〉 次の各問いに答えなさい。

(1) 地球の各緯度では，特徴的な風がふき，地球規模での大気の動きがみられる。
地球規模での大気の動きのうち，赤道および極周辺の地上付近でふく風の向きを模式的に表している図はどれですか。 32

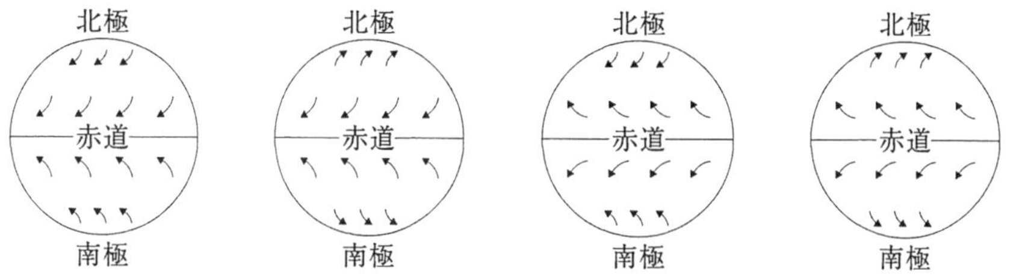

① ② ③ ④

(2) 次の文章は，中緯度上空をふく風について述べたものである。文章中の（　　）に適する語句の組合せとして，最も適当なものはどれですか。 33

日本付近の天気は（ ア ）へ変わることが多く，また，春や秋には高気圧と低気圧が交互に通り過ぎていくことが多い。これは，日本が位置する中緯度上空に，（ イ ）と呼ばれる（ ア ）に向かう地球規模の風がふいているためである。

	ア	イ		ア	イ		ア	イ
①	西から東	季節風	④	西から東	偏西風	⑦	西から東	海陸風
②	東から西	季節風	⑤	東から西	偏西風	⑧	東から西	海陸風
③	北から南	季節風	⑥	南から北	偏西風	⑨	南から北	海陸風

(3) 次の文章中の（　　）に適する数字の組合せとして，最も適当なものはどれですか。 34

地球を包む大気全体のうち，地表から約（ ア ）kmの範囲で気象現象が起こっている。半径約6400 kmの地球を半径64 cmの球にたとえると，気象現象が起こっている約（ ア ）kmの大気の厚さは約（ イ ）cmとなる。

	ア	イ		ア	イ		ア	イ
①	10	0.01	④	100	0.01	⑦	1000	0.01
②	10	0.1	⑤	100	0.1	⑧	1000	0.1
③	10	1	⑥	100	1	⑨	1000	1

(4) 図は，日本付近の特徴的な冬の気圧配置を示した模式図である。

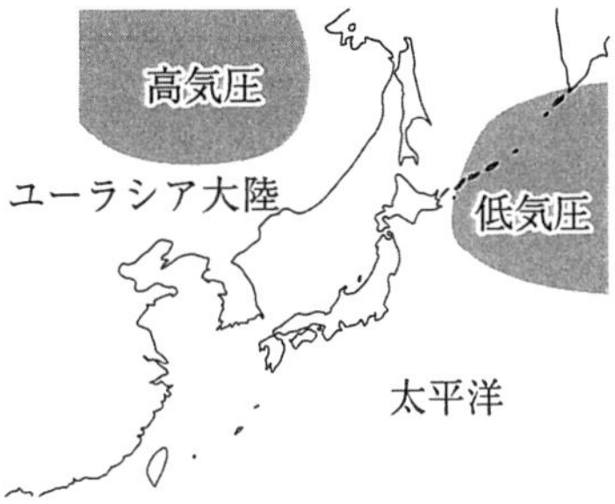

(i) 図の高気圧の下で発達し，日本の冬の天気に影響を与える気団はどれですか。 35

① シベリア気団　　② オホーツク海気団　　③ 小笠原気団

(ii) 次の文章は，図の高気圧が成長する理由について説明したものである。文章中の（　　）に適する語句の組合せとして，最も適当なものはどれですか。 36

図のユーラシア大陸の北部は，冬の時期に昼の長さが短くなるため，気温が下がる。大陸は海洋に比べてあたたまり（　ア　），冷え（　イ　）。したがって，冬には図のユーラシア大陸上で（　ウ　）気流が発生し，高気圧が発達する。

	ア	イ	ウ		ア	イ	ウ
①	にくく	にくい	上昇	⑤	やすく	にくい	上昇
②	にくく	にくい	下降	⑥	やすく	にくい	下降
③	にくく	やすい	上昇	⑦	やすく	やすい	上昇
④	にくく	やすい	下降	⑧	やすく	やすい	下降

〈9〉 6つの地震A～Fのマグニチュードと，ある観測点Pにおける各地震による震度をまとめた表を参考に，次の各問いに答えなさい。

地震	マグニチュード	Pでの震度
A	5.9	5弱
B	6.2	4
C	4.6	3
D	8.3	2
E	7.4	4
F	3.8	2

(1) 観測点Pでもっとも大きい揺れが観測されたのは，地震A～Fのうちどれですか。 37

① A ② B ③ C ④ D ⑤ E ⑥ F

(2) 震源から観測点Pまでの距離がもっとも遠いと考えられるのは，地震A～Fのうちどれですか。 38

① A ② B ③ C ④ D ⑤ E ⑥ F

〈10〉 ある日の15時27分11秒に地震が発生した。この地震の震源の深さは48 kmであり，A市役所とB市役所の地震計の記録から，それぞれ15時27分28秒と15時27分21秒にP波が到達したことがわかった。図1は，この地震のP波が到達するまでの時間と地震の発生した場所（震源）からの距離を表したグラフである。図2は，この地震の震源，震央，2つの市役所の位置関係を表した模式図であり，震央と2つの市役所は一直線上にあるものとする。ただし，図中の各地点間の距離の比は実際の距離の比とは異なる。

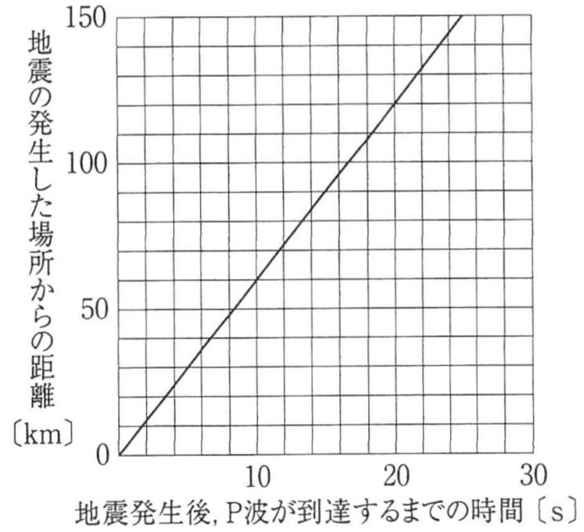

図1

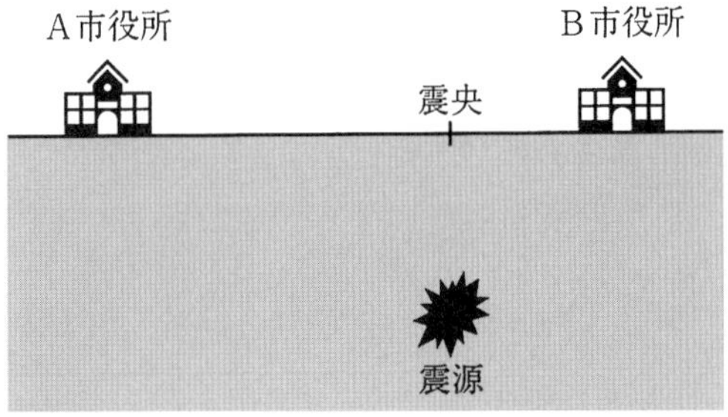

図2

(1) この地震のP波の伝わる速さは何km/sですか。 [39] km/s

① 5　② 5.5　③ 6　④ 50　⑤ 55　⑥ 60

(2) 2つの市役所間の距離は何kmですか。 [40] km

① 35　② 42　③ 90　④ 99
⑤ 118　⑥ 126　⑦ 152　⑧ 162

（問題は以上となります。）

２０２３年度

入学試験

第３時限　英　　語

放送で「始め」という合図があるまで、このページ以外のところを見てはいけません。
それまでは注意事項を静かにくりかえし読みなさい。

注　　意

１．試験時間は正味45分で行います。

２．受験番号は、必ずマークしなさい。

受験番号			
千	百	十	一
●	●	⓪	⓪
①	①	●	①
②	②	②	●
③	③	③	③

←

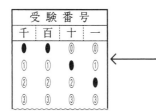

（例）　受験番号　１２の場合
（００１２とマークする）
受験番号をマークする。
（マークは記入例に従い濃くマークしなさい。
鉛筆はＨより濃いものを使用しなさい。）

３．解答は、解答用紙の解答記入欄にマークしなさい。
たとえば、［20］と表示のある問いに対して③を解答する場合は、次の（例）のように解答番号 20 の解答記入欄の③にマークしなさい。

（例）

解答番号	解答記入欄									
20	①	②	●	④	⑤	⑥	⑦	⑧	⑨	⑩

４．記入上の注意
(1)　マークは黒鉛筆で長円内をぬりつぶしなさい。
（鉛筆はＨより濃いものを使用しなさい。）
(2)　訂正するときは、消しゴムできれいに消し、消しくずを残さないようにしなさい。
(3)　解答用紙には、所定の記入欄以外に何も書かないようにしなさい。
(4)　解答用紙は、折り曲げたり、汚さないようにしなさい。

５．問題についての質問は受けつけません。ただし、ページ数が不足していたり、印刷の文字が不鮮明であるときに質問することはさしつかえありません。

６．時間の終わりに放送で「やめ」という合図があったら、ただちに解答をやめなさい。

岡崎城西高等学校

（問題は次ページから始まります。）

Ⅰ 以下の会話の下線部分に入れるのに最も適切なものを選び、その番号をマークしなさい。

1.

Nao : I need to go shopping right now!

Tom : ______________________________

① What are you going to buy?

② Why are you going out?

③ Why did you go shopping?

④ Who went shopping? 1

2.

Nao : Were you at ABC store yesterday?

Ken : Yes. But I forgot my wallet.

Nao : ______________________________

① Oh, no. When did you realize that?

② That's nice. Who forgot their wallet?

③ That's too bad. Where did you go to?

④ I'm sorry to hear that. What did you buy? 2

3.

Tom : I forgot to do today's homework.

Ken : You have to do it by 4th period! Our English teacher is very strict.

Tom : ______________________________

① Can I show you my homework?

② Shall we do homework tomorrow?

③ Can you show me yours?

④ Should I check your homework? 3

4.

Ken : Look! I got a perfect score on the final test!

Nao : ______________________________

① I'm happy for you. How many points did you get on the exam?

② Sorry to hear that. What test did you take?

③ That's so bad! When did you get that score?

④ Wow! Which subject did you get that score in? 4

Ⅱ 新しく開店したカフェのチラシを見てケンとアンが話をしています。その会話に関する質問の答えとして最も適切なものを選び、その番号をマークしなさい。

Café West Castle

July 21st (Thu)

The Grand Opening!

＊＊＊Try Our Best Blend Coffee at HALF Price!　July 21st (Thu) -26th (Tue)＊＊＊

Tall Size: ¥500 ⇒ ¥250　Short Size: ¥400 ⇒ ¥200

Open : 7:00-15:00

Closed : Every Wednesday

Ken : Hi, Ann.

Ann : What's up, Ken?

Ken : Have you heard a new café is going to open?

Ann : Yeah, I know. It's a cool café near Okazaki Castle, right?

Ken : Yes, that one! Look at this. This says the café is going to open tomorrow and we can get blend coffee at a very low price!

Ann : Sounds great! But we'll have an important test on 26th, so why don't we go there after the test?

Ken : Ah, but... the café is closed on Wednesday and the opening event will be finished.

Ann : Oh, we can still go just after the test. It will finish at 13:00. We can get there in 30 minutes.

Ken : OK, good idea! I'll get a large coffee. Which size do you want?

Ann : Of course, I want a large one, too!

1.

When were Ken and Ann talking about the café?

① On July 19th.

② On July 20th.

③ On July 21st.

④ On July 22nd. 5

2.

Choose the right sentence about this talking.

① Ann would go to the café alone on Tuesday.

② Ken would not like to go to the café with Ann.

③ They would go to the café on the 27th.

④ They would pay 250 yen each for coffee. 6

Ⅲ アキラとシュンの会話を読んで、設問に答えなさい。

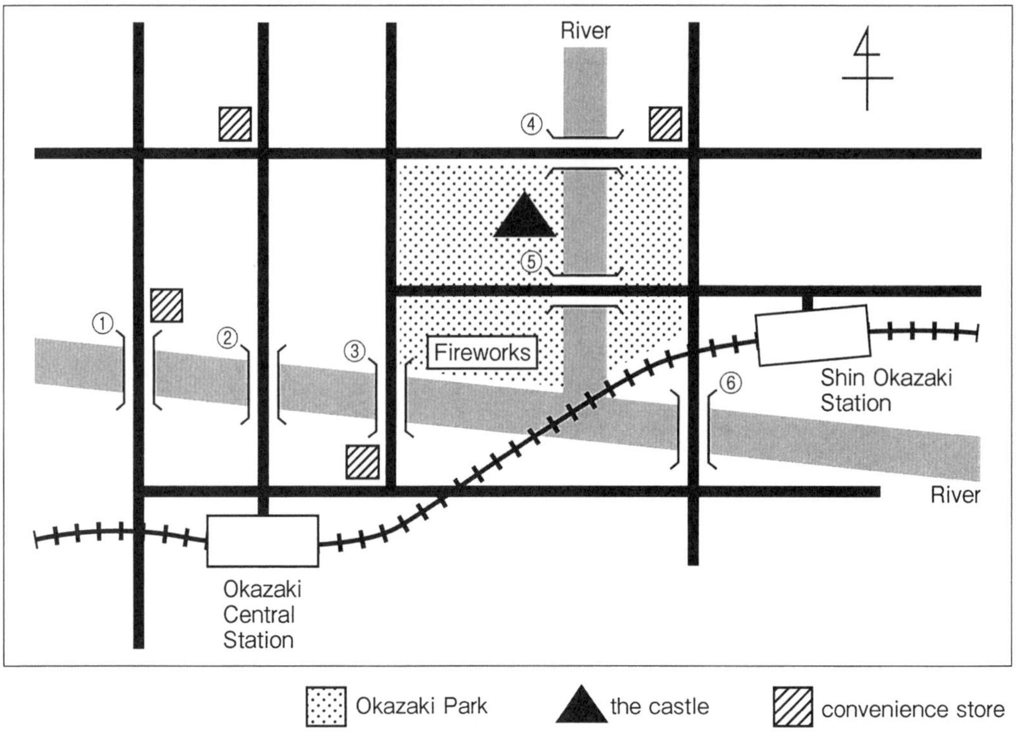

Akira : We finally have a fireworks festival this weekend! [A] Let's make some memories! This may be the last chance before going to high school.

Shun : Yes, we have waited for it for three years.

Akira : I remember the last time we saw the fireworks. We were in the (X) grade then.

Shun : Wow, that's a long time! [B]

Akira : How about inviting Riho to the festival? She said she wanted to go, too.

Shun : Good idea. I'll call her now. Please wait a minute.

- few minutes later -

Shun : [C]

Akira : Great! How is she going to the park?

Shun : She's going by train and getting off at Okazaki Central station. I'm also going to get off there. I'll meet her first, then we'll go together.

Akira : I can arrive a little earlier than you and park* my bike near Shin Okazaki Station. I can go near Okazaki Central Station on foot. I'll go along the street south of the river. Let's meet at the convenience store near (Y).

Shun : O.K. Let's meet there and walk through Okazaki Park to the castle. I want to take pictures of both the fireworks and the castle.

Akira : You can see fireworks fired off* behind the castle from (Z).

Shun : Sounds good! I'll take pictures there. The only thing I'm worried about is the weather. The weather report says it will be cloudy, maybe rainy.

Akira : [D]

Shun : I forgot to say one thing. She is going to wear a *yukata*.

Akira : Really? I can't wait!

注 park：駐車する　　fired off：（花火が）打ち上げられる

問1．会話が成り立つように空欄A～Dに入る表現として最も適切なものをそれぞれ選び、その番号をマークしなさい。

① I hope it will be nice!

② I have never seen fireworks before.

③ It will be nice.

④ Who do you want to go with?

⑤ I'm sorry for waiting.

⑥ O.K. She can go with us.

⑦ Would you like me to call Riho?

⑧ I'm looking forward to going.

A [7]　B [8]　C [9]　D [10]

問2．空欄Xに入るものとして最も適切なものを選び、その番号をマークしなさい。

① 1st　② 2nd　③ 5th　④ 6th　[11]

問3．空欄Y・Zは地図内の橋を表しています。Y・Zが地図内のどの橋を指すのか、地図上の①～⑥よりそれぞれ選び、その番号をマークしなさい。　Y [12]　Z [13]

Ⅳ このグラフは、街頭で高校生に行ったスポーツに関するアンケートの結果を表しています。以下のコメントを読んで、それぞれのスポーツに当てはまるものの組み合わせとして最も適切なものを選び、その番号をマークしなさい。

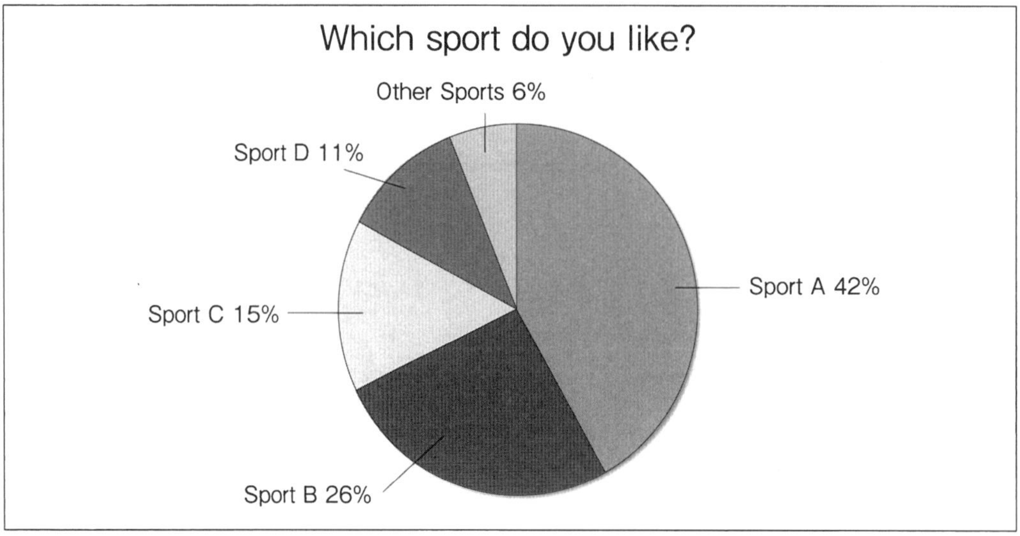

This pie chart shows how popular different sports are among 200 high school students. Soccer is most popular. About 80 students like soccer. The number of students who like baseball is the same as that of students who like volleyball and basketball. Only 22 students like volleyball. I like volleyball most, so I was surprised that volleyball is less popular than basketball. Tennis and rugby are in other sports.

① A：Soccer　B：Basketball　C：Volleyball　D：Tennis
② A：Soccer　B：Basketball　C：Baseball　D：Rugby
③ A：Soccer　B：Baseball　C：Basketball　D：Volleyball
④ A：Soccer　B：Baseball　C：Volleyball　D：Basketball　[14]

注　pie chart：円グラフ

V 以下の会話が成り立つように語群の語句を空欄に当てはめたとき、A・Bに入るものを①～⑦よりそれぞれ選び、その番号をマークしなさい。ただし、語群には<u>余分なもの</u>が1つ含まれている。

1．

John ： Please (　　) (　A　) (　　) (　B　) (　　) (　　) this map.

Paul ： Let me see... We are here on this street.

① are　　② I　　③ me　　④ on

⑤ show　　⑥ we　　⑦ where　　A [15]　B [16]

2．

Paul ： Which (　　) (　　) (　A　) (　　) (　B　) (　　) in Aichi Prefecture?

Mike ： Okazaki does. About 380,000 people live there.

① city　　② has　　③ largest　　④ most

⑤ population　　⑥ the　　⑦ third　　A [17]　B [18]

3．

Jack ： What did you read yesterday?

John ： It was a book about Japanese history. It was (　　) (　A　) (　B　) (　　) (　　) (　　) it in a day.

① finished　　② I　　③ interested　　④ interesting

⑤ reading　　⑥ so　　⑦ that　　A [19]　B [20]

4．

Cory ： What are you looking at?

Joey ： It is an album. It (　　) (　　) (　A　) (　　) (　　) (　B　) in my high school days.

① had　　② me　　③ of　　④ reminds

⑤ the great time　　⑥ we　　⑦ with　　A [21]　B [22]

5．

Pete ： Thank (　　) (　　) (　A　) (　B　) (　　) (　　) dinner.

John ： You're welcome.

① for　　② invite　　③ inviting　　④ me

⑤ to　　⑥ very much　　⑦ you　　A [23]　B [24]

Ⅵ アメリカに留学経験のあるリホが文化の違いについて話しています。英文を読んで設問に答えなさい。

Hello, everyone. I'm Riho. Let me tell you about my experiences and opinions. There are more than 200 countries in the world and each one has different cultures. I (A) in the US for two years. I didn't know about cultural* differences* between Japan and other countries when I was young. But I could learn them through my experiences in the US. I'm going to tell you about some differences such as parenting methods*, personalities* and daily habits*.

First, I found a big difference when I stayed at my host family's house. One day, my host brother was injured when he came home. He had fought with* his friend at school. (B) checking his injuries*, my host mother looked at him and said, "You are a big boy. Hit him back!*" I was surprised to see her attitude* because most parents in Japan will worry about their children and help them a lot. (C), American parents seemed to* think that their children should solve the problem* alone. Then I thought that people in Japan love "*Doraemon*" because he always helps his friend "*Nobita*" as his best friend. (D), I thought that people in the US would not like *Doraemon* because he helps *Nobita* too much*. American parents (E) (　　　) (F) (　　　) everything by themselves*. The difference was so interesting for me.

Second, we often hear that most of Japanese are sweet and shy* and most Americans are kind and friendly*. When I went to the first class in America, I thought that was true. Many people talked to me a lot (G) it was the first time to see each other. In my opinion, Japanese students don't talk to new people a lot. And they don't like to speak in front of their classmates because they are shy. But American students looked very happy when they talked with new friends and spoke in front of many people. To be shy isn't bad, of course, but I want to be friendly like people in America. It will help me to make friends more easily.

Finally*, we can find some differences about the sounds* in our daily habits. (H). American people don't like to make noise* when they are eating. They think it is so rude*. (D), people in Japan like to make noise when they are eating noodles*, and the sound even makes us hungry. My friends in the US were surprised to hear that. In the US, you should not sniffle* when you are outside either. People in the US don't like the sound of sniffling*, so you should blow your nose* instead. I learned that the importance* of sounds is very different (I) culture to culture.

It's important for everyone to learn about cultures in other countries. And we have to know that each culture is different and we must respect each other. I believe that this will be the best way to bring a peaceful world in the future.

注
cultural：文化的な　　difference(s)：違い　　parenting methods：子育ての方針
personalities：性格　　daily habits：日々の習慣　　had fought with～：～とケンカした
injuries：ケガ　　Hit him back!：やり返せ!　　attitude：姿勢
seemed to～：～のように見えた　　solve the problem：問題を解決する

too much：あまりにも　by themselves：自力で　shy：恥ずかしがりな
friendly：友好的な　finally：最後に　sound(s)：音
make noise：雑音をだす　rude：だらしない　noodles：麺類
sniffle：鼻をすする　sniffling：鼻をすすること　blow your nose：鼻をかむ
importance：重要性

問１．空欄Aに入れるのに最も適切なものを選び、その番号をマークしなさい。　25

① am living　② have lived　③ live　④ to live

問２．空欄B・Gに入れるのに最も適切なものをそれぞれ選び、その番号をマークしなさい。ただし、文頭に来るものも小文字で示してある。　B 26　G 27

① after a while　② as a result　③ even if　④ instead of

問３．空欄C・D・Hに入れるのに最も適切なものをそれぞれ選び、その番号をマークしなさい。

C：① As for　② However　③ Little by little
D：① For now　② Lots of　③ On the other hand
H：① For example　② Take care of　③ What's wrong

C 28　D 29　H 30

問４．以下の語群を使って、下線部を「アメリカ人の両親は子どもに自力でなんでもしてほしい」という内容にする場合、空欄E・Fに入れるのに最も適切なものをそれぞれ選び、その番号をマークしなさい。

① do　② their children　③ to　④ want

E 31　F 32

問５．空欄Ｉに入れるのに最も適切なものを選び、その番号をマークしなさい。　33

① from　② over　③ to　④ with

問６．Why does Riho want to be a person like people in America?

① Because many students talked to her a lot.
② Because she won't talk with new people.
③ Because they wanted to talk in front of many people.
④ Because she wants to make new friends.　34

問７．What should we do for our future?

① We should make all cultures the same.
② We should learn about the best culture in the world.
③ We should know and respect each other.
④ We should learn a peaceful world .　35

（問題は以上となります。）

2023(R5) 岡崎城西高
K 教英出版

２０２３年度

入 学 試 験

第４時限　国　　語

放送で「始め」という合図があるまで、このページ以外のところを見てはいけません。
それまでは注意事項を静かにくりかえし読みなさい。

注　　意

１．試験時間は正味45分で行います。

２．受験番号は、必ずマークしなさい。

受験番号			
千	百	十	一
●	●	⓪	⓪
①	①	●	①
②	②	②	●
③	③	③	③

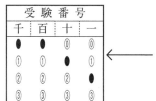

（例）　受験番号　１２の場合
（００１２とマークする）
← 受験番号をマークする。
（マークは記入例に従い濃くマークしなさい。
鉛筆はＨより濃いものを使用しなさい。）

３．解答は、解答用紙の解答記入欄にマークしなさい。
たとえば、［20］と表示のある問いに対して③を解答する場合は、次の（例）のように解答番号 20 の解答記入欄の③にマークしなさい。

（例）

解答番号	解答記入欄									
20	①	②	●	④	⑤	⑥	⑦	⑧	⑨	⑩

４．記入上の注意
(1)　マークは黒鉛筆で長円内をぬりつぶしなさい。
（鉛筆はＨより濃いものを使用しなさい。）
(2)　訂正するときは、消しゴムできれいに消し、消しくずを残さないようにしなさい。
(3)　解答用紙には、所定の記入欄以外に何も書かないようにしなさい。
(4)　解答用紙は、折り曲げたり、汚さないようにしなさい。

５．問題についての質問は受けつけません。ただし、ページ数が不足していたり、印刷の文字が不鮮明であるときに質問することはさしつかえありません。

６．時間の終わりに放送で「やめ」という合図があったら、ただちに解答をやめなさい。

岡崎城西高等学校

【二】次の文章を読んで、後の問いに答えなさい。

お詫び
著作権上の都合により、文章は掲載しておりません。
ご不便をおかけし、誠に申し訳ございません。
教英出版

お詫び

著作権上の都合により、文章は掲載しておりません。
ご不便をおかけし、誠に申し訳ございません。

教英出版

お詫び

著作権上の都合により、文章は掲載しておりません。
ご不便をおかけし、誠に申し訳ございません。

教英出版

（岸政彦『はじめての沖縄』）

※1　ウチナーグチ　……　沖縄方言。
※2　ウチナンチュ　……　沖縄方言で沖縄の人。
※3　内地　…………　北海道や沖縄などで他の都府県をさしていう言葉。
※4　ナイチャー　……　沖縄方言で他の都府県の人。

問一　波線部a～dについて、傍線部と同じ漢字になるものとして最も適当なものを次の中から一つずつ選び、番号をマークしなさい。

a　ジュウタイ　[1]

① 御恩と奉公のシュジュウ関係。
② ジュウジツした高校生活を送る。
③ 相手をカイジュウする。
④ 書道の授業でボクジュウを使う。
⑤ クジュウの決断をする。

b　カンゲン　[2]

① 美しい景観にカンタンする。
② 自然カンキョウを保全する。
③ 母親のカンレキを祝う。
④ カンマンな動きをする。
⑤ 新入生をカンユウする。

c　キョウレツ　[3]

① レッカのごとく怒る。
② 店の前にギョウレツができる。
③ 人間関係にキレツが生じる。
④ ヒレツな行いを非難する。
⑤ レッキョウ諸国に屈する。

d　ノウコウ　[4]

① ジコウの挨拶を述べる。
② 世話になった両親にコウコウする。
③ 会社の福利コウセイが悪い。
④ 体のケンコウを気遣う。
⑤ 発表のゲンコウを書く。

問二　傍線部1「アイデンティティ」の意味として最も適当なものを次の中から一つ選び、番号をマークしなさい。　[5]

① アイディアがたくさん出てくること。
② 自分が自分であることを確信すること。
③ 人々が同じ伝統や価値観を共有していること。
④ 人間らしさを尊重して幸福を求めること。
⑤ 特定の文化の中での規則や慣例のこと。

問三　二重傍線部（ア）「多様化」（イ）「流動化」（ウ）「素朴」の対義語の組み合わせとして最も適当なものを次の中から一つ選び、番号をマークしなさい。　[6]

①	（ア）一体化	（イ）一定化	（ウ）豪華
②	（ア）統一化	（イ）固定化	（ウ）豪華
③	（ア）画一化	（イ）定型化	（ウ）洗練
④	（ア）画一化	（イ）固定化	（ウ）洗練
⑤	（ア）統一化	（イ）定型化	（ウ）華美

問四　傍線部2「沖縄の人びと自身も、ひろく共有している」とありますが、何を共有しているのですか。それを抜き出した部分として最も適当なものを次の中から一つ選び、番号をマークしなさい。　7

① おもろまちのような、ショッピングモールやマクドナルドや無印良品がある場所は「沖縄ではない」
② ウチナーグチも使われなくなっていて、文化やアイデンティティも大きく多様化・流動化している
③ 「ほんとうの沖縄」とは、だから、農連市場であり、那覇バスターミナルであり、桜坂であり、牧志公設市場である
④ 「ほんとうの沖縄」は、いまではただ、失われ、取り壊され、形を変えさせられるばかりなのだ
⑤ だんだんと那覇は、便利できれいで、でも内地の都市とそんなに変わらないような、そんな感じがするようになった

問五　空欄〔　X　〕にあてはまる言葉として最も適当なものを次の中から一つ選び、番号をマークしなさい。　8

① まだ失われていない沖縄
② 本来の沖縄
③ 古き良き沖縄
④ 美しい沖縄
⑤ ほんとうの沖縄

問六　傍線部3「こういう本質主義」でとらえられる「沖縄的なもの」として適当でないものを次の中から一つ選び、番号をマークしなさい。　9

① 那覇バスターミナル　② 農連市場
③ 南風原イオンモール　④ 桜坂
⑤ 牧志公設市場

問七　傍線部4「ほんとうにあるのだということを私自身が背負わないと、沖縄という場所に立ちむかうことができないような気がしている」とありますが、このときの筆者の心情として最も適当なものを次の中から一つ選び、番号をマークしなさい。　10

① ウチナンチュですら沖縄が失われていると感じているので、ナイチャーの私こそがいつもそこにある「沖縄らしさ」を大切にしなければならないと思っている。
② 「沖縄病」の私が主張しなければ、本質主義を批判する人々に「沖縄的なもの」をフィクションにされてしまうと思っている。
③ 社会学者によって語られる本質主義に対抗できるのは、ウチナンチュではなくナイチャーに他ならないと感じている。
④ 沖縄の経済を支えているのは、沖縄を観光地として訪れるナイチャーしかいないため、「沖縄らしさ」を求めて沖縄に行き続けたいと思っている。
⑤ 二十五年も沖縄に通い続けて、古き良き沖縄を実際に見てきた私でなければ、沖縄について語ることはできないと感じている。

問八　傍線部５「思わず笑ってしまった」とありますが、何に対して「笑った」のですか。その説明として最も適当なものを次の中から一つ選び、番号をマークしなさい。　11

①　沖縄方言があまりにも標準語の言い回しと異なっていたこと。
②　沖縄方言を話題にしているときに、気づかずに沖縄方言を使ったこと。
③　方言が消えようとしている社会で沖縄方言だけが広く使われていること。
④　沖縄方言の独特な言い回しがおもしろかったこと。
⑤　Facebook 上であるのに、まるで会話をしているかのようであったこと。

問九　空欄 A ・ B ・ C に入る接続詞の組み合わせとして最も適当なものを次の中から一つ選び、番号をマークしなさい。　12

①　A　ただし　　B　あるいは　　C　または
②　A　だから　　B　また　　C　しかし
③　A　だから　　B　それとも　　C　または
④　A　つまり　　B　あるいは　　C　しかし
⑤　A　つまり　　B　また　　C　そのうえ

問十　次の一文は本文中の Ⅰ ～ Ⅴ のどこに入りますか。最も適当なものを次の中から一つ選び、番号をマークしなさい。　13

沖縄の風景はずいぶん、「内地っぽくなってきた」と思う。

①　Ⅰ　②　Ⅱ　③　Ⅲ　④　Ⅳ　⑤　Ⅴ

問十一　筆者の考えとして最も適当なものを次の中から一つ選び、番号をマークしなさい。　14

①　沖縄に暮らしている人ほど「沖縄らしさ」を意識的に遠ざけようとすることが多いため、内地の人が「沖縄らしさ」を守っていかなければならない。
②　理想の沖縄を思い描き沖縄の人々にその理想を押し付けてしまうが、それは沖縄の人にとっては迷惑なことである。
③　内地の人は「ほんとうの沖縄」を探し求めてしまいがちだが、ふつうの沖縄こそがほんとうの沖縄である。
④　沖縄の経済成長によって古き良き沖縄は次々と作り変えられてしまい、内地の都市とほとんど変わらない街並みとなってしまったためつまらなくなった。
⑤　沖縄的なものが存在し続けられるのは、沖縄の人々がもともと持っている文化的ＤＮＡや沖縄の気候風土を大切にし引き継いでいるためである。

【二】 次の文章を読んで、後の問いに答えなさい。

多摩川高校合唱部はこの年で創部四十八年目を迎えた。今年の新人二十一名が四十八期生だ。卒業生たちの結束は固く、五十代・六十代になった初期の先輩たちがOB会の役員を務めている。学校に顔を出して練習を視察し、アドバイスをくれる先輩も少なくなかった。

その中に、現役生から「おじいちゃん」という愛称で親しまれる者がいた。富井学。ほんもののおじいちゃんではない、まだ大学の三年生だ。自宅が学校に近いため、週に二度ほど自転車に乗って駆けつけてくれる。合唱そのものより、準備練習の体操のほうが好きなようで、現役生が腹筋や背筋を鍛えるメニューをこなしていると、いつも最前列の席から身を乗り出すようにして熱く見つめるのだった。そしてときどき小声でつぶやく。

「からだづくりが基本だからな」

「なんといっても腹筋だよ腹筋」

一、二、三と体操係が口にする号令にまぎれ、聞こえていない者もいたが、飯島や山吹などの耳には届いていた。ベース出身の先輩の声なので、ベースを担当するメンバーの耳には聞こえやすいのかもしれない。が、足振り腹筋をしている最中に「なんといっても腹筋だよ腹筋」などとつぶやかれると、発奮するというより力が抜けそうになる。

ある日の練習後、[1]むかついて飯島がおじいちゃんに声をかけた。

「先輩は現役のころガンガン腹筋をやったんですか?」

［A］おじいちゃんは自分の腹筋をポンと手でたたいた。

「やったよ。もっとガンガンね。白鳥先生は筋トレが大好きだったからなあ」

なんだか嬉しそうな表情になった。

飯島は反射的に競争心をあおられた。

「自分はけっこう腹筋ついてますよ。見せましょうか」

そう言ってジャージの上着をまくりあげた。

高一にしては筋肉がついて、しっかり六つに割れている。中学の陸上部時代に鍛えたなごりだった。

「いいじゃん。たいしたもんだよ」

おじいちゃんはこぶしで飯島の腹筋を押した。

「先輩の腹筋も見せてくださいよ」

「おれ？　いいよ。見せるほどのもんじゃないけどな」

おじいちゃんは飯島の誘いにのって、黄色いTシャツのすそを勢いよくたくし上げた。

現れたのは、すごい腹筋だった。六つに割れているだけでなく、それぞれが厚く盛り上がっている。これに比べたら、飯島の割れ方はまだ初級レベルだ。

「げっ。どうしたんですか、それ?」

飯島の後ろにいた山吹がびっくりした声を出した。

「どうしたんですかって、決まってるだろ。鍛えたんだよ鍛えた。びしばし、ガンガン」

おじいちゃんは得意そうに擬態語を連ね、腹をふくらませたり引っ込めたりしてみせた。

「おおっ」という声がまわりからあがった。まるで運動系の部活の風景だ。

「それでどうして『おじいちゃん』なんですか？」
　山吹が尋ねた。
「それはまあ、いろいろあってさ」
　[2]急に歯切れが悪くなった。
　Ｔシャツをぐっとまくり上げるのは格好よかったが、下ろしてズボンの中に押し込む仕草はどこか恥ずかしげに見えた。
「現役のころは卓球部と兼部してたんだけど、びしばし練習して腰を痛めたことがある。それで、合唱部でピアノとか動かすときに『どっこいしょ』なんて言っちゃってさ。仲間からじいちゃんみたいだって笑われた」
「いまも『どっこいしょ』って言うんですか？」
「言わねえよ！」
　おじいちゃんは山吹の頭を小突いた。続けて、説教のような口調になった。
「この程度の筋トレなんて、筋トレのうちに入らない。すす払いみたいなもんだ」
「すす払い、ですか？」
「そうだよ。筋肉にクモの巣が張らない程度の効果はあるけど、筋肉がモリモリつくってわけじゃない。歌はからだ全体をつかってやるものだ。早く上達したけりゃ家でも自主トレをやるんだな。本気でびしばしやらないと、人を感動させられるようないい声は出ない。合唱部は文化部じゃなくて運動部なんだから」
「[3]学校紹介の案内には文化部に入ってるんですけど」
　小突かれてもいいように、山吹が頭を両手で守るしぐさのまま言った。
「歌詞や楽譜を読んで理解するところは文化部だけど、それを全身で表現するところは運動部だよ。喉が弱くて筋肉ペラペラのやつに、ちゃんとした歌がうたえると思うか？　ＯＢ会の中島さんなんか、あの齢《とし》でちゃんと鍛錬しているそうだよ」
　中島さんというのは、ＯＢ会の世話役を担当している十九期の先輩だ。定期演奏会など合唱部の催しには必ず参加してくれるので、上級生たちには顔なじみになっている。
「とにかく頑張ってくれよな。あと七十二日しかないんだから」
　後輩たちに向かって、おじいちゃんはしみじみとした声で言った。
　［Ａ］、まわりにいた者たちは「？」という表情になって顔を見合わせた。
「それってなんですかー？　わっかんない、七十二日って」
　途中から顔を出していたヤッカが、場違いなほど大きな声を出した。
「え？」
　おじいちゃんがベースではなくテナーの音域でひと声発し、絶句した。[4]眉間《みけん》に見る見るしわが刻まれてゆく。
　なんだかよくわからないけど、やばいと乙川は思った。
　おじいちゃんは腕組みをしながらヤッカのほうに厳しい視線を向けた。
「ちゃんと数えてないのか？　平峯さんの歌をステージで披露するの、いつなんだよ？」
　その日から数えて七十二日後は八月八日だった。Ｎコンの神奈川県大会が催される日だ。
　思い当たった部員たちは急に神妙な顔つきになった。まだ日がある、といえばあるし、ないといえば、ない。Ｎコン開催日から逆算して残りの日

にちを数えている者は、このときまで現役生の中には誰もいなかった。
　おじいちゃんこと富井学先輩とともによく顔を出してくれたのが、この人と同期の槙原孝介先輩だった。かつての所属はテナー、愛称はマッキー。だが、この年度を境に、現役生たちからはマッキーパパと呼ばれるようになった。五歳年下の弟が多摩川高校に入学し、合唱部の一員に加わったためだ。マッキーのニックネームは弟に受け継がれた。
　多摩川高校では、兄弟や姉妹が年をおいて入学し、同じ部活動にたずさわる例が昔からよく見られた。合唱部も例外ではなく——というより、その代表的な部のひとつだった。ソプラノの山﨑姉妹のように時期を同じくして在籍するケースは少なかったものの、上が卒業してから下が入る例はいくつもあった。一年生テナー槙原俊介の場合もそうだ。
「もう来なくていいから」
　全体の発声練習のあとテナー部屋までついてくる兄に、マッキーはよく苦情を言った。
「おまえを見にいくんじゃない。ほかの一年生を見にいくんだ」
　そのつどマッキーパパは言い返す。
　こうしたやりとりは、たしかに兄弟というより親子の感じに近かった。聞いている他のメンバーは黙って5笑いをかみ殺した。
　合唱部では卒業生たちの来訪だけでなく、助言や指導も歓迎していた。それができるハイレベルな先輩たちが自然と多く足を運ぶことになる。マッキーパパは現役時代にテナーの中心的役割を担った実力者でもあり、弟が入学する前からよくテナー部屋へ顔を出していた。
「いやになるよな。家であれこれ言われて、部活にも来て注文つけられて」
　マッキーはよく同学年の男声仲間たちの前でこぼした。五歳の年の差は感じられないほど顔立ちのよく似た兄弟で、体の大きさでは弟のほうがまさっていた。
　この兄弟を含めて、テナー部屋の面々は明るい性格の者が多く、練習中も笑いが絶えなかった。とはいえ、そんなにしょっちゅう笑っているわけではなく、ベース部屋の面々が大げさにそう感じている節もあったのだが。
　ナニゲさんが率いるベースは、それなりに元気ではあったものの、音程の問題にぶつかっていらだつ飯島や、パート決めに対する不満を捨てきれない乙川の心理を反映して、ときおり屈折した陰りが生じた。ナニゲさん自身も6鼻っ柱の強い飯島に少しずついらだちを募らせているようで、そんなときに隣から笑い声が聞こえたりすると、
「うるさいなテナー部屋は！」と言って舌打ちするのだった。
（本田有明『歌え！多摩川高校合唱部』）

問一　傍線部1「むかついて飯島がおじいちゃんに声をかけた」とありますが、この時の飯島の気持ちとして最も適当なものを次の中から一つ選び、番号をマークしなさい。 15

① 中学時代に運動部だった自分の方がおじいちゃんよりも断然鍛えられているのに、と見下している。

② 自分は絶対に一緒にやらないのに、後輩に厳しすぎるメニューを与えるおじいちゃんに嫌気がさしている。

③ 合唱そのものよりも筋力トレーニングのほうが好きなおじいちゃんが、自分たちの練習を視察することに腹を立てている。

④ 筋力トレーニングに異常に注力するが、集中をそぐつぶやきをするおじいちゃんにいらだちをおぼえている。

⑤ 昔と今では部活動のあり方が違い、練習内容も大きく異なることを理解していないおじいちゃんに怒りを感じている。

問二　空欄 A に共通して入る接続詞を次の中から一つ選び、番号をマークしなさい。 16

① つまり　② ところが　③ そして
④ やはり　⑤ すると

問三　傍線部2「急に歯切れが悪くなった」とありますが、なぜこのような態度になったのですか。最も適当なものを次の中から一つ選び、番号をマークしなさい。 17

① 腹筋のように自慢できるエピソードではなかったから。

② 当時の合唱部のことがあまり好きではなかったから。

③ 卓球に対する未練が少なからず残っていたから。

④ 文武両道を成し遂げられなかった過去があるから。

⑤ 白鳥先生にしごかれた辛い日々が思い出されたから。

問四　傍線部3「学校紹介の案内には文化部に入ってるんですけど」と言った時の山吹の気持ちとして最も適当なものを次の中から一つ選び、番号をマークしなさい。 18

① 熱血運動部顧問のようなおじいちゃんに感服する気持ち。

② おじいちゃんのやり方に納得できず、反発する気持ち。

③ 合唱部を運動部だと誇張するおじいちゃんに困惑する気持ち。

④ おじいちゃんの言葉に理解を示しつつ、からかう気持ち。

⑤ 小突かれた上に説教までされて、不愉快な気持ち。

問五　傍線部４「眉間に見る見るしわが刻まれてゆく」とありますが、この理由として最も適当なものを次の中から一つ選び、番号をマークしなさい。　19

①　歴史ある多摩川高校合唱部において、今年の新人たちが先輩後輩のつながりを軽視したから。
②　ただでさえ厳しい部活動であるのに、遅刻をしてきた現役生が場違いな発言をしたから。
③　現役生と先輩の間でＮコン神奈川県大会に対する意識の差が明らかになったから。
④　現役生たちはＮコン神奈川県大会のことなどすっかり忘れていたから。
⑤　中島さんや平峯さんのことを知らない現役生がいることに驚いたから。

問六　傍線部５「笑いをかみ殺した」とありますが、「かみ殺す」の使い方として正しいものを次の中から一つ選び、番号をマークしなさい。　20

①　怒りをかみ殺して、懸命にいらだちに耐えた。
②　涙をかみ殺して、懸命に悲しみに耐えた。
③　あくびをかみ殺して、懸命に退屈に耐えた。
④　自分をかみ殺して、懸命に孤独に耐えた。
⑤　希望をかみ殺して、懸命に現状に耐えた。

問七　傍線部６「鼻っ柱の強い」の意味として最も適当なものを次の中から一つ選び、番号をマークしなさい。　21

①　自制心が強い　②　負けん気が強い　③　自己愛が強い
④　感受性が強い　⑤　虚栄心が強い

問八　本文から読み取れる登場人物の描写として間違っているものを次の中から一つ選び、番号をマークしなさい。　22

①　飯島はパワーや競争心はあるものの、音程に問題がありいらだちを感じている。
②　ナニゲさんはベースメンバーと直接衝突することはないが、他への文句を言うことでそのストレスを発散させていた。
③　マッキーパパは相当な実力の持ち主であり、家ではマッキーも素直に指導に従うもののみんなの前だと親子喧嘩《げんか》のような状態になってしまうことが多かった。
④　おじいちゃんはベース出身の先輩であり、卒業した後も後輩の指導にあたるなど面倒見の良さがある。
⑤　乙川はテナーに憧れているものの、真剣に練習しないテナー部屋に嫌気がさしていた。

【三】 次の文章を読んで、後の問いに答えなさい。なお、設問の都合により一部表記を変更してあります。

頼光朝臣の郎等季武《らうどうすゑたけ》が従者、1究竟《くつきやう》の者ありけり。季武は第一の手きき※1にて、下げ針をも外さず射ける者なりけり。件《くだん》の従者、季武に言ひけるは、「下げ針をば射給ふとも、この男が三段※2ばかり退《の》きて立ちたらむをば、2え射給はじ」と言ひけるを、季武、「3やすからぬことといふ奴かな」と思ひて、あらがひてけり《言い争ってしまった》。「もし、射外しぬるものならば、なんぢが欲しく思はむ物を所望にしたがひて与ふべし」と定めて《約束して》、「4おのれはいかに」と言へば、「これは命を参らする上は《私は命を差しあげるのですから、それ以上は》」と言へば、「さ言はれたり」とて、「さらば」とて、「立て」と言へば、この男、言ひつるがごとく三段退きて立ちたり。

季武、「外《はづ》すまじきものを、従者一人失ひてむずることは損なれども、5意趣なれば」と思ひて、よく引きて放ちたりければ、左の脇の下五寸※3ばかり退きて外れにければ、季武負けて、約束のままに、やうやうの物ども取らす。言ふにしたがひて取りつ。

その後、「今一度射給ふべし」と言ふ。やすからぬままにまたあらがふ。季武、「初めこそ不思議にて外したれ、このたびは、さりとも」と思ひて、しばし引きたもちて、真中に当てて放ちけるに、右の脇の下をまた五寸ばかり退きて外れぬ。

その時、この男、「6さればこそ申し候へ、え射給ふまじきとは。手ききにてはおはすれども、心ばせのおくれ給ひたるなり。人の身太きといふ定、一尺には過ぎぬなり。それを真中をさして射給へり。弦音《つるおと》聞きて、そとそばへをどるに、五寸は退くなり。7しかればかく侍るなり。かやうのものをば、その用意をしてこそ射給はめ」と言ひければ、季武、理《ことはり》に折れて、言ふことなかりけり。

（『古今著聞集』）

※1　手きき　…　弓の名手。
※2　三段　……　段は距離の単位。一段は約十一メートル。
※3　五寸　……　長さの単位。一寸は三センチメートル。十寸で一尺となる。

問一　傍線部1「究竟の者」とは誰のことを指しますか。最も適当なものを次の中から一つ選び、番号をマークしなさい。 23

① 頼光　② 季武
③ 従者　④ 頼光と季武
⑤ 季武と従者

問二　傍線部2「え射給はじ」の解釈として最も適当なものを次の中から一つ選び、番号をマークしなさい。 24

① 頼光が季武を射当てることはできないでしょう。
② 従者が季武を射当てることはできないでしょう。
③ 頼光が従者を射当てることはできるでしょうか。
④ 季武が従者を射当てることはできないでしょう。
⑤ 季武が従者を射当てることはできるでしょうか。

問三　傍線部3「やすからぬこと」の意味として最も適当なものを次の中から一つ選び、番号をマークしなさい。 25

① 穏やかではないこと　② 穏やかなこと
③ たやすくはないこと　④ たやすいこと
⑤ 見落とせないこと

問四　傍線部４「おのれはいかに」の解釈として最も適当なものを次の中から一つ選び、番号をマークしなさい。 26

① お前はこの男を殺されてもいいのか
② お前はこの勝負をするのか
③ お前はどんな秘策を考えているのか
④ お前は命が惜しくないのか
⑤ お前は負けたら私に何をくれるのか

問五　傍線部５「意趣なれば」とありますが、この時の季武の心情として最も適当なものを次の中から一つ選び、番号をマークしなさい。 27

① 家来を失うことは損失だが、結果がどうであれ本人の意向だから仕方がないという心情
② 家来を失うことは損失だが、武士の意地でもはや後にはひけはしまいという心情
③ 家来を失うことは損失だが、はずしてしまったら名声に傷がついて大変だという心情
④ 家来が一人いなくなると損をしてしまうので、わざとはずしてしまおうという心情
⑤ 家来が一人いなくなることはしたくないが、どうしてよいかもわからないという心情

問六　傍線部６「さればこそ申し候へ、え射給ふまじきとは」に用いられている表現技法は何ですか。最も適当なものを次の中から一つ選び、番号をマークしなさい。 28

① 体言止め　② 倒置法
③ 擬人法　④ 隠喩表現
⑤ 直喩表現

問七　傍線部７「しかればかく侍るなり」とありますが、このような結果となった季武と従者の行動とはどのようなものでしたか。最も適当なものを次の中からそれぞれ一つずつ選び、番号をマークしなさい。

［季武］ 29

① 二度とも始めは真ん中を狙ったが、射る直前に二度ともわざとはずした
② 一度目はわざとはずし、二度目は真ん中を狙った
③ 一度目はからだの右側を狙い、二度目は真ん中を狙った
④ 一度目はからだの左側を狙い、二度目は真ん中を狙った
⑤ 二度ともからだの真ん中を狙った

［従者］ 30

① 真ん中を狙ってはこないだろうと考え、二度とも動かなかった
② 一度目は左側に跳び、二度目は右側に跳んで避けた
③ 一度目は右側に跳び、二度目は左側に跳んで避けた
④ 二度とも左側に跳んで避けた
⑤ 二度とも右側に跳んで避けた

問八　季武に対する従者のことばのうち、季武にとって最も屈辱的なことばはどれですか。最も適当なものを次の中から一つ選び、番号をマークしなさい。　31

① 「これは命を参らする上は」
② 「さ言はれたり」
③ 「さらば」
④ 「立て」
⑤ 「今一度射給ふべし」

問九　従者の人柄を表した言葉として最も適当なものを次の中から一つ選び、番号をマークしなさい。　32

① 天真爛漫《らんまん》　② 自信過剰　③ 勇猛果敢
④ 優柔不断　⑤ 猪突《ちょとつ》猛進

問十　文中の次の部分を現代仮名遣いに改める場合、何文字変えたらよいですか。その文字数として、最も適当なものを一つ選び、番号をマークしなさい。（ただし、漢字の部分は数えなくてよい）　33

なんぢが欲しく思はむ物を所望にしたがひて与ふべし

① 三文字　② 四文字　③ 五文字
④ 六文字　⑤ 七文字

問十一　本文の出典『古今著聞集』は鎌倉時代の作品ですが、異なる時代の作品はどれですか。最も適当なものを次の中から一つ選び、番号をマークしなさい。　34

① 『徒然草』　② 『平家物語』　③ 『新古今和歌集』
④ 『枕草子』　⑤ 『方丈記』

（問題は以上となります。）

2023年度

入　学　試　験

第5時限　数　　学

（45分）

放送で「始め」という合図があるまで，このページ以外のところを見てはいけません。
それまでは注意事項を静かにくりかえし読みなさい。

注　　意

1　解答は解答用紙の問題番号に対応した解答欄にマークしなさい。

2　問題の文中の $\boxed{ア}$ ，$\boxed{イウ}$ などには，数字（0 ～ 9）が入ります。
ア，イ，ウ，… の一つ一つは数字一つに対応します。

例えば，$\boxed{アイ}$ に 31 と答えたいとき，以下のようにマークしなさい。

ア	⓪	①	②	●	④	⑤	⑥	⑦	⑧	⑨
イ	⓪	●	②	③	④	⑤	⑥	⑦	⑧	⑨

3　分数の形で解答する場合，それ以上約分できない形で答えなさい。

例えば，$\dfrac{\boxed{ウ}}{\boxed{エ}}$ に，$\dfrac{3}{4}$ と答えるところを，$\dfrac{6}{8}$ と答えてはいけません。

4　小数の形で解答する場合，指定された桁までマークしなさい。

例えば，$\boxed{オ}.\boxed{カ}$ に5と答えたいときは，5.0と答えなさい。

5　根号を含む形で解答する場合，根号の中に現れる自然数が最小となる形で答えなさい。

例えば，$\boxed{キ}\sqrt{\boxed{ク}}$ に $4\sqrt{2}$ と答えるところを，$2\sqrt{8}$ と答えてはいけません。

岡崎城西高等学校

1 $\left\{12-(-2)^2\right\}\div 2-3\times(-2)^3$ を計算すると，$\boxed{\text{アイ}}$ である。

2 $\left(\dfrac{1}{2}-\dfrac{1}{6}\right)\div\dfrac{1}{4}$ を計算すると，$\dfrac{\boxed{\text{ウ}}}{\boxed{\text{エ}}}$ である。

3 $(\sqrt{3}-\sqrt{8})(\sqrt{27}+\sqrt{2})$ を計算すると，$\boxed{\text{オ}}-\boxed{\text{カ}}\sqrt{\boxed{\text{キ}}}$ である。

4 1次方程式　$3-\dfrac{3x-1}{2}=\dfrac{x+1}{6}$ を解くと，$x=\boxed{\text{ク}}$ である。

5 連立方程式 $\begin{cases} 3x+2y=12 \\ x-4y=-10 \end{cases}$ を解くと，$x=$ [ケ]，$y=$ [コ] である。

6 2次方程式 $3(x-1)(x+2)+8=2(x-3)^2$ を解くと，$x=$ [サ]，$-$ [シス] である。

7 2次方程式 $x^2+8x=2$ を解くと，$x=-$ [セ] $\pm$ [ソ] $\sqrt{\text{[タ]}}$ である。

8 岡崎城西高校の昨年度の入学者数は男女合わせて550人だった。今年度は男子が1割，女子が4割それぞれ増えたところ，全体で100人増えた。今年度の女子の入学者数は [チツテ] 人である。

9 さいころを２回続けて投げる。１回目に出た目の数を a，２回目に出た目の数を b とするとき，$\frac{a}{b}$ の値が自然数となる a，b は全部で ［トナ］ 通りである。

10 図のように，点Oを中心とする円に内接している三角形があり，直線 ℓ は円に点Pで接している。このとき，$\angle x$ の大きさは ［ニヌ］° である。

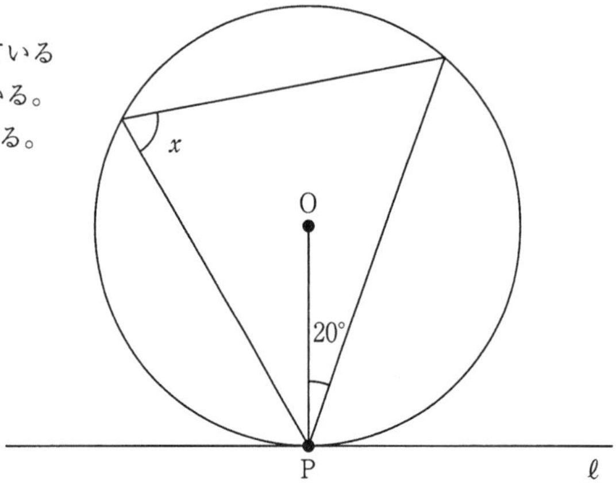

11 右の図は，あるクラスの生徒26人が山登りをしたとき，山頂までに休憩をとった回数をヒストグラムに表したものである。

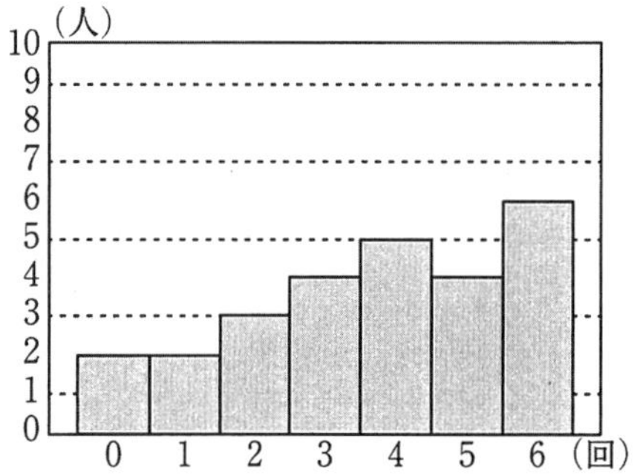

(1) これについて述べた文として適切なものを，次の①〜④のうちから１つ選ぶと ［ネ］ である。

① 中央値（メジアン）は３回である。
② 最頻値（モード）は４回である。
③ 平均値は小数第２位を四捨五入すると3.7回である。
④ 分布の範囲（レンジ）は４回である。

(2) ヒストグラムを箱ひげ図にしたとき，正しいものは ［ノ］ である。

①
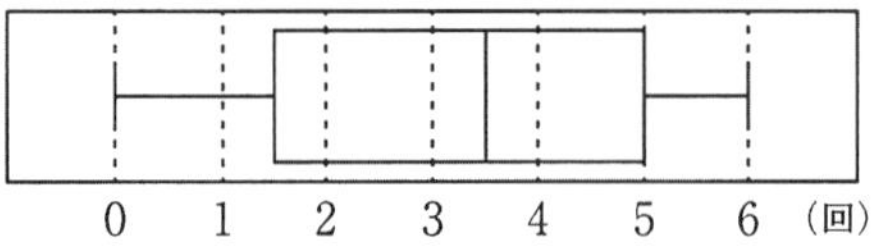

②
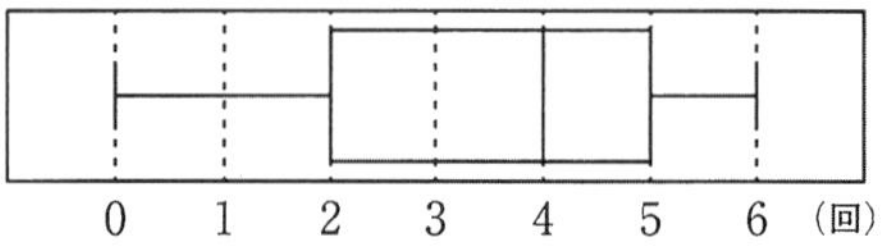

③
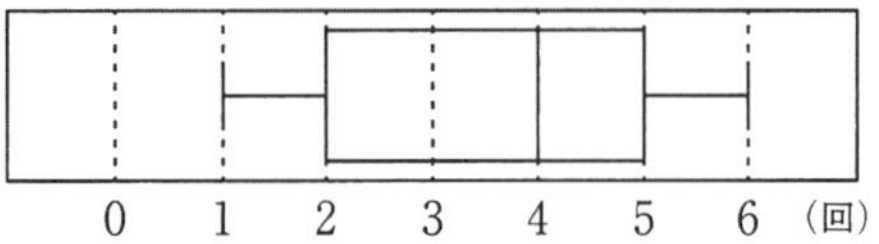

④
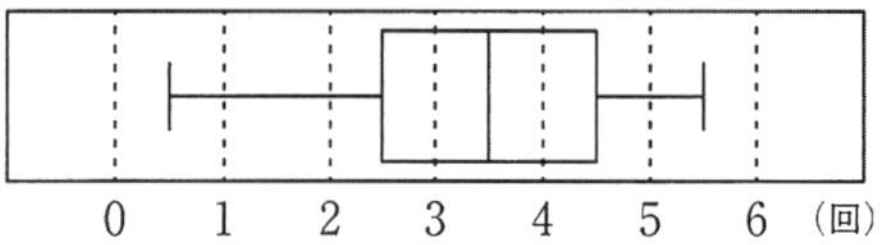

注意

1．記入は必ずHより濃い黒鉛筆で()の中を正確にぬりつぶして下さい。(記入例参照)
2．訂正は、消しゴムできれいに消し、消しくずを残さないで下さい。
3．所定の記入欄以外には何も書かないで下さい。
4．解答用紙は、折り曲げたり、汚さないで下さい。

※50点満点
(配点非公表)

解答記入欄
② ③ ④ ⑤
② ③ ④ ⑤ ⑥
② ③ ④ ⑤
② ③ ④ ⑤ ⑥
② ③ ④ ⑤
② ③ ④
② ③ ④ ⑤
② ③ ④ ⑤ ⑥
② ③ ④ ⑤
② ③ ④ ⑤

解答番号	解答記入欄
31	① ② ③ ④
32	① ② ③ ④ ⑤
33	① ② ③ ④ ⑤
34	① ② ③ ④ ⑤
35	① ② ③ ④ ⑤

岡崎城西高等学校

注意
1．記入は必ずHより濃い黒鉛筆で◯の中を正確にぬりつぶして下さい。(記入例参照)
2．訂正は、消しゴムできれいに消し、消しくずを残さないで下さい。
3．所定の記入欄以外には何も書かないで下さい。
4．解答用紙は、折り曲げたり、汚さないで下さい。

…入 欄
⑥ ⑦ ⑧
⑥ ⑦ ⑧
⑥
⑥ ⑦ ⑧
⑥
⑥
⑥

解答番号	解答記入欄
27	① ② ③ ④ ⑤ ⑥ ⑦ ⑧
28	① ② ③ ④
29	① ② ③ ④ ⑤ ⑥ ⑦ ⑧ ⑨ ⑩
30	① ② ③ ④ ⑤ ⑥ ⑦ ⑧ ⑨
31	① ② ③ ④ ⑤
32	① ② ③ ④
33	① ② ③ ④ ⑤ ⑥ ⑦ ⑧ ⑨
34	① ② ③ ④ ⑤ ⑥ ⑦ ⑧ ⑨
35	① ② ③
36	① ② ③ ④ ⑤ ⑥ ⑦ ⑧
37	① ② ③ ④ ⑤ ⑥
38	① ② ③ ④ ⑤ ⑥
39	① ② ③ ④ ⑤ ⑥
40	① ② ③ ④ ⑤ ⑥ ⑦ ⑧

※50点満点
(配点非公表)

岡崎城西高等学校

注意
1．記入は必ずHより濃い黒鉛筆で ()の中を正確にぬりつぶして下さい。(記入例参照)
2．訂正は、消しゴムできれいに消し、消しくずを残さないで下さい。
3．所定の記入欄以外には何も書かないで下さい。
4．解答用紙は、折り曲げたり、汚さないで下さい。

※50点満点
（配点非公表）

解答記入欄				
③	④			
③	④	⑤	⑥	⑦
③	④	⑤	⑥	⑦
③	④	⑤	⑥	⑦
③	④	⑤	⑥	⑦
③	④	⑤	⑥	⑦
③	④	⑤	⑥	⑦
③	④	⑤	⑥	⑦
③	④	⑤	⑥	⑦
③	④	⑤	⑥	⑦
③	④	⑤	⑥	⑦

大問番号	小問番号	解答番号		解答記入欄			
Ⅵ	問1	25		①	②	③	④
	問2	B	26	①	②	③	④
		G	27	①	②	③	④
	問3	C	28	①	②	③	
		D	29	①	②	③	
		H	30	①	②	③	
	問4	E	31	①	②	③	④
		F	32	①	②	③	④
	問5	33		①	②	③	④
	問6	34		①	②	③	④
	問7	35		①	②	③	④

岡崎城西高等学校

注意

1．記入は必ずHより濃い黒鉛筆で〇の中を正確にぬりつぶして下さい。（記入例参照）
2．訂正は、消しゴムできれいに消し、消しくずを残さないで下さい。
3．所定の記入欄以外には何も書かないで下さい。
4．解答用紙は、折り曲げたり、汚さないで下さい。

答記入欄			
②	③	④	⑤
②	③	④	⑤
②	③	④	⑤
②	③	④	⑤
②	③	④	⑤
②	③	④	⑤
②	③	④	⑤
②	③	④	⑤

	解答番号	解答記入欄					解答番号	解答記入欄				
三	23	①	②	③	④	⑤	29	①	②	③	④	⑤
	24	①	②	③	④	⑤	30	①	②	③	④	⑤
	25	①	②	③	④	⑤	31	①	②	③	④	⑤
	26	①	②	③	④	⑤	32	①	②	③	④	⑤
	27	①	②	③	④	⑤	33	①	②	③	④	⑤
	28	①	②	③	④	⑤	34	①	②	③	④	⑤

※50点満点
（配点非公表）

岡崎城西高等学校

入　欄			
⑥	⑦	⑧	⑨
⑥	⑦	⑧	⑨
⑥	⑦	⑧	⑨
⑥	⑦	⑧	⑨
⑥	⑦	⑧	⑨
⑥	⑦	⑧	⑨
⑥	⑦	⑧	⑨
⑥	⑦	⑧	⑨
⑥	⑦	⑧	⑨
⑥	⑦	⑧	⑨
⑥	⑦	⑧	⑨
⑥	⑦	⑧	⑨
⑥	⑦	⑧	⑨
⑥	⑦	⑧	⑨
⑥	⑦	⑧	⑨
⑥	⑦	⑧	⑨
⑥	⑦	⑧	⑨
⑥	⑦	⑧	⑨

注意

1．記入は必ずHより濃い黒鉛筆で⓪の中を正確にぬりつぶして下さい。(記入例参照)
2．訂正は、消しゴムできれいに消し、消しくずを残さないで下さい。
3．所定の記入欄以外には何も書かないで下さい。
4．解答用紙は、折り曲げたり、汚さないで下さい。

解答番号	解　答　記　入　欄									
ヨ	⓪	①	②	③	④	⑤	⑥	⑦	⑧	⑨
ラ	⓪	①	②	③	④	⑤	⑥	⑦	⑧	⑨
リ	⓪	①	②	③	④	⑤	⑥	⑦	⑧	⑨
ル	⓪	①	②	③	④	⑤	⑥	⑦	⑧	⑨
レ	⓪	①	②	③	④	⑤	⑥	⑦	⑧	⑨

※50点満点
（配点非公表）

岡崎城西高等学校

2023年度

数学解答用紙

受験番号	番	出身中学	中学校	氏名	

受験番号			
千	百	十	一
0	0	0	0
1	1	1	1
2	2	2	2
3	3	3	3
4	4	4	4
5	5	5	5
6	6	6	6
7	7	7	7
8	8	8	8
9	9	9	9

（マーク記入例）

良い例	悪い例
●	

解答番号	解答記入欄									
ア	0	1	2	3	4	5	6	7	8	9
イ	0	1	2	3	4	5	6	7	8	9
ウ	0	1	2	3	4	5	6	7	8	9
エ	0	1	2	3	4	5	6	7	8	9
オ	0	1	2	3	4	5	6	7	8	9
カ	0	1	2	3	4	5	6	7	8	9
キ	0	1	2	3	4	5	6	7	8	9
ク	0	1	2	3	4	5	6	7	8	9
ケ	0	1	2	3	4	5	6	7	8	9
コ	0	1	2	3	4	5	6	7	8	9
サ	0	1	2	3	4	5	6	7	8	9
シ	0	1	2	3	4	5	6	7	8	9
ス	0	1	2	3	4	5	6	7	8	9
セ	0	1	2	3	4	5	6	7	8	9
ソ	0	1	2	3	4	5	6	7	8	9
タ	0	1	2	3	4	5	6	7	8	9
チ	0	1	2	3	4	5	6	7	8	9
ツ	0	1	2	3	4	5	6	7	8	9
テ	0	1	2	3	4	5	6	7	8	9

解答番号	解答			
ト	0	1	2	3
ナ	0	1	2	3
ニ	0	1	2	3
ヌ	0	1	2	3
ネ	0	1	2	3
ノ	0	1	2	3
ハ	0	1	2	3
ヒ	0	1	2	3
フ	0	1	2	3
ヘ	0	1	2	3
ホ	0	1	2	3
マ	0	1	2	3
ミ	0	1	2	3
ム	0	1	2	3
メ	0	1	2	3
モ	0	1	2	3
ヤ	0	1	2	3
ユ	0	1	2	3

2023年度

国語解答用紙

受験番号	番	出身中学	中学校	氏名	

受験番号			
千	百	十	一
0	0	0	0
1	1	1	1
2	2	2	2
3	3	3	3
4	4	4	4
5	5	5	5
6	6	6	6
7	7	7	7
8	8	8	8
9	9	9	9

	解答番号	解答記入欄	解答番号	解答記入欄
一	1	1 2 3 4 5	8	1 2 3 4 5
	2	1 2 3 4 5	9	1 2 3 4 5
	3	1 2 3 4 5	10	1 2 3 4 5
	4	1 2 3 4 5	11	1 2 3 4 5
	5	1 2 3 4 5	12	1 2 3 4 5
	6	1 2 3 4 5	13	1 2 3 4 5
	7	1 2 3 4 5	14	1 2 3 4 5

二

（マーク記入例）

良い例	悪い例

2023年度

英語解答用紙

受験番号	番	出身中学	中学校	氏名	

受験番号			
千	百	十	一
0	0	0	0
1	1	1	1
2	2	2	2
3	3	3	3
4	4	4	4
5	5	5	5
6	6	6	6
7	7	7	7
8	8	8	8
9	9	9	9

大問番号	小問番号	解答番号	解答記入欄
Ⅰ	1	1	① ② ③ ④
	2	2	① ② ③ ④
	3	3	① ② ③ ④
	4	4	① ② ③ ④
Ⅱ	1	5	① ② ③ ④
	2	6	① ② ③ ④
Ⅲ	問1	A 7	① ② ③ ④ ⑤ ⑥ ⑦ ⑧
		B 8	① ② ③ ④ ⑤ ⑥ ⑦ ⑧
		C 9	① ② ③ ④ ⑤ ⑥ ⑦ ⑧
		D 10	① ② ③ ④ ⑤ ⑥ ⑦ ⑧
	問2	11	① ② ③ ④
	問3	Y 12	① ② ③ ④ ⑤ ⑥
		Z 13	① ② ③ ④ ⑤ ⑥

大問番号	小問番号	解答番号	
Ⅳ		14	①
Ⅴ	1	A 15	①
		B 16	①
	2	A 17	①
		B 18	①
	3	A 19	①
		B 20	①
	4	A 21	①
		B 22	①
	5	A 23	①
		B 24	①

（マーク記入例）

良い例	悪い例

2023年度

理科解答用紙

受験番号	番	出身中学	中学校	氏名	

受験番号			
千	百	十	一
⓪	⓪	⓪	⓪
①	①	①	①
②	②	②	②
③	③	③	③
④	④	④	④
⑤	⑤	⑤	⑤
⑥	⑥	⑥	⑥
⑦	⑦	⑦	⑦
⑧	⑧	⑧	⑧
⑨	⑨	⑨	⑨

解答番号	解答記入欄
1	① ② ③ ④
2	① ② ③ ④ ⑤
3	① ② ③ ④ ⑤ ⑥
4	① ② ③ ④ ⑤ ⑥ ⑦
5	① ② ③ ④ ⑤
6	① ② ③ ④ ⑤ ⑥ ⑦
7	① ② ③ ④ ⑤ ⑥ ⑦ ⑧ ⑨
8	① ② ③ ④ ⑤ ⑥
9	① ② ③ ④ ⑤ ⑥
10	① ② ③ ④ ⑤
11	① ② ③ ④
12	① ② ③
13	① ② ③

解答番号	解答
14	① ②
15	① ②
16	① ②
17	① ②
18	① ②
19	① ②
20	① ②
21	① ②
22	① ②
23	① ②
24	① ②
25	① ②
26	① ②

（マーク記入例）

良い例	悪い例
⬬	⦶ ⦶ ⊗ ✓

2023年度

社会解答用紙

受験番号	番	出身中学	中学校	氏名	

受験番号			
千	百	十	一
0	0	0	0
1	1	1	1
2	2	2	2
3	3	3	3
4	4	4	4
5	5	5	5
6	6	6	6
7	7	7	7
8	8	8	8
9	9	9	9

（マーク記入例）

良い例	悪い例
●	⦶ ⦶ ⊗ ✓

解答番号	解答記入欄	解答番号	解答記入欄
1	1 2 3 4 5 6	11	1 2 3 4 5
2	1 2 3 4 5	12	1 2 3 4 5
3	1 2 3 4 5	13	1 2 3 4 5
4	1 2 3 4 5	14	1 2 3 4 5
5	1 2 3 4 5 6	15	1 2 3 4 5
6	1 2 3 4 5	16	1 2 3 4 5
7	1 2 3 4 5	17	1 2 3 4 5
8	1 2 3 4 5 6	18	1 2 3 4 5
9	1 2 3 4 5 6	19	1 2 3 4 5
10	1 2 3 4 5	20	1 2 3 4 5

12 図のように点Oを原点とし，２つの関数$y=-\frac{8}{9}x^2$，$y=ax^2$（aは正の数）のグラフがある。
これらの放物線上に３点A，B，Cをとる。このとき，点Aのx座標は３とし，点Bとy軸について対称な点をCとする。さらに，AB＝２BCが成り立つとき，次の問いに答えよ。

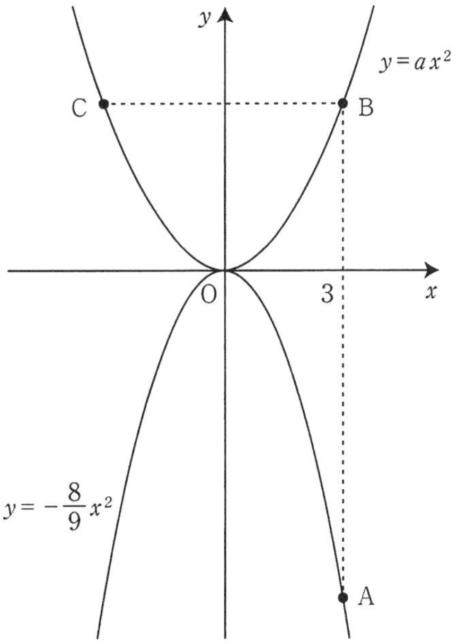

(1)　aの値は $\dfrac{\boxed{\text{ハ}}}{\boxed{\text{ヒ}}}$ である。

(2)　直線ACの方程式は$y=-\boxed{\text{フ}}\,x-\boxed{\text{ヘ}}$である。

(3)　BD⊥CDとなるように，点Dを直線AC上にとるとき，△BCDの面積は
$\dfrac{\boxed{\text{ホマ}}}{\boxed{\text{ミ}}}$ となる。

13 短い辺の長さが1である長方形がある。この長方形から1辺の長さが1である正方形を，図のように端から1個切り出したところ，残った長方形がもとの長方形と相似な図形になった。もとの長方形の長い辺の長さは $\dfrac{\boxed{ム}+\sqrt{\boxed{メ}}}{\boxed{モ}}$ である。

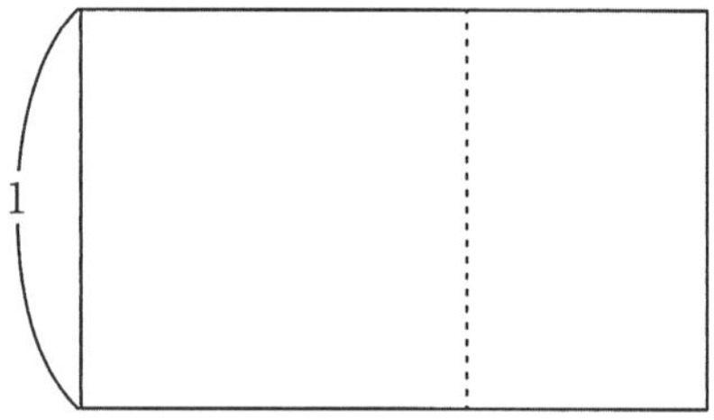

次に，短い辺の長さが1である長方形から1辺の長さが1である正方形を端から2個切り出したところ，残った長方形がもとの長方形と相似な図形になった。もとの長方形の長い辺の長さは $\boxed{ヤ}+\sqrt{\boxed{ユ}}$ である。

14 次の図のように，長方形ＡＢＣＤがあり，それぞれの頂点から長方形の内部にある点Ｅへ結んでできたそれぞれの三角形の面積は図の通りである。すると，三角形ＡＤＥの面積は $\boxed{ヨラ}$ cm^2 である。

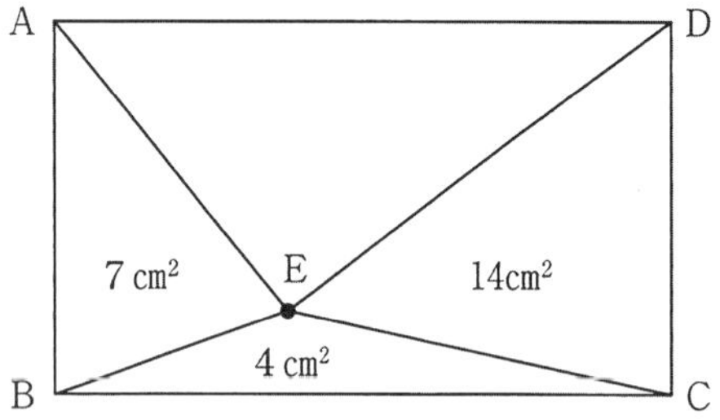

15 岡崎くんは電車に乗り，E駅の近くに住んでいる城西くんとE駅で10：40に待ち合わせ，その近くにあるショッピングモールまで遊びに行くことになった。岡崎くんの家，および，各駅間の道のりは以下のようになっている。

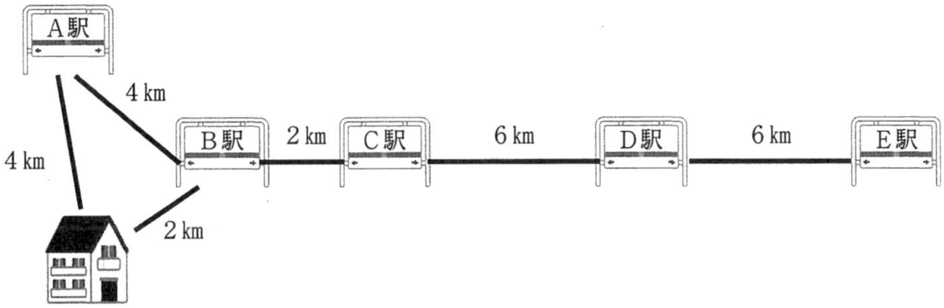

岡崎くんの家

A駅からE駅までの時刻表は右の表のようになっている。なお，電車の駅での停車時間は1分とることになっている。ただし，D駅では快速電車を待機するため，普通電車は2分停車するものとする。たとえば快速電車はC駅を10：31に到着し，10：32に出発する。また，快速電車はB駅とD駅には停まらない。

駅名	出発時刻
A	普通10：08　普通10：17　快速10：25
B	普通10：15　普通10：24
C	普通10：19　普通10：28　快速10：32
D	普通10：30　普通10：39
E	（終点）

岡崎くんは10：00に家を出発し，自転車に乗って時速10kmの速さでB駅に向かった。しかし，家から500mの地点でお財布を忘れたことに気づき，その場で立ち止まって城西くんに電話をしてしばらく待ってもらうように伝えた。立ち止まってから1分後に引き返し，家に着いてからお財布を探して3分後に家を再度出発し，E駅までもっとも早く到着する手段で向かうことにした。なお，電車は一定の速さで進むものとする。また，駅に自転車を停めてから駅のホームまでは1分かかるものとする。

【問】以下の［　　　］に当てはまる番号，時刻をそれぞれ答えよ。

岡崎くんが電車に乗ってからE駅まで移動した様子を，もっとも適切に表したグラフの番号は［ リ ］である。また，岡崎くんがE駅に到着した時刻は10：［ ルレ ］である。
※次のグラフの横軸は10：00から経過した時間（分），縦軸はA駅からの距離（km）を表している。

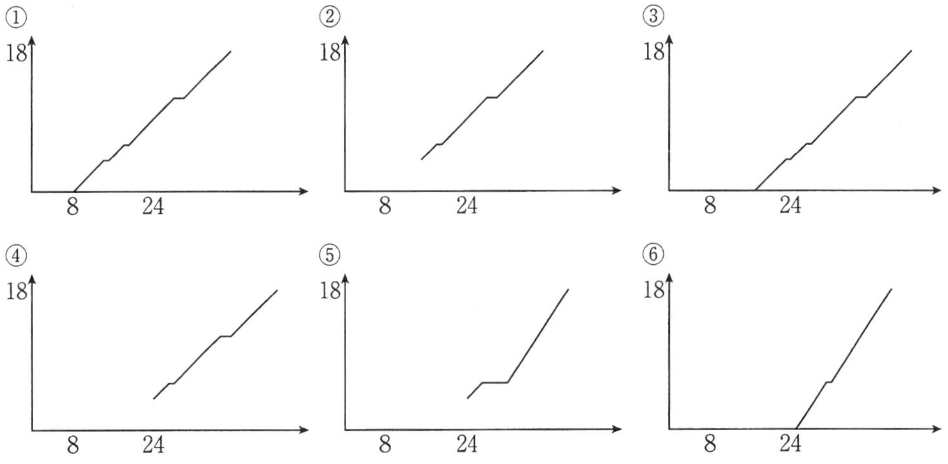

（問題は以上となります。）

2022年度

入　学　試　験

第1時限　社　会

放送で「始め」という合図があるまで、このページ以外のところを見てはいけません。
それまでは注意事項を静かにくりかえし読みなさい。

注　意

1．試験時間は正味45分で行います。

2．受験番号は、必ずマークしなさい。

受験番号			
千	百	十	一
●	●	⓪	⓪
①	①	●	①
②	②	②	●
③	③	③	③

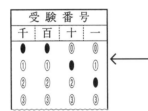

（例）　受験番号　１２の場合
（００１２とマークする）
受験番号をマークする。
（マークは記入例に従い濃くマークしなさい。
鉛筆はＨより濃いものを使用しなさい。）

3．解答は、解答用紙の解答記入欄にマークしなさい。
たとえば、［20］と表示のある問いに対して③を解答する場合は、次の（例）のように解答番号20の解答記入欄の③にマークしなさい。

（例）

解答番号	解答記入欄									
20	①	②	●	④	⑤	⑥	⑦	⑧	⑨	⑩

4．記入上の注意
(1)　マークは黒鉛筆で長円内をぬりつぶしなさい。
（鉛筆はＨより濃いものを使用しなさい。）
(2)　訂正するときは、消しゴムできれいに消し、消しくずを残さないようにしなさい。
(3)　解答用紙には、所定の記入欄以外に何も書かないようにしなさい。
(4)　解答用紙は、折り曲げたり、汚さないようにしなさい。

5．問題についての質問は受けつけません。ただし、ページ数が不足していたり、印刷の文字が不鮮明であるときに質問することはさしつかえありません。

6．時間の終わりに放送で「やめ」という合図があったら、ただちに解答をやめなさい。

岡崎城西高等学校

Ⅰ　次の地図1、地図2をみて、各問いに答えなさい。

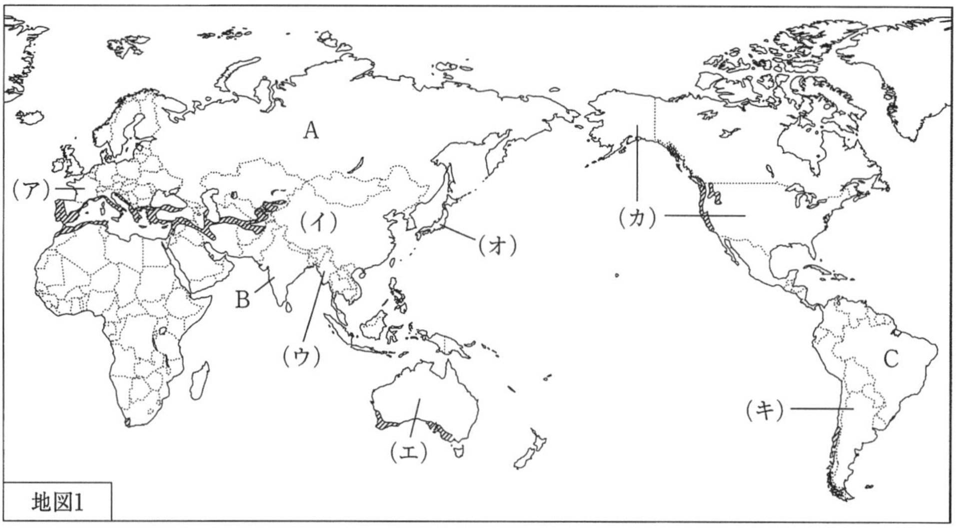

地図1

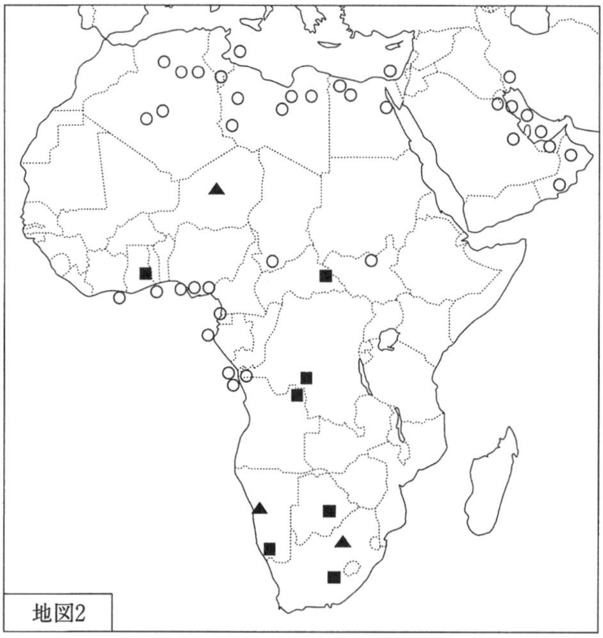
地図2

問１　地図1の斜線部の地域に関する文として、正しいものを一つ選びなさい。　1

① 同緯度の地域に比べて標高が高いため、気温が低くなっている。
② 寒暖差が激しく、夏になると永久凍土が融解するため、多くの地域で高床式の建物がみられる。
③ 降水量が極端に少ないため農業をほとんどおこなえず、遊牧に力を入れている。
④ 一年を通して気温が高く、降水量も多いため、熱帯雨林がよくみられる。
⑤ 夏は日中の気温が高く乾燥しているため、オリーブやぶどうなどが栽培されている。

問２　次の文章は、地図1のＡ、Ｂ、Ｃのいずれかの国を説明しています。次の文章にあてはまる国とその国で最も信仰されている宗教の組み合わせとして、正しいものを一つ選びなさい。　2

この国には約13億人の人々が暮らしており、1990年代から経済政策を改めたことをきっかけに急成長している。教育水準が高く、国や州も技術者を援助しているため、現在ではICT産業の発展がめざましい。欧米の企業も進出してきており、特にアメリカとは昼と夜が反対なので、24時間対応できる体制が構築されている。

① 国－Ａ　宗教－イスラム教　② 国－Ａ　宗教－ヒンドゥー教
③ 国－Ｂ　宗教－イスラム教　④ 国－Ｂ　宗教－ヒンドゥー教
⑤ 国－Ｃ　宗教－イスラム教　⑥ 国－Ｃ　宗教－ヒンドゥー教

問３　次の表は、とうもろこし、大豆、米の生産国上位5位までを示しています。表中のⅠからⅢにあてはまる国と地図1の国（ア）から（キ）の組み合わせとして、正しいものを一つ選びなさい。　3

	とうもろこし	大豆	米
第1位	Ⅰ	Ⅰ	Ⅱ
第2位	Ⅱ	ブラジル	インド
第3位	ブラジル	Ⅲ	インドネシア
第4位	Ⅲ	Ⅱ	バングラデシュ
第5位	インド	インド	ベトナム

(2017年FAO資料)

① Ⅰ－（カ）　Ⅱ－（イ）　Ⅲ－（ウ）
② Ⅰ－（カ）　Ⅱ－（オ）　Ⅲ－（ア）
③ Ⅰ－（カ）　Ⅱ－（イ）　Ⅲ－（キ）
④ Ⅰ－（エ）　Ⅱ－（オ）　Ⅲ－（ウ）
⑤ Ⅰ－（エ）　Ⅱ－（イ）　Ⅲ－（ア）
⑥ Ⅰ－（エ）　Ⅱ－（オ）　Ⅲ－（キ）

問4　地図1の国（イ）に関する文として、正しいものを一つ選びなさい。　4

① 急速な人口増加を抑制するため、1970年代末から人口を抑制する政策が始まったが、現在では廃止された。

② ほぼ全域がヨーロッパ諸国の植民地となり、第二次世界大戦後はモノカルチャー経済に苦しんだ。

③ 石油の産出量が多いため、石油価格の安定などを目的として石油輸出国機構を設立した。

④ 水上交通に便利な五大湖沿岸で工業が発展し、工業都市が繁栄した。

⑤ 暖流の北大西洋海流と偏西風の影響により、同緯度の地域よりも気温が高くなっている。

問5　世界的に進む地域統合や経済的統合に関する説明として、誤っているものを一つ選びなさい。　5

① 経済的統合を目指した北米自由貿易協定は、アメリカ・カナダ・メキシコの三か国で結ばれた。

② 経済・政治的統合を目指したヨーロッパ共同体では、共通通貨であるユーロが導入された。

③ 域内の経済協力拡大を目指したASEAN自由貿易地域では、関税が段階的に削減された。

④ 政治・経済的統合や紛争解決を目指し結成されたアフリカ連合は、エチオピアに本部を置いている。

⑤ 2016年に日本は、広い地域における連携を目指した環太平洋経済連携協定に調印した。

問6　地図2の○、▲、■は鉱産資源の主な産出地を示しています。○、▲、■にあてはまる鉱産資源の組み合わせとして、正しいものを一つ選びなさい。　6

① ○－鉄鉱石　▲－ボーキサイト　■－金鉱
② ○－鉄鉱石　▲－ウラン　■－天然ガス
③ ○－鉄鉱石　▲－ボーキサイト　■－ダイヤモンド
④ ○－石油　▲－ウラン　■－金鉱
⑤ ○－石油　▲－ボーキサイト　■－天然ガス
⑥ ○－石油　▲－ウラン　■－ダイヤモンド

Ⅱ　次の各問いに答えなさい。

問１　日本の国土に関する文として、正しいものを一つ選びなさい。　7

① 択捉島をはじめとする北方領土は世界的な好漁場であり、日本固有の領土である。日露戦争終結以来、旧ソ連・ロシア連邦が不法占拠している。

② 韓国が不法占拠する尖閣諸島は、鳥取県に属する日本固有の領土である。暖流と寒流がぶつかる周辺の海域は、魚介資源に恵まれている。

③ 日本の国土は大小さまざまな島から成り立つ海洋国である。日本の領海は領土沿岸から12海里以内とされるため、国境線はすべて海上に引かれている。

④ 日本の排他的経済水域は国土面積をはるかに上回り、日本が水産資源や鉱産資源を管理している。また他国の船の航行を制限することができる。

⑤ 竹島は日本固有の領土である。周辺海域に石油が埋蔵されていることが確認されると、中国が領有権を主張し始め、一方的なガス田開発を進めた。

問２　右の図は、下の地図中の線Ａから線Ｅのいずれかの地形断面図を模式的に示しています。地形断面図として正しいものを、線Ａから線Ｅの中から一つ選びなさい。

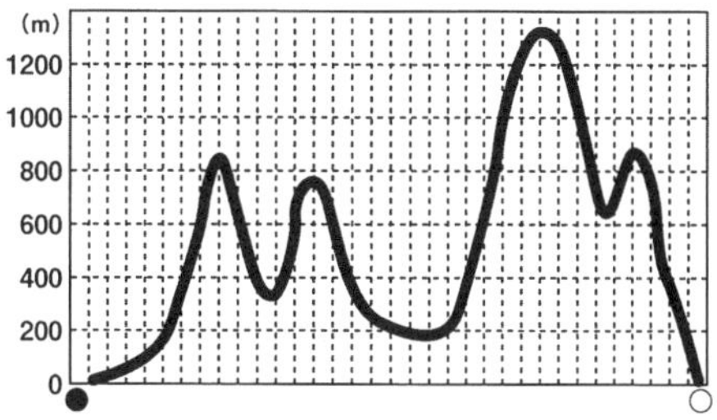

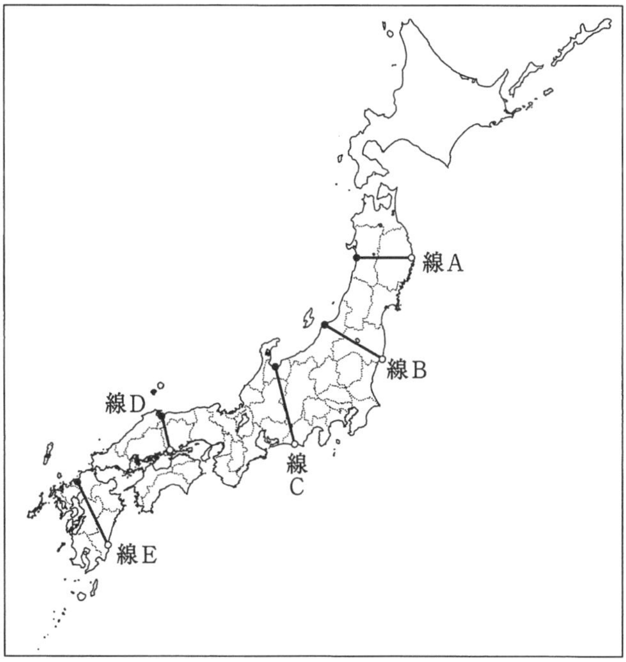

8

① 線Ａ
② 線Ｂ
③ 線Ｃ
④ 線Ｄ
⑤ 線Ｅ

問３　次のグラフは、東京市場のピーマンの入荷量と市場価格を示しています。グラフ中のＡとＢは、茨城県と宮崎県のいずれかを示しています。宮崎県にあてはまるものと、そこでおこなわれている農業の特徴について、正しい組み合わせを一つ選びなさい。 9

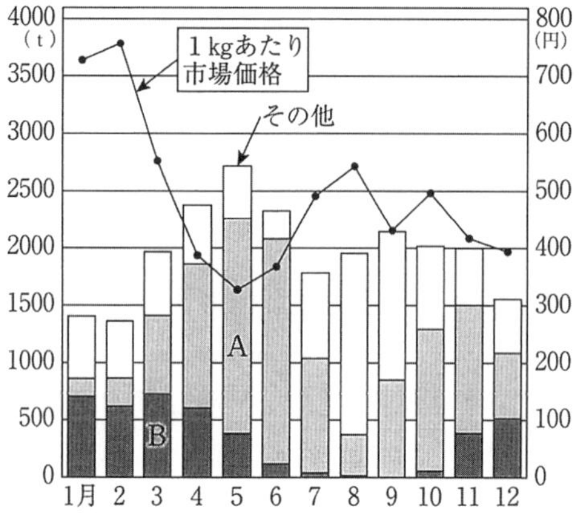

（東京都中央卸売市場資料、2018年）

特徴

ア　昼と夜の気温差が大きい気候や扇状地の水はけの良さを生かした野菜の栽培が盛んである。

イ　温暖な気候を生かして、施設を利用した野菜の促成栽培が盛んである。

ウ　冷涼な気候を生かして、野菜の露地栽培が盛んである。

① Ａとア　② Ａとイ　③ Ａとウ

④ Ｂとア　⑤ Ｂとイ　⑥ Ｂとウ

問４　日本の農林水産業の特色について述べた文として、誤っているものを一つ選びなさい。 10

① 海外からの木材輸入が増えたため、日本の林業は大きな打撃を受け、林業に従事する人が減少した。

② 農業従事者の高齢化が進んだことや後継者不足を背景として、耕作放棄地の面積が拡大している。

③ 日本の農業は規模の小さな自作農が多く、機械化が遅れたため、大規模で企業的な農業はみられない。

④ 漁獲量の制限が厳しく、海外からの水産物の輸入が増加したため、養殖・栽培漁業が注目されている。

⑤ 農産物の貿易自由化によって、安い輸入農産物が大量に流通し、日本の食料自給率は低下している。

問５　次の表は、日本における輸出総額上位4位までの空港・港湾について、輸出総額と輸出額の上位5品目を示しています。ＡからＣは、成田国際空港、横浜港、名古屋港のいずれかがあてはまります。ＡからＣと空港・港湾名の組み合わせとして、正しいものを一つ選びなさい。　11

空港・港湾名	輸出総額（億円）	輸出額の上位5品目				
		1位	2位	3位	4位	5位
A	123,068	自動車	自動車部品	内燃機関	金属加工機械	電気計測機器
B	105,256	半導体製造装置	科学光学機器	金（非貨幣用）	電気回路用品	集積回路
C	69,461	自動車	自動車部品	内燃機関	プラスチック	金属加工機器
東京港	58,237	半導体製造装置	自動車部品	コンピューター部品	内燃機関	プラスチック

（「データブック オブ・ザ ワールド」2021年版）

① Ａ－成田国際空港　Ｂ－横浜港　Ｃ－名古屋港
② Ａ－成田国際空港　Ｂ－名古屋港　Ｃ－横浜港
③ Ａ－横浜港　Ｂ－成田国際空港　Ｃ－名古屋港
④ Ａ－横浜港　Ｂ－名古屋港　Ｃ－成田国際空港
⑤ Ａ－名古屋港　Ｂ－成田国際空港　Ｃ－横浜港
⑥ Ａ－名古屋港　Ｂ－横浜港　Ｃ－成田国際空港

問６　次のグラフは、日本の貿易における輸出先の地域別の変化を示しています。ＡからＣはそれぞれ、ヨーロッパ・北アメリカ・アジアのいずれかを示しています。ＡからＣにあてはまる地域の組み合わせとして、正しいものを一つ選びなさい。　12

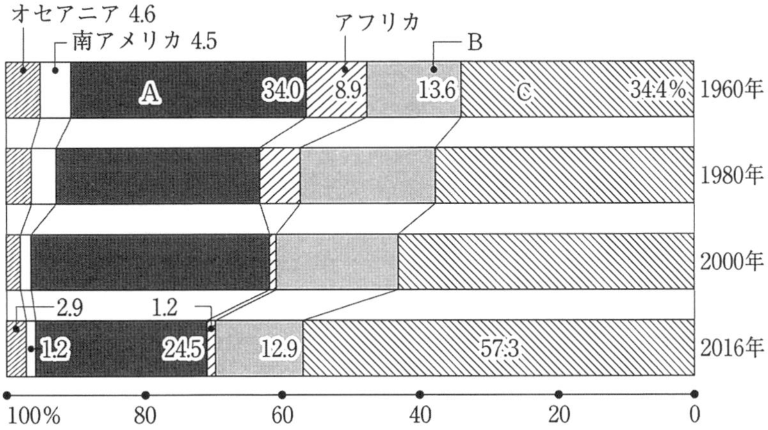

（経済産業省資料）

① Ａ－ヨーロッパ　Ｂ－北アメリカ　Ｃ－アジア
② Ａ－ヨーロッパ　Ｂ－アジア　Ｃ－北アメリカ
③ Ａ－北アメリカ　Ｂ－ヨーロッパ　Ｃ－アジア
④ Ａ－北アメリカ　Ｂ－アジア　Ｃ－ヨーロッパ
⑤ Ａ－アジア　Ｂ－ヨーロッパ　Ｃ－北アメリカ
⑥ Ａ－アジア　Ｂ－北アメリカ　Ｃ－ヨーロッパ

Ⅲ　次のⅰ）とⅱ）の文章は、中学生のまさお君と歴史好きの父親との会話です。この文章を読み、各問いに答えなさい。

ⅰ）まさお：お父さん、聞きたいことがあるんだけど、いいかなあ。

父親　：いいよ。何だ？

まさお：日本の財政赤字が続いていることを公民の授業で習ったから、財政について調べてみようと思うんだ。

父親　：税をどのように集めてどのように使うのかは今も昔も政治にとって大変な問題だと思うよ。なんでも質問してみろよ。

まさお：日本で本格的に財政や租税の話が出てくるのはいつごろなの？

父親　：おそらく世界の歴史ではA：農耕や牧畜の始まりとともに文明がおこってから、すぐに租税が集められたと思うが、日本でもB：『魏志』倭人伝のなかにも税の記述があったと思うよ。しかし、本格的には律令国家の成立からじゃないかな。律令国家の制度ではC：税の種類も多種多様で、民衆の負担はとても大きかったようだ。

まさお：逃げる人やごまかす人もいたんだよね？

父親　：そうそう。今とかわらないな。

まさお：そういう人が増えると、国家の収入が減るから困ることになるね。

父親　：だから、D：10世紀になると、人ではなくて、かわりに実際に耕している土地に応じて税を課す仕組みになったんだ。鎌倉時代や室町時代の中世になるとE：財源はもっと複雑になるんだよ。

まさお：江戸時代になると幕府の財政は安定したの？

父親　：そうとも言えないんじゃないかなあ。F：江戸幕府が何度も改革に取り組んだことは知っているだろ。その主な原因は財政問題なんだよ。だからやはり大変だったと思うよ。

問1　下線部Aについて、文明の発展に関して述べた次の文X・Yと、それにあてはまるa・bとの組み合わせとして、正しいものを一つ選びなさい。 13

X　黄河流域におこった殷では優れた青銅器がつくられたり、甲骨文字が使用された。

Y　インダス川流域ではモヘンジョ・ダロなどの都市が発達した。

a

b

①　X－a　②　X－b　③　Y－a　④　Y－b

問2　下線部Bの『魏志』倭人伝に記載された邪馬台国に関する文章として、正しいものを一つ選びなさい。 14

①　『魏志』倭人伝より前に書かれた『宋書』倭国伝にも同様の記載がある。
②　女王は卑弥呼と呼ばれ、呪術による統治をおこなった。
③　女王以外の人々の間には身分の差がなかった。
④　女王は魏の皇帝から「漢委奴国王」という称号の金印を与えられた。
⑤　存在した場所に関して近畿説と九州説があったが、現在はどちらも否定されている。

問３　下線部Ｃについて、次の［口分田の支給］は、まさお君が受けた中学校の授業に関するものです。下の文章の空欄にあてはまる語句の組み合わせとして、正しいものを一つ選びなさい。　15

［口分田の支給］

先生は口分田の支給を理解させるために、6×6のマス目を用意した。マス目には「あ～や」までの文字が振られている。

ルール：1段＝360歩

1マスは120歩（例えば、あ＝120歩 や＝120歩）

米は1マスで必ず1000g収穫できるものとする

田んぼは横に支給していく

（例えば、あ・い→○　あ・き→×　て・と→○　け・そ→×）

最後までいった場合は次の先頭の田んぼを支給

（例えば、あ・い・う・え・お・か・き→○

あ・い・う・き・く・け・す→×

あ・い・う・え・お・か・し→×）

あ	い	う	え	お	か
き	く	け	こ	さ	し
す	せ	そ	た	ち	つ
て	と	な	に	ぬ	ね
の	は	ひ	ふ	へ	ほ
ま	み	む	め	も	や

良民に支給される口分田は男女で差がある。男性に支給される口分田は「あ～か」となり、女性は男性よりも少なく、「き～（　ア　）」となる。また、租の負担は、支給された口分田の収穫に応じて決まっている。男性は約180ｇの稲を税として負担し、女性は約（　イ　）ｇの稲を税として負担する。

①　ア－け　　イ－60　　②　ア－け　　イ－120
③　ア－こ　　イ－60　　④　ア－こ　　イ－120
⑤　ア－さ　　イ－60　　⑥　ア－さ　　イ－120

問４　下線部Ｄ以降になると、世界でも戦いが頻繁に起こるようになりました。以下の戦いを古い順に並び替えたとき、順序の正しいものを一つ選びなさい。　16

Ⅰ　中国では唐が滅んで小国が分裂した後、宋が統一した。
Ⅱ　中国の元の軍勢が日本に上陸して幕府軍を苦しめた。
Ⅲ　ローマ教皇の呼びかけで西ヨーロッパの王や貴族は十字軍を組織して、エルサレムを目指した。

①　Ⅰ→Ⅱ→Ⅲ　②　Ⅰ→Ⅲ→Ⅱ　③　Ⅱ→Ⅰ→Ⅲ
④　Ⅱ→Ⅲ→Ⅰ　⑤　Ⅲ→Ⅰ→Ⅱ　⑥　Ⅲ→Ⅱ→Ⅰ

問５　下線部Ｅについて、鎌倉時代の様子を説明した次の文章の空欄にあてはまる語句の組み合わせとして、正しいものを一つ選びなさい。　17

農民は、荘園や（　ア　）の領主に年貢を納めていたが、地頭が領主に断りなく土地や農民を勝手に支配することが多く、両者の間でしばしば争いがおこった。この争いは幕府によって裁かれ、土地の半分が地頭に与えられることもあった。これを（　イ　）という。

①　アー公領　イー地頭請　②　アー公領　イー下地中分
③　アー公領　イー守護請　④　アー惣村　イー地頭請
⑤　アー惣村　イー下地中分　⑥　アー惣村　イー守護請

問６　下線部Ｆについて、18世紀末の老中であった松平定信が取り組んだ改革に関する文として、正しいものを一つ選びなさい。　18

①　公事方御定書を制定した。
②　武家諸法度に参勤交代の制度を追加した。
③　貨幣の質を下げて大量に発行した。
④　旗本や御家人の借金を帳消しにした。
⑤　株仲間を作ることを奨励した。

ⅱ）まさお：明治になると税制はどう変化するの？

父親　：明治政府は、それまでの年貢のような収穫高に左右されるものではなく、安定した財源の確立をはかったんだ。それが1873年のG：地租改正だ。しかし、民衆の負担は相変わらず重かった。土地を手放して没落する農民も増えて、彼らが工場などの賃金労働者になったことで、今度は労働者にも課税することになったんだ。

まさお：地租の税収に占める割合がだんだん減ったということだね。H：第二次世界大戦のあとの日本経済がどうなったのか教えてよ。まだ学校では習っていないんだよ。

父親　：終戦後は本当に大変だったとI：終戦当時、国民小学校初等科3年生だったお前のおじいさんが話していたことを思い出すよ。強烈な思い出として残ったんじゃないかな。とにかく当時の日本は、食糧と物資の不足に苦しんだんだろうな。GHQはアメリカから専門家を招いて直接税中心の税制を確立してなんとか財政を再建していったんだ。

まさお：その後、高度経済成長やJ：石油危機などがあって、1980年代には、K：バブル経済も発生するんだよね。学校の授業でしっかり勉強するよ。

父親　：うん。他に聞きたいことはないのか？

まさお：L：日本や世界の宗教についてもよくわからないから教えてほしいな。

父親　：そこはあまり詳しくないな。今日はちょっと疲れたからまた今度にしよう。

まさお：そうだね、ありがとう。これから図書館で借りた漫画でも読むよ。

父親　：どんな漫画だい？

まさお：M：手塚治虫の、『火の鳥』だよ。

父親　：私も昔に読んだことがあるよ。読んだら貸してくれよ。

問７　下線部Gについて、地租改正に関する文として、誤っているものを一つ選びなさい。 19

① 土地の所有者と価格(地価)を定めて地券を発行した。
② 地価を基準として税を徴収した。
③ 農民の負担は江戸時代とほとんど変わらなかった。
④ 税率は地価の3%と定められた。
⑤ 税は土地の所有者が、現金・収穫物の両方で納めた。

問8　下線部Hについて、第二次世界大戦中のできごとに関する文として、正しいものを一つ選びなさい。　20

① ドイツは、ソ連との独ソ不可侵条約を破棄してからポーランドに侵攻した。
② ドイツは、パリを占領して、フランスを降伏させた。
③ 日本は、ミッドウェー海戦でアメリカに大勝した。
④ 日本は、オランダ領のインドシナ北部、南部に進出した。
⑤ 日本では、二・二六事件で犬養毅首相が暗殺された。

問9　下線部Iのまさお君のおじいさんが生まれた時代を説明した文として、正しいものを一つ選びなさい。なお、国民小学校初等科3年生は現在の小学校3年生と同じ年齢である。　21

① 大韓民国と朝鮮民主主義人民共和国との間で戦争が勃発したころ。
② 中国の東北地方で満州事変が勃発したころ。
③ 盧溝橋事件から日中戦争が勃発したころ。
④ アメリカ大統領とイギリス首相が大西洋憲章を発表したころ。
⑤ 広島と長崎に原子爆弾が投下されたころ。

問10　下線部Jについて、石油危機は「第四次中東戦争」の影響でおこった。第四次中東戦争に関する文の組み合わせとして、正しいものを一つ選びなさい。　22

a　ユダヤ人とアラブ人の対立からおこった。
b　イスラームの聖地、メッカをめぐる対立からおこった。
c　この戦争後、パレスチナ問題は解決した。
d　現在もパレスチナ問題は解決していない。

① aとc　② aとd　③ bとc　④ bとd

問11　下線部Kについて、日本の「バブル経済」崩壊後におきたこととして、正しいものを一つ選びなさい。　23

① 公害問題が深刻化して公害対策基本法が制定された。
② ソ連がアフガニスタンに侵攻して国際的非難をあびた。
③ 温室効果ガスの排出を削減するため、京都議定書が採択された。
④ ビキニ環礁でアメリカが水爆実験をおこなったことから、原水爆禁止世界大会が開催された。
⑤ 主要国首脳会議(サミット)がはじめて開催された。

問12　下線部Lに関して、宗教の特徴とかかわりの深い場所ア、イ、ウとの組み合わせとして、正しいものを一つ選びなさい。　24

X　人はみな罪を背負っているが、神の愛を受けられることを教えた。
Y　神に絶対的に従うことや、神の像をつくって拝んではならないことを説いた。
Z　修行を積んで悟りを開けば安らぎを得ることができることを教えた。

①	X－ア	Y－イ	Z－ウ
②	X－ア	Y－ウ	Z－イ
③	X－イ	Y－ア	Z－ウ
④	X－イ	Y－ウ	Z－ア
⑤	X－ウ	Y－ア	Z－イ
⑥	X－ウ	Y－イ	Z－ア

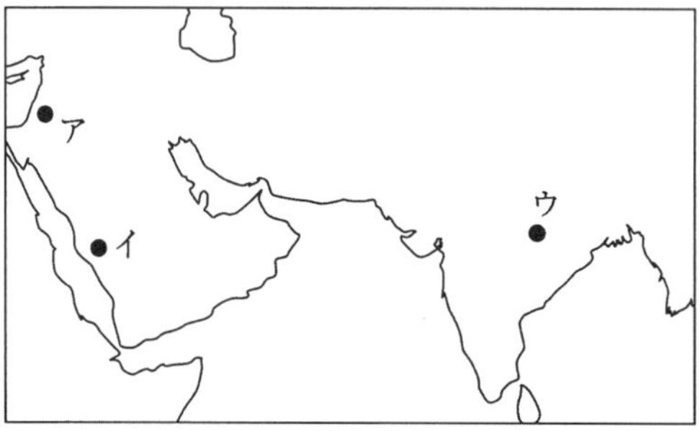

問13　次の資料は、下線部Mの手塚治虫が著した『ぼくはマンガ家』の一部です。文章の空欄にあてはまる語句の組み合わせとして、正しいものを一つ選びなさい。　25

> 昭和21(1946)年1月、天皇みずから、（　ア　）を発表。これは中年以上の国民には驚天動地※の衝撃であった。つづいて（　イ　）は、軍国主義者の公職追放を指令した。これも徹底したものだった。A出版社のB氏そのひとりだった。もちろん、退職金や手当などいっさいまかりならぬというお達しだ。なおかつ、あらゆる出版社に今後顔を出すことも禁止された。懐かしいA出版社に一歩入ることさえもできなくなった。

※驚天動地…世間を非常に驚かせること。

① ア－ポツダム宣言　イ－連合国軍最高司令官総司令部(GHQ)
② ア－ポツダム宣言　イ－浜口雄幸内閣
③ ア－ポツダム宣言　イ－田中角栄内閣
④ ア－人間宣言　イ－連合国軍最高司令官総司令部(GHQ)
⑤ ア－人間宣言　イ－浜口雄幸内閣
⑥ ア－人間宣言　イ－田中角栄内閣

問14　同じく下線部Mの手塚治虫と同じ時期に活躍した人物の説明とその人物の組み合わせとして、正しいものを一つ選びなさい。　26

X　小説『雪国』などを発表し、ノーベル文学賞を受賞した。

Y　映画「羅生門」でベネチア国際映画祭金獅子賞を受賞した。

a　湯川秀樹　　b　川端康成　　c　黒澤明　　d　芥川龍之介

① X－a　Y－c　　② X－a　Y－d

③ X－b　Y－c　　④ X－b　Y－d

Ⅳ　次の文章を読み、各問いに答えなさい。

> 私たちが暮らす現在の社会には、防災・安全や環境・エネルギー、A：人権・平和、B：伝統・文化、情報・技術に関わるさまざまな課題のほか、社会の変化によって生まれたC：グローバル化やD：情報化、少子高齢化といった解決すべき新たな課題も生まれている。こうした課題の解決には、常に私たち一人ひとりが「持続可能性」という視点で社会の課題に関心を持ち、E：政治に関わっていくことが必要不可欠であると言える。そして、多文化共生の中で、F：それぞれの経験や知恵を出しあって話し合うことで、より良い解決策を見つけ出すことができる。

問１　下線部Ａに関して、「新しい人権」ではないものを一つ選びなさい。　27

① 自己決定権　② 環境権　③ 請求権
④ 知る権利　⑤ プライバシーの権利

問２　下線部Ｂに関して述べた文として、正しいものを一つ選びなさい。　28

① 日本は島国であるため、これまで世界の文化が日本に持ちこまれることなく、日本独自の伝統・文化だけが現在も大切に守られてきている。
② 日本には独特な伝統文化があり、そのひとつである琉球文化は、北海道や樺太(サハリン)、千島列島の先住民族が受けついできた文化である。
③ 日本の各地にある古くから受けつがれてきた祭りや芸能は、文化財保護に向けた法律がないために減少傾向にある。
④ 日本の製品やサービスにおいて、言語や性別、障がいの有無などにかかわらず、だれもが利用しやすいように工夫したユニバーサルデザインが広がってきている。
⑤ 日本文化の価値観を表す「もったいない」という言葉は、ノーベル平和賞を受賞したアウンサンスーチーさんによって世界に紹介され、環境保護の観点から高く評価された。

問3　下線部Cに関して、次の文章の空欄にあてはまる語句の組み合わせとして、正しいものを一つ選びなさい。　29

> グローバル化がすすむにつれて、商品を簡単に輸入できるようになる。貿易において、どちらの国がより良い商品をより安く提供できるかという国際（　ア　）が激しくなる。また、それぞれの国が競争力の強い産業に力を入れ、競争力の弱い産業については他国にたよる国際（　イ　）もおこなわれるようになる。
>
> 一方で、自国の商品だけでは生活が成り立たなくなり、各国がたがいに依存する状態になっている。これにともなって日本では、国内で消費する食料を国内の生産でまかなっている割合を示す、（　ウ　）率の低さが課題になっている。

① ア－分業　イ－競争　ウ－食料輸入
② ア－分業　イ－競争　ウ－食料自給
③ ア－分業　イ－競争　ウ－市場占有
④ ア－競争　イ－分業　ウ－食料輸入
⑤ ア－競争　イ－分業　ウ－食料自給
⑥ ア－競争　イ－分業　ウ－市場占有

問4　下線部Dに関して述べた文章アからウの正誤の組み合わせとして、正しいものを一つ選びなさい。　30

ア　パソコンよりスマートフォンの方が、社会に普及した時期が早かった。
イ　情報モラルに反する行為として、SNSやブログ上で嘘の情報を書きこむことがあげられる。
ウ　デジタル・デバイドとは、情報をあつかう手段や技能を持つ人と持たない人との格差のことである。

① ア－正　イ－正　ウ－誤　② ア－正　イ－誤　ウ－正
③ ア－正　イ－誤　ウ－誤　④ ア－誤　イ－誤　ウ－正
⑤ ア－誤　イ－正　ウ－誤　⑥ ア－誤　イ－正　ウ－正

問５　下線部Ｅに関して、わが国の政治のしくみを述べた文として、正しいものを一つ選びなさい。 31

① 衆議院が解散されている間に緊急事態がおこった場合は、両院で緊急に集会が開かれる。
② 内閣は、国会において総理大臣および国務大臣を国会議員の中から選んで組織される。
③ 憲法改正は、衆議院と参議院それぞれの総議員の過半数以上の賛成によって発議することができる。
④ 地方自治の特徴は二元代表制であり、住民が地方議員と首長を選ぶ。
⑤ 住民は署名を集めるだけで、その首長や議員を辞めさせたり議会を解散させたりすることができる。

問６　下線部Ｆに関して、国会の規則を述べた文の組み合わせとして、正しいものを一つ選びなさい。 32

a　法律案や予算は、分野別に数十人の国会議員で構成される委員会で審査される。
b　衆議院と参議院の議決が異なる場合は、必ず両院協議会を開かなければならない。
c　衆議院の優越により、予算は参議院よりも先に衆議院で審議される。
d　参議院で否決された法律案は、衆議院にて出席議員の過半数以上の賛成で再可決したときに法律となる。

① ａとｂ　② ａとｃ　③ ａとｄ
④ ｂとｃ　⑤ ｂとｄ　⑥ ｃとｄ

V　あるクラスの公民の授業で、私たちの班では、戦後日本の経済発展に興味を持ち、社会に大きく影響をおよぼしたできごとを次の年表にまとめました。各問いに答えなさい。

時期	できごと
1950年	朝鮮戦争が勃発した。日本は好景気にわいた。
1956年	A：国際連合に正式加盟した。
1961年	国民皆保険制度がはじまった。 日本のB：社会保障制度が充実した。
1964年	東京オリンピック・パラリンピックが開催された。
1973年	熊本県で発生したC：公害に対する訴訟で、患者側が全面勝訴した。 石油危機が発生した。
1985年	日米貿易摩擦問題が激化した。
1986年	平成（バブル）景気がはじまり、D：土地価格が高騰した。
1991年	バブル経済が崩壊した。平成大不況がはじまった。
2008年	アメリカで世界金融危機がおこった。
2020年	新型コロナウイルスによるパンデミックがおこった。

問１　下線部Aに関して、国際連合には様々な仕組みや役割があります。それらを説明をした文として、正しいものを一つ選びなさい。　33

① 世界の人々の暮らしを向上させるため、専門機関やそのほかの国際機関、NGOなどと連携して、持続可能な開発を実現する取り組みであるSDGsを定めた。

② 紛争が起こった地域では、停戦や選挙の監視などのPKOがおこなわれている。紛争地域での訴訟に関して、すべて拒否権を有している。

③ 世界の平和と安全を実現するため、世界人権宣言が採択された。安全保障理事会が国連のすべての決定権を持っているなど、強い権限を与えられている。

④ 国連総会で決定されたことに関して、加盟国は必ず従う義務を有している。全会一致で議決されない限り、議案を採択することはない。

⑤ 世界の政治や経済について話し合う主要国首脳会議（サミット）は、現在ではG20の影響力が大きくなっている。

問２　下線部Ｂに関して、社会保険・公的扶助・社会福祉・公衆衛生の説明として、誤っているものを一つ選びなさい。　34

① 社会保険は、けがや病気、失業などで働けなくなり、収入がなくなることへの備えである。

② 公的扶助は、国や地方公共団体がおこなう公的な目的の事業で、道路や港湾など、社会資本を建設する事業を指す。

③ 社会福祉は、高齢者や障がいのある人々、子どもなど、社会の中で弱い立場になりやすい人々を支援するものである。

④ 公衆衛生は、生活環境の改善や感染症の予防を通して、人々の健康や安全な生活を守る役割を果たしている。

⑤ 介護保険制度では、40歳以上の人の加入が義務付けられている。主な介護サービスとしては、居宅・施設・地域密着型などがある

問３　下線部Ｃに関して、四大公害病の説明として、誤っているものを一つ選びなさい。なお、選択肢①から④のすべてが正しい場合は、⑤をマークしなさい。　35

① 新潟水俣病は、同県阿賀野川流域で発生した。工場排水に含まれる有害な物質による水質汚濁が原因とされた。

② 四日市ぜんそくは、三重県四日市で発生した。工場排煙に含まれる有害な物質による大気汚染が原因とされた。

③ イタイイタイ病は、富山県神通川流域で発生した。工場排水に含まれる有害な物質による水質汚濁が原因とされた。

④ 水俣病は、熊本県や鹿児島県に面する八代海沿岸で発生した。工場排水に含まれる有害な物質による水質汚濁が原因とされた。

問４　下線部Ｄに関して、平成景気により土地価格が高騰したのは、土地売買がさかんにおこなわれて需要が増した結果だということがわかりました。これらの現象と同じように、需要と供給の関係をあらわしたグラフの説明として、誤っているものを一つ選びなさい。　36

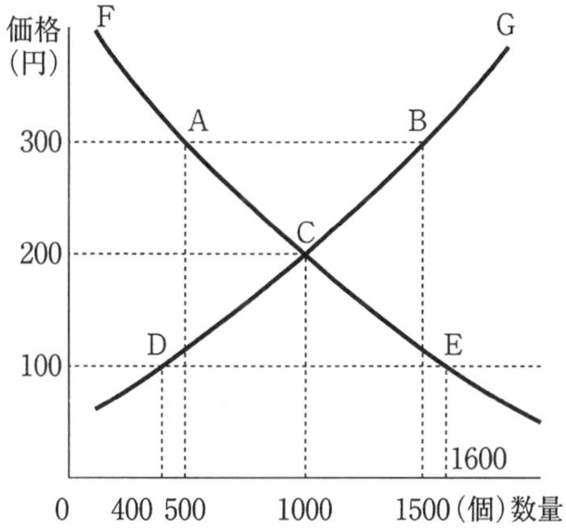

① 価格が300円の時、需要量は500個（点Ａ）、供給量は1500個（点Ｂ）で、「需要量＜供給量」なので価格は下がる。

② 価格が100円の時、需要量は1600個（点Ｅ）、供給量は400個（点Ｄ）で、「需要量＞供給量」なので価格は上がる。

③ 価格が200円の時、需要量と供給量とも1000個(点Ｃ)でつり合う。この価格を寡占価格という。

④ 線Ｆは、需要曲線をあらわしている。

⑤ 線Ｇは、供給曲線をあらわしている。

K 教英出版

2022年度

入学試験

第2時限　理　　科

放送で「始め」という合図があるまで，このページ以外のところを見てはいけません。
それまでは注意事項を静かにくりかえし読みなさい。

注　　意

1．試験時間は正味45分で行います。

2．受験番号は，必ずマークしなさい。

受験番号			
千	百	十	一
●	●	⓪	⓪
①	①	●	①
②	②	②	●
③	③	③	③

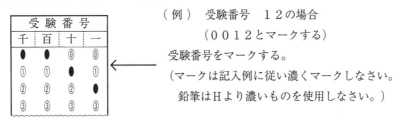

←（例）　受験番号　１２の場合
（００１２とマークする）
受験番号をマークする。
（マークは記入例に従い濃くマークしなさい。
鉛筆はＨより濃いものを使用しなさい。）

3．解答は，解答用紙の解答記入欄にマークしなさい。
たとえば，**20** と表示のある問いに対して③を解答する場合は，次の（ 例 ）のように解答番号 20 の解答記入欄の③にマークしなさい。

（ 例 ）

解答番号	解答記入欄									
20	①	②	●	④	⑤	⑥	⑦	⑧	⑨	⑩

4．記入上の注意

⑴　マークは黒鉛筆で長円内をぬりつぶしなさい。
（鉛筆はＨより濃いものを使用しなさい。）

⑵　訂正するときは，消しゴムできれいに消し，消しくずを残さないようにしなさい。

⑶　解答用紙には，所定の記入欄以外に何も書かないようにしなさい。

⑷　解答用紙は，折り曲げたり，汚さないようにしなさい。

5．問題についての質問は受けつけません。ただし，ページ数が不足していたり，印刷の文字が不鮮明であるときに質問することはさしつかえありません。

6．時間の終わりに放送で「やめ」という合図があったら，ただちに解答をやめなさい。

岡崎城西高等学校

〈1〉から〈13〉の問いに答えなさい。答は解答群の中から１つ選び，番号をマークしなさい。

〈1〉 次の問いに答えなさい。

焦点距離のわからない凸レンズを使い，図のような装置でスクリーンに映し出される像について調べた。物体（光源）と凸レンズの距離が40 cmのとき，スクリーンに物体の大きさと同じ大きさの像ができた。

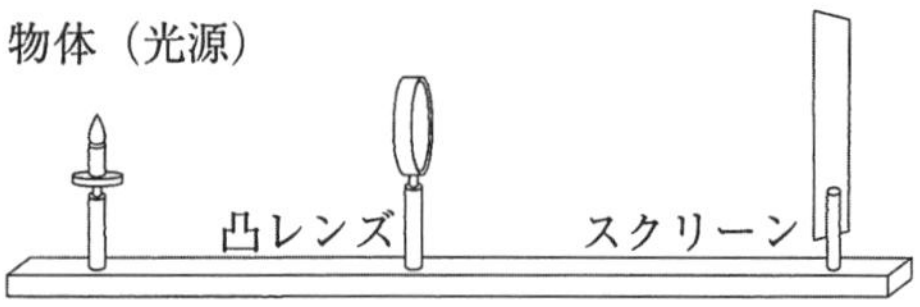

(1) このとき，スクリーンと凸レンズの距離は何cmですか。 1 cm

① 10　② 20　③ 40　④ 80　⑤ 120

(2) この凸レンズの焦点距離は何cmですか。 2 cm

① 10　② 20　③ 40　④ 80　⑤ 120

(3) この凸レンズの下半分を黒い紙でおおった。このとき，スクリーンにできる像はどのようになりますか。 3

① 変化しない。
② 像の上半分が見えなくなる。
③ 像の下半分が見えなくなる。
④ 像全体は見えるが，像が暗くなる。
⑤ 像がまったく見えなくなる。

(4) 物体と凸レンズの距離を焦点距離より短くして物体を置き，スクリーンの位置を調節した。このとき，スクリーンにできる像はどうなりますか。 4

① 物体の大きさより大きく，上下が逆向きの像ができる。
② 物体の大きさより大きく，上下が同じ向きの像ができる。
③ 物体の大きさより小さく，上下が逆向きの像ができる。
④ 物体の大きさより小さく，上下が同じ向きの像ができる。
⑤ 像はできない。

〈2〉 次の問いに答えなさい。

図のように，質量10 kgで各辺の長さが20 cm，40 cm，50 cmの直方体が水平な床の上に置いてある。100 gの物体にはたらく重力の大きさを1 Nとする。

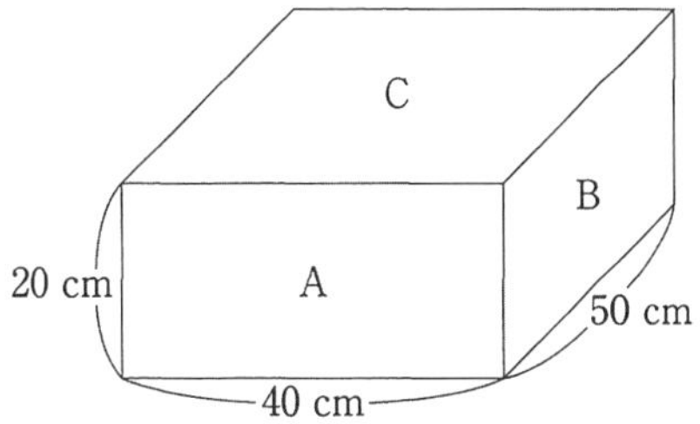

(1) A面，B面，C面をそれぞれ下にして床の上に置いた。A面を下にしたときに床が受ける圧力の大きさをa〔Pa〕，B面を下にしたときに床が受ける圧力の大きさをb〔Pa〕，C面を下にしたときに床が受ける圧力の大きさをc〔Pa〕とする。a：b：cの比として，正しいものはどれですか。

a：b：c＝ 5

① 1：1：1　② 2：4：5　③ 4：5：10
④ 5：4：2　⑤ 10：5：4

(2) C面を下にして直方体を床に置きその上におもりをのせた。このとき，床が受ける圧力は1500 Paであった。上にのせたおもりの質量は何kgですか。

6 kg

① 5　② 14　③ 15　④ 20　⑤ 30

(3) A面を下にして全部で4つの同じ直方体を積み上げて置いた。B面を下にして直方体を積み上げて，このときに床が受ける圧力と同じ圧力になるようにしたい。全部で何個の直方体が必要ですか。

7 個

① 2　② 4　③ 5　④ 8　⑤ 10

〈3〉 次の問いに答えなさい。

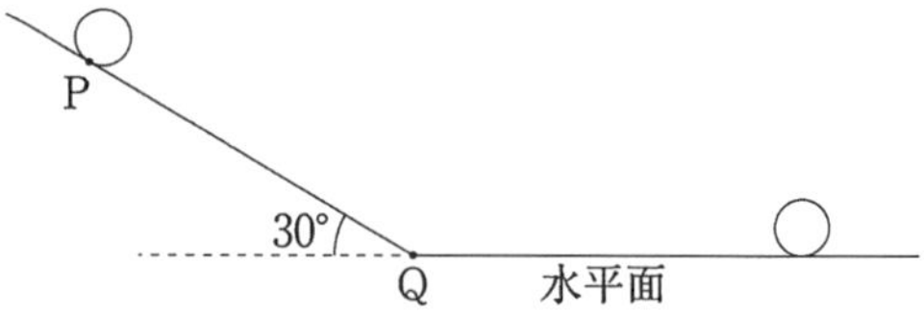

水平面となす角が30° で，水平面となめらかにつながっている斜面がある。この斜面上の点Pに質量2 kgの小球を置き，静かに手をはなすという実験を行った。小球は点Qで斜面から水平面に移り，水平面上を運動していった。小球にはたらく摩擦や空気の抵抗はないものとする。また，100 gの物体にはたらく重力の大きさを1 Nとする。

(1) 水平面上で小球にはたらく重力の大きさをW_1，斜面上にあるときに小球にはたらく重力の大きさをW_2とする。W_2はW_1の何倍ですか。 [8]倍

① 0　② $\frac{1}{2}$　③ $\frac{\sqrt{3}}{2}$　④ 1　⑤ 2

(2) 点Pから点Qまでの小球の速さと時間の関係を示したグラフとして最も適当なものはどれですか。 [9]

①
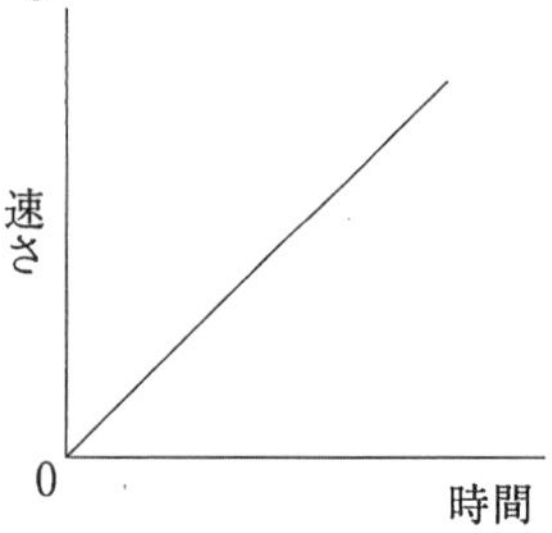

②
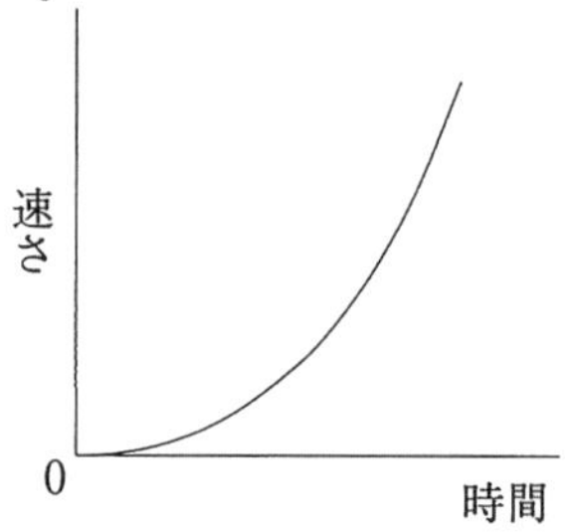

③
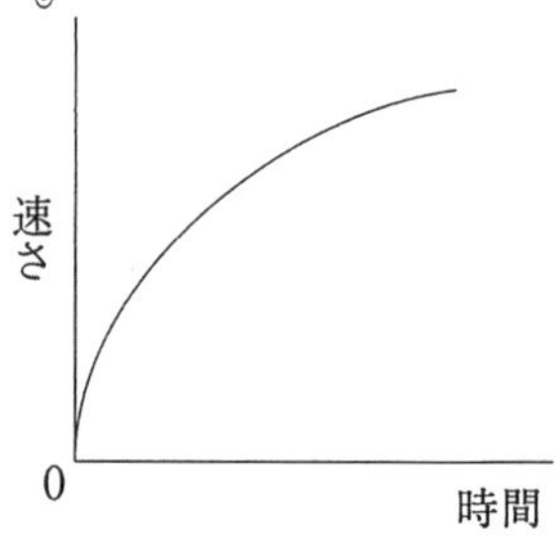

④
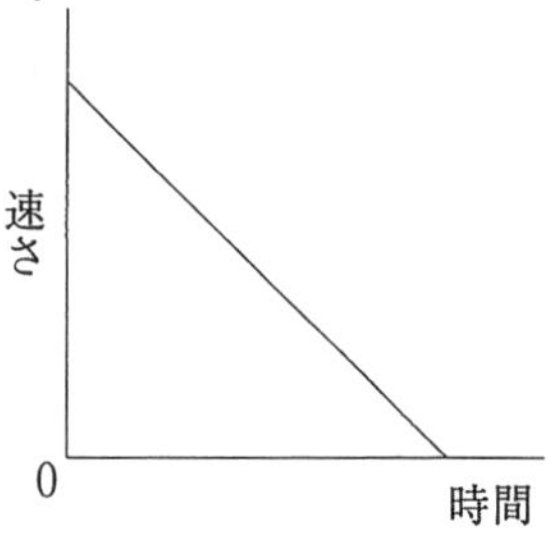

⑤
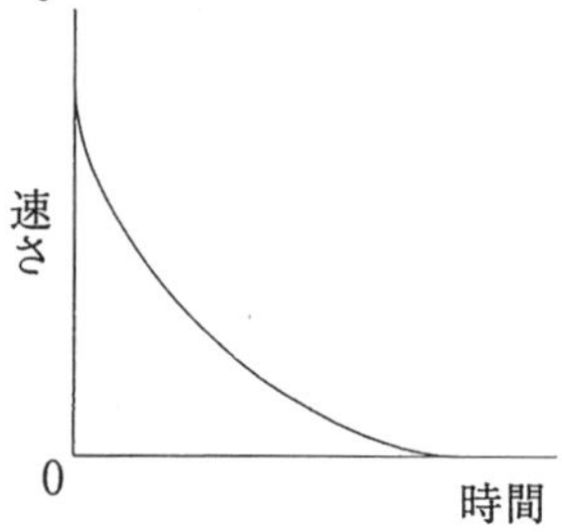

(3) 点Pから点Qまでの，小球の高さと運動エネルギーおよび力学的エネルギーとの関係を示したグラフとして最も適当なものはどれですか。ただし，グラフの中で ---------（破線）は運動エネルギー，————（実線）は力学的エネルギーを表している。 10

①

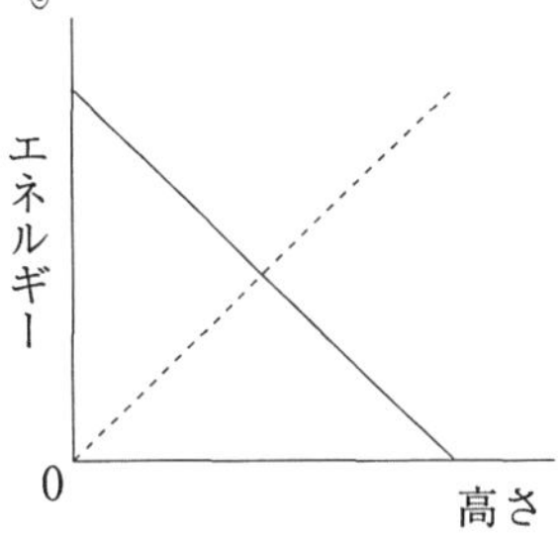

②

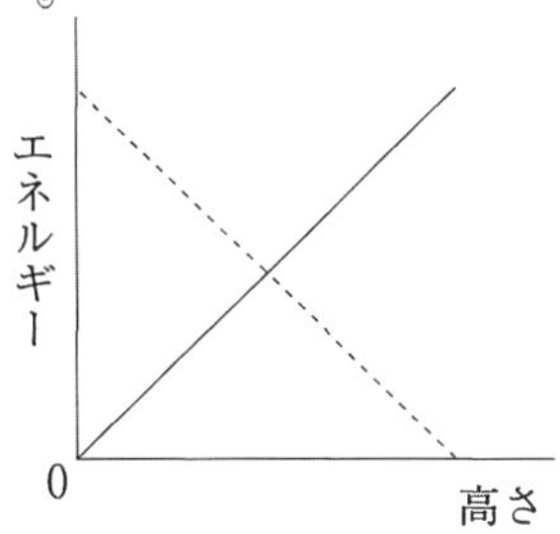

③

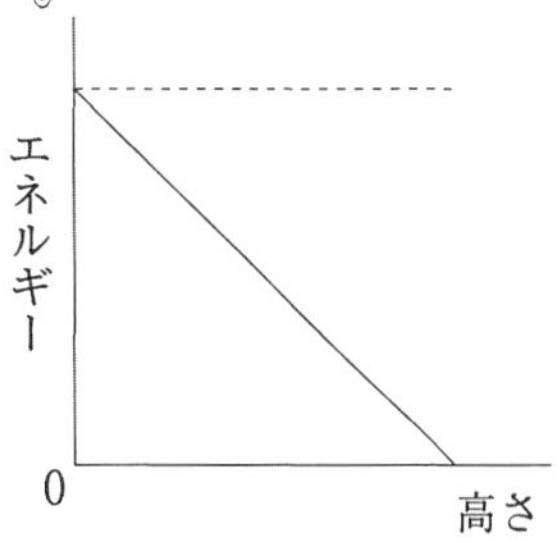

④

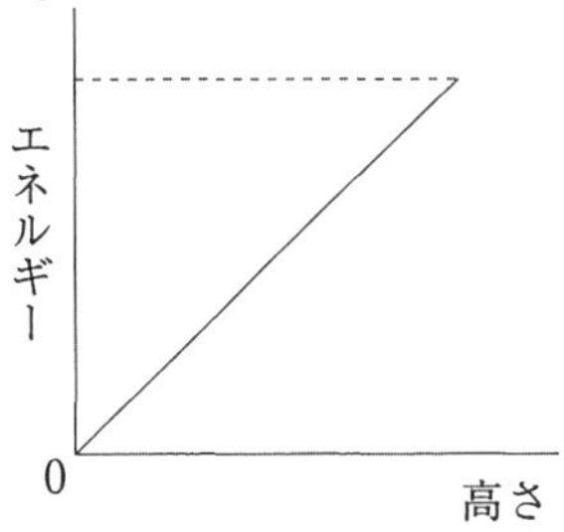

⑤

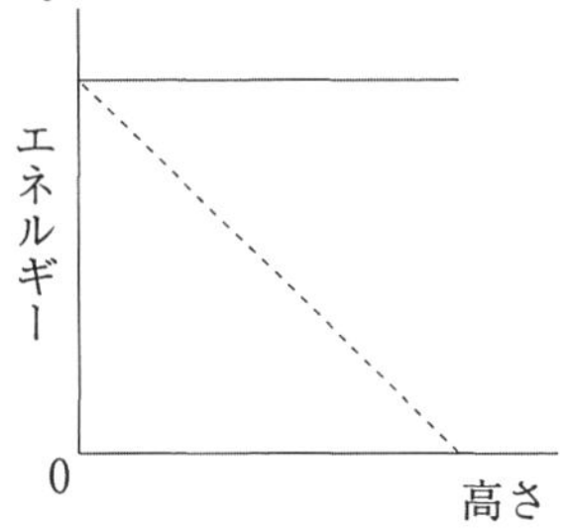

⑥

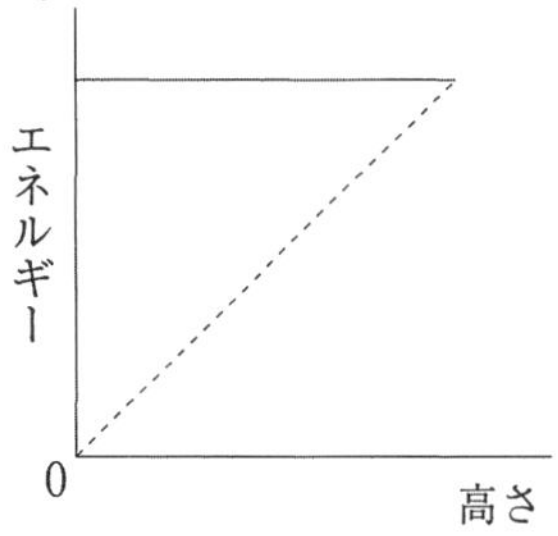

(4) 質量4 kgの小球を用いて同じ実験を行った。このとき，水平面を運動しているときの小球の速さと運動エネルギーの大きさは，質量2 kgの小球を用いたときと比べてどうなるか。正しい組合せを選びなさい。 11

	速さ	運動エネルギー
①	$\frac{1}{2}$倍	1倍より小さい
②	$\frac{1}{2}$倍	1倍
③	$\frac{1}{2}$倍	1倍より大きい

	速さ	運動エネルギー
④	1倍	1倍より小さい
⑤	1倍	1倍
⑥	1倍	1倍より大きい

	速さ	運動エネルギー
⑦	2倍	1倍より小さい
⑧	2倍	1倍
⑨	2倍	1倍より大きい

(5) 仕事について述べた次の文のうち，正しいものはいくつありますか。 12

・壁を80 Nの力で押したときの仕事は80 Jである。
・水平面に置いた質量2 kgの物体がある。この物体を3 Nの力で水平に4 m引いたとき，垂直抗力のする仕事は40 Jである。
・水平面に置いた質量2 kgの物体を水平に引く。3 Nの力で4 m引いたときの仕事と4 Nの力で3 m引いたときの仕事の大きさは等しい。
・質量2 kgの物体を重力に逆らって，手でゆっくり1 m持ち上げた。これを10秒かけて行ったときの手のした仕事と20秒かけて行ったときの手のした仕事とでは，10秒のときの方が仕事の大きさが大きい。

① 1つ　② 2つ　③ 3つ　④ 4つ　⑤ なし

〈4〉 図のような実験装置を用いて酸素を発生させた。次の問いに答えなさい。

(1) 酸素を発生させるために用いた物質A，物質Bとして最も適当なものはどれですか。

物質A 13　物質B 14

① 水酸化ナトリウム水溶液
② 過酸化水素水
③ 塩酸
④ 石灰石
⑤ 二酸化マンガン
⑥ マグネシウム

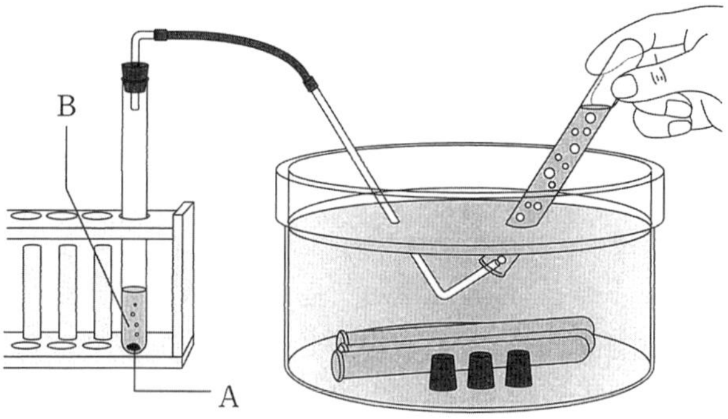

(2) 図のような気体の集め方の名称と，この方法と同じ集め方で集めることができる気体の組合せとして正しいものはどれですか。 15

	気体の集め方	気体の種類
①	上方置換法	水素
②	上方置換法	塩素
③	上方置換法	塩化水素
④	下方置換法	水素
⑤	下方置換法	塩素
⑥	下方置換法	塩化水素
⑦	水上置換法	水素
⑧	水上置換法	塩素
⑨	水上置換法	塩化水素

(3) 集めた気体が酸素であることを確かめる方法はどれですか。 16

① 火のついた線香を入れると，線香が激しく燃える。
② 石灰水を加えてよく振ると，白くにごる。
③ 水でぬらした赤色リトマス紙を近づけると，青色になる。
④ 赤インクを付けたろ紙を近づけると，インクの色が消える。

〈5〉 表のア～ウは，スチールウール，マグネシウムリボン，炭のいずれかである。それぞれの物質に，次の２種類の実験を行い，表のような結果を得た。あとの問いに答えなさい。

実験１　スチールウール，マグネシウムリボン，炭を，うすい塩酸が入った試験管に入れた。
実験２　スチールウール，マグネシウムリボン，炭を，ガスバーナーで十分に直接加熱した。

	ア	イ	ウ
実験１の結果	反応しなかった	気体が発生した	気体が発生した
実験２の結果	白い物質がわずかに残った	黒い物質が残った	白い物質が残った

(1)　アは次のうちどれですか。　17

①　スチールウール　　②　マグネシウムリボン　　③　炭

(2)　イがうすい塩酸と反応して発生した気体の性質として最も適当なものはどれですか。　18

①　水に溶けやすく，空気より軽い　　②　水に溶けやすく，空気より重い
③　水に溶けにくく，空気より軽い　　④　水に溶けにくく，空気より重い

(3)　ウは実験２の加熱中に熱と激しい光を出して反応した。生じた熱や光は，もともと反応した物質がもっていたエネルギーが変化したものである。反応した物質がもっていたエネルギーの名称はどれですか。　19

①　電気エネルギー　　②　熱エネルギー　　③　光エネルギー
④　化学エネルギー　　⑤　核エネルギー

〈6〉 炭酸水素ナトリウムを用いて実験を行った。あとの問いに答えなさい。

【実験】

［1］図のように，炭酸水素ナトリウムをガスバーナーで十分に加熱した。

［2］発生した気体を石灰水に通じた。

［3］試験管の口についた液体に塩化コバルト紙をつけて色の変化を調べた。

［4］炭酸水素ナトリウムと加熱後の試験管に残った物質を，水の入った２本の試験管にそれぞれ入れ，よく振り混ぜた。

［5］［4］のそれぞれの試験管にフェノールフタレイン液を数滴入れ，色の変化を観察した。

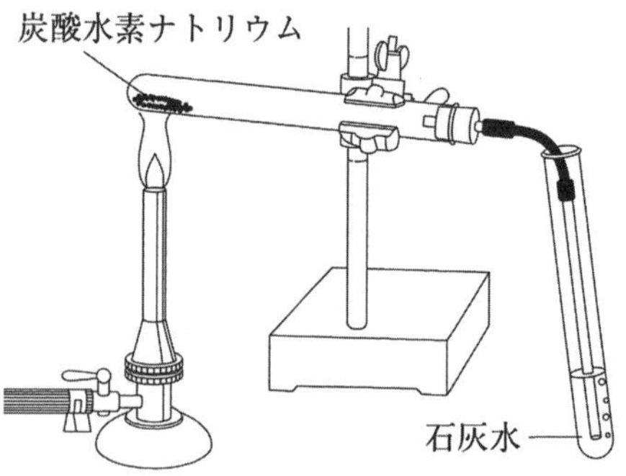

(1) 実験［3］で塩化コバルト紙は何色から何色に変化したか。最も適当なものはどれですか。 20

① 黄色から青色　② 黄色から赤色　③ 赤色から青色
④ 赤色から黄色　⑤ 青色から黄色　⑥ 青色から赤色

(2) 実験［5］で，フェノールフタレイン液を入れた後の溶液の色として，正しい組合せはどれですか。 21

	炭酸水素ナトリウム	加熱後の試験管に残った物質
①	うすい青色	うすい黄色
②	うすい青色	濃い赤色
③	濃い緑色	うすい青色
④	濃い緑色	濃い緑色
⑤	うすい赤色	濃い赤色
⑥	うすい赤色	濃い黄色
⑦	濃い赤色	うすい赤色
⑧	濃い赤色	濃い紫色

(3) 実験［1］でみられた化学変化の名称として正しいものはどれですか。 22

① 酸化　② 還元　③ 熱分解　④ 中和　⑤ 融解

〈7〉 金属のイオンへのなりやすさについて調べる実験について，あとの問いに答えなさい。

【実験】

［1］試験管に硫酸亜鉛水溶液5 mLと銅板を入れ，銅板付近の様子を観察した。

［2］試験管に硫酸亜鉛水溶液5 mLと亜鉛板を入れ，亜鉛板付近の様子を観察した。

［3］試験管に硫酸亜鉛水溶液5 mLとマグネシウム板を入れ，マグネシウム板付近の様子を観察した。

(1) 実験［1］［2］［3］のうち，金属板に変化が起きたのはどれですか。 23

① 実験［1］　② 実験［2］　③ 実験［3］

(2) (1)の変化として，正しいものはどれですか。 24

① 赤い物質が付着した
② 黒い物質が付着した
③ 気体が発生した

(3) (1)の変化を表した化学反応式として，正しい組合せはどれですか。 25

(ア) $Cu \rightarrow Cu^{2+} + 2e^-$
(イ) $Zn \rightarrow Zn^{2+} + 2e^-$
(ウ) $Mg \rightarrow Mg^{2+} + 2e^-$
(エ) $Cu^{2+} + 2e^- \rightarrow Cu$
(オ) $Zn^{2+} + 2e^- \rightarrow Zn$
(カ) $Mg^{2+} + 2e^- \rightarrow Mg$

① ア，オ　② ア，カ　③ イ，エ　④ イ，カ　⑤ ウ，エ　⑥ ウ，オ

(4) 次のうち，実験からわかることとして正しい組合せはどれですか。 26

(ア) 亜鉛は銅よりもイオンになりやすい
(イ) 亜鉛はマグネシウムよりもイオンになりやすい
(ウ) 銅は亜鉛よりもイオンになりやすい
(エ) マグネシウムは亜鉛よりもイオンになりやすい

① ア，イ　② ア，ウ　③ ア，エ　④ イ，ウ　⑤ イ，エ　⑥ ウ，エ

〈8〉 植物について次の問いに答えなさい。

(1) 図は，上から見たアヤメの花を模式的に示したものであり，図中の①～④は，花弁，めしべ，がく，おしべのいずれかである。なお①～④は花の外側から④→③→②→①の順についている。がくはどれですか。 27

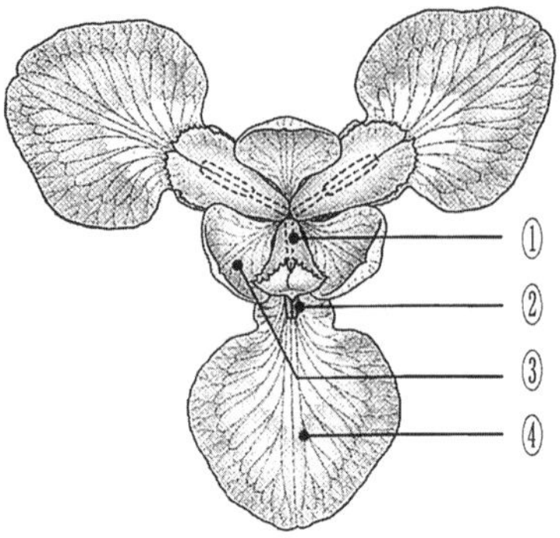

(2) 次の文のうち，誤っているものはどれですか。 28

① マツの花は，花弁やがくがない。
② スギは雌花と雄花が同じ木につく。
③ イチョウの雌花と雄花は，それぞれ別々の木につく。
④ ソテツは，花粉が直接胚珠につかない。

(3) 次の文のうち，正しいものはどれですか。 29

① 葉でできたデンプンは，水に溶けにくい物質に変わり，体の各部に運ばれる。
② 単子葉類の葉の葉脈は平行脈である。
③ 葉にある気孔の数は，一般に葉の裏より表に多い。
④ 双子葉類の根は，ひげ根をもつ。
⑤ シダ植物は，維管束があり種子でふえる。
⑥ コケ植物は，根，茎，葉の区別がある。

〈9〉 動物の体のつくりとはたらきについて次の問いに答えなさい。

(1) 次の文のうち，誤っているものはどれですか。 30

① 毛細血管の直径は，0.01 mmくらいである。
② ヒトの心臓は，心房と心室，心室と血管の間に血液の逆流を防ぐ弁をもつ。
③ 肺動脈を流れる血液は，静脈血である。
④ ヘモグロビンは酸素の多いところでは，酸素と結びつく性質をもつ。
⑤ 毛細血管の壁から血液の中の液体の一部がしみ出している。
⑥ リンパ管はしだいに集まって太い管となり，首の下で動脈と合流する。
⑦ ヒトの心臓の拍動数は，1日約10万回になる。

(2) 次の文のうち，正しいものはいくつありますか。 31

・食物に含まれている炭水化物，脂肪，タンパク質などの養分は，食べたままの形で体内にとり入れて利用することができる。
・消化液は，だ液せんやすい臓，肝臓から出ているが，胃や小腸の壁からも出ている。
・タンパク質は，消化酵素のはたらきで，脂肪酸とモノグリセリドに分解される。
・ブドウ糖やアミノ酸は，柔毛から吸収されて門脈にはいり，血液とともに肝臓に運ばれる。
・胆汁には，タンパク質を細かい粒にして消化酵素のはたらきを助ける性質がある。

① 1つ　② 2つ　③ 3つ　④ 4つ　⑤ 5つ　⑥ なし

(3) 次の文のうち，反射であるものはいくつありますか。 32

・暗いところで目のひとみが広がる。
・食物を口に入れるとだ液が出る。
・うっかり熱いものに手がふれると無意識に手を引っこめる。
・落ちてくるものさしをつかむ。

① 1つ　② 2つ　③ 3つ　④ 4つ　⑤ なし

(4) 次の文のうち，誤っているものはどれですか。 33

① ザリガニは，えらで呼吸をする。
② ウニは，節足動物である。
③ タコの体には，内臓とそれを包みこむ外とう膜がある。
④ クモは，体の外側に外骨格がある。

〈10〉 次の問いに答えなさい。

(1) 次の文のうち，正しいものはどれですか。 34

① オニユリのムカゴは，減数分裂によってつくられる。
② 生物が自らと同じ種類の新しい個体をつくることを発生という。
③ 哺乳類では，同じ両親から生まれた子は，形質のちがいがあっても，両親からそれぞれの染色体の半分ずつを受け継ぐ。
④ 体細胞分裂では細胞が分かれて染色体の数が半分になるが，その後複製するので染色体の数はもとの細胞と同じになる。
⑤ ひも状の染色体はいつも核の中に見えている。

(2) 次の文のうち，誤っているものはどれですか。 35

① 水中での生態系に着目した場合，動物プランクトンと植物プランクトンの数量はほぼ同じである。
② 納豆菌は，単細胞生物で分裂によってふえる。
③ シイタケは，菌類であり胞子でふえる。
④ 植物は，酸素を使って呼吸をしている。
⑤ 自然界において炭素や酸素は，光合成，食物連鎖，呼吸によって生物の体とまわりの環境との間を循環している。

(3) エンドウの子葉の色については，緑色と黄色の２つが対立形質となっていて，緑色の子葉か黄色の子葉しか現れない。緑色と黄色の両方の遺伝子があるときは，必ず黄色になる。このときの顕性の遺伝子をA，潜性の遺伝子をａとする。あるエンドウとあるエンドウを掛け合わせたとき，子の代の子葉の色は黄色：緑色が１：１になった。それぞれの親の遺伝子の組合せとして正しいものはどれですか。 36

① ＡＡ，Ａａ　② ＡＡ，ａａ　③ Ａａ，Ａａ　④ Ａａ，ａａ

次ページにも問題があります。

〈11〉 次の文を読み，問いに答えなさい。

ひろみさんは，雨の日に洗濯物を部屋で干しているようすを見て，部屋の壁や窓ガラスに水滴をつけることなく，自分の部屋で最大何枚のＴシャツを乾かすことができるか求めてみることにした。

ひろみさんは，このことを予測するため，実験を行い，以下の結果を得ることができた。

【実験とその結果】

〔１〕Ｔシャツ１枚を洗濯し，干す直前に質量を測定したところ，128 gであった。

〔２〕〔１〕のＴシャツ１枚を完全に乾かした後に質量を測定したところ，104 gであった。

〔３〕Ｔシャツを干す直前の部屋の温度は28 ℃で，露点は22 ℃であった。

〔４〕ひろみさんの部屋の容積は，24 m^3であった。

ひろみさんが行った実験とその結果について次の問いに答えなさい。

ただし，表はそれぞれの気温に対する飽和水蒸気量を示している。

気温〔℃〕	飽和水蒸気量〔g／m^3〕	気温〔℃〕	飽和水蒸気量〔g／m^3〕
21	18.3	26	24.4
22	19.4	27	25.8
23	20.6	28	27.2
24	21.8	29	28.8
25	23.1	30	30.4

(1) Ｔシャツを干す直前の部屋の湿度は何％ですか。 [37] ％

① 19 ② 27 ③ 54 ④ 65 ⑤ 71 ⑥ 79

(2) (1)のとき，ひろみさんの部屋の空気１ m^3には，あと何ｇの水蒸気をふくむことができますか。 [38] g

① 5.2 ② 6.6 ③ 7.8 ④ 8.9 ⑤ 9.4 ⑥ 10.5

(3) ひろみさんがこの実験で使用したＴシャツと同じＴシャツを洗濯し，干す直前の質量が実験〔１〕で行ったときと同じ128 gであると仮定する。このＴシャツをひろみさんの部屋で乾かすと，最大何枚乾かすことができますか。ただし，部屋の壁や窓ガラスに水滴をつけることがなく，壁や床などの建材は水分を吸わないものとする。また，この部屋にはＴシャツ以外にものがなく，Ｔシャツの体積は無視できるものとする。Ｔシャツを干している部屋の温度は28 ℃で，Ｔシャツが乾くまで変化しないものとする。 [39]

① ４枚 ② ５枚 ③ ６枚 ④ ７枚 ⑤ ８枚 ⑥ ９枚

〈12〉 次の問いに答えなさい。

(1) 次の文のうち，正しいものの組合せとして最も適切なものはどれですか。 40

ア．日本付近の移動性高気圧は，おもに季節風の影響で西から東に移動する。
イ．風が弱くよく晴れた夜間には，陸から海に向かって風がふく。
ウ．北半球では，高気圧のまわりの風は，高気圧の中心から反時計回りにふき出す。
エ．露点が高い空気ほど多くの水蒸気をふくんでいる。
オ．大気を動かすエネルギーのもとは，太陽放射である。

① アウ　② アイエ　③ アイオ　④ アウエ　⑤ アウオ
⑥ イエ　⑦ イオ　⑧ イエオ　⑨ ウエオ　⑩ エオ

(2) 図は，日本付近を通過している低気圧を示している。地点A，B，Cの天気やその変化について述べた次の文の正誤の組合せとして最も適切なものはどれですか。 41

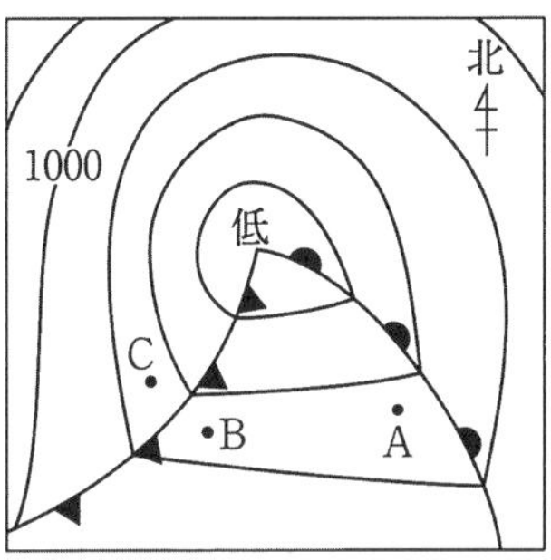

ア．地点Aは，このあと弱い雨がしばらく降り続く。
イ．地点Bは，地点Cより気温が低い。
ウ．地点Cは，北西よりの風がふいている。

	ア	イ	ウ
①	正	正	正
②	正	正	誤
③	正	誤	正
④	正	誤	誤
⑤	誤	正	正
⑥	誤	正	誤
⑦	誤	誤	正
⑧	誤	誤	誤

〈13〉 次の図a～fは，本日2022年２月１日の午後６時と午後８時に，雲がなければ名古屋市から観察できる星空のようすを表している。図に描かれている星空の方角は東，西，南のいずれかで，aのみ方角が南とわかっている。また各方角の図はそれぞれ２つずつあり，ひとつは午後６時のもので，もうひとつは午後８時のものである。なお，各図の中に記入してある名称は星の名前であり，実線で結ばれている模様は星座を表している。また一部の星座のみ星座名が□で囲んで書かれている。

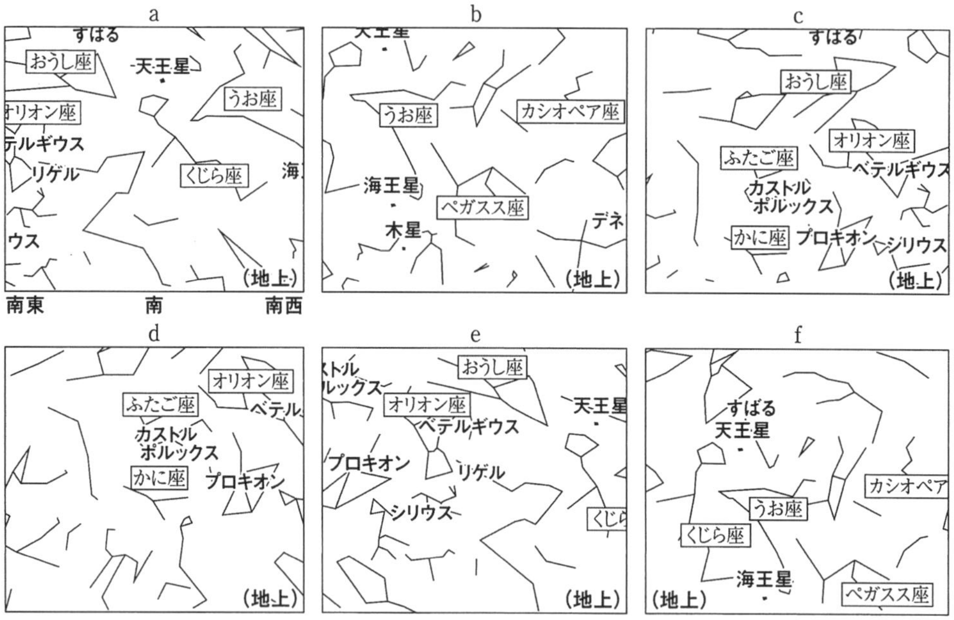

(1) 午後６時の西の空，午後８時の東の空，午後８時の南の空の組合せとして正しいものはどれですか。 ※この問題は学校当局により全員正解となりました。 42

	午後６時 西の空	午後８時 東の空	午後８時 南の空
①	c	f	a
②	f	d	a
③	c	g	b
④	e	f	a
⑤	b	d	e

	午後６時 西の空	午後８時 東の空	午後８時 南の空
⑥	d	b	f
⑦	e	c	d
⑧	f	b	e
⑨	d	e	f
⑩	b	c	a

(2) 本日名古屋市で図bの星空を見るためには，観察者は図の地球上のⓌ～Ⓩのいずれかの位置にいて，またその位置で**ア～エ**のいずれかの方角を向かなければならない。そのことを最も適切に示しているものは，表の組合せのうちどれですか。ただし，図は自転している地球を北極の真上から見たものである。太陽の光は，図のようにⓌの位置の右側から入射している。またⓌ～Ⓩの各位置における**ア～エ**は，観察者から見た東，西，南，北のいずれかの方角を表している。

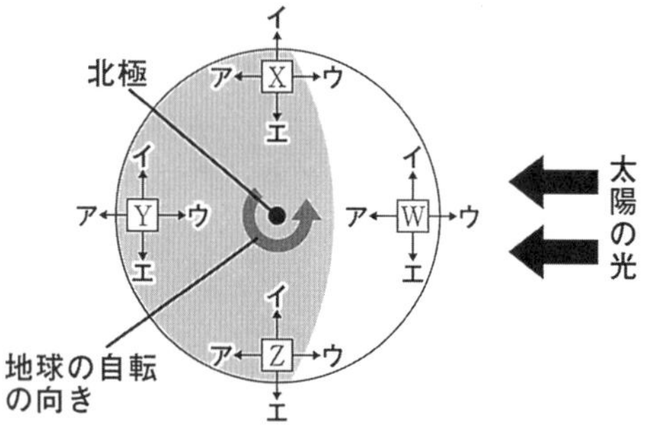

43

	位置	方角
①	W	**イ**
②	W	**エ**
③	X	**ア**
④	X	**イ**
⑤	X	**ウ**

	位置	方角
⑥	Y	**イ**
⑦	Y	**ウ**
⑧	Z	**エ**
⑨	Z	**ア**
⑩	Z	**ウ**

(3)　(2)の図で観察者が本日から翌日にかけてYの位置にきたとき，**ア**の方角の最も近くに見えるのはどの星座ですか。　44

①　かに座　②　くじら座　③　オリオン座　④　カシオペア座
⑤　おうし座　⑥　うお座　⑦　ペガスス座

(4)　天球の地平線より上を表した半球に，名古屋市からオリオン座の動きを点線（………）で，そのうち本日2022年２月１日の午後６時から午後８時までの動きを太い実線（━━）で表すとき，そのようすを最も適切に表しているのはどれですか。　45

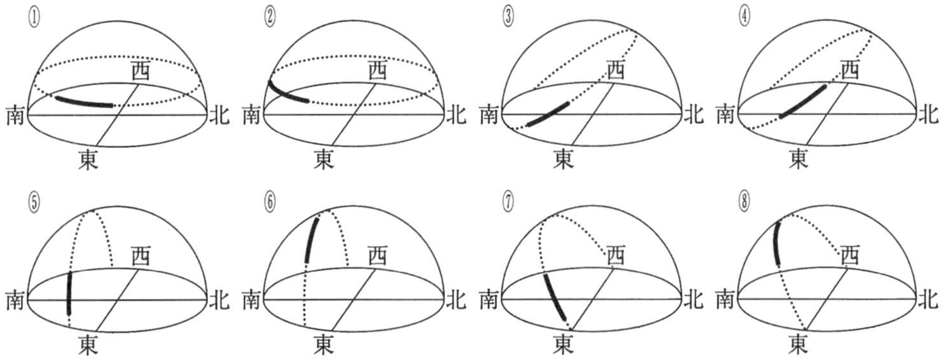

(5)　本日の名古屋市から見た北の空を表した図ｇと図ｈは，一方が午後６時のもので，もう一方が午後８時のものである。ただし両図ともに，北極星とカシオペア座のみ描かれている。北極星を通る地平線との垂線と，北極星とカシオペア座の最も右側の星を結ぶ線を引き，この２つの線がなす角度をそれぞれ角ｘ，角ｙとした。「午後６時の図」と「角ｘと角ｙの差」を表した最も適切な組合せはどれですか。　46

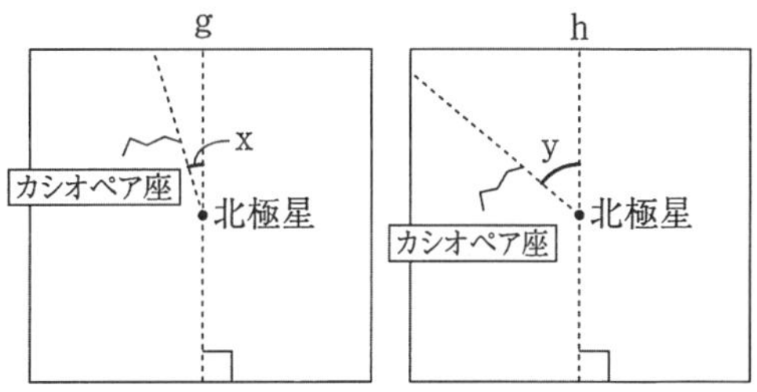

	午後６時の図	角ｘと角ｙの差
①	g	15°
②	g	20°
③	g	30°
④	g	45°
⑤	g	60°

	午後６時の図	角ｘと角ｙの差
⑥	h	15°
⑦	h	20°
⑧	h	30°
⑨	h	45°
⑩	h	60°

2022年度

入学試験

第3時限　英　　語

放送で「始め」という合図があるまで、このページ以外のところを見てはいけません。
それまでは注意事項を静かにくりかえし読みなさい。

注　　意

1．試験時間は正味45分で行います。

2．受験番号は、必ずマークしなさい。

受験番号			
千	百	十	一
●	●	⓪	⓪
①	①	●	①
②	②	②	●
③	③	③	③

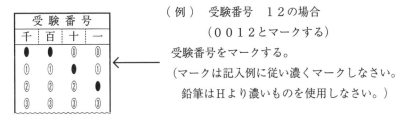

（例）　受験番号　１２の場合
（００１２とマークする）
受験番号をマークする。
（マークは記入例に従い濃くマークしなさい。
鉛筆はＨより濃いものを使用しなさい。）

3．解答は、解答用紙の解答記入欄にマークしなさい。
たとえば、［20］と表示のある問いに対して③を解答する場合は、次の（例）のように解答番号 20 の解答記入欄の③にマークしなさい。

（例）

解答番号	解答記入欄									
20	①	②	●	④	⑤	⑥	⑦	⑧	⑨	⑩

4．記入上の注意
(1)　マークは黒鉛筆で長円内をぬりつぶしなさい。
（鉛筆はＨより濃いものを使用しなさい。）
(2)　訂正するときは、消しゴムできれいに消し、消しくずを残さないようにしなさい。
(3)　解答用紙には、所定の記入欄以外に何も書かないようにしなさい。
(4)　解答用紙は、折り曲げたり、汚さないようにしなさい。

5．問題についての質問は受けつけません。ただし、ページ数が不足していたり、印刷の文字が不鮮明であるときに質問することはさしつかえありません。

6．時間の終わりに放送で「やめ」という合図があったら、ただちに解答をやめなさい。

岡崎城西高等学校

Ⅰ 設問に答えなさい。

問１．英会話スクールの広告を見て、設問に対する答えとして最も適切なものを①～④よりそれぞれ選び、その番号をマークしなさい。

“O.J. English School”

Do you want to speak English well?
Do you think studying English is too difficult?
Don’t worry!
If you join our school, you can enjoy learning English.

Schedule

Class:	**Day:**	**Time:**
Business English	Every Tuesday	19:00 ~ 20:00
Listening	Every Wednesday	18:00 ~ 19:30
Writing	The first and third Saturday	9:00 ~ 11:00
EIKEN*	Every Monday	20:00 ~ 21:30
Speaking	From Monday to Friday	A) 15:00 ~ 15:30 B) 16:00 ~ 16:30 C) 17:00 ~ 17:30

・We are closed every Sunday.
・You can take speaking lessons on the internet.　If you are interested in them, you can call us to join.　Please choose a class time from A, B, or C.

Students’ testimonials*

Student A: *I take the listening class.　It is difficult for me to practice listening alone.　And I need to get a TOEIC score* of at least* 700.　So I am going to take the Business English class, too.　It is good to be able to take a lot of lessons.*

Student B: *I take the writing class.　I often write letters to my friend.　And the teachers here help me check my English.　I didn’t know how to write sentences at first*, but now I can write them well.*

Teacher’s comments:

Learning English can be fun!　It is important to enjoy English.　I think you should try our classes.　Our speaking classes are popular with many Japanese people because they can choose the time they want, and it’s only 30 minutes a day.　Come and join us!*

“O.J. English School”
Address: 98 Nakano-cho, Okazaki City, Aichi
Contact: 0564-31-xxxx

注

EIKEN：英検　testimonials：お客様の声

TOEIC score：トーイック（検定試験）の得点

at least：少なくとも　at first：最初は　popular with～：～に人気がある

1．When does Student A have classes?

① On Wednesdays

② On Thursdays

③ On Tuesdays

④ On Fridays

1

2．What should you do first if you want to take the speaking class?

① Meet a teacher

② Call the school

③ Choose a teacher

④ Take a lesson on the internet

2

3．What is not on the poster?

① Learning English

② Going abroad

③ Taking many lessons

④ Taking a class on the internet

3

問2．電話でのやりとりを読み、設問に対する答えとして最も適切なものを①～④よりそれぞれ選び、その番号をマークしなさい。

Kaho ： Hello, where are you? I've just arrived at Johsei station now.

Yuta ： I'm at home.

Kaho ： Why are you still at home? It's 10:40 a.m. now. Have you forgotten to meet me?

Yuta ： Oh, I'm sorry! I am going to leave now. It takes ten minutes from my house to Angaku Station. I'll get on the first train that I can take.

Kaho ： OK. I'll wait for you here.

Yuta ： See you soon.

Angaku station timetable*

Hour:	Minutes:
8 a.m.	05 20 45 55
9 a.m.	20 45 55
10 a.m.	20 45 55
11 a.m.	05 20 45 55
12 p.m.	05 20 45 55

注 timetable：時刻表

Travel time from Angaku station to other stations

1．What time does Yuta get on the train at Angaku Station?

① 10：45

② 10：50

③ 10：55

④ 11：10 　　4

2．How long does Kaho have to wait for Yuta at Johsei station?

① 30 minutes

② 35 minutes

③ 40 minutes

④ An hour 　　5

Ⅱ 以下の会話が成り立つように、（　　　）内に入る最も適切な１語を書きなさい。

1.

Tom　:　Excuse me. I would like to go to the Okazaki Art Museum. Do you know where it is?

Ken　:　It is (　　　) from here. So you have to take a taxi or that bus over there.

Tom　:　Thank you.

2.

Bob　:　Which do you like better, baseball or basketball?

Tom　:　Oh, that's a difficult question for me. I think baseball is as exciting (　　　) basketball.

3.

Ken　:　I don't like speaking English because I always make many mistakes.

John　:　Don't be (　　　) of making mistakes. From your mistakes, you can learn English.

4.

Nami　:　Your sister was not in school today. How is she doing?

Tatsu　:　She has been sick (　　　) three days.

5.

Ken　:　Has your family prepared for disasters?

Tom　:　Yes.

Ken　:　Oh, really? Tell me (　　　) you have done.

Tom　:　Well, we've made an emergency kit. We keep it in our home.

Ⅲ 会話文を読み、設問に答えなさい。

問1．以下の会話が成り立つように、A～Fに入る表現として最も適切なものを①～⑧よりそれぞれ選び、その番号をマークしなさい。

Alice : Hi, Barry. [A]
Barry : I'm reading a letter from Chihiro. [B]
Alice : Yes. She came to study English, and she went back to Japan last year.
Barry : Now, she goes to school in Nagoya. I've just got a letter from her.
Alice : What does she say?
Barry : Good news! You'll be surprised.
Alice : What is it? Please tell me.
Barry : [C]
Alice : Great! We can see her again! [D]
Barry : This winter.
Alice : I can't wait! How is she now?
Barry : Well, this is the picture I got with her letter. Here you are.
Alice : Oh, she's with her sisters. She looks happy. [E]
Barry : Of course. She says she wants letters from the students at our school.
Alice : Thank you, Barry. [F]

① Do you remember her?
② I'll send her a letter soon.
③ When did she go back to Japan?
④ When will she come?
⑤ She'll come to our school with her sisters.
⑥ Will you write a letter to her?
⑦ Can I write a letter to her?
⑧ What are you doing?

A [6]　B [7]　C [8]　D [9]　E [10]　F [11]

問2．以下の会話を読み、設問に答えなさい。

	Monday	Tuesday	Wednesday	Thursday	Friday	Saturday
1	math	Japanese	science	English	math	Japanese
2	music	math	social studies	physical education	English	math
3	social studies	English	art	social studies	Japanese	home economics
4	Japanese	science	math	Japanese	art	home economics
lunch time						
5	physical education	social studies	English	science	science	
6	English	moral education	LHR	health	physical education	

Akira : This is the timetable* for our class.

Betty : I see. What is your favorite subject?

Akira : I like physical education. We have three physical education classes every week, but I don't like math. There are five math classes every week. What is your favorite subject?

Betty : I like art. I like painting. When do we have art classes?

Akira : We have an art class today. After that, we have lunch time for forty minutes.

Betty : OK. Shall we have lunch together? What will we study after lunch time today?

Akira : Great idea! We will have science class and physical education.

Betty : I don't like science. It is too difficult for me, but I like physical education. What sports are we going to play today?

Akira : We are going to play tennis.

Betty : Good!

注 timetable：時間割

1．会話の内容に関する質問の答えとして最も適切なものを①～④より選び、その番号をマークしなさい。

What day is it today?

① It's Monday.　② It's Wednesday.

③ It's Friday.　④ It's Sunday.

12

2．会話の内容と<u>一致しないもの</u>を①～④より選び、その番号をマークしなさい。

① Akira and Betty don't like physical education.

② They will play tennis in physical education.

③ There are four social studies classes every week.

④ Akira doesn't like math.

13

Ⅳ 英文を読み、設問に答えなさい。

My name is Ken. I (A) in Okazaki since I was born. I'm sixty years old, but I'm interested in various things and still love to try new things. I like music, playing tennis, and traveling, and I also like English. When I meet someone in English-speaking countries, I am often asked, "Your English is good, Ken. How did you learn English?" I always answer, "John and Paul taught me English." Then, they give me a smile and say, "You love the Beatles*, right?" After that, we usually talk about music.

When I was in junior high school, I listened to the Beatles (B) the first time. One of my friends played the album, "Abbey Road*" by the Beatles. I just fell in love with* the first song on the album, "Come Together*." I had little English ability* or knowledge of British culture at that time, but the song moved my heart. I ran to the record* shop 1) to buy their album. After I got the album, I began to listen to it again and again for many hours a day. To me, their melodies* sounded attractive and unique. It was very difficult for me to understand all of the lyrics*, but I could not stop listening to their songs. I just enjoyed reading the lyrics, listening and singing along with the vocals* of John and Paul, and I didn't know that I was practicing listening, reading and speaking English so hard. Actually, I improved my English skills through 2) it. The Beatles gave me the motivation* to study English and British culture.

The Beatles broke up* in 1970, so I have never been to their concerts. I listened to their songs more than a thousand times, instead. I also enjoyed talking with my friends about the Beatles. In those days, it was not easy to travel abroad, but I could imagine the British scenes through their songs. It was my dream to visit the birth place* of the Beatles, Liverpool*. So, I decided to travel to the UK as my first foreign country to visit and my dream came true when I was in university. I visited not only Liverpool but also London to see the studio 3) which the Beatles used to make "Abbey Road". I also walked across the pedestrian crossing* in front (C) the studio that was on the picture of the album.

The Beatles not only taught me English and music, but also broadened* my world. Now, I teach English at a high school. 4) I am sure that (　　) (　　) (X) (　　) (　　) (Y) (　　). I want my students to have such experiences. I'm going to retire* this March. My dream after retirement* is to visit Liverpool and London again with my grown-up* son and daughter. We would like to enjoy a glass of beer* at a pub* there with great background music*, the Beatles.

注

the Beatles：ザ・ビートルズ（バンド名）　　Abbey Road：アビーロード（アルバム名）

fell in love with～：～を大好きになった　　Come Together：カムトゥゲザー（曲名）

ability：能力　record：レコード　melodies：メロディー
lyrics：歌詞　vocals：ボーカル　motivation：動機、意欲
broke up：解散した　birth place：発祥地　Liverpool：リバプール（地名）
pedestrian crossing：横断歩道　broadened：～を広げた　retire：定年退職する
retirement：定年退職　grown-up：成人した　beer：ビール
pub：イギリスの居酒屋、パブ　background music：店で流れる音楽（BGM）

問１．（ A ）に入れるのに最も適切なものを①～④の中から選び、その番号をマークしなさい。

① am living　② lived　③ have living　④ have lived　[14]

問２．（ B ）（ C ）それぞれに入れるのに最も適切なものの組み合わせを①～④の中から選び、その番号をマークしなさい。

① B：for　C：of
② B：at　C：for
③ B：for　C：on
④ B：at　C：of　[15]

問３．下線部１）と同じ用法のものを①～④の中から選び、その番号をマークしなさい。

① Her plan is to go to the CD shop.
② She worked hard to buy a car.
③ It is easy to answer this question.
④ I have a lot of books to read.　[16]

問４．下線部２）が指している内容を①～④の中から選び、その番号をマークしなさい。

① ビートルズの曲の歌詞を書くこと
② 海外へ行って現地の方とコミュニケーションをとること
③ ビートルズの曲を聴いたり歌ったり歌詞を読んだりすること
④ イギリスの文化を勉強すること　[17]

問５．下線部３）と同じ用法のものを①～④の中から選び、その番号をマークしなさい。

① This is the book which was written by Natsume Soseki.
② She is the girl who won the race.
③ They live in a house which was built 100 years ago.
④ I am reading a book which you gave me.　[18]

問6．下線部4）が「私は、彼らの曲と英語が私の人生を素晴らしいものにしたと確信している」という文になるように①～⑦の語句を並びかえたとき、（ X ）（ Y ）に入れるのに最も適切なものをそれぞれ選び、その番号をマークしなさい。

① life　② their　③ and English　④ songs
⑤ my　⑥ made　⑦ awesome　X = 19　Y = 20

問7．下記の質問に対する答えとして最も適切なものを①～④の中から選び、その番号をマークしなさい。

1. Why did Ken get interested in English?
① Because he wanted to visit the UK.
② Because he was good at English.
③ Because he enjoyed listening to the British songs then.
④ Because he had friends called John and Paul.　21

2. When did Ken travel to the UK?
① When he was a baby.
② When he was a college student.
③ When he was a junior high school student.
④ When he was an elementary school student.　22

3. What does Ken want to do in the UK?
① He wants to drink beer alone.
② He wants to buy the Beatles' CD.
③ He wants to learn English.
④ He wants to enjoy sightseeing with his children.　23

問8．本文中で述べられているものを①～⑥の中から2つ選び、その番号をマークしなさい。
① Ken is good at speaking English now.
② Ken listened to the Beatles' songs to study English.
③ Ken didn't know well about British culture when he was a junior high school student.
④ Ken has seen the Beatles.
⑤ Ken wants to live in the UK in the future because he wants to be like John and Paul.
⑥ Ken doesn't have a job now.　24　25

2022年度

入学試験

第4時限　国　語

放送で「始め」という合図があるまで、このページ以外のところを見てはいけません。
それまでは注意事項を静かにくりかえし読みなさい。

注　意

1．試験時間は正味45分で行います。

2．受験番号は、必ずマークしなさい。

受験番号			
千	百	十	一
●	●	⓪	⓪
①	①	●	①
②	②	②	●
③	③	③	③

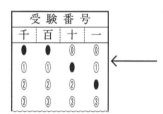

（例）　受験番号　１２の場合
（００１２とマークする）
受験番号をマークする。
（マークは記入例に従い濃くマークしなさい。
鉛筆はＨより濃いものを使用しなさい。）

3．解答は、解答用紙の解答記入欄にマークしなさい。
たとえば、［20］と表示のある問いに対して③を解答する場合は、次の（例）のように解答番号20の解答記入欄の③にマークしなさい。

（例）

解答番号	解答記入欄									
20	①	②	●	④	⑤	⑥	⑦	⑧	⑨	⑩

4．記入上の注意
⑴　マークは黒鉛筆で長円内をぬりつぶしなさい。
（鉛筆はＨより濃いものを使用しなさい。）
⑵　訂正するときは、消しゴムできれいに消し、消しくずを残さないようにしなさい。
⑶　解答用紙には、所定の記入欄以外に何も書かないようにしなさい。
⑷　解答用紙は、折り曲げたり、汚さないようにしなさい。

5．問題についての質問は受けつけません。ただし、ページ数が不足していたり、印刷の文字が不鮮明であるときに質問することはさしつかえありません。

6．時間の終わりに放送で「やめ」という合図があったら、ただちに解答をやめなさい。

岡崎城西高等学校

【二】次の文章を読んで、後の問いに答えなさい。

問一、四、八は記述式、他はマーク方式です。

知識は多ければ多いほどよい。いくら多くのことを学んでも、無限と言えるほどの未知が残っている。

万有引力のニュートンは次のように言ったと伝えられている。

「世間ではわたくしのことをどう思っているか、知らないが、自分では、自分のことを浜辺で遊んでいるこどもみたいだと思っている。ときどき珍しい小石や貝を見つけて喜んでいるが、向うにはまったく未知の真理の大海が横たわっているのだ」。

この真理の大海をきわめつくすことはできないにしても、知識は多ければ多いほどよいのははっきりしている。お互い小学校へ入ってから、つねに、知識の不足にひそかに悩んできた。とにかく、知識を仕込まなくてはならない。

それに気をとられていて、頭の中へ入った知識をどうするか、についてあまり考えることがない。それでもの知りができる。もの知りは知識をただ保有しているだけ、ということがすくなくない。

「知識それ自体が力である」（ベーコン）

と言うけれど、①ただ知識があるだけでは、すくなくとも、現代においては力にはなり得ない。知識自体ではなく、組織された知識でないとものを生み出すはたらきをもたない。

A

そればかりではない。知識の量が増大して一定の限度を越すと、飽和状態に達する。あとはいくらふやそうとしても、流失してしまうのである。だいいち、その問題に対する好奇心がうすれてきて、知識欲も低下する。

B

似たことが知識の習得についても見られるように思われる。はじめは勉強すればするほど知識の量も増大して能率があがるが、かなり精通してくると、壁につき当る。もう新しく学ぶべきことがそれほどなくなってくる。なによりもはじめのころのような新鮮な好奇心が失われる。［Ｉ］、などと言うのは無理である。

C

二十年、三十年とひとつのことに打ち込んでいる人が、そのわりには目ざましい成果をあげないことがあるのは、収穫逓減《ていげん》を示している証拠である。この一筋につらなる、というのが、かならずしも、黄金律でないのもそのためだ。

D

知識ははじめのうちこそ、多々益々弁ず、であるけれども、飽和状態に達したら、逆の原理、削り落し、精選の原理を発動させなくてはならない。つまり、整理が必要になる。はじめは②プラスに作用した原理が、ある点から逆効果になる。そういうことがいろいろなところでおこるが、これに気付かぬ人は、それだけで失敗する。

E

たとえて見れば、マラソンのレースのようなものである。前半は、ス

タート地点から遠くへ行けば行くほどよいが、後半は、逆に、スタート地点へ向って走る。スタートのところにゴールがあるからだ。折返し点がある。そこをまわったら反対の方向を走る。折返し点をまわらずに、まっすぐ走り続ければ、いつまでたってもゴールはない。知的マラソンレースにおいても、③折返し点をまわらないで突っ走るランナーがすくなくない。

折返し点以後では、ただ、知識をふやすだけではいけない。不要なものはどんどんすてる。忘却の要については、すでにのべたが、これによって、思考に活力をもたらすことができる。

ここでは、いったんは習得した知識をいかにしてすて、整理するか、について考える。

家庭でガラクタがふえてくると、すてる。古新聞古雑誌がたまって場ふさぎになる。たまってくると、屑《くず》に払ってしまう。これに④ためらいを感じる人はあるまい。そんなものをとっておいたのでは、人間の住むところがなくなってしまう。

一般に年寄りはガラクタを大事にする傾向がある。菓子折の杉箱がみごとだと言って空箱を保存する。空箱が山のようになる。若い人はそれをすてようというが、老人はもったいないと言って譲らない。

新聞雑誌なら古いものはゴミにする人も、書物だと、かんたんにチリ紙交換に出したりしない。ひょっとするといるかもしれないという気持が手伝うのであろう。しかし、いよいよ本があふれてくると、パニック状態に陥って、何でもかんでもすててしまえ、という衝動にかられる。よく考えもしないで、手当たり次第に整理する。

さっぱりしたと思っていると、調べものをしていて、あの本に、と目星をつけた本が、売払ってしまったあとだったりする。やっぱり、めったなことでは本を売ってはならない。大は小を兼ねる、などとうそぶいて、また何でも保存するようになる。

こういう後悔をしなくてはならないのは、日ごろ整理の方法を考えたことがないからである。集めるのも⑤骨であるけれども、すてる、整理するのは、さらにいっそう難しい。

知識について言っても、習得については、記憶、ノート、カードづくりなどいろいろ考えられているのに、整理についてはほとんど何も言わない。学校なども、知識の学習にはやかましく言うけれども、いっぱいになった頭の掃除についてはまったく教えるところがない。忘却というのが、学習に劣らず、あるいは、それ以上に難しいことを知らずに学校を出てしまうのは、決して幸福なことではない。

ガラクタの整理ですら、あとになって、残しておけばよかったと後悔することがある。まして、知識や思考についての整理であるから、ひょっとしたら、あとで役に立つのではないかと考え出したら、整理などできるものではない。それでも、知識のあるものはすてなくてはならない。それを自然に廃棄して行くのが忘却である。意識的にすてるのが整理である。

いまかりに、Aの問題について、カードをとったのが一〇〇〇枚になったとしよう。こんなに多くては身動きができない。まず、いくつかの項目に分類する。分類できないものを面倒だからというので、片端から棄てるのは禁物。

この分類されたものを、じっくり時間をかけて、検討する。急ぐと、ひそんでいる価値を見落とすおそれがある。ひまにまかせてゆっくりする。

忙しい人は整理に適しない。とんでもないものをすててしまいやすい。整理とは、その人のもっている関心、興味、価値観（これらはだいたいにおいて同心円を描く）によって、ふるいにかける作業にほかならない。⑥価値のものさしがはっきりしないで整理をすれば、大切なものをすて、どうでもいいものを残す愚をくりかえすであろう。

かりに、価値のものさしがあっても、ゴムでできていて、時によって、伸び縮みするようなら、これまた没価値的整理と⑦選ぶところがない。こどもには整理をまかされない。こどもだけではない。⑧他人に整理をゆだねられないのはこのためである。

すてるには、その人間の個性による再吟味が必要である。これは没個性的に知識を吸収するのに比べてはるかに厄介である。

本はたくさん読んで、ものは知っているが、ただ、それだけ、という人間ができるのは、自分の責任において、本当におもしろいものと、一時の興味との区分けをする労を惜しむからである。

たえず、在庫の知識を再点検して、すこしずつ慎重に、臨時的なものはすてて行く。やがて、不易の知識のみが残るようになれば、そのときの知識は、それ自体が力になりうるはずである。

これをもっともはっきり示すのが、蔵書の処分であろう。すてるのではないが、本を手放すのがいかに難しいか。試みた人でないとわからない。ただ集めて量が多いと言うだけで喜んでいてはいけない。

（『思考の整理学』外山滋比古　ちくま文庫）

問一　傍線部①「ただ知識があるだけでは、すくなくとも、現代においては力にはなり得ない」とあるが、現代において、知識が力になるのはどのようなときですか。それを説明した一文を本文中から探し、初めの五字を抜き出しなさい。（句読点は一字に数える）

問二　本文に次の文章を入れる場合、どこが適当ですか。最も適当なものを次の中から一つ選び、番号をマークしなさい。　1

収穫逓減の法則、というのがある。
一定の土地で農作物を作るとき、それに投じられる資本と労力の増加につれて生産高は上がって行くが、ある限界に達すると、こんどは生産が伸びなくなって行く現象を支配する法則のことである。

①　A　②　B　③　C　④　D　⑤　E

問三　空欄 I にはどのようなことわざが入りますか。最も適当なものを次の中から一つ選び、番号をマークしなさい。　2

①　三つ子の魂百まで　②　芸は身を助く
③　初心忘るべからず　④　為せば成る為さねば成らぬ
⑤　石の上にも三年

問四　傍線部②「プラスに作用した原理」の内容をあらわした最も適当な箇所を本文中から十五字以内で抜き出し、初めの五字を答えなさい。
（句読点は一字に数える）

問五　傍線部③「折返し点をまわらないで突っ走る」とは、どのような状態の比喩ですか。最も適当なものを次の中から一つ選び、番号をマークしなさい。　3

① 知識を集めることに一生懸命で周りが見えていないこと
② 目の前に集中して知識を着実に収集すること
③ 知識を集めるだけ集めて見直さないこと
④ ルールを理解せずに知識を取捨選択すること
⑤ 自分に必要な知識だけを集めていくこと

問六　傍線部④「ためらいを感じる」とありますが、物をすてる際にためらいを感じるのは、どのような心理が働くからだと推測されていますか。本文の内容に即して最も適当なものを次の中から一つ選び、番号をマークしなさい。　4

① 物不足を経験したためすてることに罪の意識を感じるという心理
② 経験上どんなものでも必ず役に立つという心理
③ 古いものこそ大切にしなければいけないという心理
④ もしかしたら必要かもしれないという心理
⑤ ものに込められた思い出に執着してしまう心理

問七　傍線部⑤「骨である」とありますが、ここでの意味と同じ使われ方をしているものを次の中から一つ選び、番号をマークしなさい。　5

① 冬休みに温泉に行って骨を休める。
② 参考書の内容を理解するのに骨が折れる。
③ 今年の冬の寒さは骨身にこたえる。
④ 彼はこの会社に骨を埋める覚悟がある。
⑤ 彼女は階段で転んで骨を折った。

問八　傍線部⑥「価値のものさし」を言い換えた七字の語句を、本文中より抜き出しなさい。（句読点は一字に数える）

問九　傍線部⑦「選ぶところがない」の意味として最も適当なものを次の中から一つ選び、番号をマークしなさい。　6

① 結論付けるには物足りない
② 比較のしようがない
③ 誤解を招くことになる
④ 言うには程遠い
⑤ 少しも違うところがない

問十　傍線部⑧「他人に整理をゆだねられないのはこのためである」とありますが、その理由として最も適当なものを次の中から一つ選び、番号をマークしなさい。　7

① それぞれが持つ価値のものさしはその時々で変化し、明確なものではないため。

② 本当におもしろいものとそうでないものを見極める努力をしないため。

③ 自分のことで忙しく、ふるいにかける作業を急いで行ってしまうため。

④ 一時の興味だけで分類してしまい、必要なものまですててしまうため。

⑤ 没個性的に知識を吸収することや、再吟味することが困難であるため。

問十一　本文の内容と合致するものを次の中から一つ選び、番号をマークしなさい。　8

① 知識の習得はマラソンのレースと同じではじめが肝心であるが、勉強すればするほど知識の量も増大して能率があがってくるので、折返し点以後も知識を増やすことに集中すべきである。

② ニュートンが言うように知識はそれ自体が力になるため多ければ多いほどよいが、頭の中へ入った知識をきちんと整理しなければ、知識をただ保有しているだけのもの知りになってしまう。

③ 現代において知識自体は力にならず、知識量が増えすぎると物事に対する好奇心が薄れ、知識欲も低下してしまうため、知識は不要なものである。

④ 知識の整理とは、その人自身の興味、価値観によって行われるものであり、常に在庫の知識を再点検して慎重にしていかなければならない。

⑤ 知識の習得において重要なのは整理よりも忘却である。知識を持ちすぎると脳が飽和状態になってしまうため、不要なものを意識的に忘れることで思考に活力をもたらすことができる。

【二】次の文章を読んで、後の問いに答えなさい。

問八は記述式、他はマーク方式です。

夏休みも近いある午後、空港で父を見送って帰ってくると、いなかのおばあさんから、さゆりと洋介あてのはがきがとどいていた。

ことしの夏も村の林間学校の仕事でいそがしくなるけれども、おまえたちのことなら引き受けた。着いたらまっさきに井戸につるした笊《ざる》を引き上げなさい。a笊の中のトマトは、おまえたちに、「いらっしゃい」とあいさつするために、からだを冷やして待っている。トマトにつける塩と砂糖は、いつも通り戸棚の中にある。祖母トキより

夏休みのはじめの日の朝がきた。二人はぱんぱんにふくれあがったリュックをかつぐと、マンションの戸じまりをしっかりたしかめてから、表の通りのイソップ株式会社によった。

二人の父は星光介といって、古いビルの一階と地下を借りて絵本や童話の出版をやっている。

父は売れない童話作家だった。書くだけではたべられないので、十三年前、さゆりが生まれてまもなく、母の和子が絵本や童話を売るイソップ書店をひらいた。けれどもこのへんは衣類や花火や雑貨の問屋街だから、絵本や童話がそんなに売れるわけがない。そこで十年前、洋介の生まれた年に、父は自分の才能に見切りをつけて、母といっしょに絵本と童話の出版社をはじめた。

七年前に病死した母が、「あなたのつくる本がどこでも売れますように……」と言いのこしていったので、父はあちこちに本を売り込む一方で、一階のかたすみに売場をつくった。

「死んでもなんにもなくなるわけではない。これがお母さんの持論でね。こころとからだが微塵《みじん》となって銀河系に散らばるだけだと信じていた。今日もどこかで祈ってくれているかもしれないな。うん、わたしもがんばらなくちゃならん」ときどきそんなことを言って、①父は売場の本に猛烈な勢いでハタキをかけたりすることがある。

「おこづかいは一日一人あたり三百円の計算で入れておきましたからね」

編集部の弘子さんがにこにこしながら、さゆりにちょっと厚みのある封筒を渡してくれた。

大学の国文科からアルバイトにきていた弘子さんのまばゆいほどの笑顔に感心して、社員になってくださいと熱心に頼んだのは、亡くなった母だったらしい。弘子さんは、「いつもにっこりしていよう、そうしていればきっといつか世界のほうも、わたしといっしょににっこりしてくれるはず……」と信じているそうで、b「うちで出している童話から抜け出してきたような人なんだね」と、二人に教えてくれたのは、会社の金庫番の近藤のおばさんだ。その近藤さんが洋介にキャンディの袋を手渡しながら、

「新幹線の中でなめるといい、乗り物酔いにきくからね。それから降りる駅をまちがえちゃだめよ」

「いなかには何百回もいっているからだいじょうぶさ」

「何百回だなんて、また洋ちゃんのほら吹きがはじまったね」

キャンディをさっそく口に入れて、こいつはおいしいやと洋介がごまかしているところへ、本を四、五十冊ばかり苦もなく抱えた中山さんが地下

からあがってきた。
「ときどきは、はがきをちょうだいよ」
　中山さんは弘子さんの大学の後輩で、女子サッカー部の副将だった。去年の春から編集の見習いと店番をしている。
「もちろん電話でもいいわよ。なにかあったらすぐかけつけるからね」
　にっこり弘子さん、金庫番の近藤さん、力持ちの中山さん、この三人がイソップ株式会社の全社員である。
「それから、これが社長からおあずかりしていた今日の分のお話です」
　弘子さんが、いかにもだいじそうにもう一通、封筒をさしだした。
「むこうについてから、晩ごはんのあとで、二人で仲よく読むようにって」
　父がこだわっているのが、夕食のあと、さゆりと洋介に自作の童話を聞かせる儀式だった。母と交際していたころの、「一日に一つ、かならず童話をつくって、きみに聞いてもらうんだ」「それなら毎日、会えるわね。一日一作、きっとやりとげてね」というやりとりからはじまったのだという。母が亡くなったあとも父は、「この儀式がなくなったら、わが家はおしまいだ」と信じているようで、ときどき休むことがあっても、②いまでもこの夕食後の儀式はつづいている。
「空港で父さんが、四週分くらい書きだめをしておいたっていってたけど、これ一つだけかしら」
「わたしがおあずかりして、毎日一通ずつポストに入れることになっています」
③「めんどうなことをするんだな」洋介は二つめのキャンディを口へ放りこんだ。「切手代もかかるしさ」
「切手代でガタつくような会社じゃないよ」近藤さんが帳簿を開いて、「この家賃だって、このごろはきちんとおさめているくらいだからね」
「それにまとめて渡してしまうと、洋ちゃんのことだから、いっぺんに読んでしまうでしょう」弘子さんは洋介の野球帽の糸くずをつまみあげた。「それではあとのたのしみがなくなってしまうわ」
「たのしみなもんか。このごろつまらないのが多いんだよ」
「それはいいすぎ。たまにおもしろいのもあるわよ」
　さゆりは④そうたしなめてから、弟のあたまのうしろを押して、いってまいりますのおじぎをさせた。
　東京駅まで三つの駅をすぎるあいだ、⑤さゆりは近藤さんのいっていた、このごろは家賃をきちんとおさめていますよということばをたのもしく思っていた。父の思いついた「暗くても子どもに読み聞かせができる、発光インクで刷《す》ったふしぎな絵本」とか、「子どもの風呂ぎらいを解消する、湯の上に浮かぶ魔法の絵本」とか、そういう本が売れ出したのだろうか。外国のいくつもの見本市に出品され、それで父が招待されたわけだから、評判にはなっているのだろうけど。
「なんだこれ、ずいぶん短いんだな」
　さゆりのリュックのポケットから、いつのまにか洋介が例の封筒を抜いていて、中に入っていた原稿用紙をひろげている。
「それは晩ごはんのあとで見るものなのよ」
「でも、読んじゃったよ」
　しかたがないので、さゆりも読むことにしたが、父が書いていった最初のお話の題は「スフィンクスのなぞ唄」となっている。
「朝は四本足、昼は二本足、そして夕べは三本足で歩く怪物はなにか。答

えられなければ人身御供《ひとみごくう》をさしだせ」と、そうなぞかけしては通りかかる旅人をなやましていたスフィンクスだったが、あるときオイディプスという若者に、「赤ん坊のときは手足で這《は》いまわり、大人になると二本足で歩き、そして老人になると杖《つえ》をつくのは人間、そう、答えは人間である」とみごとに言いあてられて、長いあいだウツになっていた。

それから何千年かたって、ついにウツから立ち直ったスフィンクスは、新しいなぞなぞを考えだして、ふたたび旅人の災いになっている。それはこうだ。「四本足の上に二本足がすわって、手に足を一本持つ怪物がいた。だが、そこへ四本足がやってきて足を一本持っていってしまった。この怪物はなにか」

さゆりに洋介、この新しいスフィンクスのなぞが解けるかい。答えは明日のお話の中で明らかにしよう。

「これ、むずかしいよね」

「いいえ、簡単よ」数が出てくると、さゆりは、ある理由から、アタマがとてもよくはたらく。「椅子にすわったおばさんが……おじさんでもいいけど、とにかく羊の足の焼いたのを持ってたべていた。そこへ野良犬がやってきて、羊の足をくわえて逃げちゃった。答えは、この怪物はおばさん……いいえ、やっぱり人間ね」

洋介が⑥感心してうなったとき、電車はちょうど東京駅に着いたところだった。

(『イソップ株式会社』井上ひさし)

問一　波線部a「笊の中のトマトは、おまえたちに、『いらっしゃい』とあいさつするために、からだを冷やして待っている」、b「うちで出している童話から抜け出してきたような人」とありますが、これらに使われている表現技法を次の中からそれぞれ一つずつ選び、番号をマークしなさい。

a 9
b 10

① 倒置法　② 直喩法　③ 反復法
④ 擬態法　⑤ 擬人法

問二　傍線部①「父は売場の本に猛烈な勢いでハタキをかけたりすることがある」とありますが、このときの父の心情として最も適当なものを次の中から一つ選び、番号をマークしなさい。 11

① 今でも夫の幸せを祈っているかもしれない妻のことを考え、家族を幸せにしたいと思っている。
② 今でも家族の無事を祈っているかもしれない妻のことを考え、感謝しなければと思っている。
③ 今でも夫の本が売れるように祈っているかもしれない妻のことを考え、その気持ちにこたえようと思っている。
④ 今でも出版社の本が売れるように祈っているかもしれない妻のことを考え、本を少しでも多く売りたいと思っている。
⑤ 今でも社員の健康を祈っているかもしれない妻のことを考え、仕事に精を出すべきだと思っている。

問三　傍線部②「いまでもこの夕食後の儀式はつづいている」とありますが、なぜですか。その理由の説明として最も適当なものを次の中から一つ選び、番号をマークしなさい。　12

① 家族を養っていくためには、常に童話を書いて腕を磨かなければならないと思っているから。
② 母と結婚する前から、毎日童話を書いて母を驚かせていた思い出が忘れられないから。
③ 妻との約束として童話を書くことで、子供たちとも信頼関係を築くことができると思っているから。
④ 子どもたちが童話を読んで楽しそうにしている姿をみることが幸せだと思っているから。
⑤ 子供たちが生まれる前から続けており、家族のつながりを象徴するもののように感じているから。

問四　傍線部③「めんどうなことをするんだな」とありますが、このときの洋介の心情として最も適当なものを次の中から一つ選び、番号をマークしなさい。　13

① 父の童話はつまらないものが多く、わざわざ四週分も書いた意味がわからないと思っている。
② 切手代がかかるのに、わざわざ手間をかけることに疑問を持っている。
③ 弘子さんが父の味方をして、自分に不利益な行動を取っていることを不快に思っている。
④ 父が書いてくれた童話をまとめて読むことが出来ず、不満に思っている。
⑤ 父がわざと姉と自分を焦らすようなことをしたため、いら立っている。

問五　傍線部④「たしなめて」の意味として最も適当なものを次の中から一つ選び、番号をマークしなさい。　14

① 注意して　② 激怒して　③ 感嘆して
④ 落胆して　⑤ 注視して

問六　傍線部⑤「さゆりは近藤さんのいっていた、このごろは家賃をきちんとおさめていますよということばをたのもしく思っていた」とありますが、なぜですか。その理由の説明として最も適当なものを次の中から一つ選び、番号をマークしなさい。　15

① 弘子さんが社員となったことで、世界がにっこりとしてくれるようになったから。
② 父の考案した本が売れて、出版社の経営が安定しているのだと思ったから。
③ 起業当時の苦労した経験を思い出し、今は少しずつ経営が上向いてきたことに安心したから。
④ 金庫番の近藤さんが自慢げに話す様子を見て、近藤さんの会社経営に安心したから。
⑤ 父と母が苦労してきた過去を想像し、近藤さんの言葉に勇気づけられたから。

問七　傍線部⑥「感心」と同じ用法のものを次の中から一つ選び、番号をマークしなさい。　16

① 先生のカンシンを買う。
② 国の将来はカンシンに堪えない。
③ 新しい技術にカンシンを持つ。
④ 幼いのにカンシンな子だ。
⑤ 異性へのカンシンが増す。

問八　本文中で、しっかり者の姉が弟の世話を焼いていることがよくわかる一文を探し、初めの五字を抜き出しなさい。(句読点は一字に数える)

問九　この文章の特徴を説明した文として最も適当なものを次の中から一つ選び、番号をマークしなさい。　17

① 現実的な内容で、社会の厳しさや大人の世界の苦労などがリアルに描かれている。
② スピード感のある展開で、読み手を引き込むような高まる緊張感が描かれている。
③ 温かみのあるのんびりした話で、ほのぼのとしたやり取りが優しく描かれている。
④ 夢のある設定で、幼いきょうだいの旅を通して子供の世界が楽しく描かれている。
⑤ 憂いのある雰囲気で、大人を中心に人物の悲しみやつらさが克明に描かれている。

【三】傍線部①②の漢字をひらがなに、③④のカタカナを漢字に改めなさい。

四こま漫画『サザエさん』の昭和三十五年のある回に、将棋の加藤一二三さんの名前が、出てくる。「しょうぎの加藤八段をみろ！みんな若くてさかんにやっておる」。ちょっと①頑固そうなおやじさんが覇気のない子どもに説教していた。

早熟にして、天才といわれた加藤さんは当時二十歳。初の名人戦に②臨むころだ。若く、盛んなさまに国民的な関心と期待が集まっていたことを人気漫画への登場は物語っていよう。若い才能がこれからどんな物語をつくっていくのか、温かい視線が③ソソがれていたに違いない。

六十年後のいま、当時以上の熱意でみることができる物語が目前で展開されているようだ。藤井聡太七段が史上最年少の十七歳十一カ月でついにタイトルを手にした。

加藤さんの記録を破る最年少のプロ入りやデビューからの連勝記録など、すでにたくさん驚かされてきた。十一年前の本誌の地方版に、愛知県瀬戸市の小学校一年生、六歳の聡太君が出ている。「羽生（善治）名人を超えたい」と夢を語っていた。地元では長く愛されている物語でもあろう。

一時の劣勢をはね返し、新棋聖となった。先日の王位戦の逆転勝利もそうだが、攻めの迫力に加えて④ギャッキョウにも強い。死角がなくなっている。どうやらまだ序章のようである。若く盛んな天才の同じ時代にいて続きが楽しめる喜びを、多くの人が感じたのではないか。

（『中日春秋』二〇二〇年七月十七日）

【四】次の文章を読んで、後の問いに答えなさい。

問三、八は記述式、他はマーク方式です。

　ある人いはく、孔子《こうし》のたまへることあり。「ひとへに君に随《したが》ひ奉る、[A]にあらず。ひとへに親に随ふ、[B]にあらず。諍《あらそ》ふべき時諍ひ、随ふべき時随ふ、これを[A]とす、これを[B]とす」。

　しかれば、主君にてもあれ、父母、親類にてもあれ、知音《ちいん》、朋友《ほういう》にてもあれ、悪《あ》しからむことをば、必ず諫《いさ》むべきと思へども、世の末《すゑ》にこのことかなはず。人の習ひにて、思ひ立ちぬることを諫むるは、心づきなくて、いひ合はす人の心に[a]かなふやうにもおぼゆれば、天道《てんたう》はあはれとも思《おぼ》すらめども、主人の悪しきことを諫むる者は、顧《かへり》みを蒙《かうむ》ること、[①]ありがたし。

※賛同して言葉を同じくする人は気に入られるようである

　さて、することの悪しきさまにもなりて、閑《しづ》かに思ひ出《い》づる時は、「その人のよく言ひつるものを」と思ひ合はすれども、また心の引く方《かた》につきて、思ひたることのある時は、[②]「むつかしく、また諫めむずらむ」とて、[③]「この事を聞かせじ」と思ふなり。これはいみじく愚かなることなれども、みな人の習ひなれば、腹黒からず、また心づきなからぬほどにはからふべきなり。

　すべて、人の腹立ちたる時、強《こは》く制すれば、いよいよ怒《いか》る。盛《さか》りなる火に少水《せうすい》をかけむは、その益なかるべし。しかれば、機嫌《きげん》をはばかつて、[C]諫むべし。君もし愚かなりとも、賢臣あひ助けば、その国乱《みだ》るべからず。親もし驕《おご》れりとも、孝子慎《つつし》んで随はば、その家全《まつた》くあるべし。重き物なれども、船に乗せつれば、沈《しづ》まざるがごとし。[④]上下はかはれども、ほどほどにつけて、頼めらむ人のためには、ゆめゆめ後ろめたなく、腹黒き心のあるまじきなり。隠《かげ》にては、また冥加《みやうが》を[b]思ふゆゑなり。

（『十訓抄』）

問一　空欄[A]・[B]に入る語の組み合わせとして最も適当なものを次の中から一つ選び、番号をマークしなさい。　[18]

①　A　孝　　B　礼
②　A　従　　B　忠
③　A　従　　B　直
④　A　直　　B　礼
⑤　A　忠　　B　孝

問二　傍線部①「ありがたし」とありますが「滅多にない」と訳します。ここでは何が「滅多にない」ことなのですか。最も適当なものを次の中から一つ選び、番号をマークしなさい。　[19]

①　主人の悪事を暴くこと
②　主人からよく思われること
③　主人に注意を受けること
④　家族のように叱ってくれる友人がいること
⑤　天からの恵みを受けること

問三　二重傍線部a「かなふやう」、b「思ふゆゑ」を現代仮名遣い（すべてひらがな）に直しなさい。

問四　傍線部②「むつかしく、また諫めむずらむ」とありますが、なぜこのように思うのですか。最も適当なものを次の中から一つ選び、番号をマークしなさい。　20

① 自分のやることに対してあれこれ言われたくないから。
② 目上の人に注意をすることは気が引けるから。
③ 日頃から注意されていたことをしてしまったから。
④ 心の中を見透かされているようで怖いから。
⑤ 親友であっても、全てを打ち明けるほど信頼できないから。

問五　傍線部③「この事を聞かせじ」の正しい現代語訳として最も適当なものを次の中から一つ選び、番号をマークしなさい。　21

① この事は聞かせたい
② この事は聞かせまい
③ この事を聞かせよう
④ この事を聞かされる
⑤ この事は聞きたい

問六　空欄 C に入る語として最も適当なものを次の中から一つ選び、番号をマークしなさい。　22

① すみやかに　② さはやかに　③ やはらかに
④ こまやかに　⑤ あきらかに

問七　傍線部④「上下」が指すものとして最も適当なものを次の中から一つ選び、番号をマークしなさい。　23

① 道の行きと帰り
② 対応の上手と下手
③ 物の重いと軽い
④ 身分の高いと低い
⑤ 川の上流と下流

問八　この文章で筆者はどのように他人に接するべきと述べていますか。重要な部分を本文中から二十五字以上三十字以内で抜き出し、初めの五字を答えなさい。（句読点は一字に数える）

問九　次は本文の内容について行われた授業の様子です。解釈が誤っている発言を一つ選び、番号をマークしなさい。 24

教師　『論語』の中に、主君への接し方を問われた孔子が「嘘はついてはいけない、そして主君に逆らってでも諫めよ。」と諭した文章があります。そのことをふまえて、本文について意見を出しましょう。

① 生徒A　「悪しからむことをば、必ず諫むべき」とあるけれど、目上の人に対して注意をすることは勇気がいるよね。親には反抗できるけど。

② 生徒B　反抗と注意は違うけど、僕は親には反抗したことないよ。「天道はあはれ」とあるように、天の神様も親に注意するのは良くないと言っているよ。

③ 生徒C　「その人のよく言ひつるものを」の部分は共感できるな。私も部活動で失敗した時は、先生に日頃から注意されていたことを思い出して反省することが多いわ。

④ 生徒D　先生ならわかるけど、親に何回も注意されていると「この事を聞かせじ」と思ってしまうよね。最近感情的に喧嘩することも多いし、全然親孝行できてないや。

⑤ 生徒E　結局私たちまだ子供だから親に甘えてしまっているのかもね。「心づきなからぬほどにはからふべきなり」とあるように、他人には嫌がられないようにしないとね。

問十　『十訓抄』は鎌倉時代に成立した作品です。同じ時代の作品を次の中から一つ選び、番号をマークしなさい。 25

① 宇治拾遺物語　② 源氏物語　③ 竹取物語
④ 雨月物語　⑤ 伊勢物語

2022年度

入　学　試　験

第5時限　数　学

（45分）

放送で「始め」という合図があるまで，このページ以外のところを見てはいけません。
それまでは注意事項を静かにくりかえし読みなさい。

注　意

1　解答は解答用紙の問題番号に対応した解答欄にマークしなさい。

2　問題の文中の [ア]，[イウ] などには，数字（0 ～ 9）が入ります。

ア，イ，ウ，… の一つ一つは数字一つに対応します。

例えば，[アイ] に 31 と答えたいとき，以下のようにマークしなさい。

ア	⓪	①	②	●	④	⑤	⑥	⑦	⑧	⑨
イ	⓪	●	②	③	④	⑤	⑥	⑦	⑧	⑨

3　分数の形で解答する場合，それ以上約分できない形で答えなさい。

例えば，$\dfrac{[ウ]}{[エ]}$ に，$\dfrac{3}{4}$ と答えるところを，$\dfrac{6}{8}$ と答えてはいけません。

4　小数の形で解答する場合，指定された桁までマークしなさい。

例えば，[オ].[カ] に5と答えたいときは，5.0と答えなさい。

5　根号を含む形で解答する場合，根号の中に現れる自然数が最小となる形で答えなさい。

例えば，[キ]$\sqrt{[ク]}$ に $4\sqrt{2}$ と答えるところを，$2\sqrt{8}$ と答えてはいけません。

岡崎城西高等学校

1 $(-3)^2+\{16+(-2)^3\}\div 4$ を計算すると，$\boxed{\text{アイ}}$ である。

2 $\dfrac{2}{3}\times\left(\dfrac{3}{4}-\dfrac{1}{6}\right)$ を計算すると，$\dfrac{\boxed{\text{ウ}}}{\boxed{\text{エオ}}}$ である。

3 $(5+\sqrt{7})(3-\sqrt{7})$ を計算すると，$\boxed{\text{カ}}-\boxed{\text{キ}}\sqrt{\boxed{\text{ク}}}$ である。

4 1次方程式 $\dfrac{x-2}{3}=\dfrac{2}{5}x-1$ を解くと，$x=\boxed{\text{ケ}}$ である。

5 連立方程式 $\begin{cases}3x-4y=1\\2x+3y=12\end{cases}$ を解くと，$x=\boxed{\text{コ}}$，$y=\boxed{\text{サ}}$ である。

6 2次方程式 $(x-3)^2-18=0$ を解くと，$x=\boxed{\text{シ}}\pm\boxed{\text{ス}}\sqrt{\boxed{\text{セ}}}$ である。

7 1から6までの目のついた大小のさいころ2つを同時に投げる。
大きいさいころの出た目の数を a，小さいさいころの出た目の数を b とするとき，
$\sqrt{2ab}$ の値が自然数となる a，b は全部で $\boxed{\text{ソ}}$ 通りある。

8 4点 A，B，C，D が同じ円周上にあるとき，∠xの大きさは ［タチ］° である。

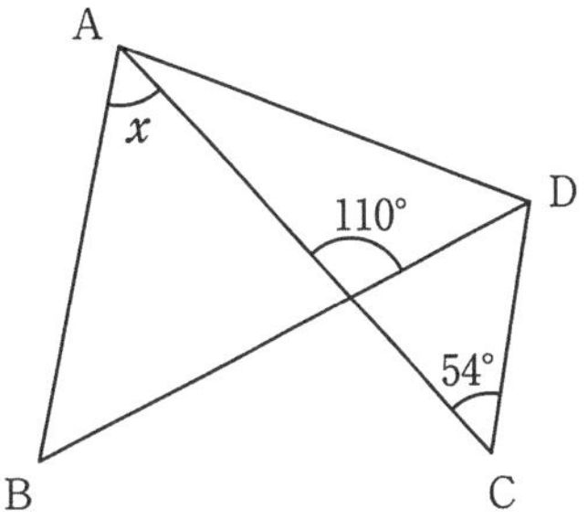

9 次の図のように，五角形ＡＢＣＤＥがあり，ＤＥ＝ＤＣ，ＡＥ＝ＢＣである。
このとき，∠Ｂ＝ ［ツテト］° である。

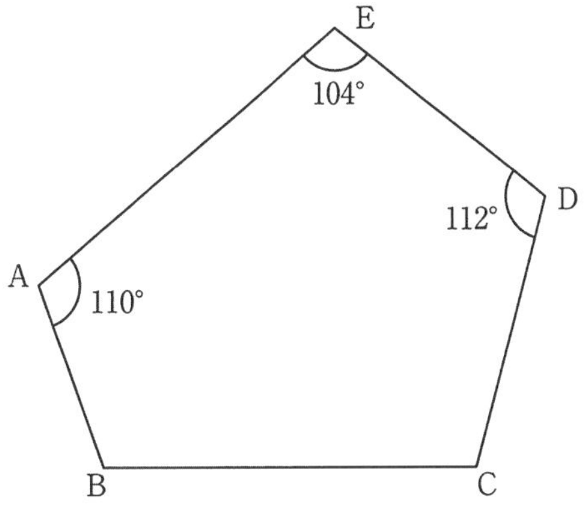

10 すべて同じ大きさの缶が６本ある。これらをひもでしばるとき，ひもの長さについて適切に述べられているものは ［ナ］ である。ただし，結び目に必要なひもの長さはすべて同じものとする。

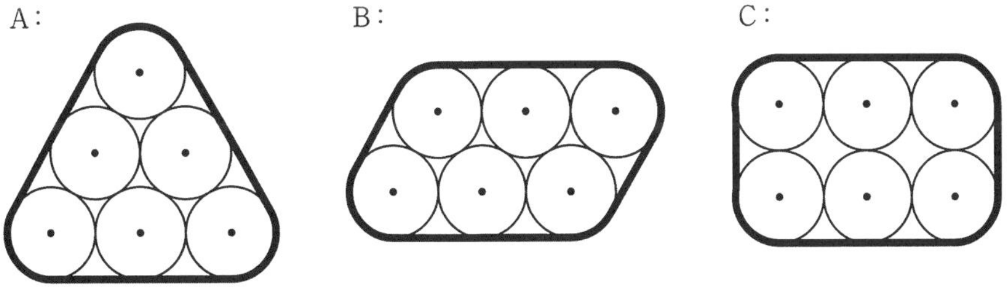

1：３つともひもの長さは同じである。
2：Ａのしばり方がもっとも短い。
3：Ｂのしばり方がもっとも短い。
4：Ｃのしばり方がもっとも短い。

11 倉庫にキャベツが3個ずつ入った大きい段ボール箱と，2個ずつ入った小さい段ボール箱が合わせて25箱あり，箱詰めされていないキャベツが17個ある。倉庫係のAさんは，以下の指示を受けた。
「キャベツをすべて段ボール箱から出し，箱詰めされていなかったものと合わせて箱詰めをやり直してください。段ボール箱は再利用し，まず大きい段ボール箱から5個ずつ入れていき，大きい段ボール箱がなくなったところで小さい段ボール箱に3個ずつ入れてください。」
指示にしたがって作業をし，大きい段ボールに5個ずつ，小さい段ボールに3個ずつ入れていったところ，キャベツはすべて箱詰めでき小さい段ボールが6箱余った。
倉庫にあるキャベツは全部で $\boxed{\text{ニヌ}}$ 個である。

12 1から5までの数字が1つずつ書かれた5枚のカードがある。
すべてのカードを裏返しにしてから1枚引き，そのカードに書かれている数字を十の位にする。
引いたカードを戻さずにもう1枚引き，そのカードに書かれている数字を一の位にする。

このときにできる2桁の整数が，3の倍数になる確率は $\dfrac{\boxed{\text{ネ}}}{\boxed{\text{ノ}}}$ である。

※50点満点
（配点非公表）

性別
男　女

注意

1．記入は必ずHより濃い黒鉛筆で()の中を正確にぬりつぶして下さい。(記入例参照)
2．訂正は、消しゴムできれいに消し、消しくずを残さないで下さい。
3．所定の記入欄以外には何も書かないで下さい。
4．性別は男・女のマークをぬりつぶして下さい。
5．解答用紙は、折り曲げたり、汚さないで下さい。

解答記入欄	解答番号	解答記入欄
② ③ ④ ⑤	31	① ② ③ ④ ⑤
② ③ ④	32	① ② ③ ④ ⑤ ⑥
② ③ ④ ⑤	33	① ② ③ ④ ⑤
② ③ ④ ⑤ ⑥	34	① ② ③ ④ ⑤
② ③ ④ ⑤ ⑥	35	① ② ③ ④ ⑤
② ③ ④	36	① ② ③ ④ ⑤
② ③ ④ ⑤		
② ③ ④ ⑤		
② ③ ④ ⑤ ⑥		
② ③ ④ ⑤ ⑥		

岡崎城西高等学校

※50点満点
（配点非公表）

性別
男　女

注意
1．記入は必ずHより濃い黒鉛筆で⃝の中を正確にぬりつぶして下さい。（記入例参照）
2．訂正は、消しゴムできれいに消し、消しくずを残さないで下さい。
3．所定の記入欄以外には何も書かないで下さい。
4．性別は男・女のマークをぬりつぶして下さい。
5．解答用紙は、折り曲げたり、汚さないで下さい。

記入欄
⑤
⑤　⑥
⑤　⑥　⑦　⑧
⑤
⑤　⑥
⑤　⑥
⑤　⑥
⑤　⑥　⑦

解答番号	解答記入欄
31	①　②　③　④　⑤　⑥
32	①　②　③　④　⑤
33	①　②　③　④
34	①　②　③　④　⑤
35	①　②　③　④　⑤
36	①　②　③　④
37	①　②　③　④　⑤　⑥
38	①　②　③　④　⑤　⑥
39	①　②　③　④　⑤　⑥
40	①　②　③　④　⑤　⑥　⑦　⑧　⑨　⑩
41	①　②　③　④　⑤　⑥　⑦　⑧
42	①　②　③　④　⑤　⑥　⑦　⑧　⑨　⑩
43	①　②　③　④　⑤　⑥　⑦　⑧　⑨　⑩
44	①　②　③　④　⑤　⑥　⑦
45	①　②　③　④　⑤　⑥　⑦　⑧
46	①　②　③　④　⑤　⑥　⑦　⑧　⑨　⑩

岡崎城西高等学校

性別
男　女

注意

1．記入は必ずHより濃い黒鉛筆で()の中を正確にぬりつぶして下さい。(記入例参照)
2．訂正は、消しゴムできれいに消し、消しくずを残さないで下さい。
3．所定の記入欄以外には何も書かないで下さい。
4．性別は男・女のマークをぬりつぶして下さい。
5．解答用紙は、折り曲げたり、汚さないで下さい。

大問番号	小問番号	解答番号		解答記入欄					
Ⅳ	問7	1	21	1	2	3	4		
		2	22	1	2	3	4		
		3	23	1	2	3	4		
	問8		24	1	2	3	4	5	6
			25	1	2	3	4	5	6

※50点満点
（配点非公表）

小計	

0　1　2　3　4　5　6　7　8　9　10

岡崎城西高等学校

岡崎城西高等学校

性別
男 女

注意

1．記入は必ずHより濃い黒鉛筆で⃝の中を正確にぬりつぶして下さい。(記入例参照)
2．訂正は、消しゴムできれいに消し、消しくずを残さないで下さい。
3．所定の記入欄以外には何も書かないで下さい。
4．性別は男・女のマークをぬりつぶして下さい。
5．解答用紙は、折り曲げたり、汚さないで下さい。

一			二	三				四		
問一	問四	問八	問八	①	②	③	④	問三 a	問三 b	問八
					む	がれて				

解答記入欄			
②	③	④	⑤
②	③	④	⑤
②	③	④	⑤
②	③	④	⑤
②	③	④	⑤
②	③	④	⑤
②	③	④	⑤
②	③	④	⑤

※50点満点
（配点非公表）

小計	

⓪ ① ② ③ ④ ⑤ ⑥ ⑦ ⑧ ⑨ ⑩
⑪ ⑫ ⑬ ⑭ ⑮ ⑯ ⑰ ⑱ ⑲ ⑳

性別
男　女

注意

1．記入は必ずＨより濃い黒鉛筆で()の中を正確にぬりつぶして下さい。(記入例参照)
2．訂正は、消しゴムできれいに消し、消しくずを残さないで下さい。
3．所定の記入欄以外には何も書かないで下さい。
4．性別は男・女のマークをぬりつぶして下さい。
5．解答用紙は、折り曲げたり、汚さないで下さい。

解答記入欄						
③	④	⑤	⑥	⑦	⑧	⑨
③	④	⑤	⑥	⑦	⑧	⑨
③	④	⑤	⑥	⑦	⑧	⑨
③	④	⑤	⑥	⑦	⑧	⑨
③	④	⑤	⑥	⑦	⑧	⑨
③	④	⑤	⑥	⑦	⑧	⑨
③	④	⑤	⑥	⑦	⑧	⑨
③	④	⑤	⑥	⑦	⑧	⑨
③	④	⑤	⑥	⑦	⑧	⑨
③	④	⑤	⑥	⑦	⑧	⑨
③	④	⑤	⑥	⑦	⑧	⑨

15	(1)	$a=$　　　　$,b=$
	(2)	$y=$
16	(1)	
	(2)	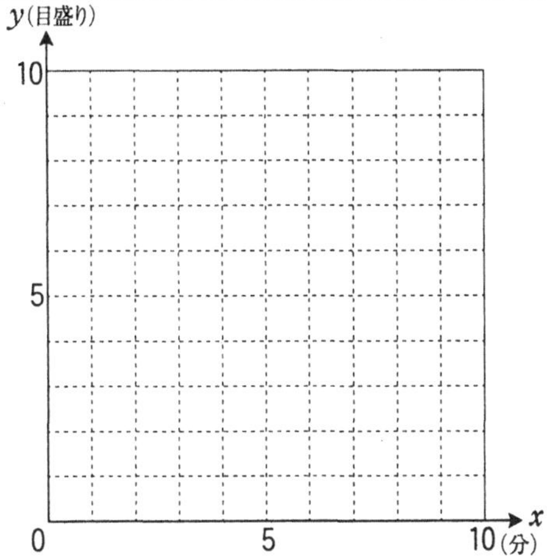
	(3)	分後

岡崎城西高等学校

※50点満点
（配点非公表）

小計	

⓪	①	②	③	④	⑤	⑥	⑦
⑧	⑨	⑩	⑪	⑫	⑬	⑭	⑮

2022年度

数学解答用紙

受験番号	番	出身中学	中学校	氏名	

受験番号			
千	百	十	一
0	0	0	0
1	1	1	1
2	2	2	2
3	3	3	3
4	4	4	4
5	5	5	5
6	6	6	6
7	7	7	7
8	8	8	8
9	9	9	9

（マーク記入例）

良い例	悪い例

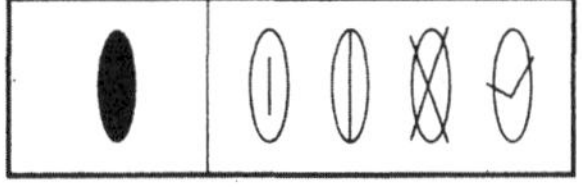

解答番号	解答記入欄									
ア	0	1	2	3	4	5	6	7	8	9
イ	0	1	2	3	4	5	6	7	8	9
ウ	0	1	2	3	4	5	6	7	8	9
エ	0	1	2	3	4	5	6	7	8	9
オ	0	1	2	3	4	5	6	7	8	9
カ	0	1	2	3	4	5	6	7	8	9
キ	0	1	2	3	4	5	6	7	8	9
ク	0	1	2	3	4	5	6	7	8	9
ケ	0	1	2	3	4	5	6	7	8	9
コ	0	1	2	3	4	5	6	7	8	9
サ	0	1	2	3	4	5	6	7	8	9
シ	0	1	2	3	4	5	6	7	8	9
ス	0	1	2	3	4	5	6	7	8	9
セ	0	1	2	3	4	5	6	7	8	9
ソ	0	1	2	3	4	5	6	7	8	9
タ	0	1	2	3	4	5	6	7	8	9
チ	0	1	2	3	4	5	6	7	8	9
ツ	0	1	2	3	4	5	6	7	8	9
テ	0	1	2	3	4	5	6	7	8	9
ト	0	1	2	3	4	5	6	7	8	9

解答番号	
ナ	0
ニ	0
ヌ	0
ネ	0
ノ	0
ハ	0
ヒ	0
フ	0
ヘ	0
ホ	0
マ	0

2022年度

国語解答用紙

受験番号	番	出身中学	中学校	氏名	

受験番号			
千	百	十	一
0	0	0	0
1	1	1	1
2	2	2	2
3	3	3	3
4	4	4	4
5	5	5	5
6	6	6	6
7	7	7	7
8	8	8	8
9	9	9	9

（マーク記入例）

良い例	悪い例

	解答番号	解答記入欄				
一	1	1	2	3	4	5
	2	1	2	3	4	5
	3	1	2	3	4	5
	4	1	2	3	4	5
	5	1	2	3	4	5
	6	1	2	3	4	5
	7	1	2	3	4	5
	8	1	2	3	4	5

	解答番号	解答記入欄				
二	9	1	2	3	4	5
	10	1	2	3	4	5
	11	1	2	3	4	5
	12	1	2	3	4	5
	13	1	2	3	4	5
	14	1	2	3	4	5
	15	1	2	3	4	5
	16	1	2	3	4	5
	17	1	2	3	4	5

四

2022年度

英語解答用紙

受験番号	番	出身中学	中学校	氏名	

受験番号			
千	百	十	一
0	0	0	0
1	1	1	1
2	2	2	2
3	3	3	3
4	4	4	4
5	5	5	5
6	6	6	6
7	7	7	7
8	8	8	8
9	9	9	9

大問番号	小問番号	解答番号	解答記入欄			
I	問1	1	1	2	3	4
		2	1	2	3	4
		3	1	2	3	4
	問2	4	1	2	3	4
		5	1	2	3	4

II	1	
	2	
	3	
	4	
	5	

記述問題は、解答欄からはみ出さないように記入しなさい。

大問番号	小問番号	解答番号				
III	問1	A 6	1	2	3	4
		B 7	1	2	3	4
		C 8	1	2	3	4
		D 9	1	2	3	4
		E 10	1	2	3	4
		F 11	1	2	3	4
	問2	12	1	2	3	4
		13	1	2	3	4
IV	問1	14	1	2	3	4
	問2	15	1	2	3	4
	問3	16	1	2	3	4
	問4	17	1	2	3	4
	問5	18	1	2	3	4
	問6	X 19	1	2	3	4
		Y 20	1	2	3	4

（マーク記入例）

良い例	悪い例

2022年度

理科解答用紙

受験番号	番	出身中学	中学校	氏名	

受験番号			
千	百	十	一
⓪	⓪	⓪	⓪
①	①	①	①
②	②	②	②
③	③	③	③
④	④	④	④
⑤	⑤	⑤	⑤
⑥	⑥	⑥	⑥
⑦	⑦	⑦	⑦
⑧	⑧	⑧	⑧
⑨	⑨	⑨	⑨

解答番号	解答記入欄	解答番号	
1	① ② ③ ④ ⑤	16	① ②
2	① ② ③ ④ ⑤	17	① ②
3	① ② ③ ④ ⑤	18	① ②
4	① ② ③ ④ ⑤	19	① ②
5	① ② ③ ④ ⑤	20	① ②
6	① ② ③ ④ ⑤	21	① ②
7	① ② ③ ④ ⑤	22	① ②
8	① ② ③ ④ ⑤	23	① ②
9	① ② ③ ④ ⑤	24	① ②
10	① ② ③ ④ ⑤ ⑥	25	① ②
11	① ② ③ ④ ⑤ ⑥ ⑦ ⑧ ⑨	26	① ②
12	① ② ③ ④ ⑤	27	① ②
13	① ② ③ ④ ⑤ ⑥	28	① ②
14	① ② ③ ④ ⑤ ⑥	29	① ②
15	① ② ③ ④ ⑤ ⑥ ⑦ ⑧ ⑨	30	① ②

（マーク記入例）

良い例	悪い例
⬮	⦶ ⦶ ⊗ ✓

2022年度

社会解答用紙

受験番号	番	出身中学	中学校	氏名

受験番号			
千	百	十	一
0	0	0	0
1	1	1	1
2	2	2	2
3	3	3	3
4	4	4	4
5	5	5	5
6	6	6	6
7	7	7	7
8	8	8	8
9	9	9	9

（マーク記入例）

良い例	悪い例

解答番号	解答記入欄	解答番号	解答記入欄
1	① ② ③ ④ ⑤	11	① ② ③ ④ ⑤
2	① ② ③ ④ ⑤ ⑥	12	① ② ③ ④ ⑤
3	① ② ③ ④ ⑤ ⑥	13	① ② ③ ④
4	① ② ③ ④ ⑤	14	① ② ③ ④ ⑤
5	① ② ③ ④ ⑤	15	① ② ③ ④ ⑤
6	① ② ③ ④ ⑤ ⑥	16	① ② ③ ④ ⑤
7	① ② ③ ④ ⑤	17	① ② ③ ④ ⑤
8	① ② ③ ④ ⑤	18	① ② ③ ④ ⑤
9	① ② ③ ④ ⑤ ⑥	19	① ② ③ ④ ⑤
10	① ② ③ ④ ⑤	20	① ② ③ ④ ⑤

13 袋の中に1，2，3，4と1つずつ書かれたボールが入っている。
この袋からボールを1つとって書かれている番号を見たのち袋の中に戻す。この操作を2回続けた後，硬貨を投げ，表が出ればボールに書かれている番号の和を x とする。裏が出ればボールに書かれている番号の積を x とする。

このとき，$x=4$ となる確率は $\dfrac{\boxed{\text{ハ}}}{\boxed{\text{ヒフ}}}$ である。

14 図1のように1枚の10円玉を固定し，その周りをもう1枚の10円玉がすべらないように回転させると，元の位置へ戻るまでに2回転する。
図2のように3枚の10円玉を固定し，その周りをもう1枚の10円玉がすべらないように回転させると，元の位置へ戻るまでに $\boxed{\text{ヘ}}$ 回転する。
図3のように2枚の10円玉を固定し，その周りをもう1枚の10円玉がすべらないように回転させると，元の位置へ戻るまでに $\dfrac{\boxed{\text{ホ}}}{\boxed{\text{マ}}}$ 回転する。

図1

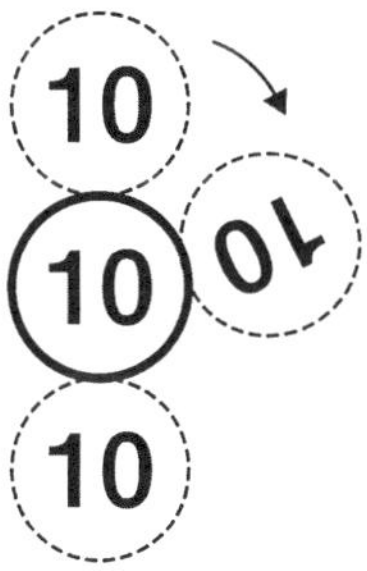

図2

図3

15 関数 $y = x$， $y = a x^2$， $y = b x^2$ のグラフと直線 l が図のように交わっている。

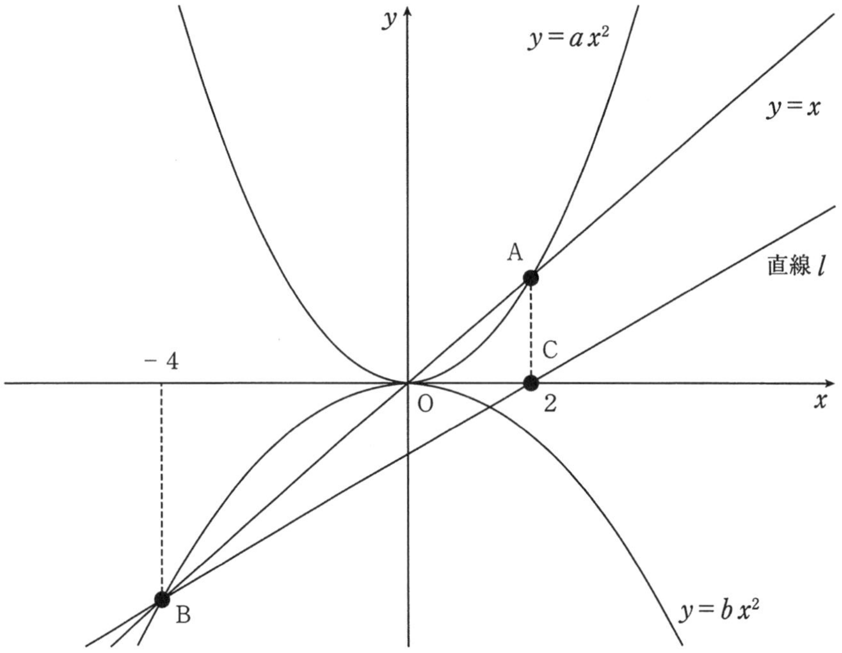

(1)　a， b の値を求めよ。

(2)　原点Oを通る直線のうち，△ＡＢＣの面積を二等分する直線の式を求めよ。

16 私は妹と図書館に行くことになった。妹はコンビニに寄るため，私より１分先に家を出た。家から図書館の間にコンビニはＡとＢの２軒があり，私は片方に寄ったが妹がいなかったのでもう１軒のコンビニに行き，そこにもいなかったので図書館に向かったらその途中で追いついた。
妹は１分で１目盛り進み，コンビニには１分滞在した。私は１分で２目盛り進む。ただし，コンビニで探す時間は考えないものとし，図の家からコンビニＢまでは３目盛りを意味する。
次の問いに答えなさい。

(1) 妹はどちらのコンビニに寄ったか。

(2) 妹の図書館までの移動距離をグラフにせよ。
＜ x 軸が時間（分），y 軸が距離（目盛り）＞

(3) 私が妹に追いついたのは，私が家を出てから何分後か。

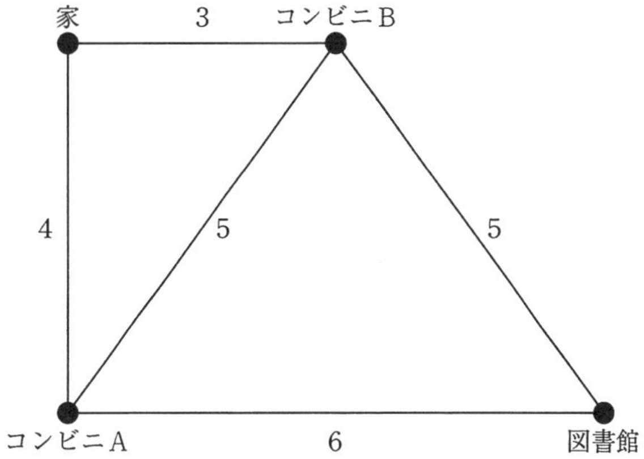

教英出版

2022(R4) 岡崎城西高
教英出版

2021年度

入学試験

第1時限　社　　会

放送で「始め」という合図があるまで、このページ以外のところを見てはいけません。
それまでは注意事項を静かにくりかえし読みなさい。

注　　意

1．試験時間は正味45分で行います。

2．受験番号は、必ずマークしなさい。

受験番号			
千	百	十	一
●	●	⓪	⓪
①	①	●	①
②	②	②	●
③	③	③	③

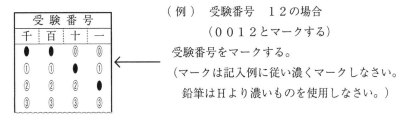

←　（例）　受験番号　１２の場合
（００１２とマークする）
受験番号をマークする。
（マークは記入例に従い濃くマークしなさい。
鉛筆はHより濃いものを使用しなさい。）

3．解答は、解答用紙の解答記入欄にマークしなさい。
たとえば、［20］と表示のある問いに対して③を解答する場合は、次の（例）のように解答番号20の解答記入欄の③にマークしなさい。

（例）

解答番号	解答記入欄									
20	①	②	●	④	⑤	⑥	⑦	⑧	⑨	⑩

4．記入上の注意
⑴　マークは黒鉛筆で長円内をぬりつぶしなさい。
（鉛筆はHより濃いものを使用しなさい。）
⑵　訂正するときは、消しゴムできれいに消し、消しくずを残さないようにしなさい。
⑶　解答用紙には、所定の記入欄以外に何も書かないようにしなさい。
⑷　解答用紙は、折り曲げたり、汚さないようにしなさい。

5．問題についての質問は受けつけません。ただし、ページ数が不足していたり、印刷の文字が不鮮明であるときに質問することはさしつかえありません。

6．時間の終わりに放送で「やめ」という合図があったら、ただちに解答をやめなさい。

岡崎城西高等学校

Ⅰ　次の地図をみて、各問いに答えなさい。

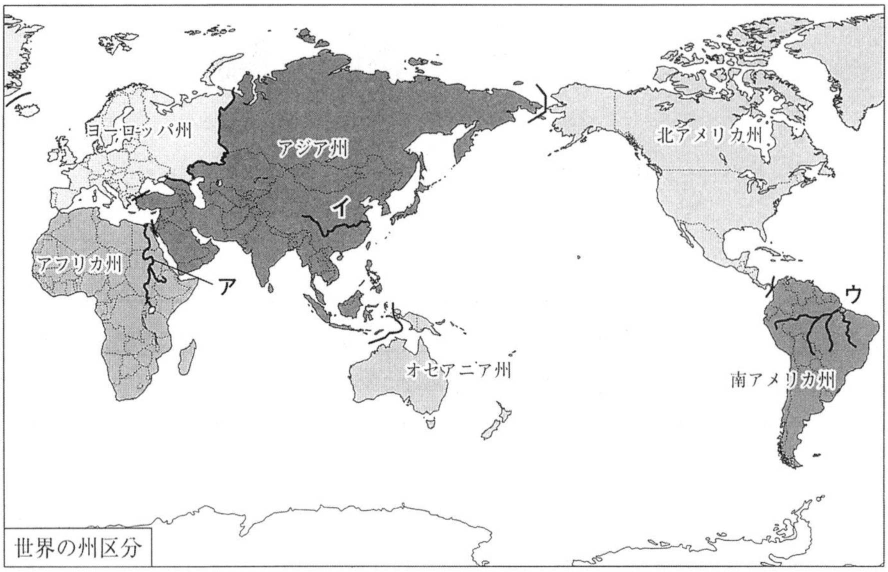

世界の州区分

問１　次の文章ＡからＣは、地図中アからウで示された河川を説明したものである。
文章ＡからＣと河川アからウの組み合わせとして、正しいものはどれですか。　［ 1 ］

Ａ	この河川は、標高5,000ｍの高原地帯を水源にもつ。大きな平野が開けている中流や下流の流域では、稲作が盛んである。
Ｂ	この河川は、熱帯地域を流れるため水量が多い。河口から遠くさかのぼった場所に、大型の船が停泊できる港を設けている。
Ｃ	この河川の水源は、年間の降水量が多い地域にある。河川の大部分が乾燥地帯を流れるが、干あがることなく海に注ぐ。

① Ａ＝ア　Ｂ＝イ　Ｃ＝ウ　　② Ａ＝ア　Ｂ＝ウ　Ｃ＝イ
③ Ａ＝イ　Ｂ＝ア　Ｃ＝ウ　　④ Ａ＝イ　Ｂ＝ウ　Ｃ＝ア
⑤ Ａ＝ウ　Ｂ＝ア　Ｃ＝イ　　⑥ Ａ＝ウ　Ｂ＝イ　Ｃ＝ア

2021(R3) 岡崎城西高
K 教英出版

問２　次の表は、世界全体に占める六つの州の各割合（％）を示している。Ａから Ｃは、それぞれ北アメリカ州・アフリカ州・アジア州のいずれかがあてはまる。Ａから Ｃと州区分名の組み合わせとして、正しいものはどれですか。　2

州区分	面積	人口	GDP（国内総生産）
A	23.4	59.8	35.1
B	22.3	16.1	3.0
C	18.0	7.8	29.0
ヨーロッパ州	16.9	10.1	25.8
南アメリカ州	13.1	5.7	5.0
オセアニア州	6.3	0.5	2.1
計	100	100	100

（「世界人口年鑑」2015年版ほか）

① Ａ＝北アメリカ州　Ｂ＝アフリカ州　Ｃ＝アジア州
② Ａ＝北アメリカ州　Ｂ＝アジア州　Ｃ＝アフリカ州
③ Ａ＝アフリカ州　Ｂ＝北アメリカ州　Ｃ＝アジア州
④ Ａ＝アフリカ州　Ｂ＝アジア州　Ｃ＝北アメリカ州
⑤ Ａ＝アジア州　Ｂ＝北アメリカ州　Ｃ＝アフリカ州
⑥ Ａ＝アジア州　Ｂ＝アフリカ州　Ｃ＝北アメリカ州

問３　アジア州に関する文として、正しいものはどれですか。　3

① 西アジアの産油国では、かつて日本やヨーロッパ諸国の国際石油資本が油田の開発・管理を独占していた。
② ＡＳＥＡＮ諸国は、域内の貿易にかかる関税を撤廃し、貿易の拡大につとめている。
③ 中国では、沿岸部の労働者不足を解消する目的で、「西部大開発」が進められている。
④ 経済改革を進めた中国は、沿岸部のシャンハイ（上海）などに経済特区を設けて工業化を推進した。
⑤ インド南部の都市デリーを中心に情報技術（ＩＴ）産業の成長が著しい。

問４　アフリカ州に関する文として、誤っているものはどれですか。　4

① 多くの人々が農村から都市へ移住するため、都市内部にはスラムが形成されている。
② 携帯電話などの普及にともなって、レアメタルとよばれる希少価値の高い金属が多く産出される。
③ かつてヨーロッパ諸国の植民地であったため、現在でも植民地時代の本国の言語を公用語とする国が多い。
④ 高い経済成長率を達成したアフリカ諸国は、モノカルチャー経済から脱却した。
⑤ サヘル地域では、急激な人口増加にともなう耕作や放牧を続けたため、砂漠化の進行がいちじるしい。

問５　ヨーロッパ州に関する文として、正しいものはどれですか。　5

① 冬季に乾燥するため、地中海沿岸の地域ではオリーブやブドウなどの作物が栽培されている。
② ヨーロッパの気候は、内陸部（東部）から沿岸部（西部）に向かうにつれて、年間の気温差が大きくなる。
③ 共通通貨ユーロの導入をきっかけに、ユーロ導入国間における経済活動が活発化した。
④ フランスでは、都市部に出荷するための観賞用の花や野菜を栽培する園芸農業がさかんである。
⑤ 東ヨーロッパ諸国がＥＵに加盟したため、これらの多くの企業は西ヨーロッパ諸国に進出し発展した。

問6　北アメリカ州に関する、次の文章中の【 A 】・【 B 】にあてはまる語句の組み合わせとして、正しいものはどれですか。 6

> アメリカ合衆国は、めぐまれた資源を利用して世界有数の工業国になった。なかでもアパラチア山脈の周辺で産出する【 A 】を背景として、【 B 】は鉄鋼業の中心地となった。しかし日本などから安くて質の良い鉄鋼が輸入されると、次第に【 B 】は停滞した。現在は、情報技術産業などの新しい発展がみられる。

① 【 A 】＝鉄鉱石　　【 B 】＝デトロイト
② 【 A 】＝鉄鉱石　　【 B 】＝ピッツバーグ
③ 【 A 】＝石炭　　【 B 】＝デトロイト
④ 【 A 】＝石炭　　【 B 】＝ピッツバーグ
⑤ 【 A 】＝石油　　【 B 】＝デトロイト
⑥ 【 A 】＝石油　　【 B 】＝ピッツバーグ

Ⅱ　次の日本地図をみて、各問いに答えなさい。

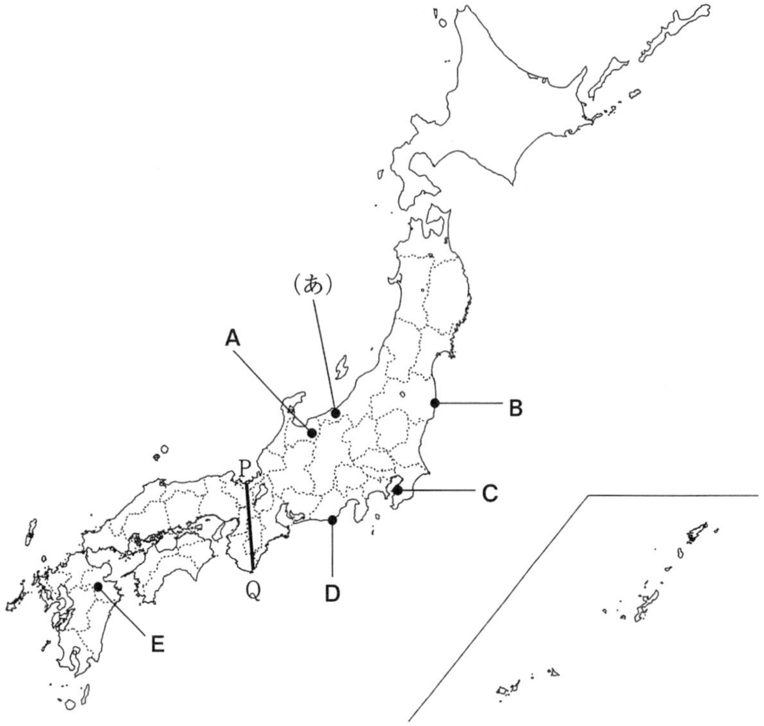

問１　地図中の（あ）は、新潟県上越市を示している。この都市の雨温図として、正しいものはどれですか。　7

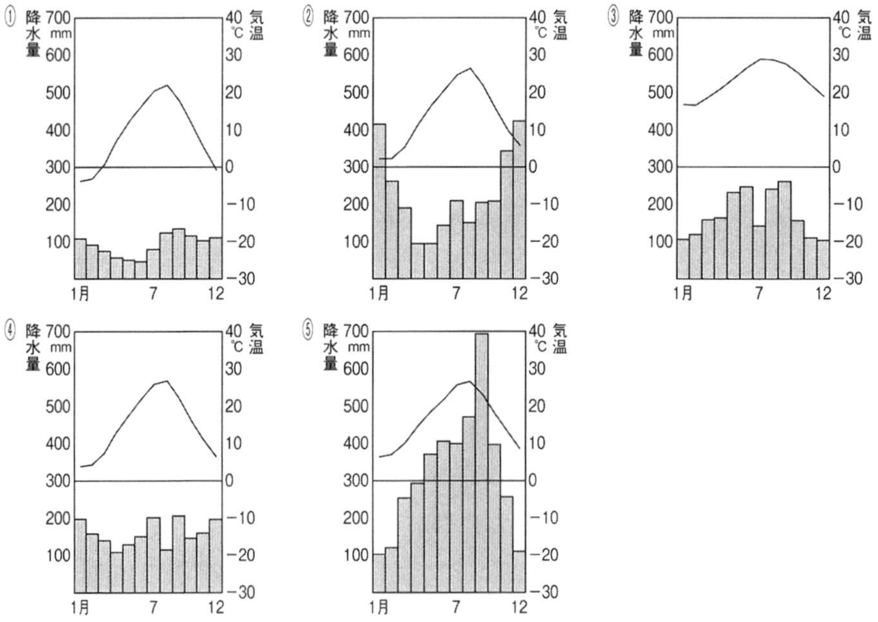

問2　地図中のAからEは火力発電所、水力発電所、地熱発電所、原子力発電所の場所を示している。このうち地熱発電所を示すものとして、正しいものはどれですか。　8

① A　② B　③ C　④ D　⑤ E

問3　地図中の線分P－Q間に当たる地形略式断面図を示すものとして、正しいものはどれですか。　9

①
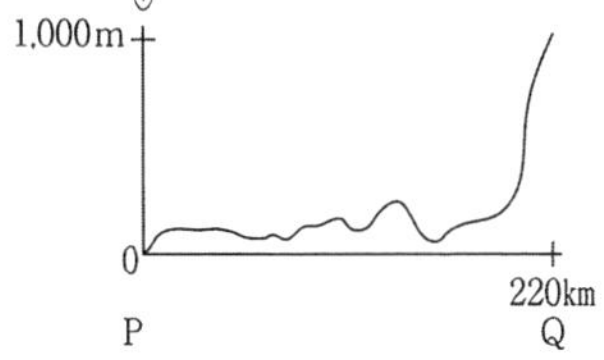

②
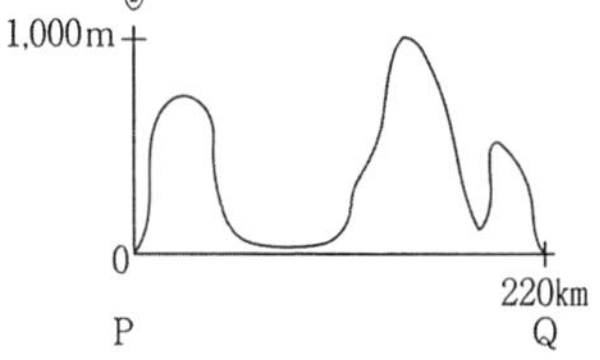

③
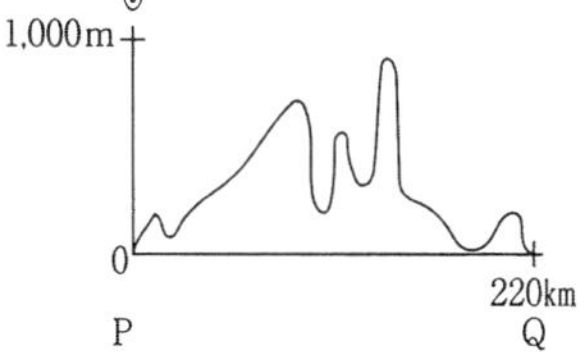

④
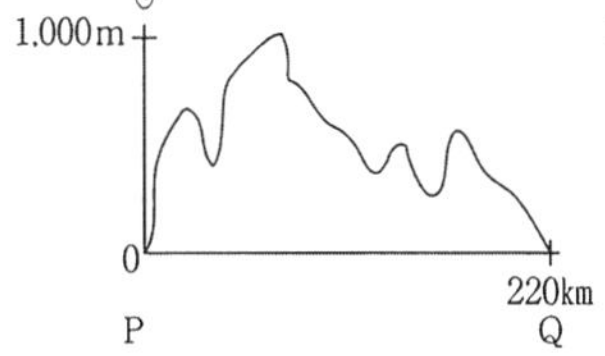

⑤
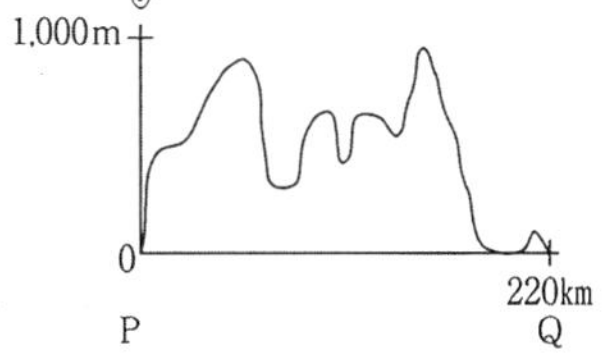

問4　日本の工業に関する文として、誤っている文章はどれですか。　10

① 中部地方には、全国の工業生産額が1位である中京工業地帯や楽器やオートバイの製造で有名な東海工業地域が存在する。

② 九州地方は、八幡製鉄所を中心に日本の重工業の中心であったが、エネルギー革命とともに工業生産額が低下した。

③ 中国・四国地方の瀬戸内工業地域には、製鉄所や石油化学コンビナートがあり、近年ではリチウムイオン電池などの工業製品が製造されている。

④ 近畿地方の阪神工業地帯は、第二次世界大戦前から現在に至るまで、医薬・化学品工場の生産が中心である。

⑤ 関東地方の京浜工業地帯では、石油化学工場を中心に製鉄や電気機械などの生産がさかんである。

問５　次の表は、日本の農業生産品の上位五つの道府県を示している。ＡからＥにはそれぞれレタス、茶、玉ねぎ、じゃがいも、ぶどうがあてはまる。レタスを示すものとして、正しいものはどれですか。　11

生産品	１位	２位	３位	４位	５位
A （千ｔ）	北海道 (1,883)	長崎県 (89)	鹿児島県 (86)	茨城県 (45)	千葉県 (30)
B （千ｔ）	北海道 (797)	佐賀県 (103)	兵庫県 (93)	愛知県 (29)	長崎県 (27)
C （千ｔ）	山梨県 (43)	長野県 (26)	山形県 (17)	岡山県 (17)	福岡県 (8)
D （百ｔ）	静岡県 (1,505)	鹿児島県 (1,377)	三重県 (302)	宮崎県 (181)	京都府 (138)
E （千ｔ）	長野県 (221)	茨城県 (87)	群馬県 (49)	長崎県 (32)	兵庫県 (26)

（データブックオブザワールド2020）

① A　② B　③ C　④ D　⑤ E

問６　次の地形図に関する文章を読んで、【　A　】から【　C　】にあてはまる語句の組み合わせとして、正しいものはどれですか。　12

国土地理院が発行する２万5000分の１や５万分の１地形図は、ほかの地図の基本となっている。それぞれの地形図は、縮尺の違いによって等高線の間隔が示す値は変化する。２万5000分の１地形図では計曲線が【　A　】ｍごとに、主曲線が【　B　】ｍごとに引かれている。一方で５万分の１地形図では計曲線が100ｍごとに、主曲線は【　C　】ｍごとに引かれている。

① 【　A　】＝25　【　B　】＝５　【　C　】＝50
② 【　A　】＝25　【　B　】＝10　【　C　】＝25
③ 【　A　】＝25　【　B　】＝５　【　C　】＝20
④ 【　A　】＝50　【　B　】＝10　【　C　】＝50
⑤ 【　A　】＝50　【　B　】＝５　【　C　】＝25
⑥ 【　A　】＝50　【　B　】＝10　【　C　】＝20

Ⅲ　次の文章を読んで、各問いに答えなさい。

人々はつねにA：集団をつくって生活をしてきた。生きるために他の集団や地域とB：交易（交流）をして経済や文化が発展してきた。集団が結合して大きくなると国となり、C：政治を行う人物はD：さまざまな仕組みを整えた。日本は島国であるため、外国との交易（交流）には海を渡る危険があったが、隣国のE：中国には大きな影響を受けてきた。15世紀にはじまる大航海時代をへてF：ヨーロッパ人たちの活動が活発になると、多くのヨーロッパ人が来日し、同時にG：キリスト教が伝来した。

問１　下線部Aに関連して、人々がつくってきた集団について述べた文として、正しいものはどれですか。　13

① 古代ギリシャではコロッセオを中心にふもとの広場に人々が集まりポリスを形成した。
② メソポタミア文明ではピラミッドを中心に人々が集まり、神官（バラモン）を中心に村の自治をおこなった。
③ 室町時代には惣という自治組織がつくられ、名主・組頭・百姓代を中心に村の自治をおこなった。
④ 江戸時代の朱印船貿易によって東南アジア各地に日本町がつくられた。
⑤ 鹿児島は戦国大名の毛利氏がつくった城下町である。

問２　下線部Bについて述べた文として、誤っているものはどれですか。　14

① 15世紀に成立した琉球王国は、日本・中国・朝鮮半島・東南アジアにも船を送り、中継貿易で栄えた。
② 江戸時代には将軍の代替わりごとなどに朝鮮通信使が来日した。
③ 東大寺の正倉院にはシルクロードを通って西アジアやインドから伝わったものもある。
④ 江戸時代には大阪は天下の台所といわれ、西廻り航路と東廻り航路の起点であった。
⑤ アメリカ大陸がヨーロッパの植民地になると、三角貿易によりアフリカから多くの奴隷が連れていかれた。

問3　下線部Cに関連して、政治と宗教との関係について述べた文として、誤っているものはどれですか。　15

① 聖武天皇は仏教を保護し、国ごとに国分寺と国分尼寺をつくらせた。
② 織田信長は天下統一の過程で、対抗する一向宗を武力で弾圧した。
③ 臨済宗や曹洞宗は厳しい戒律が武士の風土に合い、武士階級に受け入れられた。
④ 十字軍の失敗で教皇の権威は弱くなったが、逆に遠征を指揮した国王の権威は高まった。
⑤ 古代のローマ帝国が分裂すると西ヨーロッパでは正教会、東ヨーロッパではカトリック教会が広がった。

問4　下線部Dに関連して、各時代の幕府のしくみについて述べた文として、正しいものはどれですか。　16

① 鎌倉幕府は、応仁の乱の後に六波羅探題を設置して、朝廷の監視や西国武士の統率をした。
② 江戸幕府の三奉行とは、勘定奉行・寺社奉行・遠国奉行である。
③ 室町幕府は、将軍の補佐役として管領をおいた。
④ 室町幕府は、禁中並公家諸法度により天皇や公家の行動を制限した。
⑤ 江戸幕府は、幕政を統括する役職として常時5名から6名の大老という役職をおいた。

問5　下線部Eに関連して、中国と日本の関係について述べた文として、正しいものはどれですか。　17

① 日本では、唐の法律にならって701年に大宝律令がつくられた。
② 小野妹子は、唐のおとろえと往復の危険を理由に遣唐使の停止を訴えた。
③ 「魏志」倭人伝には、倭の奴国の王が魏に使いを送り、皇帝から金印を授けられたことが記されている。
④ 北条時宗は、文禄の役と慶長の役の二度にわたり元軍の侵入を防いだ。
⑤ 平清盛は、明の求めに応じて倭寇をとりしまる一方で、勘合貿易をおこなった。

問６　下線部Ｆに関連して、ヨーロッパ人たちの活動について述べた文として、正しいものはどれですか。　18

①　南アメリカで栄えていたインカ帝国は、ポルトガルによって滅ぼされた。

②　スペインはアメリカやアジアに植民地を広げて、一時は「日のしずむことのない帝国」とよばれた。

③　17世紀には、オランダはマカオを根拠地としてアジア貿易をおこなった。

④　フビライの使者として来日したマルコポーロは、『世界の記述』（『東方見聞録』）のなかで日本を黄金の国として紹介した。

⑤　イギリスの植民地であったインドでは、「代表なくして課税なし」をスローガンとして本国（イギリス）に対抗した。

問７　下線部Ｇに関連して、キリスト教伝来後の日本について述べた文として、正しいものはどれですか。　19

①　豊臣秀吉がバテレン追放令をだしたため、それ以後は日本でのキリスト教信者は減少した。

②　織田信長はキリスト教を保護し、四人の少年を天正遣欧使節としてローマ教皇のもとへ派遣した。

③　江戸幕府は出島に限りキリスト教の布教を許可した。

④　大塩平八郎は、キリスト教の弾圧に対して島原・天草一揆をおこしたが、徳川家康により鎮圧された。

⑤　貿易の利益に目を付けた戦国大名の中には、領内の港に南蛮船をよぶためにキリスト教徒になるものも現れた。

Ⅳ　18世紀から19世紀における日本と世界の様子・出来事について、各問いに答えなさい。

問１　江戸時代後期の学問と教育について述べた文として、正しいものはどれですか。　20

① 本居宣長が大成した国学は、幕末の公武合体論に大きな影響を与えた。
② 町や農村では寺子屋が開かれ、「読み・書き」などの実用的な知識を教えられた。
③ 緒方洪庵は長崎で適塾を開き、多くの弟子たちに蘭学を教えた。
④ 杉田玄白は、ドイツの解剖書を翻訳して『解体新書』をあらわし、蘭学の基礎を築いた。
⑤ 諸藩は藩校をもうけて、武士の子弟や庶民の育成のために武道や朱子学を教えた。

問２　右の写真に関連して、この頃のフランスの様子について述べた文として、正しいものはどれですか。　21

① ルイ14世が政治権力の全てを握り、議会を開かずに国を治めていた。
② 革命政府は国王を追放し、新たに国会を尊重する国王をむかえた。
③ 皇帝となったナポレオンは、自分の一族を周辺国の王とした。
④ 国民議会は、人間の自由と平等・国民主権・言論の自由などを唱えた人権宣言を発表した。
⑤ 革命による政治と社会の仕組みの変更に反対する人々が、ナポレオンを中心に反乱を起こした。

問３　明治政府がおこなった兵制・税制・学制の三つ改革について述べた文として、誤っているものはどれですか。　22

① 徴兵令には多くの免除規定があったため、兵役についたのは平民の二男や三男であった。
② 地租改正では、土地所有者に現金で納税させたが、課税基準は今まで通り収穫高であった。
③ 農民の負担は江戸時代と変わらなかったため、地租改正に対して各地で反対を求める一揆が起こった。
④ 学制によって、満６歳以上の男女を小学校に通わせるようになった。
⑤ 長野県の開智学校のように、地元の人々が資金を出しあって建設した小学校もあった。

V　20世紀における日本と諸外国の動きについて、各問いに答えなさい。

	欧米の動き	日本の動き
1919年	パリ講和会議が開催された。	
1924年		第二次護憲運動が起こった。…Ⅰ
1929年	世界恐慌が発生した。	
1932年	【Ａ】がドイツ議会第一党となった。	
1937年		日中戦争がぼっ発した。
1939年	ドイツがポーランドへ侵攻した。…Ⅱ	
1940年		【Ｂ】内閣が国家総動員法を制定した。
1945年	ドイツが連合国に降伏した。	ポツダム宣言を受諾した。
1964年		東京オリンピックが開かれた。…Ⅲ

問１　年表中の【Ａ】・【Ｂ】にあてはまる語句の組み合わせとして、正しいものはどれですか。　23

① 【Ａ】＝ファシスト党　【Ｂ】＝東条英機
② 【Ａ】＝ファシスト党　【Ｂ】＝近衛文麿
③ 【Ａ】＝ナチス　【Ｂ】＝東条英機
④ 【Ａ】＝ナチス　【Ｂ】＝近衛文麿
⑤ 【Ａ】＝ソビエト　【Ｂ】＝東条英機
⑥ 【Ａ】＝ソビエト　【Ｂ】＝近衛文麿

問２　年表中Ⅰについて述べた文として、正しいものはどれですか。　24

① この運動によって、「平民宰相」とよばれた原敬が首相に就任した。
② この運動を多くの民衆が支持したため、桂太郎内閣は退陣に追い込まれた。
③ この運動は、満20歳以上の男性に選挙権を与える普通選挙法が成立するきっかけとなった。
④ この運動によって、加藤高明を首相とする連立内閣が成立した。
⑤ この運動を通じて、労働争議や小作争議がさかんになった。

問３　年表中Ⅱ以降で第二次世界大戦中におけるヨーロッパの様子について述べた文として、誤っているものはどれですか。　25

① ドイツはソ連との間で不可侵条約を結んだが、条約を破ってソ連に侵攻した。
② リトアニアの日本領事であった杉原千畝は、ドイツによって迫害を受けていたユダヤ人にビザを発行した。
③ アメリカのルーズベルト大統領は、イギリスのチャーチル首相とともに大西洋憲章を発表した。
④ ドイツに協力する運動が各地でおこり、レジスタンスとよばれた。
⑤ ヨーロッパの大半を支配したドイツは、スターリングラードでソ連に敗れた。

問４　年表中Ⅲが起こった時期の日本の外交・経済について述べた文として、正しいものはどれですか。　26

① 日ソ共同宣言に調印し、ソ連の支持のもとで国際連合へ加盟した。
② 日中平和友好条約を締結し、中華人民共和国との国交を回復した。
③ 日韓基本条約を締結し、韓国政府を朝鮮半島唯一の政府と承認した。
④ 朝鮮戦争にともなう特需景気によって、復興が早まった。
⑤ 高度経済成長期をむかえ、国民の暮らしは豊かになった。

VI　次の文章を読んで、各問いに答えなさい。

もしもあなたが将来、内閣総理大臣になりたいと考えているならば、次のような条件を満たさなければならない。

内閣総理大臣は、A：選挙で選ばれた国会議員の中から指名されることが、日本国憲法で規定されている。また同様に、内閣総理大臣は、「B：内閣の首長」であることも規定されている。日本はC：議院内閣制をとっているため、衆議院における多数党によって内閣が組織される。つまり、内閣総理大臣は多数党となるD：政党からの支持も必要とする。

大統領制のように、国民投票で直接選ばれることはないが、日本の場合、「最大政党に所属する国会議員」になることが内閣総理大臣への第一歩である。

問1　下線部Aについて、現在の選挙は四つの原則のもとでおこなわれている。これらの原則として、誤っているものはどれですか。　27

①　公開選挙　②　秘密選挙　③　普通選挙

④　平等選挙　⑤　直接選挙

問2　同じく下線部Aについて、日本の選挙制度の一つとして「比例代表制」があげられる。この制度を述べた文として、誤っているものはどれですか。なお選択肢①から④のすべてが正しい場合は、⑤をマークしなさい。　28

①　比例代表制では、小政党が分立し、政権が不安定になりやすい。
②　比例代表制では、小選挙区制と比較して、死票が少ない。
③　比例代表制では、議席を配分する際に「ドント式」を採用している。
④　比例代表制では、政党や政治団体に属さない人は立候補することができない。

問3　下線部Bについて、内閣の仕事として、誤っているものはどれですか。　29

①　外交関係の処理
②　最高裁判所長官の指名とその他の裁判官の任命
③　弾劾裁判所の設置
④　政令の制定
⑤　天皇の国事行為に対する助言と承認

問4　下線部Cについて、次の文章Ⅰ・Ⅱの正誤の組み合わせとして、正しいものはどれですか。 30

> Ⅰ　衆議院の総選挙がおこなわれたときは、必ず内閣は総辞職し、選挙の結果をふまえた新しい内閣をつくらなければならない。
> Ⅱ　衆議院において内閣不信任が決議されたら、内閣は7日以内に衆議院を解散しなければならない。

① Ⅰ＝正　Ⅱ＝正　　② Ⅰ＝正　Ⅱ＝誤
③ Ⅰ＝誤　Ⅱ＝正　　④ Ⅰ＝誤　Ⅱ＝誤

問5　下線部Dについて、2020年11月現在、自由民主党と連立して与党を形成している政党はどれですか。 31

① 日本維新の会　② 社会民主党　③ 公明党
④ 日本共産党　⑤ 立憲民主党

Ⅶ　次の各問いに答えなさい。

問１　「環境権」について述べた文として、誤っているものはどれですか。なお選択肢①から④のすべてが正しい場合は、⑤をマークしなさい。　32

① 近年では環境保護のため、環境アセスメント法が制定された。
② 環境問題への対処として、環境基本法が制定された。
③ 居住・移転の自由が保障されているため、日照権を求めることはできない。
④ 地球温暖化やオゾン層破壊など、国をこえた協力体制がめざされている。

問２　「知る権利」について述べた文として、誤っているものはどれですか。なお選択肢①から④のすべてが正しい場合は、⑤をマークしなさい。　33

① 情報公開制度により、国や地方公共団体に、情報の公開を請求することができる。
② 情報公開制度は、公正で透明な行政の実現に役立っている。
③ 知る権利は、報道の自由との結びつきが強く、新聞やテレビなどの報道によって支えられている。
④ 国の安全をそこなう外交・防衛情報は、公開されない情報の一つである。

問３　「プライバシーの権利」について述べた文として、誤っているものはどれですか。なお選択肢①から④のすべてが正しい場合は、⑤をマークしなさい。　34

① 刑事裁判では、20歳以上の被告人であれば法廷内の写真撮影が許可されている。
② プライバシーの権利は、表現の自由や知る権利によって制限される場合がある。
③ 国や地方公共団体だけでなく民間企業も、個人情報を慎重に管理することが求められている。
④ 個人情報保護法の成立によって、個人情報保護制度の基本的な考えが示された。

2021(R3) 岡崎城西高
K 教英出版

2021年度

入学試験

第2時限　理　科

放送で「始め」という合図があるまで，このページ以外のところを見てはいけません。
それまでは注意事項を静かにくりかえし読みなさい。

注　意

1．試験時間は正味45分で行います。

2．受験番号は，必ずマークしなさい。

受験番号			
千	百	十	一
●	●	⓪	⓪
①	①	●	①
②	②	②	●
③	③	③	③

（例）　受験番号　１２の場合
（００１２とマークする）
受験番号をマークする。
（マークは記入例に従い濃くマークしなさい。
鉛筆はＨより濃いものを使用しなさい。）

3．解答は，解答用紙の解答記入欄にマークしなさい。
たとえば，［20］と表示のある問いに対して③を解答する場合は，次の（例）のように解答番号20の解答記入欄の③にマークしなさい。

（例）

解答番号	解答記入欄									
20	①	②	●	④	⑤	⑥	⑦	⑧	⑨	⑩

4．記入上の注意

⑴　マークは黒鉛筆で長円内をぬりつぶしなさい。
（鉛筆はＨより濃いものを使用しなさい。）

⑵　訂正するときは，消しゴムできれいに消し，消しくずを残さないようにしなさい。

⑶　解答用紙には，所定の記入欄以外に何も書かないようにしなさい。

⑷　解答用紙は，折り曲げたり，汚さないようにしなさい。

5．問題についての質問は受けつけません。ただし，ページ数が不足していたり，印刷の文字が不鮮明であるときに質問することはさしつかえありません。

6．時間の終わりに放送で「やめ」という合図があったら，ただちに解答をやめなさい。

岡崎城西高等学校

〈1〉から〈11〉の問いに答えなさい。答は解答群の中から１つ選び，番号をマークしなさい。

〈1〉

図１のように，長さ10 cmのばねにおもりをつり下げ，おもりの質量とばねののびとの関係を調べたところ，右のグラフのようになった。このばねを用いて次のような実験を行った。質量100 gの物体にはたらく重力の大きさを１ Nとし，ばねの質量は考えないものとする。

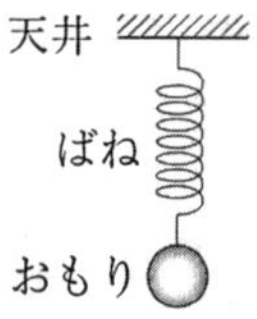

図１

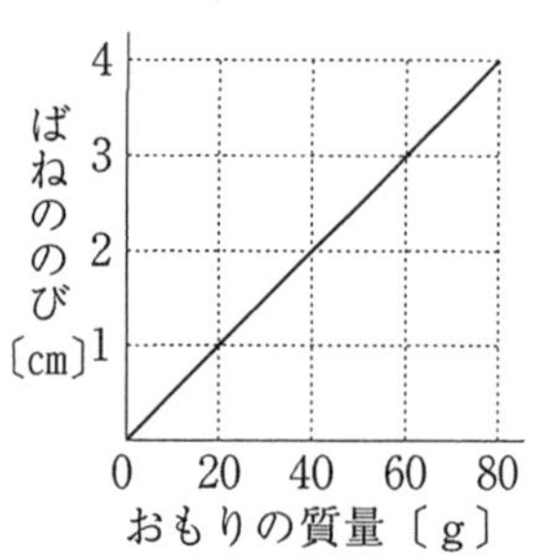

【実験１】

このばねを摩擦の無視できる水平面に置き，一端を壁に固定し，他端に100 gの磁石ＡのＳ極を取り付けた。次に，棒の一端に磁石Ｂを取り付け，図２のように磁石ＡのＮ極と磁石ＢのＳ極が向かいあうようにして磁石Ｂを磁石Ａにゆっくりと水平に近づけていったところ，ばねののびが１ cmになったときの２つの磁石の間の距離は３ cmであった。

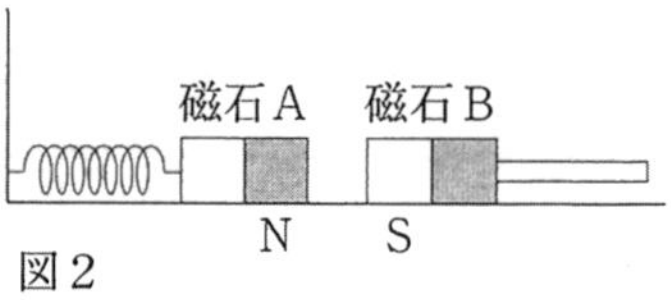

図２

(1) このばねを１ cmのばすのに必要な力の大きさは何Ｎですか。 [1] N

① 0.05　② 0.2　③ 0.5　④ 1　⑤ 20　⑥ 2000

(2) 図３のように，このばねの一端を天井に固定し，他端に磁石ＡのＳ極を取り付け，磁石ＢのＳ極を真下からゆっくりと近づけた。２つの磁石の間の距離が３ cmになったときのばねの長さは何cmですか。

[2] cm

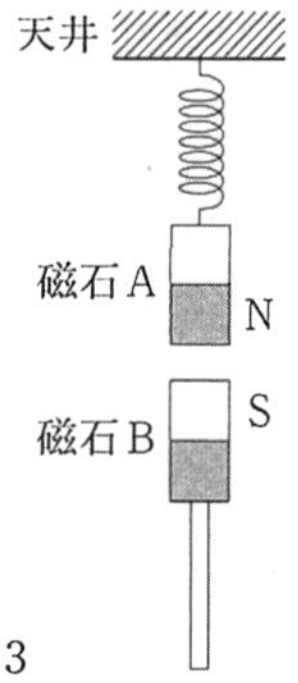

図３

① 1　② 3　③ 5　④ 6　⑤ 9
⑥ 10　⑦ 11　⑧ 13　⑨ 15　⑩ 16

【実験２】

図４のように，摩擦力がはたらく水平面の上にばねを取り付けた磁石Ａを置く。磁石Ａが一定の速さで動くようにばねの一端を引き，20 cm動かした。このときかかった時間は５ 秒で，ばねののびは常に2.5 cmであった。

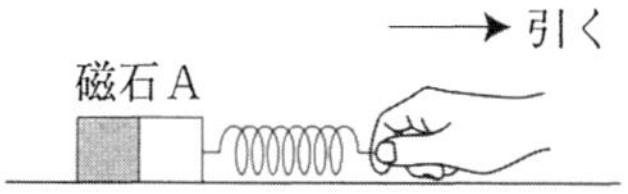

図４

(3) このとき，引く力のする仕事の大きさは何Ｊですか。　3 J

① 0　② 0.1　③ 0.5　④ 10　⑤ 12.5
⑥ 20　⑦ 50　⑧ 100　⑨ 125　⑩ 250

(4) このとき，引く力の仕事率は何Ｗですか。　4 W

① 0　② 0.02　③ 0.1　④ 2　⑤ 2.5
⑥ 4　⑦ 10　⑧ 25　⑨ 40

〈2〉 次の各問いに答えなさい。

(1) 地球上で方位磁針のN極が北を指すことは，地球内部に大きな棒磁石があると仮定し，その周りの磁界を考えることで説明できる。次のうち，地球内部の棒磁石の極とその周りの磁力線のようすを表す模式図として正しいものはどれですか。 5

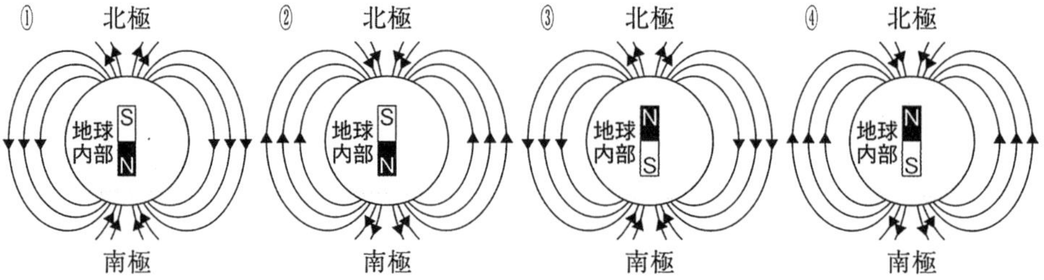

(2) 図のように導線に矢印の向きに電流が流れており，その周りに方位磁針XとYを置いた。次のうち，真上から見たときの方位磁針のようすとして正しいものはどれですか。ただし，方位磁針は黒い方をN極とし，地球の磁界による影響は考えないものとする。 6

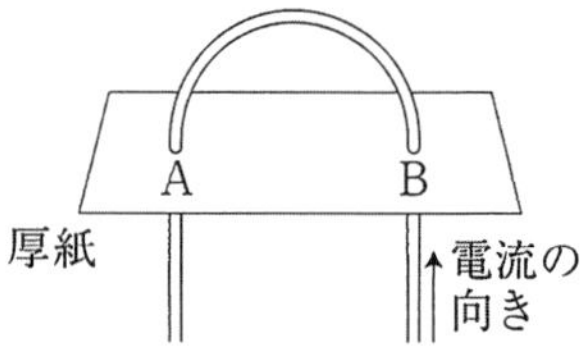

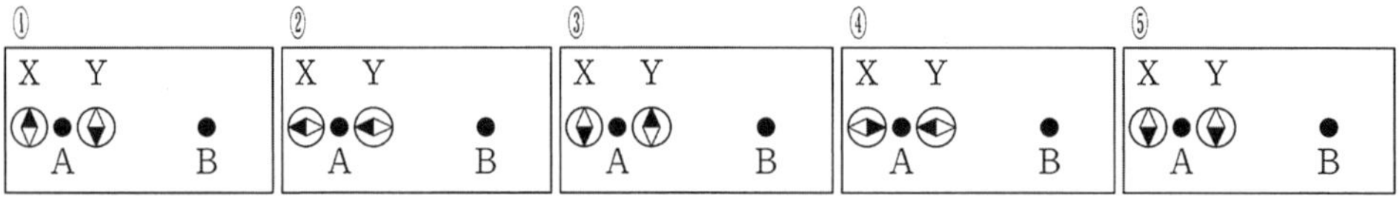

(3) 図1の回路でＰＱ間に抵抗器を接続して電流を流すと，コイルは図で示した矢印の方向に傾いて静止した。
次に，抵抗値の等しい抵抗器X，Yと，それより抵抗値の大きい抵抗器Zを用意し，その中から2つを選び，図2のア～エのようにつないだものをそれぞれ図1のＰＱ間に接続して電流を流した。そのときのコイルの傾きが大きい順に並べたとき，2番目と4番目にくるものの組合せとして正しいものはどれですか。 7

	2番目	4番目
①	ア	イ
②	ア	ウ
③	イ	ア
④	イ	エ
⑤	ウ	ア
⑥	ウ	エ
⑦	エ	イ
⑧	エ	ウ

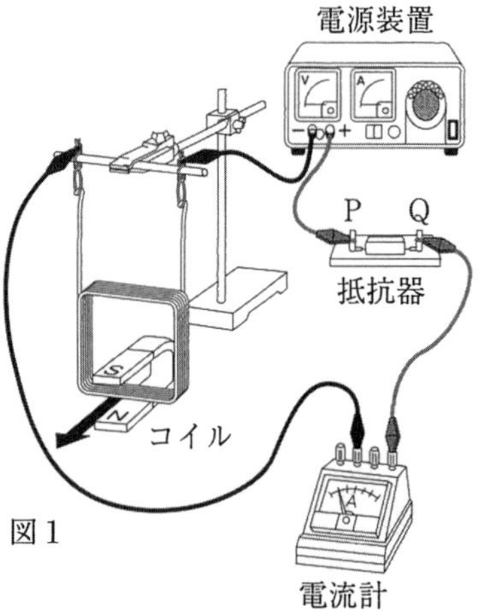

図1

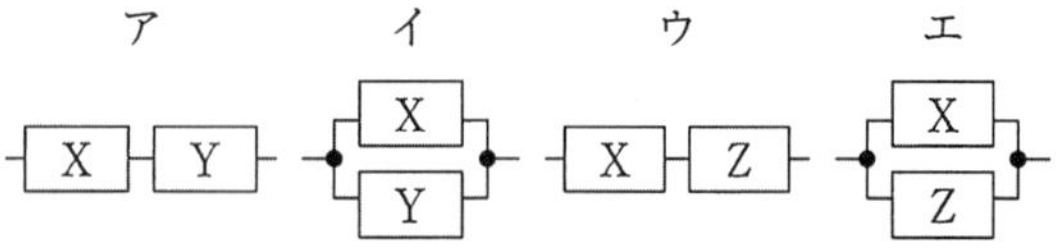

図2

〈3〉 電熱線X，Y，Zを用意し，それぞれの電熱線に加える電圧とそのときに流れる電流の大きさの関係を調べると，図1のようなグラフが得られた。次に，3つの電熱線を用いて図2のような装置を作ってスイッチを閉じたとき，電圧計は6.0 Vを示した。電熱線以外の抵抗は無視できるものとし，次の問いに答えなさい。

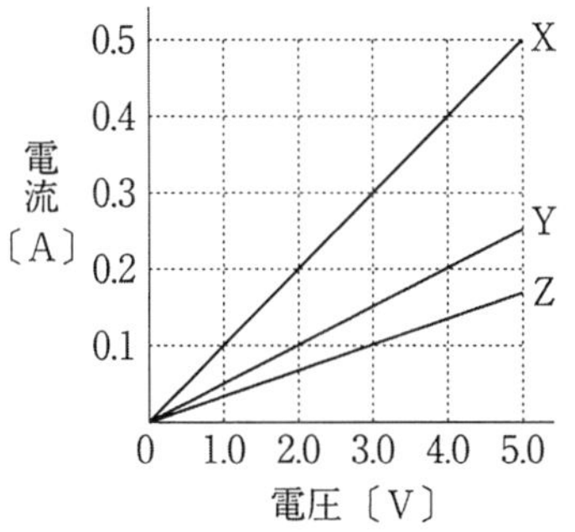

図1

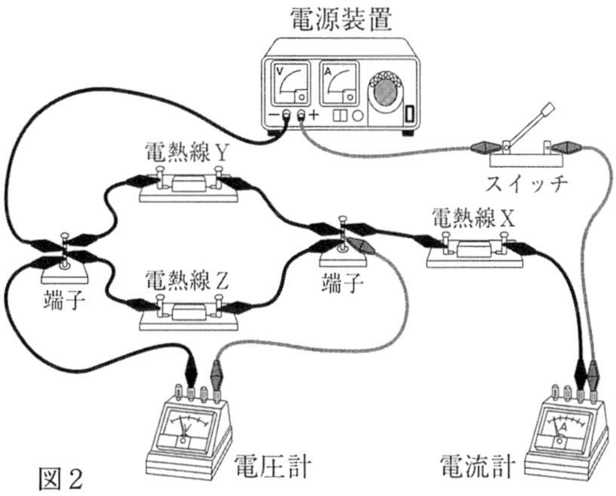

図2

(1) 電熱線Yの抵抗の大きさは何Ωですか。 [8] Ω

① 0.03 ② 0.05 ③ 0.1 ④ 10 ⑤ 20 ⑥ 30

(2) 電流計の示す値は何Aですか。 [9] A

① 0.2 ② 0.3 ③ 0.4 ④ 0.5 ⑤ 0.6
⑥ 0.7 ⑦ 0.8 ⑧ 0.9 ⑨ 1.0

(3) この回路の合成抵抗の大きさは何Ωですか。 [10] Ω

① 5.5 ② 12 ③ 22 ④ 27.5
⑤ 34 ⑥ 46.7 ⑦ 60

(4) 電熱線Xにおける消費電力の大きさは何Wですか。 [11] W

① 1.2 ② 1.8 ③ 2.5 ④ 3.0 ⑤ 5.0
⑥ 6.0 ⑦ 50 ⑧ 120 ⑨ 180

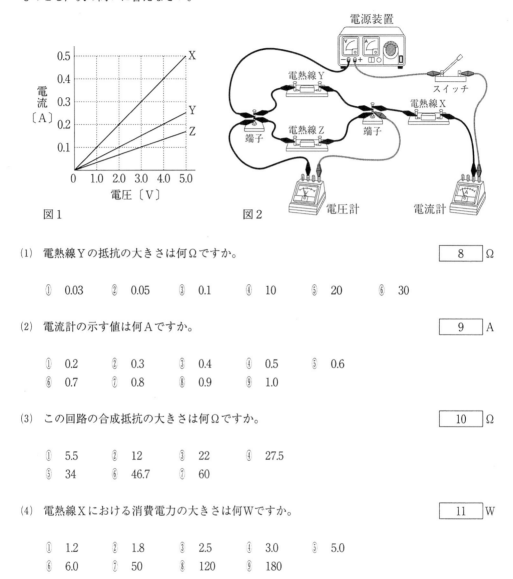

〈4〉 ペットボトルについて次の問いに答えなさい。

(1) 市販されている商品の容器や包装には，識別マークがついています。次のうち，ペットボトルについているマークはどれですか。 12

(2) 次のうち，ペットボトルに使われているプラスチックはどれですか。 13

① ポリプロピレン　　② ポリエチレン
③ ポリエチレンテレフタラート　　④ ポリ塩化ビニル

ペットボトルに使われているプラスチックの密度を調べるために，次の実験をしました。

【実験】

〔1〕ペットボトルの上部と底部を切り取り，残った側面部分を1.5 cm角ほどの四角形に切り分けた。

〔2〕〔1〕で1.5 cm角に切った数枚のペットボトル片の質量をはかると，6.0 gだった。

〔3〕100 mLのメスシリンダーに水を80.0 mL入れた。

〔4〕〔3〕のメスシリンダーの水中に〔2〕で測定した6.0 gのペットボトル片をすべて沈め，体積をはかると84.6 mLだった。

(3) 次のうち，実験操作〔3〕で水を80.0 mL入れたときのメスシリンダーの液面付近のようすを正しく示しているのはどれですか。ただし，図は液面付近を水平方向から観察した模式図です。 14

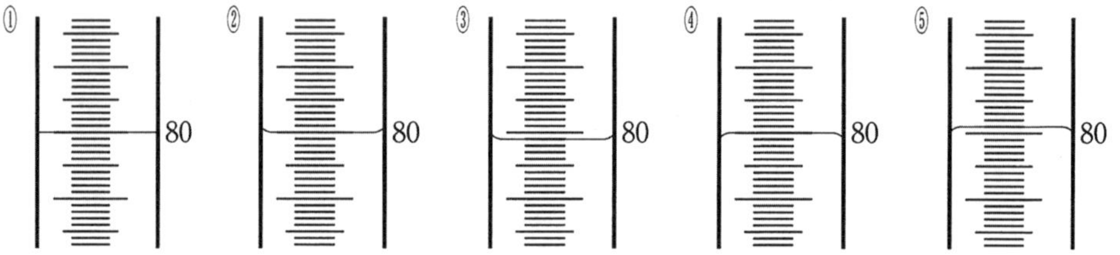

(4) 次のうち，ペットボトルに使われているプラスチックの密度として最も適当なものはどれですか。 15 g/cm^3

① 0.77　　② 1.3　　③ 4.6　　④ 13　　⑤ 14

(5) 次の文のうち，誤っているものはどれですか。 16

① プラスチックは軽いので，すべて水に浮く。
② ペットボトルを燃やすと，二酸化炭素が発生する。
③ プラスチックという言葉は，「成形できるもの」を意味する。
④ ペットボトルに火をつけると，すすを出しながら燃える。

〈5〉 白色の物質A，B，C，Dの性質を調べるために，次の実験をしました。ただし，物質A，B，C，Dは，塩化ナトリウム，炭酸水素ナトリウム，砂糖，酸化カルシウムのいずれかです。次の問いに答えなさい。

【実験】

〔1〕物質A，B，C，Dをそれぞれ4.0 gはかりとり，100 gの水に入れよくかきまぜた。物質Cは溶け残りがあったので，ろ過してろ液を分離した。

〔2〕〔1〕で得られた物質A，B，Dの水溶液をそれぞれ青色リトマス紙と赤色リトマス紙につけた。物質Aと物質Bの水溶液は，どちらのリトマス紙の色も変えなかった。

〔3〕〔1〕で得られた物質Aと物質Bの水溶液に，それぞれ電極を入れて電流が流れるか調べると，物質Aの水溶液は流れなかった。

〔4〕〔1〕で分離した物質Cのろ液に二酸化炭素をふきこむと白くにごった。

〔5〕物質Dを試験管に入れ加熱すると，二酸化炭素が発生した。

(1) 〔1〕で得られた物質Aの水溶液の質量パーセント濃度として最も適当なものはどれですか。 [17] %

① 3.8　② 4.0　③ 10.4

(2) 次のうち，物質Bはどれですか。 [18]

① 塩化ナトリウム　② 炭酸水素ナトリウム　③ 砂糖　④ 酸化カルシウム

(3) 〔4〕で生じた白色の物質として，最も適当なものはどれですか。 [19]

① 塩化アンモニウム　② 塩化カルシウム　③ 炭酸ナトリウム
④ 炭酸カルシウム　⑤ 水酸化カルシウム

(4) 物質Dの水溶液にフェノールフタレイン溶液を数滴入れると，何色になりますか。 [20]

① 無色　② うすい赤色　③ 濃い赤色

〈6〉 化合物の分解について述べた文章を読み，次の問いに答えなさい。

酸化銀を加熱すると，銀と酸素に分解する。これを化学反応式で表すと次のようになる。

$$2Ag_2O \longrightarrow 4Ag + O_2$$

29 gの酸化銀を加熱すると，27 gの銀が得られた。

水を電気分解すると，水素と酸素に分解する。これを化学反応式で表すと次のようになる。

$$2H_2O \longrightarrow 2H_2 + O_2$$

9.0 gの水を電気分解すると，1.0 gの水素が得られた。
この分解で，発生した気体の体積は，水素２に対して酸素１の割合である。

(1) 何ｇの酸化銀を分解すれば8.0 gの酸素が得られますか。 [21] g

① 8.6　② 16　③ 108　④ 116

(2) 18 gの水を電気分解したときに発生する酸素は何ｇですか。 [22] g

① 2.0　② 6.0　③ 12　④ 16

(3) 水素原子１個の質量を１とすると，銀原子１個の質量はいくらになりますか。 [23]

① 27　② 54　③ 108　④ 216

〈7〉 植物のつくりと子孫の残し方について，次の問いに答えなさい。

(1) 図1はマツの花，図2はアブラナの花のつくりを模式的に表したものである。図2の番号のうち，図1のアと同じはたらきをするつくりとして最も適当なものはどれですか。 24

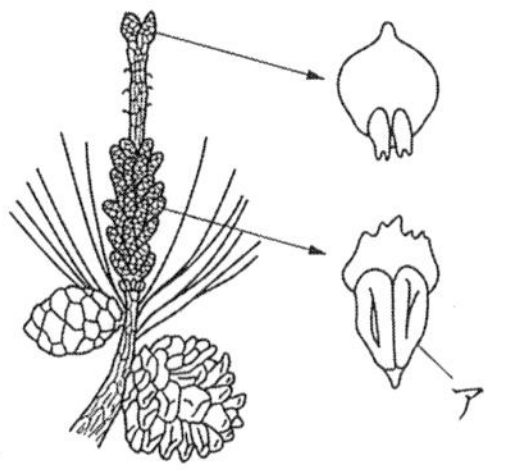

図1

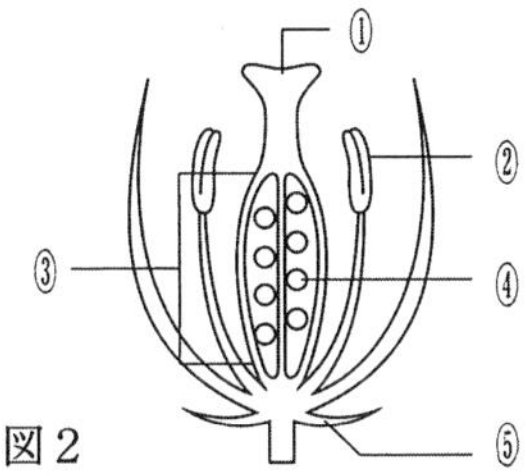

図2

(2) 次のうち，ホウセンカの種子の運ばれ方として最も適当なものはどれですか。 25

① 風に運ばれる　② 動物に食べられて運ばれる　③ はじけて飛ぶ
④ 水に運ばれる　⑤ 動物などに付着して運ばれる

(3) 次のうち，種子をつくらない植物はどれですか。 26

① ユリ　② マツ　③ イヌワラビ　④ ツツジ　⑤ サクラ　⑥ ソテツ

〈8〉 動物のからだと分類について，次の問いに答えなさい。

(1) セキツイ動物と無セキツイ動物について述べた次の文のうち，正しいものはどれですか。 27

① セキツイ動物と無セキツイ動物では，セキツイ動物の方が多くの種類がある。
② セキツイ動物は，魚類，両生類，昆虫類，鳥類，ホニュウ類の5つのグループに分けられる。
③ カニやマイマイ，クモなどのなかまを節足動物という。
④ 昆虫の胸部や腹部には気孔があり，ここからとり入れた空気で呼吸している。
⑤ バッタやチョウなどの昆虫類は外骨格をもち，体が多くの節からできている。
⑥ すべての無セキツイ動物は，セキツイ動物のように胃や肝臓などの器官をもたない。

図は，ヒトの体内における血液循環を表したものである。

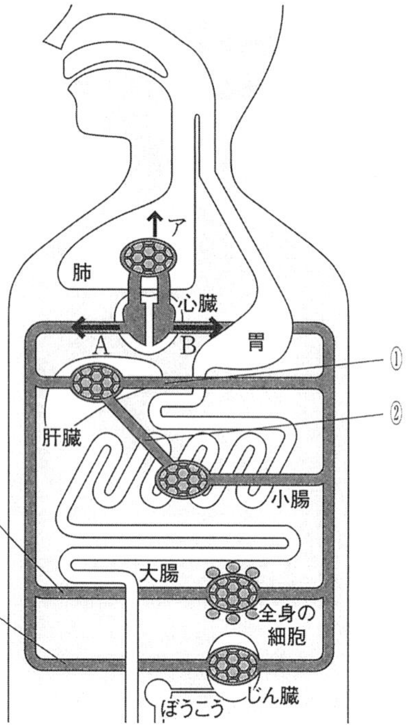

(2) 図中の矢印A，Bのうち，血液の流れる向きとして正しいものはどれですか。 28

① A　　② B

(3) 図中の矢印アは，呼吸によって生じ，肺のはたらきにより体外に排出される気体を表している。この気体として適当なものは次のうちどれですか。 29

① 二酸化炭素　　② 酸素　　③ 窒素　　④ 水素

(4) 図中の番号は血管を示している。これらの血管のうち，からだに不要な物質の量が最も少ない血液が流れているものはどれですか。 30

〈9〉 生物の子孫の残し方と遺伝について，次の問いに答えなさい。

図は，生殖細胞をつくるための細胞分裂と受精のようすを表している。なお，図中の棒状の構造は，染色体を示している。

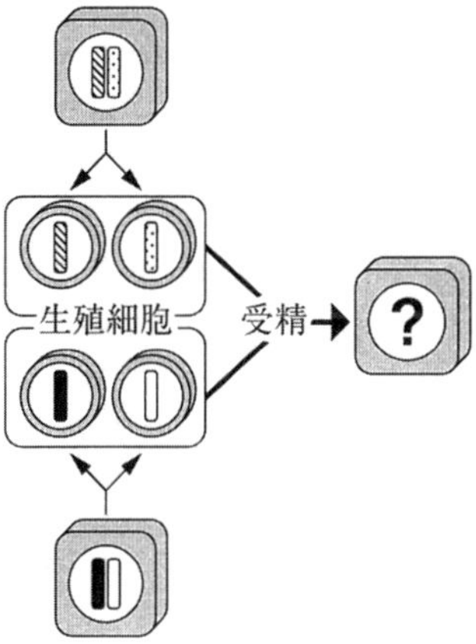

(1) 図の場合，受精する生殖細胞の組合せは何通り考えられますか。 31

① 1通り　② 2通り　③ 3通り　④ 4通り　⑤ 5通り　⑥ 6通り

(2) 生殖細胞によって新しい個体をつくる生殖について述べた次の文のうち，正しいものはどれですか。 32

① 生殖細胞とよばれる特別な細胞のはたらきによって新しい個体がつくられる生殖を無性生殖という。
② 被子植物が種子をつくるいとなみは，生殖細胞を用いて行われる。
③ 一般に動物の生殖細胞は同じ形・同じ大きさの卵と精子であり，これらが受精することで新しい個体がつくられる。
④ 生殖細胞によって新しい個体がつくられる場合，その個体がもつ細胞は親の細胞と全く同じものである。

(3) 次の文章は，メンデルが行った実験の一部について説明したものである。空欄にあてはまる語句の組合せとして，正しいものはどれですか。 33

エンドウの種子の形は，親から子へと遺伝する。種子の形は，丸い種子としわのある種子のいずれかしか現れない。この丸としわのように，どちらか一方しか現れない形質どうしを（　ア　）という。メンデルが，丸い種子をつくる純系のエンドウのめしべに，しわのある種子をつくる純系のエンドウの花粉をつけて他家受粉をさせたところ，できた種子はすべて丸かった。ところが，この種子をまいて育てたエンドウが自家受粉をすると，丸い種子としわのある種子ができた。同じ世代の多くのエンドウについて調べてみると，丸い種子としわのある種子の数の比は，ほぼ（　イ　）になった。したがって，両親から伝えられ，子の代に現れなかった形質は，（　ウ　）と考えられる。

	ア	イ	ウ
①	優性の形質	1：1	失われた
②	優性の形質	3：1	隠れていた
③	優性の形質	1：3	失われた
④	優性の形質	1：1	隠れていた
⑤	対立形質	3：1	失われた
⑥	対立形質	1：3	隠れていた
⑦	対立形質	1：1	失われた
⑧	対立形質	3：1	隠れていた

〈10〉 火山のでき方と地層について，それぞれの説明を読み，問いに答えなさい。

A　地下にある岩石が，高温のためどろどろにとけた物質になって，地表にふき出すことを噴火という。噴火によりふき出した物質が周辺に積み重なって火山ができる。

(1)　下線部のような物質を何といいますか。　34

①　プレート　　②　マグマ　　③　火山ガス　　④　火成岩

(2)　噴火のときにふき出される物質（火山噴出物という）ではないものはどれですか。　35

①　水蒸気　　②　火山れき　　③　火山灰　　④　深成岩　　⑤　火山弾

(3)　火山の形や火山をつくる岩石の色は，下線部の物質の性質によって決まります。その説明として正しいものはどれですか。　36

①　ねばりけが弱いと，気体成分が抜け出しやすく，おわんをふせたような形の火山になる。
②　ねばりけが弱いと，火山の形は厚みの少ない形になり，黒っぽい岩石が多くなる。
③　ねばりけが強いと，火山の傾斜がゆるやかな形になり，表面は滑らかである。
④　ねばりけが強いと，激しい爆発をともなう噴火が多く，岩石は黒っぽく，表面は滑らかである。

B　過去に火山が噴火した地域の地層を調べた。図１はその地域の地形図を模式的に表したものである。図１の曲線は等高線を，数字は標高を示している。図２は地形図のA～D地点の地下のようすを表す柱状図である。この地域には断層や地層の上下の逆転はなく，各層はほぼ水平に広がっている。

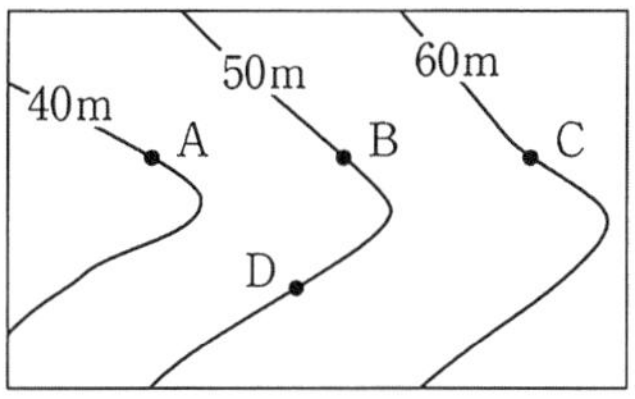

図１

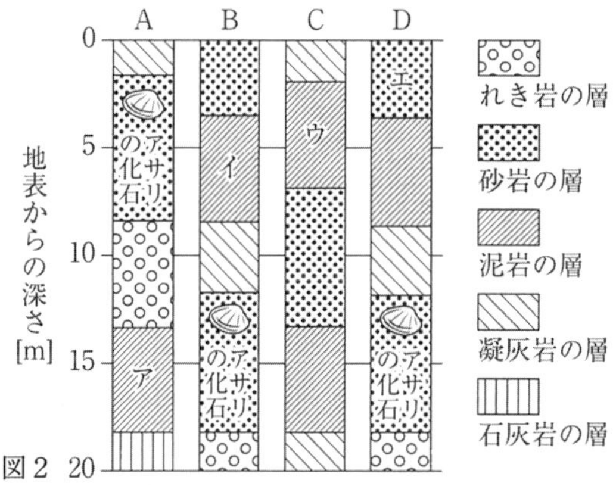

図２

(4)　火山の噴火があったことを示す地層はどの岩石の層ですか。　37

①　凝灰岩の層　　②　砂岩の層　　③　泥岩の層
④　砂岩にアサリの化石が含まれている層
⑤　れき岩の層　　⑥　石灰岩の層

(5)　柱状図中のア～エを，堆積時期が古い順に並べたものはどれですか。　38

①　ア→イ→エ→ウ　　②　ア→エ→イ→ウ
③　イ→ア→エ→ウ　　④　イ→ウ→ア→エ
⑤　ウ→エ→イ→ア　　⑥　エ→ウ→イ→ア

〈11〉 次の文を読み，問いに答えなさい。

図は日本付近における2019年のある日の天気図である。この天気図を記録した時期の日本の天気の特徴は，日本列島付近で，勢力がほぼつり合っている（　ア　）気団と（　イ　）気団がぶつかり（　ウ　）前線ができ，帯状の雲がひろがることである。

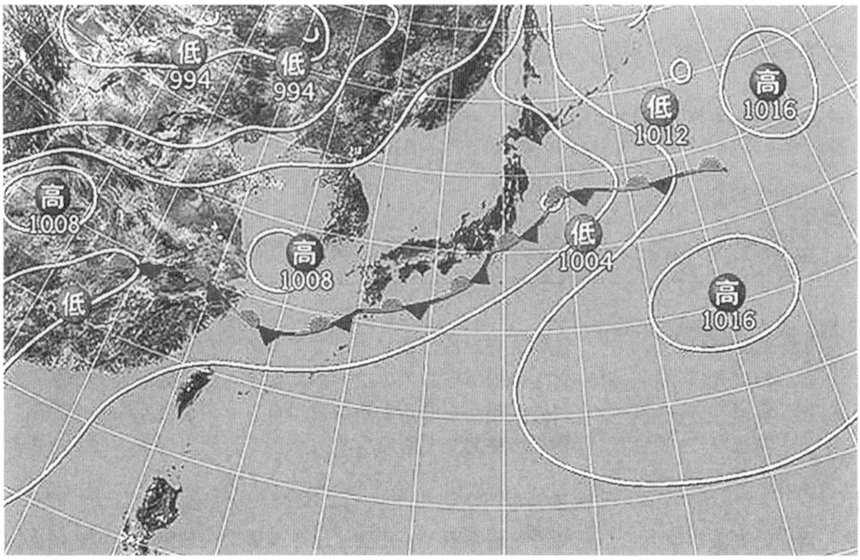

天気図

(1) 文中の（ア）と（イ）に入る語句の組合せとして最も適当なものはどれですか。 39

	ア	イ
①	小笠原	オホーツク海
②	小笠原	シベリア
③	小笠原	揚子江
④	オホーツク海	シベリア
⑤	オホーツク海	揚子江
⑥	シベリア	揚子江

(2) 文中の（ア）と（イ）の気団に共通する特徴はどれですか。 40

① 低温　② 寒冷　③ 温暖　④ 高温　⑤ 乾燥　⑥ 湿潤

(3) 文中の（ウ）に入る語句として最も適当なものはどれですか。 41

① 寒冷　② 温暖　③ 停滞　④ へいそく

(4) この天気図の季節として最も適当なものはどれですか。 42

① 冬　② 春　③ つゆ　④ 夏

(5) この天気図のときに撮影した衛星写真はどれですか。 43

①

②

③

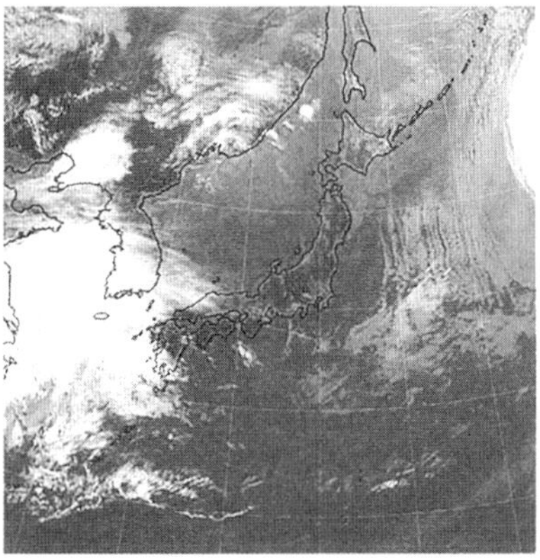

④

⑤

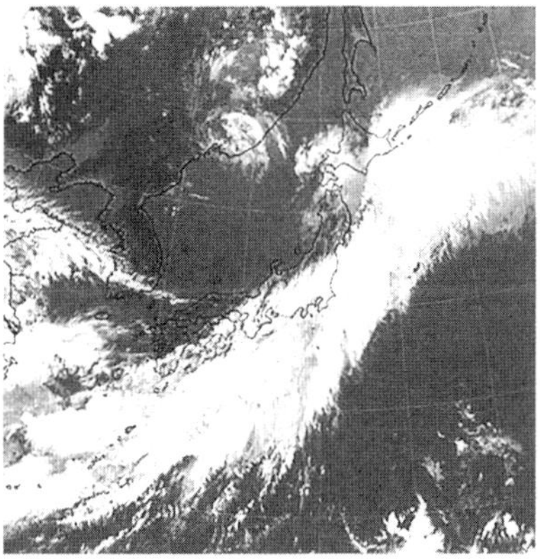

⑥

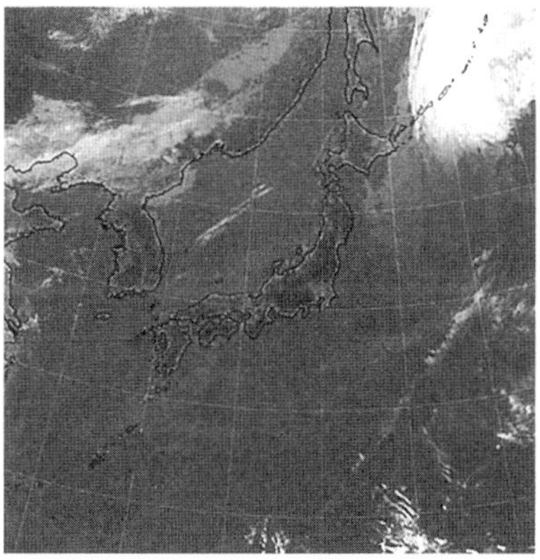

2021年度

入　学　試　験

第3時限　英　語

> 放送で「始め」という合図があるまで、このページ以外のところを見てはいけません。
> それまでは注意事項を静かにくりかえし読みなさい。

注　意

1．試験時間は正味45分で行います。

2．受験番号は、必ずマークしなさい。

千	百	十	一
●	●	⓪	⓪
①	①	●	①
②	②	②	●
③	③	③	③

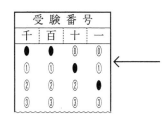

（例）　受験番号　12の場合
（0012とマークする）
← 受験番号をマークする。
（マークは記入例に従い濃くマークしなさい。
鉛筆はHより濃いものを使用しなさい。）

3．解答は、解答用紙の解答記入欄にマークしなさい。
たとえば、20 と表示のある問いに対して③を解答する場合は、次の（例）のように解答番号20の解答記入欄の③にマークしなさい。

（例）

解答番号	解答記入欄
20	①　②　●　④　⑤　⑥　⑦　⑧　⑨　⑩

4．記入上の注意
(1) マークは黒鉛筆で長円内をぬりつぶしなさい。
（鉛筆はHより濃いものを使用しなさい。）
(2) 訂正するときは、消しゴムできれいに消し、消しくずを残さないようにしなさい。
(3) 解答用紙には、所定の記入欄以外に何も書かないようにしなさい。
(4) 解答用紙は、折り曲げたり、汚さないようにしなさい。

5．問題についての質問は受けつけません。ただし、ページ数が不足していたり、印刷の文字が不鮮明であるときに質問することはさしつかえありません。

6．時間の終わりに放送で「やめ」という合図があったら、ただちに解答をやめなさい。

岡崎城西高等学校

（問題は次ページから始まります。）

I 路線図・地図に関するやりとりを読み、設問に対する答えとして最も適切なものを地図上の記号よりそれぞれ選び、その記号をマークしなさい。

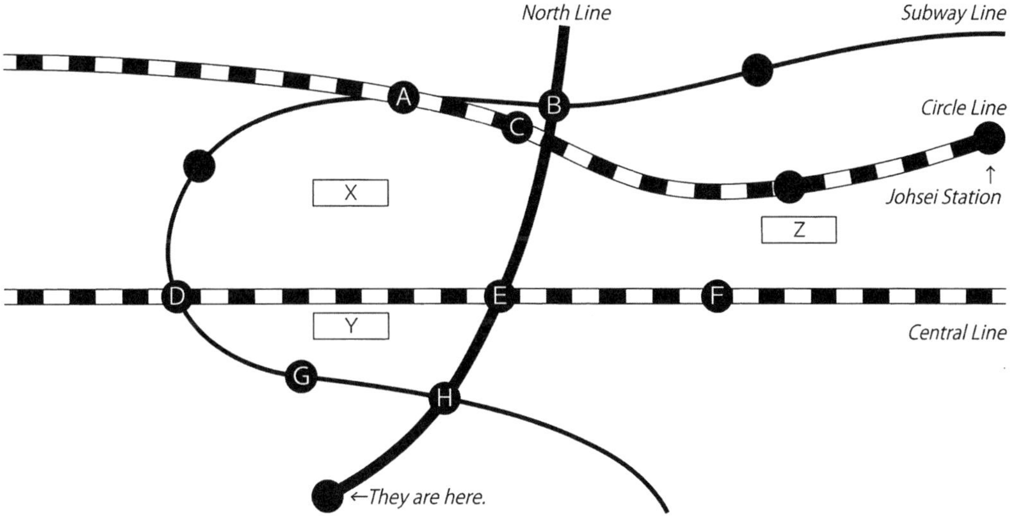

John : How do we get to Johsei Station on the Circle Line from here ?

Ken : We have to change trains at the third station.

John : But there is no Circle Line stop there.

Ken : We can walk to Angaku Station and take the Circle Line from there.

John : Oh, I see. Thank you so much.

Question 1. Where is Angaku Station ? 1

Paul : Can I get to the train station for Okazaki Castle on this line ?

Taro : No. You have to change to the Subway Line at the next stop, or take a bus at the second stop.

Paul : Which is faster ?

Taro : Train is. It's only one stop on the Subway Line.

Paul : I see. Thank you for your help.

Question 2. Which station is the closest to the castle ? 2

Question 3. Where is the castle ? 3

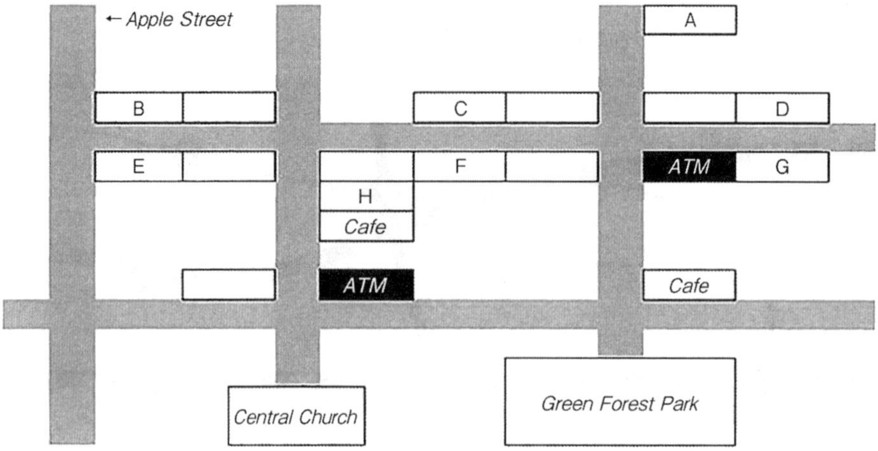

Rika : Excuse me. Do you know a fine Japanese restaurant near here ?

Tom : Yes. You just go straight from here and turn left at the second corner.

Rika : Is it just there on the corner ?

Tom : No. It's the second on the right.

Rika : Oh, I see. Thank you for your help. We're so hungry because we have walked a lot in this park.

Question 4. Where is the Japanese restaurant ? [4]

Kana : Excuse me. Is there a book store near here ?

Bob : Well, from here in Apple Street, go straight to an ATM and turn left. There's one on the street.

Kana : Is it easy for me ? This is my first visit to this town.

Bob : Sure. You can find a cafe and the book store very soon.

Kana : Thank you so much.

Question 5. Where is the book store ? [5]

Ⅱ　2つの文がほぼ同じ内容になるように、（　　　）内に入る最も適切な1語を書きなさい。

1.

A) Kabuki is interesting to John.

B) John is (　　　) in Kabuki.

2.

A) Hiroshi plays soccer very well.

B) Hiroshi is a very good soccer (　　　).

3.

A) This question is not as difficult as that one.

B) That question is (　　　) difficult than this one.

4.

A) There was no food this morning.

B) We had (　　　) to eat this morning.

5.

A) Playing the guitar is not easy for me.

B) (　　　) is not easy for me to play the guitar.

Ⅲ 会話文を読み、設問に答えなさい。

問1．以下のエリカ（Erika）と店員（Clerk）の会話が成り立つように、A～Fに入る表現として最も適切なものを ①～⑧ よりそれぞれ選び、その番号をマークしなさい。

Clerk : Hello. [A]

Erika : Yes, please. [B]

Clerk : I see. We have some new coats.

Erika : Wow, this red one is so nice ! Can I try it on ?

Clerk : Of course, you can.

— Erika tries on the red coat —

Clerk : So, how is it ?

Erika : I like the color, but... [C]

Clerk : Sorry, this one only has one size. How about that one ? [D]

Erika : Oh, that's nice. I like it. [E]

Clerk : It's 3,000 yen.

Erika : OK. [F]

① How much is this ?
② I need a coat for winter.
③ I'll take it.
④ It has a smaller size.
⑤ It's a cold day.
⑥ It's too big for me.
⑦ May I help you ?
⑧ Where are you from ?

A [6] B [7] C [8] D [9] E [10] F [11]

問２．以下の会話が成り立つように、空欄に入る表現として最も適切なものを①～④よりそれぞれ選び、その番号をマークしなさい。

１．

Mother : Where are you going ?

Son : Nagoya. I will see Tom and have dinner with him tonight.

Mother : OK. [ ]

Son : Oh, is it going to rain ?

① Have a nice evening.

② It will be sunny tomorrow.

③ Take your umbrella before you leave.

④ You can go to the station. [12]

２．

Man : Welcome to my party.

Woman : I'm excited.

Man : There are some foods. [ ]

Woman : Wow, everything looks delicious !

① Do you want something to drink ?

② Please help yourself.

③ We will make a pizza later.

④ What kind of food do you like ? [13]

Ⅳ 次の英文は、中学生のコウタ君が好きな食べ物を紹介するために書いた原稿です。これを読んで、設問に答えなさい。

Today, I'm going to talk about potatoes and my favorite potato dishes. Can you imagine life without French fries? I can't! (A), when I was a child, I didn't like potatoes at all. But my mother likes them, so she has cooked many kinds of potato dishes for me. Now, I think all of them are delicious and I enjoy my mother's cooking!

Do you know the history of potatoes? Potatoes have a long history. They come from South America. They have been popular there since ancient times*. In the 16th century*, the Spanish* came to South America to find gold and silver. They brought potatoes back and spread them to Europe.

At first, potatoes were not popular (B) people in Europe. They didn't want to eat vegetables* grown underground*. In the 17th century, Ireland* was the first country to use potatoes as a daily food. The Irish* found that they had many good points. For example, they grew* well in cold and bad weather, and people could get a lot even in poor land. In Germany* in the 18th century, King Frederick* wanted (C) his people having no food. In 1774, he told the people to grow and eat potatoes. He thought that potatoes could save them from hunger*, and he was right.

Today, many countries have their own potato dishes. Germans* eat potato salad, and the United States has baked potatoes. (あ), the French* like French fries. Now they are (D) all over the world. ア) In Japan, 【① called / ② is / ③ "nikujaga" / ④ popular / ⑤ the dish / ⑥ very】. It's the Japanese word for meat "niku" and potatoes "jagaimo." (E) does the Japanese name for potatoes come from? It came from the Indonesian* most important city "Jakarta." In the 16th century, the Dutch* brought potatoes from Jakarta to Japan.

And I (い) want to tell you イ) how to cook "nikujaga." Let's try! First, cut the foodstuffs* into some pieces. Cut potatoes and carrots into big pieces and onions into triangles*. Then cut beef into small pieces. Next, put some vegetable oil* into a frying pan* and heat it. When the oil is hot, fry* the meat, onions, carrots, and potatoes. Then, put them into the pot with some water and seasonings*. Cover the pot with a drop lid*, and boil for about 15-20 minutes. (う), when almost all the liquid* is gone*, it's ready to eat.

Potatoes have a very long and interesting history. A long time ago, they became popular all over the world. Now, many countries have their own native* potato dishes. Today we learned how to make (F) from Japan, "nikujaga." Please make it and enjoy it with your family. You can tell the interesting history of this wonderful vegetable to them.

注

ancient times：古代	century：世紀	the Spanish：スペイン人
vegetable(s)：野菜	grown underground：地下で育った	
Ireland：アイルランド	the Irish：アイルランド人	
grew：grow（育つ・育てる）の過去形		Germany：ドイツ
King Frederick：フレデリック王		hunger：飢え
German(s)：ドイツ人	the French：フランス人	Indonesian：インドネシアの
the Dutch：オランダ人	foodstuff(s)：食材	triangle(s)：三角形
oil：油	frying pan：フライパン	fry：いためる
seasoning(s)：調味料	drop lid：落としぶた	liquid：水分、水気
gone：なくなった	native：自国の	

問1．（　A　）に入れるのに最も適切なものを①～④の中から選び、その番号をマークしなさい。

① Actually　　② Always　　③ Closely　　④ Finally　　14

問2．（　B　）に入れるのに最も適切なものを①～④の中から選び、その番号をマークしなさい。

① among　　② between　　③ during　　④ while　　15

問3．（　C　）（　D　）に入れるのに最も適切なものを①～⑩の中からそれぞれ選び、その番号をマークしなさい。

① ate　　② eating　　③ eaten　　④ to eat　　⑤ helped

⑥ helping　　⑦ to help　　⑧ use　　⑨ using　　⑩ used

C＝ 16　　D＝ 17

問4．（　あ　）（　い　）（　う　）それぞれに入れるのに最も適切なものの組み合わせを①～④の中から選び、その番号をマークしなさい。

① あ：Because　　い：also　　う：Finally

② あ：Of course　　い：yet　　う：Though

③ あ：Because　　い：yet　　う：Though

④ あ：Of course　　い：also　　う：Finally　　18

問5．下線部ア）に該当する英文が完成するように【　　】内の語句を並べかえたとき、（　X　）（　Y　）に入れるのに最も適切な語句の番号を、それぞれマークしなさい。

ア）In Japan,（　　）（　X　）（　　）（　Y　）（　　）（　　）.

X＝ 19　　Y＝ 20

問6．（　E　）に入れるのに最も適切なものを①～④の中から選び、その番号をマークしなさい。

①When　②Where　③Who　④Why　21

問7．本文中で述べられているものを以下の選択肢の中から一つ選び、その番号をマークしなさい。ただし、いずれも述べられていない場合は④をマークしなさい。

①「ジャガイモは南アメリカで評判が悪かった。」

②「16世紀にスペイン人は、新しい食料を見つけるために南アフリカへやってきた。」

③「スペイン人はジャガイモを持ち帰り、その歴史をヨーロッパに広めた。」

④いずれも述べられていない。　22

問8．下線部イ）について、本文中で<u>述べられていないもの</u>を以下の選択肢の中から一つ選び、その番号をマークしなさい。ただし、いずれも述べられている場合は④をマークしなさい。

①「にんじんと牛肉の大きさは違う。」

②「フライパンを温めて、油を注ぐ。」

③「炒めた食材を鍋にいれ、水を入れる。」

④いずれも述べられている。　23

問9．（　F　）に入れるのに最も適切なものを①～④の中から選び、その番号をマークしなさい。

①it　②ones　③the one　④ them　24

問10．本文中で述べられているものを①～④の中から一つ選び、その番号をマークしなさい。

①It is said that Americans like potato salad best of many potato dishes.

②Ireland started to eat potatoes as a daily food later than Germany.

③Most countries couldn't accept potatoes as their own dishes.

④The king in Germany thought that potatoes could help hungry people more than 200 years ago.　25

2021(R3) 岡崎城西高
教英出版

2021年度

入 学 試 験

第4時限　国　　語

放送で「始め」という合図があるまで、このページ以外のところを見てはいけません。
それまでは注意事項を静かにくりかえし読みなさい。

注　　意

1．試験時間は正味45分で行います。

2．受験番号は、必ずマークしなさい。

受験番号			
千	百	十	一
●	●	⓪	⓪
①	①	●	①
②	②	②	●
③	③	③	③

←

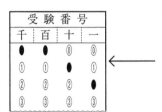

（例）受験番号　１２の場合
（００１２とマークする）
受験番号をマークする。
（マークは記入例に従い濃くマークしなさい。
鉛筆はHより濃いものを使用しなさい。）

3．解答は、解答用紙の解答記入欄にマークしなさい。
たとえば、20 と表示のある問いに対して③を解答する場合は、次の（例）のように解答番号20の解答記入欄の③にマークしなさい。

（例）

解答番号	解答記入欄									
20	①	②	●	④	⑤	⑥	⑦	⑧	⑨	⑩

4．記入上の注意

(1) マークは黒鉛筆で長円内をぬりつぶしなさい。
（鉛筆はHより濃いものを使用しなさい。）

(2) 訂正するときは、消しゴムできれいに消し、消しくずを残さないようにしなさい。

(3) 解答用紙には、所定の記入欄以外に何も書かないようにしなさい。

(4) 解答用紙は、折り曲げたり、汚さないようにしなさい。

5．問題についての質問は受けつけません。ただし、ページ数が不足していたり、印刷の文字が不鮮明であるときに質問することはさしつかえありません。

6．時間の終わりに放送で「やめ」という合図があったら、ただちに解答をやめなさい。

岡崎城西高等学校

【二】次の文章を読んで、後の問いに答えなさい。

問九は記述式、他はマーク方式です。

——ヨーロッパでは言葉の明瞭であることを求め、曖昧《あいまい》な言葉を避ける。日本では曖昧な言葉が一番優れた言葉で、もっとも重んぜられている。

（フロイス『日欧文化比較』　岡田章雄訳）

訳者の註《ちゅう》によると、日本では敬語が多く用いられるが、当時、すなわち安土・桃山時代はとりわけ複雑な敬語法が発達した時代で、その敬語とは、直接的で明確な言い方を避け、間接的で断定しない表現がとられている、それを指したものとされている。しかし、ふりかえってみると、右のような日本人のあいまいな語法は、たんに敬語の場合だけではなく、いまにおいても一般の会話や文章に数多く使われている。フロイスの指摘は今日の日本語にも充分通用するのである。

たとえば「よろしく」という言葉である。日本人はいたるところで「よろしく」を連発する。年賀状にはきまって「本年もどうぞよろしく」と書き、知人に何か依頼する時にも、「よろしく」と言って頼む。慣用語、あるいは挨拶語だといって聞き流せばそれまでだが、そういわれて誠実に相手の依頼にこたえようとすると、「よろしく」の意味がわからなくなる。「よろしく」というのは、「よろしく心を配って欲しい」ということであろう。頼みごとをするほうは、具体的な要求を明示して頼むと相手が迷惑するだろうから、迷惑がかからないように、相手のでき得る範囲内で力を貸して欲しいと、その範囲を相手に任せているわけである。（　A　）、「よろしく」という言葉の意味は、「お志だけで結構です」ということにちがいない。しかし、そういわれると、①頼まれた相手は具体的な要求を出されるよりも、もっと迷惑するのである。たとえば、寄付を乞《こ》われた場合、一口いくらとあれば、一口なり二口なり、あるいはその金額によっては断わるなりできるが、「お志」といわれると、どのていど協力すべきか思い悩まねばならない。相手に判断を強い、思い悩ませるのは、考えてみれば、ずいぶん失礼な話ではないか。

サハラ砂漠のジャネットというオアシスで何日か過ごしたときのことだ。そこに住むトゥアレグ人からトゥアレグ語（タマシェクという）の単語をいくつか教えてもらった。といっても、それは私たちが連れて行くロバの名前だったのであるが。

一頭のロバの名は「コーエル」といった。どういう意味なのかね、と聞くと、「黒いが本当の黒でない」という意味だということだった。もう一頭のロバは「アディグナス」という名だったが、それは「口のまわりが黒い」という意味であり、さらにもう一頭の「ワンティグアト」というのは、「いつも跳びはねている」という意味だというのである。それを聞いて②私はトゥアレグ語を習うのをあきらめた。こんなかんたんな単語でこんな複雑な意味をあらわす言葉というのは、そのコミュニティーにとけこまないかぎり、外部の者にはとうてい理解できない独特の取りきめ、すなわち言語外のルールを持っているにちがいないからである。

このことは逆にいうと、③その社会《コミュニティー》が同質であればあるほど、表現はかんたんですむということである。家庭内の会話ではくどくどという必要は

ない。言語の大半が省略されても意志はちゃんと通じる。なぜなら、判断や意志や感情を相手につたえる場合、伝達者と受け手とが同質の情報環境に置かれているなら、言葉を厳密に使用する必要はなく、きわめて簡単な表現でも同質の価値観や等質の感情が言葉を④補足してくれるからである。「よろしく」というのはそうした同質環境における言葉のいい例であろう。

「よろしく」とは、前記のように、いっさいの判断を相手にゆだねた依頼の言葉である。だが、もしもその相手が自分とまったく異なる情報環境の住人――習慣や、ものの考え方を異にする世界の人間であったならば、こんなふうに相手の判断に任せるわけにゆくまい。どのような処置をされるか見当がつかないからである。だから「よろしく」は外国人に対しては使えない。いや、⑤おなじ日本人同士であっても、相手が異国にいるような場合には、〝神通力〟を失ってしまうのだ。げんに私は「よろしく」と頼まれて大いにとまどい、思い悩んだ経験がある。

パリに半年ほど滞在していた時のことだ。「ぼくの知人の某氏がパリへ行く。よろしく」という手紙を友人から受けとったのである。私の友人は気軽にそう書いてよこしたのだが、いったい「よろしく」とは何を要求しているのか、こちらにはさっぱり見当がつかない。空港まで出迎えて欲しい、というのか、ホテルをとっておいてもらいたい、というのか、パリを案内してやってくれ、というのか、一度ぐらい食事を共にしてもらえまいか、というのか。私はさんざん思い悩んだすえ、具体的な依頼がないかぎり、何もしないことにした。そのような判断までこちらにさせるというのは――冗談ではない、あまりにも甘えすぎであり、⑥虫がよすぎる、と思ったからだ。

「よろしく」という言葉は一見、相手の意志や判断を尊重する言い方のように思える。（　Ｂ　）、よく考えてみると、それは責任を相手に転嫁させることによって、自分の責任をのがれようとする呪文ではないか。どのようなことであれ、判断をくだすということは、それなりに努力を必要とする。あれこれ考えることは、たいへん面倒なことなのである。その面倒な思案を放棄して相手に押しつけることは、⑦時には無礼にもなりかねない。日本の敬語法においては［　　］がとられるというが、それは往々にして相手を尊敬するというより、相手におんぶする慇懃《いんぎん》無礼《ぶれい》、（　Ｃ　）、表向きは丁寧で、じつはこの上ない厚かましさに通じているのだ。「よろしく」とは、別言すれば、「よきにはからえ」ということである。「よきにはからえ」などというのは殿様が家来に対して命じる言葉であり、横柄な要求以外の何ものでもないのである。

『日本語　表と裏』森本哲郎　新潮文庫刊

問一　空欄（A）～（C）に入る接続詞の組み合わせとして最も適当なものを次の中から一つ選び、番号をマークしなさい。 [1]

（A）		（B）		（C）
① したがって	—	また	—	つまり
② したがって	—	つまり	—	すなわち
③ したがって	—	しかし	—	すなわち
④ むしろ	—	つまり	—	すなわち
⑤ むしろ	—	しかし	—	つまり

問二　傍線部①「頼まれた相手は具体的な要求を出されるよりも、もっと迷惑する」とありますが、それはなぜですか。その理由として最も適当なものを次の中から一つ選び、番号をマークしなさい。 [2]

① 相手の要求を把握するための会話はこれ以上できず、自分で詮索しなければならないから。

② 相手の具体的な要求に完璧にこたえる義務が生じ、あれこれと思い悩むから。

③ 相手の依頼に対してどこまで誠実にこたえられるかが瞬時に試されるから。

④ 相手のお願いに対して十分こたえられないと人間関係が崩れてしまう恐れがあるから。

⑤ 相手の依頼に対してどの程度こたえるべきかが自分の意志や判断に任せられるから。

問三　傍線部②「私はトゥアレグ語を習うのをあきらめた」とありますが、それはなぜですか。その理由として最も適当なものを次の中から一つ選び、番号をマークしなさい。 [3]

① トゥアレグのコミュニティーに十分に溶けこむことができないと感じたから。

② 言語に関する独特の取り決めやルールがあることに気がついたから。

③ 一頭一頭のロバの微妙な違いを正確に覚えることができそうになかったから。

④ 簡単な単語であるのに、多くの情報がつめこまれていることを知ったから。

⑤ 初めからきちんと教えてもらうつもりなど、まったくなかったから。

問四　傍線部③「その社会が同質であればあるほど、表現はかんたんですむ」とありますが、それはなぜですか。その理由として最も適当なものを次の中から一つ選び、番号をマークしなさい。　4

①　言葉の伝達者と受け手とが同じような生活環境にある場合、言語ルールに基づいた簡素な表現で会話ができるから。

②　言葉の伝達者と受け手とが同じような生活環境にある場合、意思の疎通ができているため会話が簡単に済んでしまうから。

③　言葉の伝達者と受け手とが同じような生活環境にある場合、同等の考え方や感情がさらに言葉を補ってくれるから。

④　言葉の伝達者と受け手とが同質の環境下で生活することにより親密さがわき、言葉を丁寧に使用しなくても良いから。

⑤　言葉の伝達者と受け手とが同質の環境下で生活することにより以心伝心が可能となり、言葉などはほとんど不要となるから。

問五　傍線部④「補足」と同じ構成の熟語を次の中から一つ選び、番号をマークしなさい。　5

①　懸命

②　吉凶

③　親友

④　救助

⑤　不備

問六　傍線部⑤「おなじ日本人同士であっても、相手が異国にいるような場合には、〝神通力〟を失ってしまう」とありますが、その要因として適当でないものを次の中から一つ選び、番号をマークしなさい。　6

①　異なる習慣

②　異なる感情

③　異なる情報環境

④　異なる価値観

⑤　異なる言語

問七　傍線部⑥「虫がよすぎる」とありますが、「虫がいい」という言葉の用例として正しいものを次の中から一つ選び、番号をマークしなさい。　7

①　彼女は私にいつも虫がいいことを教えてくれ、ありがたい。

②　手伝いもせず夕食だけ食べに来るとは、なんて虫がいい人だ。

③　彼は困った時に誰をも助けてくれる、虫がいい人だ。

④　目立ちたがり屋なのに主人公の座を譲るとは、虫がいい弟だ。

⑤　降っていた雨が突然止んだ。とても虫がいい日だ。

問八　傍線部⑦「時には無礼にもなりかねない」とはどういうことですか。その説明として最も適当なものを次の中から一つ選び、番号をマークしなさい。　8

①「よろしく」と言って頼む行為は、もともと責任逃れをしたいときに行うため、誰に対してもできるだけ使わない方が良いということ。

②「よろしく」という言葉の語源は、「よきにはからえ」（＝任せる）で、本来は目上の人が用いる言葉であったため、若年者が目上の人に用いると横柄な態度と受け取られる可能性があるということ。

③「よろしく」と相手に言うことで、そのお願いした内容を考える手間が省けるという利点があるが、責任を押しつけ合う可能性もあるということ。

④「よろしく」と言うことは、相手にその裁量を任せられているようにも思われるが、実は相手にあれやこれやと思索させる結果となり、かえって図々しい行為になり得るということ。

⑤「よろしく」という言葉は、相手に対する敬意の表現ではあるが、正しい敬語法を知らない人に対して使うと誤解を招くことがあるので、気をつけた方が良いということ。

問九　空欄［　　］に入る言葉を本文中から二十五字以内で抜き出し、最初と最後の三字をそれぞれ答えなさい。（句読点は一字に数える）

問十　本文の内容と合致するものを次の中から一つ選び、番号をマークしなさい。　9

①「よろしく」というような敬語表現は、間接的で断定しない表現であるから、外国人に対して用いると大変迷惑をかけてしまう。

②「よろしく」という言葉を伝えられた人は何もしてくれないので、具体的な要求を伝えた方が良い。

③「よろしく」という言葉の例でも分かるように、外国語を学ぶためには、言語外のルールも同時に学ぶ必要がある。

④「よろしく」という言葉は、言葉自体に意味を補ってくれる同質環境において使うものなので、外国人には使えない。

⑤「よろしく」という言葉は、外国人はもちろん、日本人や家族といった親しい関係でも失礼な要求をすることになるので、極力使うべきではない。

【二】次の文章を読んで、後の問いに答えなさい。

全問、マーク方式です。

昔、キリコさんという名のお手伝いさんがいた。母は常時、二、三人のお手伝いさんを雇っていたが、若い人が多かったので、たいていは結婚のために数年で辞めていった。すると母は教会の信徒会に頼んで、また新しい人を紹介してもらうのだった。

――（中略）――

十一歳の夏休み、仕事で一ヵ月ヨーロッパを回っていた父親から、お土産に万年筆をもらった。銀色で細身の、スイス製の万年筆だった。

キャップを取ると、磨き込まれた流線型のペン先が現われ、それは見ているだけでも胸が高鳴るほどに美しく、持ち手の裏側にはその曲線によく似合う筆記体で、私のイニシャルYHが彫ってあった。

おもちゃ以外のお土産をもらうのは生まれて初めてだったし、まわりで万年筆を使っている子など一人もいなかったから、自分が［A］大人になったような気がした。この万年筆さえ手にしていれば、何か特別な力を発揮できると信じた。

私はいつどんな時も、書きたくて書きたくてたまらなくなった。国語の漢字練習帳がいるからと母に嘘をつき、お金をもらって大学ノートを買った。学校から帰るとランドセルを置き、真っすぐ机の前に向かってとにかく万年筆のキャップを外した。

いざとなって、自分が何を書くつもりなのか、ちっとも考えていないことに気づいたが、①私はひるまなかった。そんなことは大した問題とは思えなかった。インクがしみ出してくる瞬間や、紙とペン先がこすれ合う音や、野線《けいせん》の間を埋めてゆく文字の連なりの方が、ずっと大事なのだった。

大人たちはすぐに、娘が何やら夢中になって書いていると気づいたが、②必要以上に干渉はしなかった。とにかく机の前で書き物をしているのだから、それは勉学、例えば漢字の書き取りのようなものに違いないと思い込んだらしい。

スリッパをはいて階段を登ってはいけないとか、お風呂に入った後は冷たいものを飲んではいけないとか、あの頃課せられていた多くの禁止事項の中に〝書き物〟が加えられなかった代わりに、大人たちは誰も書かれた内容については興味を示さなかった。どうせ自分たちの知っている漢字ばかりなんだから、という訳だ。

私はまず手始めに、自分の好きな本の一節を書き写してみた。『ファーブル昆虫記』のフンコロガシの章。『太陽の戦士』の出だしのところ。『アンデルセン童話集』から『ヒナギク』と『赤いくつ』。アン・シャーリーが朗読する詩。『恐竜図鑑』のプテラノドンの項。『世界のお菓子』、トライフルとマカロンの作り方。……

想像したよりずっとわくわくする作業だった。たとえ自分が考えた言葉ではないにしても、それらが私の指先を擦《す》り抜けて目の前に現われた途端、③いとおしい気持に満たされた。

言葉たちはみんな私の味方だ。あやふやなもの、じれったいもの、臆病なもの、何でもすべて形に変えてくれる。ブルーブラックのインクで縁取られた、言葉という形に。

そしてふと気がついて手を休めると、ノート一面びっしり文字で埋めつくされている。ついさっきまでただの白い紙だったページに、意味が与えられている。しかもそれを授けたのは自分自身なのだ。

私は疲労感と優越感の両方に浸りながらページを撫《な》で付けた。④まるで世界の隠された法則を、手に入れたかのような気分だった。

⑤“書き物”に対する態度が、他の大人と唯一違っていたのがキリコさんだった。干渉しない点については同じだが、彼女は明らかにこの作業を、勉学とは違う種類のものとして認めていた。敬意さえ払っていたと言ってもいい。

子供部屋やダイニングテーブルで作業に熱中している私を見つけると、一瞬キリコさんは立ち止まり、姿勢をただし、邪魔しないように注意を払いながら通り過ぎた。あるいはおやつを運んでくる時は、不用意にノートの中身に目をやって盗み見していると誤解されないよう、気を使っているのが分かった。自分の手元に視線を落とし、一切声は掛けず、ノートからできるだけ遠いところにジュースを置いた。コップに付いた水滴で、ページが濡れてはいけないと思ったからだろう。

やがて私は他人の文章を書き写すだけでは満足できなくなり、作文とも日記ともお話ともつかないものを書き付けるようになった。クラスメイト全員の人物評と先生の悪口、一週間の食事メニュー、百万円あったら買いたい品物のリスト、テレビ漫画の予想ストーリー、自分の生い立ち・みなしご編、無人島への架空の旅行記。とにかく、ありとあらゆるものだった。

今日は何にも書くことがないという日は、一日もなかった。キャップさえ外せば、万年筆はいつでも忠実に働いた。

だから初めてインクが切れた時は、うろたえた。

「どうしよう、万年筆が壊れちゃった」

私は叫び声を上げた。

「もう壊しちゃったの？せっかくのパパのお土産なのに。新しいのは買いませんからね。壊したあなたが悪いんです」

新しいのは買いませんからね——これが母の口癖であり、得意の台詞《せりふ》だった。私は自分の不注意を呪い、⑥絶望して泣いた。

「大丈夫。インクが切れただけなんだから、補充すれば元通りよ」

⑦救ってくれたのは、やはりキリコさんだった。

「スイスのインクなのよ。パパがまたスイスへ行くまで待たなきゃならないの？」

「いいえ。街の文房具屋さんへ行けば、必ず売っています」

必ずという言葉を強調するように、キリコさんは大きくうなずいた。

キリコさんは正しかった。私は万年筆を壊してなどいなかった。約束どおり彼女は新しいインクを買ってきて、補充してくれた。ケースの裏に書いてある説明書は外国語だったから、二人とも読めなかったけれど、彼女は慎重に方向を見定め、⑧崇高な儀式の仕上げをするように、万年筆の奥にインクを押し込めた。

「ほらね」

それがよみがえったのを確かめると、キリコさんは得意そうに唇をなめた。一層唇が光って見えた。

『偶然の祝福』小川洋子 KADOKAWA

問一　空欄 A に入る、「順序を踏まないで物事が速く進むこと」の意味を表す語として最も適当なものを次の中から一つ選び、番号をマークしなさい。　10

① 一足違いで　② 一味違った　③ 一足飛びに
④ 一握りの　⑤ 一目散に

問二　傍線部①「私はひるまなかった」とありますが、その理由として最も適当なものを次の中から一つ選び、番号をマークしなさい。　11

① 普段から読書をしていたので、書く内容には困らなかったから。
② 書くことが何もなくても、万年筆を眺めているだけで満足できたから。
③ 書くことが決まっていなくても、大人たちに注意されることはないから。
④ 何を書くかよりも、万年筆を使って書くことの方に意味があったから。
⑤ どんな内容を書いたとしても、大人たちに認めてもらえるから。

問三　傍線部②「必要以上に干渉はしなかった」とありますが、その理由として最も適当なものを次の中から一つ選び、番号をマークしなさい。　12

① 娘が万年筆を使いたがっているだけだと思っていたから。
② ノートに書かれた内容が当たり前のものばかりだったから。
③ ノートには幼稚なことが書いてあるだけだと思ったから。
④ 禁止事項の中に〝書き物〟は加えられていなかったから。
⑤ ノートに特別なものが書かれているとは思っていなかったから。

問四　傍線部③「いとおしい気持」を説明したものとして最も適当なものを次の中から一つ選び、番号をマークしなさい。　13

① あやふやなものやじれったいものなどを形にできる達成感。
② 好きな本の一節がインクで縁取られることから生まれる高揚感。
③ 他人が考えた言葉をインクの文字にすることで深まる親近感。
④ ノート一面に文字をびっしり埋めつくしたことによる満足感。
⑤ 自分には不釣り合いな言葉をインクの文字にすることで生まれる特別感。

問五　傍線部④「まるで世界の隠された法則を、手に入れたかのような気分」を説明したものとして最も適当なものを次の中から一つ選び、番号をマークしなさい。　14

① インク、紙、ペン先を自在に使いこなして、大人たちの想像を超えるものを書き留めることができた爽快な気持ち。
② 文字を書き連ねることで白い紙に意味が生まれ、自分だけが特別な力を与えられたという得意げな気持ち。
③ 自分の思いが万年筆に伝わるように、一文字一文字を丁寧に書き上げようとする一途《いちず》な気持ち。
④ 万年筆が自然と文字を連ねることで、誰も知らない世界に私だけが引き込まれていく不思議な気持ち。
⑤ 父の貴重な万年筆を使うことで、自然と新しい世界が切り開かれていくことに驚き戸惑う気持ち。

問六　傍線部⑤「〝書き物〟に対する態度が、他の大人と唯一違っていた」とありますが、キリコさんはどのような点で他の大人と違うのですか。最も適当なものを次の中から一つ選び、番号をマークしなさい。　15

① 私が勉強以外のことをしていると気づいている点。
② 私の書く内容に注意を払い常に監視している点。
③ 私がノートに字を書くことに敬意を払っている点。
④ 私が書く内容にアドバイスをしてくれる点。
⑤ 私がノートに書く作業を手伝ってくれる点。

問七　傍線部⑥「絶望して泣いた」とありますが、その理由として最も適当なものを次の中から一つ選び、番号をマークしなさい。　16

① 父からもらった万年筆が壊れて書き物ができなくなってしまい、日々の楽しみがなくなってしまうと思ったから。
② 父からもらった万年筆が壊れてしまい、母からきつく叱られたことにショックを受けたから。
③ 父からもらった万年筆を壊してしまったことで、キリコさんに失望されると思ったから。
④ 父からもらった万年筆が壊れて書き物ができなくなってしまい、大人たちへの秘密を失ってしまったから。
⑤ 父からもらった万年筆を壊してしまい、万年筆に込めた父の思いを踏みにじってしまったと感じたから。

問八　傍線部⑦「救ってくれたのは、やはりキリコさんだった」とありますが、ここから「私」がキリコさんをどのような人だと思っていると分かりますか。最も適当なものを次の中から一つ選び、番号をマークしなさい。　17

① 私に頼まれたことは必ずやり遂げてくれる人。
② 私に干渉しつつも、成長を温かく見守ってくれる人。
③ 多くの禁止事項に縛られる私を自由にさせてくれる人。
④ 私に何か援助できないかと常に気にかけてくれる人。
⑤ 私に理解を示し、困ったときに力になってくれる人。

問九　傍線部⑧「崇高な儀式の仕上げをするように」とはどういうことですか。最も適当なものを次の中から一つ選び、番号をマークしなさい。　18

① 説明書通りになるように二人で慎重に
② 失敗してしまわないように念入りに
③ これ以上壊してしまわないように恐る恐る
④ 新しい命を吹き込むように繊細に
⑤ 元通りにインクを満たすように大胆に

問十　本文の内容に合致しないものを次の中から一つ選び、番号をマークしなさい。 19

① 父からもらった万年筆のペン先は美しく、これさえ手にしていれば私は何か普通ではない力が出せると思った。

② 万年筆で書く内容も重要だが、私にとってはインクが染み出す瞬間や字を書く音や文字の連なりの方がもっと重要だった。

③ 私は万年筆で好きな本の一節を書き写すと想像以上に心がはずみ、自分の考えた言葉でなくても愛着の湧く言葉になった。

④ 私は他人の文章を書き写すだけでは満足できなくなり、様々なことをノートに書き付けるようになった。

⑤ 万年筆のインクが出なくなった時に私は壊れたと勘違いしたが、キリコさんがインクが切れただけだと教えてくれた。

【三】 傍線部①③のカタカナを漢字に、②④の漢字をひらがなに改めなさい。

「アンテナを立てて待ってるよ」。まだ携帯電話に伸び①チヂみするアンテナがあった二十年ほど前だったか。カズことサッカーの三浦知良選手が、言っていた。いつ日本代表監督から、呼び出しがあってもいいように準備するよという意味だ▼なかば冗談としてその言葉を聞いたのを思い出す。ワールドカップフランス大会直前に代表から②漏れて以降、所属クラブと③ケイヤクできず、移籍先でも戦力外を告げられた。年を追って、過去の選手になったという声が、選手の間で大きくなっていた頃だったから、滑稽さがぬぐえなかった▼間違いであった。渡り歩く先々で、若手、ベテラン、外国人選手が、うちとけることはないと思われたプライドの高い選手が、次々にカズさんに引きつけられていったのがこの頃である。④弱音を吐かず、年齢を言い訳にせず、全力で試合に向けて調整する。下り坂に入ったと見えても、本気で上を目指し続けた▼代表での活躍からは遠ざかってきたが、ずっと準備をし続けた結果であろう。先日、国内最高峰のJリーグ一部で十三年ぶりに試合出場した▼最年長記録となる五十三歳だ。プレーにはこれまで積み重ねてきた努力が表れていただろう。なぜ人を引きつけるのかが伝わる堂々のプレーであった▼アンテナを下げず、そのための努力を続けていけばこんな日も来る。そんなことも教わったように思う。

（中日新聞『中日春秋』二〇二〇年九月二十六日）

次ページにも問題があります。

【四】次の古文を読んで、後の問いに答えなさい。

全問、マーク方式です。

荘子《そうし》は貧しくてその日の食べ物に困っていた。そこで隣に住む監河侯《かんかこう》に粟《あわ》をもらいに行った。すると監河侯は数日後に大金が手に入るから、それをあげようと言ってくれた。荘子は次のように話し出した。

「昨日道をまかりしに《歩いていた時に》、跡に呼ばふ声あり。かへりみれば人なし。ただ車の輪跡のくぼみたる所にたまりたる少水に、鮒《ふな》一つふためく。①何ぞの鮒にかあらんと思ひて、寄りて見れば、少しばかりの水に、いみじう大きなる鮒あり。何ぞの鮒ぞ。と問へば、鮒のいはく、我は河伯神《かわはくがみ》の使ひに、江湖へ行くなり。それが飛びそこなひて、この溝に落ち入りたるなり。喉《のど》渇き、②死なんとす。我を助けよと③思ひて、呼びつるなり。と言ふ。答へていはく、吾《われ》今二三日ありて、江湖といふ所に、遊びしに行かんとす。④そこに持て行きて、放さん。と言ふに、魚のいはく、さらにそれまでえ待つまじ《まったくそれまで待てない》。ただ今日一提ばかりの水をもて、喉をうるへよ。と言ひしかば、⑤さてなん助けし。⑥鮒の言ひしこと、我が身に知りぬ。さらに今日の命、物食はずは、生くべからず。⑦後の千の金、さらに益なし。」

『宇治拾遺物語』

粟……五穀の一つで、飯や餅、団子にしたりして食べる。
一提ばかりの水……約0．5リットルの水。

問一　傍線部①「何ぞの鮒にかあらん」の「ん」の活用形として最も適当なものを次の中から一つ選び、番号をマークしなさい。　20

①　未然形　②　連用形　③　終止形
④　連体形　⑤　已然形

問二　傍線部②「死なんとす」の意味として最も適当なものを次の中から一つ選び、番号をマークしなさい。　21

①　死にたい　②　死にそうだ　③　死ななかった
④　死ぬまい　⑤　死んでしまった

問三　傍線部③「思ひて」の主語として最も適当なものを次の中から一つ選び、番号をマークしなさい。　22

①　鮒　②　荘子　③　河伯神　④　監河侯　⑤　筆者

問四　傍線部④「そこに持て行きて」とあるが、何を「持て行く」のですか。最も適当なものを次の中から一つ選び、番号をマークしなさい。　23

①　水　②　千の金　③　鮒　④　粟　⑤　車

問五　傍線部⑤「さてなん助けし」はどのようにしたものですか。最も適当なものを次の中から一つ選び、番号をマークしなさい。　24

①　食べ物を与えた　②　溝から助けあげた
③　近くの川に逃がした　④　江湖へ連れて行った
⑤　一提ばかりの水を与えた

問六　傍線部⑥「鮒の言ひしこと」のここでの内容として最も適当なものを次の中から一つ選び、番号をマークしなさい。　25

①　我は河伯神の使ひに、江湖へ行くなり。
②　それが飛びそこなひて、この溝に落ち入りたるなり。
③　喉渇き、死なんとす。我を助けよと思ひて、呼びつるなり。
④　吾今二三日ありて、江湖といふ所に、遊びしに行かんとす。
⑤　さらにそれまでえ待つまじ。

問七　傍線部⑦「後の千の金」にあたるものとして最も適当なものを次の中から一つ選び、番号をマークしなさい。　26

①　水たまりから救い出されること
②　今日一提ばかりの水で喉をうるおすこと
③　江湖に連れて行って放してもらうこと
④　河伯神の使いとして江湖へ行くこと
⑤　江湖に遊びに行くこと

問八　この話を通して荘子が監河侯に伝えたかったことは何ですか。最も適当なものを次の中から一つ選び、番号をマークしなさい。　27

①　大金はいらないので今すぐ食べ物がほしい
②　もう少し待つから大金がほしい
③　大金をくれるなんて嘘をつかないでほしい
④　食べ物より水がほしい
⑤　鮒を江湖へ連れて行ってほしい

問九　この作品は鎌倉時代に書かれたものです。同じ時代の古典作品を次の中から一つ選び、番号をマークしなさい。　28

①　竹取物語　　②　方丈記　　③　枕草子
④　おくのほそ道　　⑤　土佐日記

2021年度

入学試験

第5時限　数　学

（45分）

放送で「始め」という合図があるまで，このページ以外のところを見てはいけません．
それまでは注意事項を静かにくりかえし読みなさい．

注　意

1　解答は解答用紙の問題番号に対応した解答欄にマークしなさい．

2　問題の文中の [ア]，[イウ] などには，数字（0 ～ 9）が入ります．
ア，イ，ウ，… の一つ一つは数字一つに対応します．

例えば，[アイ] に 31 と答えたいとき，以下のようにマークしなさい．

ア	⓪	①	②	●	④	⑤	⑥	⑦	⑧	⑨
イ	⓪	●	②	③	④	⑤	⑥	⑦	⑧	⑨

3　分数の形で解答する場合，それ以上約分できない形で答えなさい．

例えば，$\dfrac{\boxed{ウ}}{\boxed{エ}}$ に，$\dfrac{3}{4}$ と答えるところを，$\dfrac{6}{8}$ と答えてはいけません．

4　小数の形で解答する場合，指定された桁までマークしなさい．

例えば，[オ].[カ] に5と答えたいときは，5.0と答えなさい．

5　根号を含む形で解答する場合，根号の中に現れる自然数が最小となる形で答えなさい．

例えば，$\boxed{キ}\sqrt{\boxed{ク}}$ に $4\sqrt{2}$ と答えるところを，$2\sqrt{8}$ と答えてはいけません．

岡崎城西高等学校

[1] $\dfrac{5}{2}+\dfrac{3}{4}\div\left(-\dfrac{2}{3}\right)$を計算すると，$\dfrac{\boxed{\text{アイ}}}{\boxed{\text{ウ}}}$ である。

[2] $(3+\sqrt{2})(3\sqrt{3}-\sqrt{6})$ を計算すると，$\boxed{\text{エ}}\sqrt{\boxed{\text{オ}}}$ である。

[3] 1次方程式　$2-\dfrac{x-2}{6}=4-\dfrac{x}{2}$　を解くと，$x=\boxed{\text{カ}}$ である。

[4] 連立方程式　$\begin{cases} 3x-5y=1 \\ 4x-3y=5 \end{cases}$　を解くと，$x=\boxed{\text{キ}}$，$y=\boxed{\text{ク}}$ である。

[5] 2次方程式　$2(x-1)(x-2)=(x-3)(x-4)+4$　を解くと，
$x=\boxed{\text{ケ}}$，$-\boxed{\text{コ}}$ である。

[6] 2次方程式　$24-(x-2)^2=0$　を解くと，$x=\boxed{\text{サ}}\pm\boxed{\text{シ}}\sqrt{\boxed{\text{ス}}}$ である。

7　2つの数 a，b について，「※」の記号を　$a ※ b = a + ab - b$　と定義する。
3 ※ x = 11のとき，x = $\boxed{\text{セ}}$ である。

8　ある店でマスクを２箱以上まとめて買うと，１箱目のマスクは定価のままだが，２箱目は定価の20％引き，３箱目は定価の30％引き，４箱目以降は定価の50％引きの価格となる。この店でマスクをまとめて５箱買ったところ，定価で５箱買うより1920円安くなった。
マスク１箱の定価は $\boxed{\text{ソタチツ}}$ 円である。

9　次の図において $\angle x$ の大きさは $\boxed{\text{テト}}$°，$\angle y$ の大きさは $\boxed{\text{ナニ}}$° である。

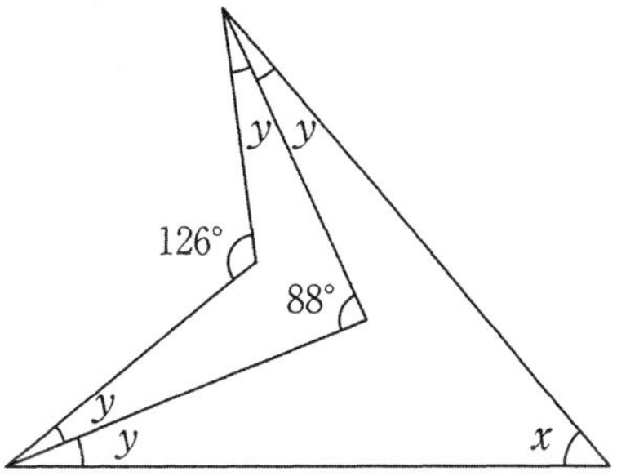

10　次の図のように，２つの正六角形が交わっている。
$\ell /\!/ m$ のとき，$\angle x$ の大きさは $\boxed{\text{ヌネ}}$° である。

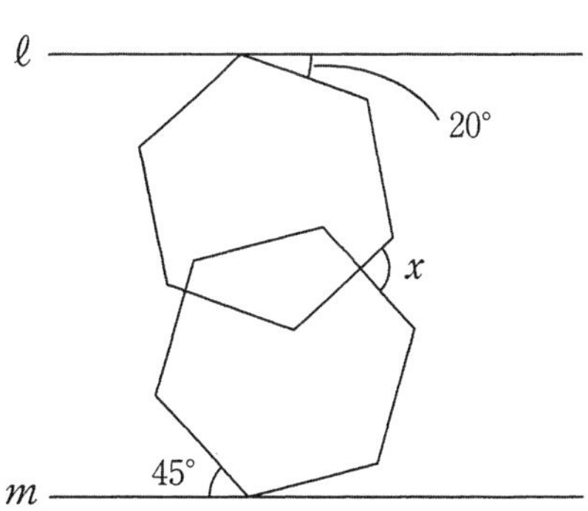

11 【図1】のような直角三角形を【図2】のように辺が重なるようにする。

このとき，【図2】の斜線部分の面積は $\dfrac{\boxed{\text{ノハ}}}{\boxed{\text{ヒ}}}$ cm^2 である。

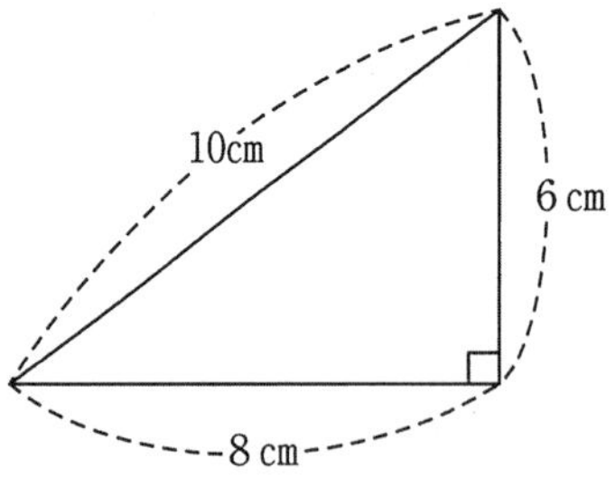

【図1】

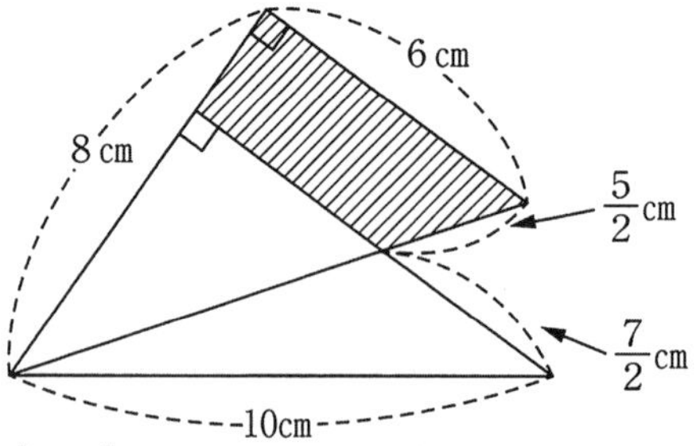

【図2】

12 一の位と十の位が同じ数の3桁の自然数 n がある。n の各桁の位の和は20である。n の百の位の数と一の位を入れ替えた数を m とする。

$n-m=198$ のとき，$n=$ $\boxed{\text{フヘホ}}$ である。

13 大，中，小3つのさいころを同時に投げ，出た目をそれぞれ x，y，z とする。

$\dfrac{x}{yz}$ が自然数となる3つのさいころの目の出方は $\boxed{\text{マミ}}$ 通りである。

※50点満点
(配点非公表)

性別
男　女

注意

1．記入は必ずＨより濃い黒鉛筆で()の中を正確にぬりつぶして下さい。(記入例参照)
2．訂正は、消しゴムできれいに消し、消しくずを残さないで下さい。
3．所定の記入欄以外には何も書かないで下さい。
4．性別は男・女のマークをぬりつぶして下さい。
5．解答用紙は、折り曲げたり、汚さないで下さい。

解答記入欄				
2	3	4	5	
2	3	4	5	
2	3	4	5	6
2	3	4	5	
2	3	4	5	
2	3	4	5	
2	3	4	5	
2	3	4	5	
2	3	4	5	
2	3	4		

解答番号	解答記入欄				
31	1	2	3	4	5
32	1	2	3	4	5
33	1	2	3	4	5
34	1	2	3	4	5

岡崎城西高等学校

※50点満点
（配点非公表）

性別
男　女

注意
1．記入は必ずHより濃い黒鉛筆で() の中を正確にぬりつぶして下さい。（記入例参照）
2．訂正は、消しゴムできれいに消し、消しくずを残さないで下さい。
3．所定の記入欄以外には何も書かないで下さい。
4．性別は男・女のマークをぬりつぶして下さい。
5．解答用紙は、折り曲げたり、汚さないで下さい。

答記入欄
④
④
④　⑤
④
④
④
④　⑤
④　⑤
④　⑤　⑥
④　⑤　⑥
④
④

解答番号	解答記入欄
31	①　②　③　④　⑤　⑥
32	①　②　③　④
33	①　②　③　④　⑤　⑥　⑦　⑧
34	①　②　③　④
35	①　②　③　④　⑤
36	①　②　③　④
37	①　②　③　④　⑤　⑥
38	①　②　③　④　⑤　⑥
39	①　②　③　④　⑤　⑥
40	①　②　③　④　⑤　⑥
41	①　②　③　④
42	①　②　③　④
43	①　②　③　④　⑤　⑥

岡崎城西高等学校

※50点満点
（配点非公表）

性 別
男 女

注意

1．記入は必ずＨより濃い黒鉛筆で ⬯ の中を正確にぬりつぶして下さい。（記入例参照）
2．訂正は、消しゴムできれいに消し、消しくずを残さないで下さい。
3．所定の記入欄以外には何も書かないで下さい。
4．性別は男・女のマークをぬりつぶして下さい。
5．解答用紙は、折り曲げたり、汚さないで下さい。

解答記入欄
3 4 5 6 7 8
3 4 5 6 7 8
3 4 5 6 7 8
3 4 5 6 7 8
3 4 5 6 7 8
3 4 5 6 7 8
3 4
3 4
3 4
3 4
3 4 5 6 7 8 9 10
3 4 5 6 7 8 9 10
3 4
3 4 5 6
3 4 5 6

大問番号	小問番号	解答番号	解答記入欄
Ⅳ	問6	21	1 2 3 4
	問7	22	1 2 3 4
	問8	23	1 2 3 4
	問9	24	1 2 3 4
	問10	25	1 2 3 4

小計	

0 1 2 3 4 5 6 7 8 9 10

岡崎城西高等学校

※50点満点
（配点非公表）

注意
1．記入は必ずＨより濃い黒鉛筆で〇の中を正確にぬりつぶして下さい。（記入例参照）
2．訂正は、消しゴムできれいに消し、消しくずを残さないで下さい。
3．所定の記入欄以外には何も書かないで下さい。
4．性別は男・女のマークをぬりつぶして下さい。
5．解答用紙は、折り曲げたり、汚さないで下さい。

性別
男　女

解答記入欄			
②	③	④	⑤
②	③	④	⑤
②	③	④	⑤
②	③	④	⑤
②	③	④	⑤
②	③	④	⑤
②	③	④	⑤
②	③	④	⑤
②	③	④	⑤

三

③	①
	み

④	②
	れて

一
問九
〜

小計

⓪ ① ② ③ ④ ⑤ ⑥ ⑦ ⑧ ⑨ ⑩

岡崎城西高等学校

※50点満点
(配点非公表)

性別
男 女

注意

1．記入は必ずHより濃い黒鉛筆で()の中を正確にぬりつぶして下さい。(記入例参照)
2．訂正は、消しゴムできれいに消し、消しくずを残さないで下さい。
3．所定の記入欄以外には何も書かないで下さい。
4．性別は男・女のマークをぬりつぶして下さい。
5．解答用紙は、折り曲げたり、汚さないで下さい。

解答記入欄							
)	③	④	⑤	⑥	⑦	⑧	⑨
)	③	④	⑤	⑥	⑦	⑧	⑨
)	③	④	⑤	⑥	⑦	⑧	⑨
)	③	④	⑤	⑥	⑦	⑧	⑨
)	③	④	⑤	⑥	⑦	⑧	⑨
)	③	④	⑤	⑥	⑦	⑧	⑨
)	③	④	⑤	⑥	⑦	⑧	⑨
)	③	④	⑤	⑥	⑦	⑧	⑨
)	③	④	⑤	⑥	⑦	⑧	⑨
)	③	④	⑤	⑥	⑦	⑧	⑨
)	③	④	⑤	⑥	⑦	⑧	⑨
)	③	④	⑤	⑥	⑦	⑧	⑨
)	③	④	⑤	⑥	⑦	⑧	⑨
)	③	④	⑤	⑥	⑦	⑧	⑨
)	③	④	⑤	⑥	⑦	⑧	⑨
)	③	④	⑤	⑥	⑦	⑧	⑨
)	③	④	⑤	⑥	⑦	⑧	⑨
)	③	④	⑤	⑥	⑦	⑧	⑨
)	③	④	⑤	⑥	⑦	⑧	⑨
)	③	④	⑤	⑥	⑦	⑧	⑨

15	(1)	$y=$
	(2)	$y=$
	(3)	$y=$

小計	

⓪ ① ② ③ ④ ⑤ ⑥ ⑦ ⑧ ⑨ ⑩

岡崎城西高等学校

2021年度

数学解答用紙

受験番号	番	出身中学	中学校	氏名	

受験番号			
千	百	十	一
0	0	0	0
1	1	1	1
2	2	2	2
3	3	3	3
4	4	4	4
5	5	5	5
6	6	6	6
7	7	7	7
8	8	8	8
9	9	9	9

解答番号	解答記入欄										解答番号	
ア	0	1	2	3	4	5	6	7	8	9	ト	0
イ	0	1	2	3	4	5	6	7	8	9	ナ	0
ウ	0	1	2	3	4	5	6	7	8	9	ニ	0
エ	0	1	2	3	4	5	6	7	8	9	ヌ	0
オ	0	1	2	3	4	5	6	7	8	9	ネ	0
カ	0	1	2	3	4	5	6	7	8	9	ノ	0
キ	0	1	2	3	4	5	6	7	8	9	ハ	0
ク	0	1	2	3	4	5	6	7	8	9	ヒ	0
ケ	0	1	2	3	4	5	6	7	8	9	フ	0
コ	0	1	2	3	4	5	6	7	8	9	ヘ	0
サ	0	1	2	3	4	5	6	7	8	9	ホ	0
シ	0	1	2	3	4	5	6	7	8	9	マ	0
ス	0	1	2	3	4	5	6	7	8	9	ミ	0
セ	0	1	2	3	4	5	6	7	8	9	ム	0
ソ	0	1	2	3	4	5	6	7	8	9	メ	0
タ	0	1	2	3	4	5	6	7	8	9	モ	0
チ	0	1	2	3	4	5	6	7	8	9	ヤ	0
ツ	0	1	2	3	4	5	6	7	8	9	ユ	0
テ	0	1	2	3	4	5	6	7	8	9	ヨ	0
											ラ	0

（マーク記入例）

良い例	悪い例
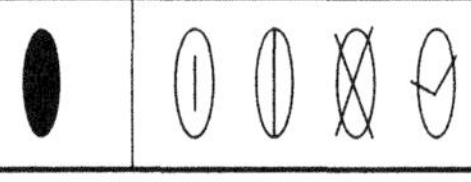	

2021年度

国語解答用紙

受験番号	番	出身中学	中学校	氏名	

受験番号			
千	百	十	一
0	0	0	0
1	1	1	1
2	2	2	2
3	3	3	3
4	4	4	4
5	5	5	5
6	6	6	6
7	7	7	7
8	8	8	8
9	9	9	9

（マーク記入例）

良い例	悪い例

	解答番号	解答記入欄				
一	1	1	2	3	4	5
	2	1	2	3	4	5
	3	1	2	3	4	5
	4	1	2	3	4	5
	5	1	2	3	4	5
	6	1	2	3	4	5
	7	1	2	3	4	5
	8	1	2	3	4	5
	9	1	2	3	4	5

	解答番号	解答記入欄				
二	10	1	2	3	4	5
	11	1	2	3	4	5
	12	1	2	3	4	5
	13	1	2	3	4	5
	14	1	2	3	4	5
	15	1	2	3	4	5
	16	1	2	3	4	5
	17	1	2	3	4	5
	18	1	2	3	4	5
	19	1	2	3	4	5

四

2021年度

英語解答用紙

受験番号	番	出身中学	中学校	氏名	

受験番号			
千	百	十	一
0	0	0	0
1	1	1	1
2	2	2	2
3	3	3	3
4	4	4	4
5	5	5	5
6	6	6	6
7	7	7	7
8	8	8	8
9	9	9	9

大問番号	小問番号	解答番号	解答記入欄							
I	1	1	A	B	C	D	E	F	G	H
	2	2	A	B	C	D	E	F	G	H
	3	3	X	Y	Z					
	4	4	A	B	C	D	E	F	G	H
	5	5	A	B	C	D	E	F	G	H

II	1	
	2	
	3	
	4	
	5	

記述問題は、解答欄からはみ出さないように記入しなさい。

大問番号	小問番号		解答番号	
III	問1		6	1
			7	1
			8	1
			9	1
			10	1
			11	1
	問2	1	12	1
		2	13	1
IV	問1		14	1
	問2		15	1
	問3	C	16	1
		D	17	1
	問4		18	1
	問5	X	19	1
		Y	20	1

（マーク記入例）

良い例	悪い例
●	○ ○ ○ ○

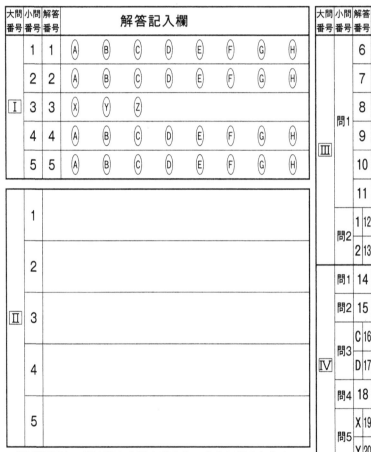

2021年度

理科解答用紙

受験番号	番	出身中学	中学校	氏名	

受験番号			
千	百	十	一
⓪	⓪	⓪	⓪
①	①	①	①
②	②	②	②
③	③	③	③
④	④	④	④
⑤	⑤	⑤	⑤
⑥	⑥	⑥	⑥
⑦	⑦	⑦	⑦
⑧	⑧	⑧	⑧
⑨	⑨	⑨	⑨

解答番号	解答記入欄										解答番号	
1	①	②	③	④	⑤	⑥					16	①
2	①	②	③	④	⑤	⑥	⑦	⑧	⑨	⑩	17	①
3	①	②	③	④	⑤	⑥	⑦	⑧	⑨	⑩	18	①
4	①	②	③	④	⑤	⑥	⑦	⑧	⑨		19	①
5	①	②	③	④							20	①
6	①	②	③	④	⑤						21	①
7	①	②	③	④	⑤	⑥	⑦	⑧			22	①
8	①	②	③	④	⑤	⑥					23	①
9	①	②	③	④	⑤	⑥	⑦	⑧	⑨		24	①
10	①	②	③	④	⑤	⑥	⑦				25	①
11	①	②	③	④	⑤	⑥	⑦	⑧	⑨		26	①
12	①	②	③	④	⑤						27	①
13	①	②	③	④							28	①
14	①	②	③	④	⑤						29	①
15	①	②	③	④	⑤						30	①

（マーク記入例）

良い例	悪い例

2021年度

社会解答用紙

受験番号	番	出身中学	中学校	氏名	

受験番号			
千	百	十	一
0	0	0	0
1	1	1	1
2	2	2	2
3	3	3	3
4	4	4	4
5	5	5	5
6	6	6	6
7	7	7	7
8	8	8	8
9	9	9	9

解答番号	解答記入欄	解答番号	解答記入欄
1	1 2 3 4 5 6	11	1 2 3 4 5
2	1 2 3 4 5 6	12	1 2 3 4 5
3	1 2 3 4 5	13	1 2 3 4 5
4	1 2 3 4 5	14	1 2 3 4 5
5	1 2 3 4 5	15	1 2 3 4 5
6	1 2 3 4 5 6	16	1 2 3 4 5
7	1 2 3 4 5	17	1 2 3 4 5
8	1 2 3 4 5	18	1 2 3 4 5
9	1 2 3 4 5	19	1 2 3 4 5
10	1 2 3 4 5	20	1 2 3 4 5

（マーク記入例）

良い例	悪い例

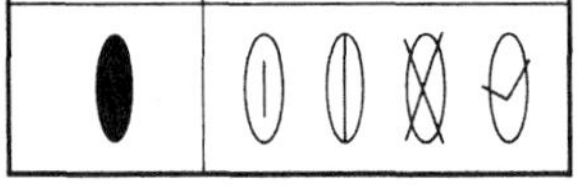

14 右の図のように，関数 $y = ax^2$ のグラフと直線 l は，２点Ａ，Ｂで交わっている。Ａの座標は（－４，２），Ｂの x 座標は２で，Ｃの x 座標は３であるとき，次の問いに答えなさい。

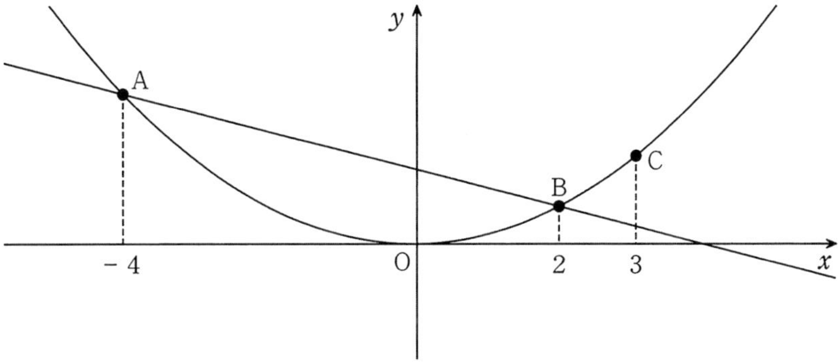

(1)　a の値は $\dfrac{\boxed{\text{ム}}}{\boxed{\text{メ}}}$ である。

(2)　直線 l の式は $y = -\dfrac{\boxed{\text{モ}}}{\boxed{\text{ヤ}}}x + \boxed{\text{ユ}}$ である。

(3)　△ＯＡＢと△ＯＢＣの面積比を最も簡単な整数比で表すと，$\boxed{\text{ヨ}}$ ： $\boxed{\text{ラ}}$ である。

15 下の図のように，１辺が８cmの正方形ＡＢＣＤがある。
点Ｐは毎秒２cmの速さで，正方形の辺上をＡ→Ｂ→Ｃ→…の順に動く。
点Ｑは毎秒１cmの速さで正方形の辺上をＣ→Ｄ→Ａ→…の順に動く。
点ＰがＡを出発してx秒後の△ＡＰＱの面積をy cm^{2}とする。
点ＰがＡからＤまで動くものとして，次の問いに答えなさい。

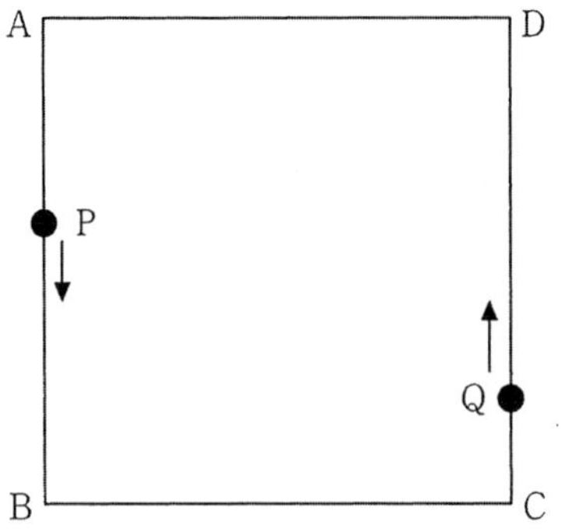

(1) 点Ｐが辺ＡＢ上を動くとき，yをxの式で表しなさい。

(2) 点Ｐが辺ＢＣ上を動くとき，yをxの式で表しなさい。

(3) 点Ｐが辺ＣＤ上を動くとき，yをxの式で表しなさい。

2020年度

入学試験

第1時限　社　会

> 放送で「始め」という合図があるまで、このページ以外のところを見てはいけません。
> それまでは注意事項を静かにくりかえし読みなさい。

注　意

1．試験時間は正味45分で行います。

2．受験番号は、必ずマークしなさい。

受験番号			
千	百	十	一
●	●	⓪	⓪
①	①	●	①
②	②	②	●
③	③	③	③

（例）　受験番号　１２の場合
（００１２とマークする）
受験番号をマークする。
（マークは記入例に従い濃くマークしなさい。
鉛筆はＨより濃いものを使用しなさい。）

3．解答は、解答用紙の解答記入欄にマークしなさい。

たとえば、[20] と表示のある問いに対して③を解答する場合は、次の（例）のように解答番号 20 の解答記入欄の③にマークしなさい。

（例）

解答番号	解答記入欄									
20	①	②	●	④	⑤	⑥	⑦	⑧	⑨	⑩

4．記入上の注意

(1)　マークは黒鉛筆で長円内をぬりつぶしなさい。
（鉛筆はＨより濃いものを使用しなさい。）

(2)　訂正するときは、消しゴムできれいに消し、消しくずを残さないようにしなさい。

(3)　解答用紙には、所定の記入欄以外に何も書かないようにしなさい。

(4)　解答用紙は、折り曲げたり、汚さないようにしなさい。

5．問題についての質問は受けつけません。ただし、ページ数が不足していたり、印刷の文字が不鮮明であるときに質問することはさしつかえありません。

6．時間の終わりに放送で「やめ」という合図があったら、ただちに解答をやめなさい。

岡崎城西高等学校

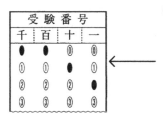

Ⅰ　次の各問いに答えなさい。

問１　日本の気候に関する次の文章①から⑤のうち、下線部に誤りを含む文章はどれですか。 1

① 瀬戸内地方は、中国山地と四国山地にはさまれている。降水の少ないこの地方では、ため池で農業用水を確保するなど、水不足や干ばつを解消するためにさまざまな工夫が行われてきた。

② 都市化が進んだ地域では、アスファルトやコンクリートなどでおおわれて植物が少なく、自動車やオフィスなどから大量の人口熱が排出される。そのため、都市の周辺部と比べて中心部の気温が上がるヒートアイランド現象が起こる。

③ ユーラシア大陸と太平洋にはさまれた日本は、季節風（モンスーン）の影響により、四季がはっきりしている。初夏には梅雨前線が日本列島付近をゆっくりと北上するため、日本全域が梅雨となる。

④ 九州地方には、阿蘇山や桜島などの火山が存在する。そのため、降灰で農作物に被害をあたえるなどの災害を引き起こす一方で、温泉などの観光資源や地熱による発電といっためぐみをもたらしてきた。

⑤ 東北地方の太平洋岸では、寒流の親潮（千島海流）の影響を受け、やませと呼ばれる冷たくしめった北東の風がふき、冷夏をもたらすことがある。

※不適切な問題のため，学校当局により正誤を問わず全員正解とした。

問２　次の地形図中に見られない地図記号はどれですか。　2

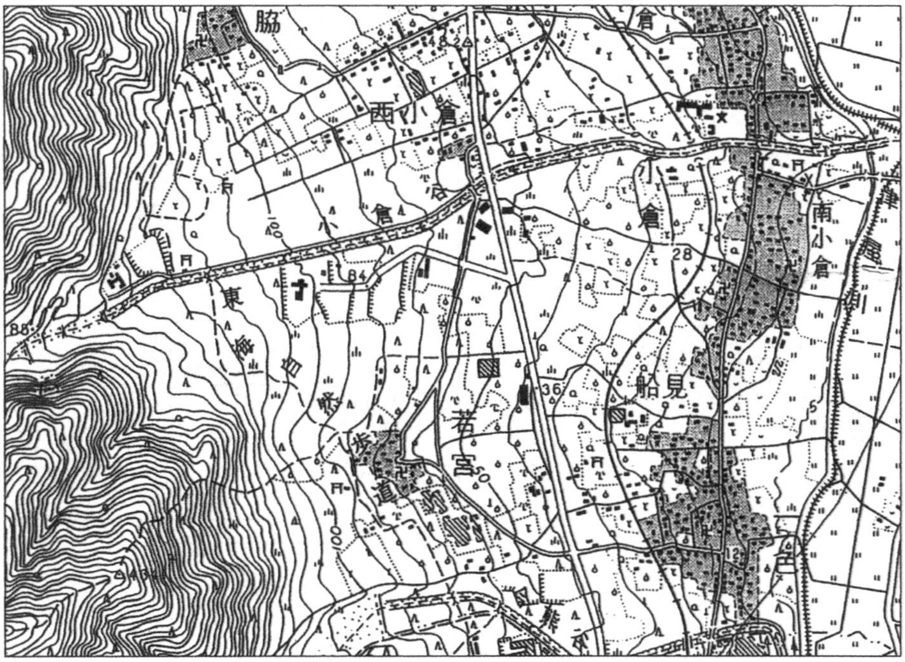

①　桑畑　　②　高等学校　　③　針葉樹林　　④　寺院　　⑤　果樹園

問３　次の表は、日本全体に占める７地方区分の各割合（％）を示しています。ＡからＣは、それぞれ関東地方、中部地方、近畿地方のいずれかがあてはまります。ＡからＣと地方区分名の組み合わせとして、正しいものはどれですか。　3

地方区分	面積	人口	農業生産額	工業生産額	年間商品販売額
A	8.7	17.7	6.5	19.2	15.6
B	8.6	33.7	19.5	26.3	47.4
C	17.7	17.0	15.3	27.9	14.7
北海道地方	22.1	4.2	13.4	2.2	3.4
東北地方	17.7	7.1	14.9	5.5	5.1
中国・四国地方	13.4	8.9	9.6	11.4	6.1
九州地方	11.8	11.4	20.8	7.5	7.7
計	100	100	100	100	100

①　Ａ＝関東地方　　Ｂ＝中部地方　　Ｃ＝近畿地方

②　Ａ＝関東地方　　Ｂ＝近畿地方　　Ｃ＝中部地方

③　Ａ＝中部地方　　Ｂ＝関東地方　　Ｃ＝近畿地方

④　Ａ＝中部地方　　Ｂ＝近畿地方　　Ｃ＝関東地方

⑤　Ａ＝近畿地方　　Ｂ＝関東地方　　Ｃ＝中部地方

⑥　Ａ＝近畿地方　　Ｂ＝中部地方　　Ｃ＝関東地方

問４　次の地図ＡからＣは、ピーマン、なし、キャベツの収穫量の上位５県を示しています。ＡからＣと農作物の組み合わせとして、正しいものはどれですか。　4

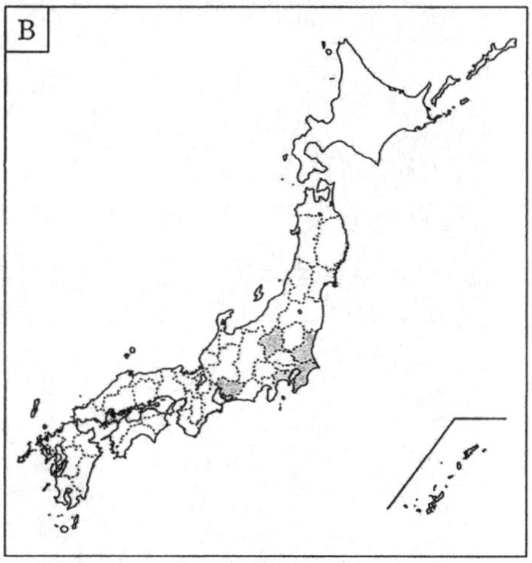

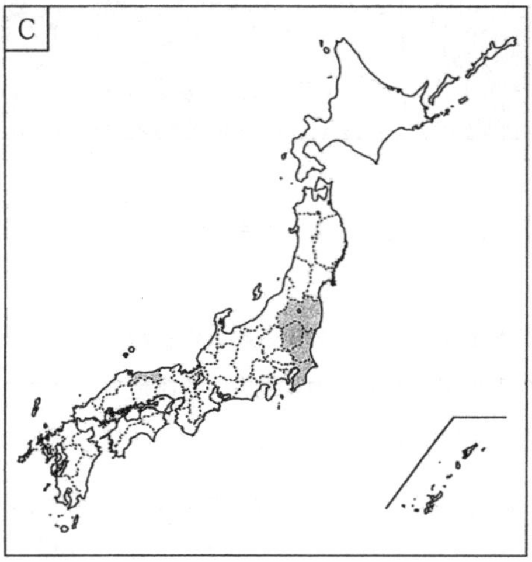

(農林水産統計データ 2017年)

①	Ａ＝ピーマン	Ｂ＝なし	Ｃ＝キャベツ
②	Ａ＝ピーマン	Ｂ＝キャベツ	Ｃ＝なし
③	Ａ＝なし	Ｂ＝ピーマン	Ｃ＝キャベツ
④	Ａ＝なし	Ｂ＝キャベツ	Ｃ＝ピーマン
⑤	Ａ＝キャベツ	Ｂ＝ピーマン	Ｃ＝なし
⑥	Ａ＝キャベツ	Ｂ＝なし	Ｃ＝ピーマン

問5　東日本大震災（2011年）にともなう原子力発電所の事故をきっかけに、日本の発電量のおよそ9割を火力発電が占めるようになりました。次の表中のAからCは、火力発電に必要な原油、石炭、天然ガスのいずれかの輸入先の上位4か国を示しています。AからCと資源名の組み合わせとして、正しいものはどれですか。　5

	A	B	C
1位	オーストラリア	サウジアラビア	オーストラリア
2位	インドネシア	アラブ首長国連邦	マレーシア
3位	ロシア	カタール	カタール
4位	カナダ	クウェート	ロシア

（財務省貿易統計ほか）

① A＝原油　B＝石炭　C＝天然ガス
② A＝原油　B＝天然ガス　C＝石炭
③ A＝石炭　B＝原油　C＝天然ガス
④ A＝石炭　B＝天然ガス　C＝原油
⑤ A＝天然ガス　B＝原油　C＝石炭
⑥ A＝天然ガス　B＝石炭　C＝原油

問6　中部地方において、原子力発電所が所在しない県はどれですか。なお選択肢①から⑤のすべての県に原子力発電所が所在する場合は、⑥をマークして下さい。　6

① 新潟県　② 静岡県　③ 石川県
④ 愛知県　⑤ 福井県　⑥ すべて

Ⅱ　次の地図をみて、各問いに答えなさい。

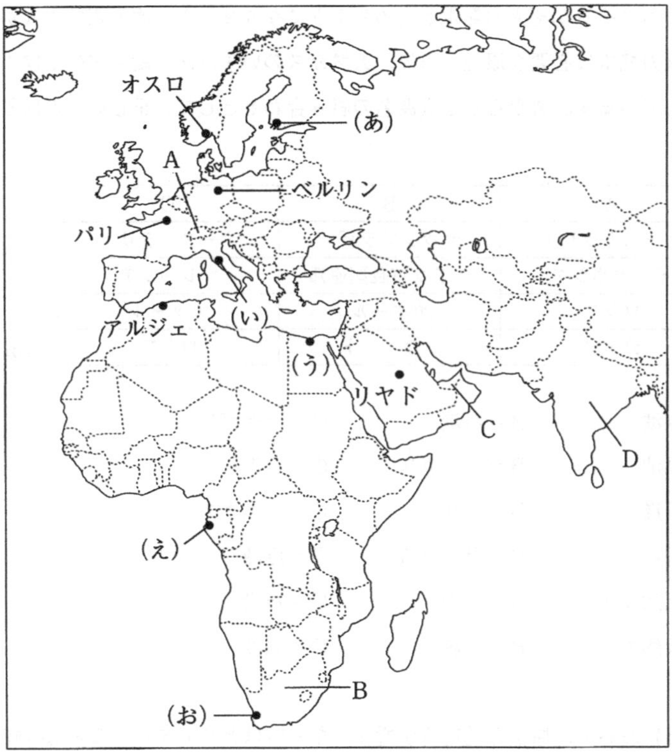

問１　地図中の各都市（首都）の中で、東京とほぼ同緯度に位置する都市はどれですか。　7

①　オスロ　　②　ベルリン　　③　パリ　　④　アルジェ　　⑤　リヤド

問２　地図中のＡ国を説明した文章はどれですか。　8

①　この国には自国語がなく、人口の３分の２はドイツ語を話している。どこの国とも政治的な同盟を結ばない「永世中立」を宣言している。

②　この国は、国土の大部分が平地で豊かな農地に恵まれている。小麦など穀物の自給率は100%をこえている。

③　この国は、中世時代の面影を残す街やルネサンス建築が有名で、ＥＵ本部やＮＡＴＯ本部が置かれている国としても知られている。

④　この国は、観賞用の花や野菜、果実を集約的に栽培する園芸農業がさかんで、チューリップ畑や風車などが、よく知られている。

⑤　この国では、18世紀後半から世界に先がけて産業革命がおこり、機械工業や鉄鋼業が発展した。

問３　次の雨温図は地図中（あ）から（お）の都市のいずれかを示しています。（お）に該当するものはどれですか。　9

①
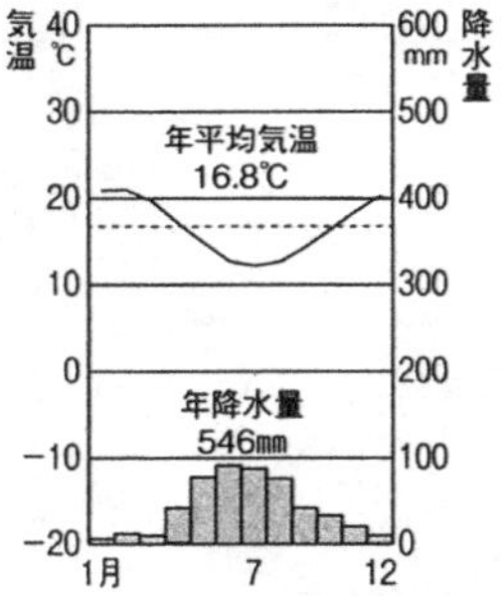

②
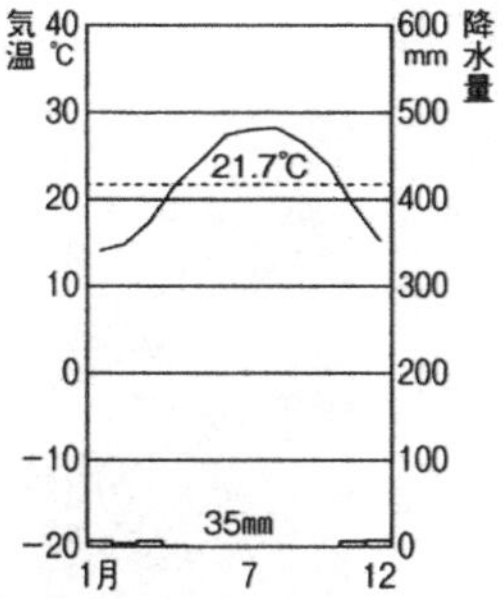

③
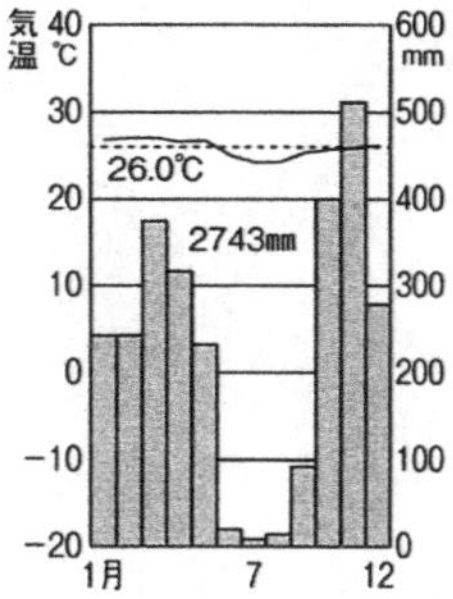

④
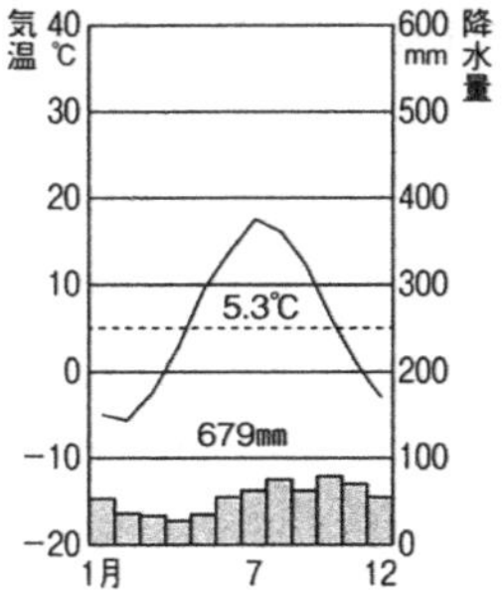

⑤
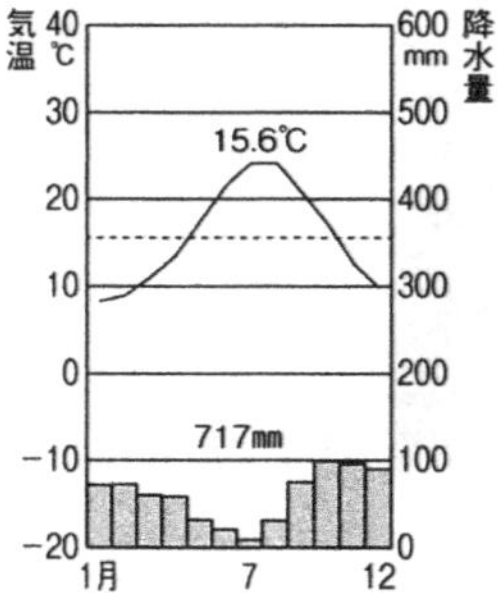

問４　地図中のＢ国を説明した文章として誤っているものはどれですか。なお選択肢①から④の全てが正しい場合は、⑤をマークして下さい。　10

① この国は、工業化が進み、アフリカ最大の工業国となった。また、鉱産資源にめぐまれ、クロムやプラチナ（白金）の産出量は世界１位である。

② この国では、長い間アパルトヘイトをとってきた。人口の大多数であるアフリカ系の人々は、さまざまな差別を受け参政権もなかった。

③ この国では、1994年に史上初のすべての人種が参加した総選挙が実施された。アフリカ民族会議が勝利し、マンデラ氏がアフリカ系として初めての大統領になった。

④ この国は、2002年に発足したアフリカ連合に加盟し、アフリカの紛争解決や和平調停に力を注いでいる。スポーツ振興にも積極的で、2010年にサッカーワールドカップを自国で開催した。

問5　次の建造物（写真Ⅰ・Ⅱ）がある地図のＣ国の都市はどれですか。　11

写真Ⅰ

世界で最も高いビル、ブルジュ・ハリファ

写真Ⅱ

世界で最も大きい人工島、パーム・アイランド

① バグダッド　② エルサレム　③ ドバイ

④ アデン　⑤ テヘラン

問6　次の文章は、地図中のＤ国を説明したものです。文章中の【　ア　】、【　イ　】に入る語句の組み合わせとして、正しいものはどれですか。　12

> この国には12億をこえる人々が住み、数百の言語が話されている。公用語として定められた【　ア　】語を話す人々が最も多いが、北部の地方に限られている。そのため、【　イ　】語が共通語としての役割を果たしている。近年では、経済のグローバル化によって【　イ　】語の地位はさらに高まっている。

① 【　ア　】＝アラビア　【　イ　】＝英

② 【　ア　】＝アラビア　【　イ　】＝フランス

③ 【　ア　】＝アラビア　【　イ　】＝スペイン

④ 【　ア　】＝ヒンディー　【　イ　】＝英

⑤ 【　ア　】＝ヒンディー　【　イ　】＝フランス

⑥ 【　ア　】＝ヒンディー　【　イ　】＝スペイン

Ⅲ　次の文章を読んで、各問いに答えなさい。

> 7世紀の初め、中国では、隋が【　ア　】への攻撃の失敗などが原因で滅び、A．唐が中国を統一した。唐は周辺の地域に軍事行動を拡大するなどおおいに発展した。このような中国の情勢に対応するため、日本ではB．天智天皇と天武天皇の時代を中心にして朝廷や地方組織の改革が行われ、権力の集中がめざされた。しかし、日本の律令制は唐をモデルにしながらも、従来の大和政権のしくみをふまえて実施された。C．律令制における民衆のさまざまな負担は、地方の豪族がその支配民に負わせていたものが多かったため、徴税の際には地方の豪族の中から任命された国造の力に依存するところが大きかった。
>
> 国の政治は太政官の話し合いで運営され、それを構成する公卿は、律令体制が確立した当初は、有力氏族から1名ずつ出ていた。このことは、それ以前の有力氏族による合議制を引き継いだものであった。こうしたしくみは、複数の【　イ　】氏が同時に公卿に昇進するなどしだいに変化していったが、奈良時代にはその過程で、寺院の勢力も交えた激しい政争や戦乱が繰り返されることになった。

問1　文章中の【　ア　】、【　イ　】に入る語句の組み合わせとして、正しいものはどれですか。　13

① 【　ア　】＝高句麗　【　イ　】＝蘇我
② 【　ア　】＝高句麗　【　イ　】＝藤原
③ 【　ア　】＝新羅　【　イ　】＝蘇我
④ 【　ア　】＝新羅　【　イ　】＝藤原
⑤ 【　ア　】＝百済　【　イ　】＝蘇我
⑥ 【　ア　】＝百済　【　イ　】＝藤原

問2　下線部Aについて、中国で唐が繁栄していた頃の世界情勢について述べた文章として、正しいものはどれですか。　14

① インドではアーリア人が侵入して、カースト制度をもつ国々をつくった。
② ギリシア文化が東方に広まってオリエント文化と結びつき、ヘレニズム文化が栄えた。
③ パレスティナ地方ではヤハウェを信仰するキリスト教が誕生した。
④ ムハンマドを開祖とするイスラム教がアラビア半島から西アジアなどに広まった。
⑤ スペインのバスコ・ダ・ガマの船隊がインドのカリカットに到達した。

問3　下線部Bの時代のできごとについて述べた文章として、正しいものはどれですか。　15

① 飛鳥を都として、律令や歴史書をまとめるように命じた。
② 中国の唐にならって和同開珎を発行した。
③ 口分田の不足を解消するために墾田永年私財法を発布した。
④ 中国の唐の都である洛陽にならって藤原京を造った。
⑤ 法隆寺の釈迦三尊像に代表される飛鳥文化が栄えた。

問4　下線部Cについて述べた次の文章X・Yと、それにあてはまる負担の名称アからエの組み合わせとして、正しいものはどれですか。　16

X：日本を唐や新羅などから守るために、長崎の対馬や壱岐、九州北部に送られた。
Y：各地の特産物を都まで運んで納めた。

ア・防人　　イ・雑徭　　ウ・租　　エ・調

① X＝ア　Y＝ウ　　② X＝ア　Y＝エ
③ X＝イ　Y＝ウ　　④ X＝イ　Y＝エ

Ⅳ　次の地図をみて、各問いに答えなさい。

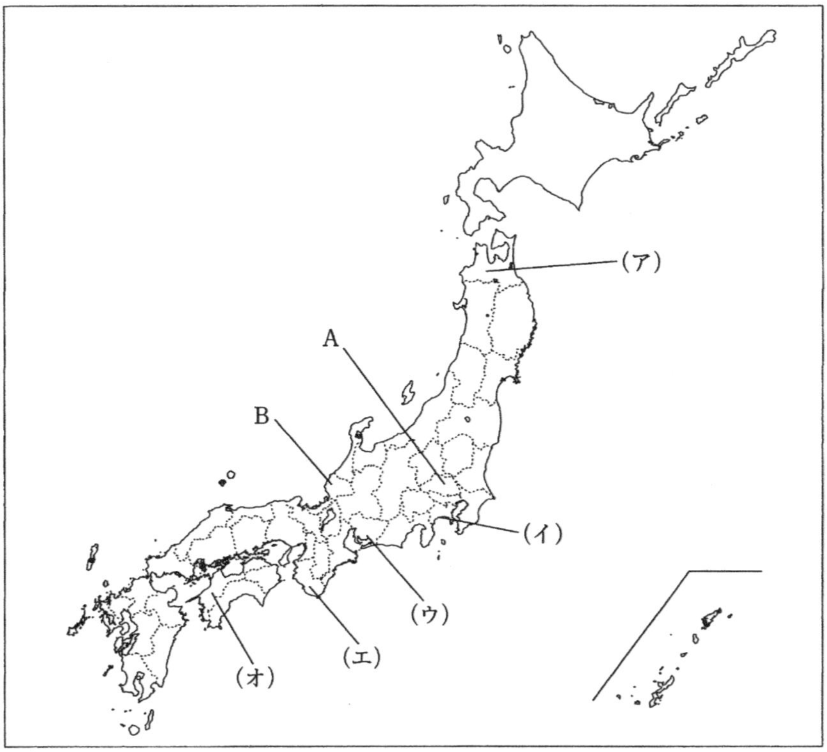

問１　地図中Ａの古墳で発見された鉄剣には「ワカタケル大王」の名が刻まれています。この古墳の名称として、正しいものはどれですか。　17

①　高松塚古墳　②　大仙古墳　③　稲荷山古墳
④　江田船山古墳　⑤　仁徳陵古墳

問２　戦国時代、地図中Ｂを本拠地として支配した戦国大名と最も関わりの深いものはどれですか。　18

①　甲州法度之次第　②　山城国一揆　③　石見銀山
④　尚古集成館　⑤　朝倉孝景条々

問３　地図中（ア）から（オ）の地域を説明した文章として、正しいものはどれですか。 19

① 江戸時代の初期、（ア）を領土とした福山藩はアイヌの人々との交易を独占した。

② 1582年、イエズス会の宣教師であるザビエルは布教のために（イ）に来航した。

③ 1573年、織田信長は鉄砲を有効に用いて、（ウ）で駿河の大名であった武田信玄をやぶった。

④ 江戸時代、尾張藩や水戸藩とともに「御三家」とされた藩が（エ）におかれた。

⑤ 江戸時代の末期、幕府への不満から「ええじゃないか」が（オ）を中心におこった。

V　次の文章を読んで、各問いに答えなさい。

19世紀に誕生した明治政府は、近代国家をめざし、A．さまざまな分野で国内改革をすすめた。対外的には、日本に対するB．不平等条約改正のため欧米との交渉を続けた。一方で、新たな領地拡大のために、朝鮮、清へと向かい、軍事力による侵略をすすめた。清は日清戦争の敗北によって伝統的な権力がくずれさり、C．列強の植民地化の対象となった。日本は清の領土獲得をねらう上でロシアとの関係が悪化し、日露戦争がはじまった。

問１　下線部Aについて、近代国家をめざす明治政府がおこなった改革として、誤っているものはどれですか。　20

① 富国強兵をめざして、国民皆兵を原則とする徴兵令の発布や、経済の資本主義化をすすめた。

② 太陽暦を採用し、１日を24時間、１週間を７日とした。

③ 四民平等がすすめられたが、20世紀に入るまで平民は華族や士族と結婚することができなかった。

④ 1871年に廃藩置県をおこない、県令、府知事が中央から派遣され、中央集権化がすすんだ。

⑤ 国家財政を安定させるため、1873年に地租改正を開始し、地価の３％を現金で納めさせた。

問２　下線部Ｂについて、次の文章は、条約改正についてまとめたものです。

文章中の【　ア　】から【　ウ　】に入る人物の組み合わせとして、正しいものはどれですか。 21

日本は、欧米諸国との間に結ばれた不平等条約の改正をめざした。政府は、欧米に【　ア　】を全権大使とする使節団を派遣したが、日本の後進性を痛感する結果となった。法律の制定など国内の政治体制を整え、欧化政策をすすめた。それをきっかけに、条約改正に消極的であったイギリスもしだいに交渉に応じるようになった。1894年に【　イ　】が領事裁判権の撤廃に成功し、1911年には【　ウ　】が関税自主権の回復に成功した。

① 【　ア　】＝西郷隆盛　【　イ　】＝井上薫　【　ウ　】＝小村寿太郎
② 【　ア　】＝西郷隆盛　【　イ　】＝陸奥宗光　【　ウ　】＝大隈重信
③ 【　ア　】＝西郷隆盛　【　イ　】＝井上薫　【　ウ　】＝大隈重信
④ 【　ア　】＝岩倉具視　【　イ　】＝陸奥宗光　【　ウ　】＝大隈重信
⑤ 【　ア　】＝岩倉具視　【　イ　】＝井上薫　【　ウ　】＝小村寿太郎
⑥ 【　ア　】＝岩倉具視　【　イ　】＝陸奥宗光　【　ウ　】＝小村寿太郎

問３　下線部Ｃについて、列強による中国の分割がすすみました。国とその地域の組み合わせとして、誤っているものはどれですか。 22

① ドイツ　＝　膠州湾
② イギリス　＝　威海衛
③ フランス　＝　広州湾
④ オランダ　＝　マカオ
⑤ ロシア　＝　旅順・大連

Ⅵ　次の年表をみて、各問いに答えなさい。

	で　き　ご　と
1914	第一次世界大戦が始まる
1919	A．パリ講和条約が締結される
	↕ X
1945	ポツダム宣言を受諾し、第二次世界大戦が終結する
1949	中華人民共和国が誕生する
1950	朝鮮戦争が始まる
1975	B．ベトナム戦争が終結する
1985	ソ連でゴルバチョフ政権が誕生する
2001	アメリカ同時多発テロ事件が発生する

問１　下線部Aについて、パリ講和会議が始められた1919年と同じ年に起きたできごととして、正しいものはどれですか。　23

① 中国共産党が結成され、中国国民党と協力して国内の統一をめざした。
② 労働争議が多発し、日本で最初のメーデーが開催された。
③ アメリカ・イギリス・フランス・日本の間で四か国条約が締結され、日英同盟が解消された。
④ イギリス国内ではじめての労働党内閣が誕生した。
⑤ 朝鮮国内で独立の気運が高まり、朝鮮半島全体で三・一独立運動がひろがった。

問２　年表中Xの時期のできごととして、誤っているものはどれですか。　24

① 桂太郎は、憲法にもとづく政治を守ることをスローガンとする第一次護憲運動をおこした。
② 原敬は、本格的な政党内閣をつくり、選挙権を持つために必要な納税額を10円以上から３円以上へと引き下げた。
③ 浜口雄幸は、軍備を縮小して国民の負担を減らすため、ロンドン海軍軍縮条約を締結した。
④ 犬養毅が海軍の青年将校に暗殺され、政党内閣の時代が終わった。
⑤ 加藤高明は、納税額による制限を廃止し、満25歳以上の男子に選挙権を与える普通選挙法を成立させた。

問3　下線部Bについて、次の文章は、ベトナム戦争を説明したものです。文章中の【　ア　】、【　イ　】に入る語句の組み合わせとして、正しいものはどれですか。

25

第二次世界大戦後、ベトナムでは、フランスからの独立戦争が起こった。1954年の休戦協定の結果、ベトナムは北緯【　ア　】線を境として、北ベトナムと南ベトナムに分かれた。1960年に北ベトナムの指導のもとで南ベトナム解放民族戦線が結成されて、南ベトナムと激しく争った。結果として【　イ　】が支援した北ベトナムの勝利で終わり、1976年には南北が統一された。

①【　ア　】＝17度　【　イ　】＝アメリカ
②【　ア　】＝17度　【　イ　】＝ソ連
③【　ア　】＝17度　【　イ　】＝日本
④【　ア　】＝38度　【　イ　】＝アメリカ
⑤【　ア　】＝38度　【　イ　】＝ソ連
⑥【　ア　】＝38度　【　イ　】＝日本

Ⅶ　日本国憲法について、各問いに答えなさい。

問１　次の文章ＸからＺは日本国憲法の三つの基本原理を説明したものです。その正誤の組み合わせとして、正しいものはどれですか。　26

Ｘ：私たちが自由に人間らしく生きていくことができるという原理
Ｙ：国の政治の決定権は国民が持ち、政治は国民の意思にもとづいて行われるべきであるという原理
Ｚ：戦争を放棄して日本の恒久平和のためだけに努力するという原理

① Ｘ＝正　Ｙ＝正　Ｚ＝誤　② Ｘ＝誤　Ｙ＝誤　Ｚ＝正
③ Ｘ＝正　Ｙ＝誤　Ｚ＝正　④ Ｘ＝誤　Ｙ＝正　Ｚ＝誤
⑤ Ｘ＝正　Ｙ＝誤　Ｚ＝誤　⑥ Ｘ＝誤　Ｙ＝正　Ｚ＝正

問２　天皇が行う国事行為として定められていないものはどれですか。　27

① 栄典を授与すること
② 憲法改正、法律、政令及び条約を公布すること
③ 国会議員の総選挙の施行を公示すること
④ 参議院を解散すること
⑤ 国会を召集すること

問３　次の文章は日本国憲法第13条の条文です。文章中の【　ア　】から【　ウ　】に入る語句の組み合わせとして、正しいものはどれですか。　28

すべて国民は、【　ア　】として尊重される。生命、自由及び【　イ　】追求に対する国民の権利については、【　ウ　】の福祉に反しない限り、立法その他の国政の上で、最大の尊重を必要とする。

①【　ア　】＝集団　【　イ　】＝平等　【　ウ　】＝私的
②【　ア　】＝個人　【　イ　】＝平等　【　ウ　】＝私的
③【　ア　】＝集団　【　イ　】＝平等　【　ウ　】＝公共
④【　ア　】＝個人　【　イ　】＝幸福　【　ウ　】＝私的
⑤【　ア　】＝集団　【　イ　】＝幸福　【　ウ　】＝公共
⑥【　ア　】＝個人　【　イ　】＝幸福　【　ウ　】＝公共

問４　自由権を精神の自由、身体の自由、経済活動の自由に分類した場合、誤っている組み合わせはどれですか。 29

⓪　思想・良心の自由
②　奴隷的拘束・苦役からの自由
③　財産権の保障
④　学問の自由
⑤　居住・移転・職業選択の自由

①＝精神の自由　②＝身体の自由　③＝経済活動の自由
④＝精神の自由　⑤＝身体の自由

Ⅷ　日本の国会について、各問いに答えなさい。

問１　次の表は衆議院と参議院を比較したものです。【　ア　】から【　ウ　】にあてはまる語句の組み合わせとして、正しいものはどれですか。　30

	任期	選挙権	被選挙権
衆議院	４年	【　ア　】	【　イ　】
参議院	６年	【　ア　】	【　ウ　】

① 【　ア　】＝18歳以上　【　イ　】＝25歳以上　【　ウ　】＝25歳以上
② 【　ア　】＝18歳以上　【　イ　】＝25歳以上　【　ウ　】＝30歳以上
③ 【　ア　】＝18歳以上　【　イ　】＝30歳以上　【　ウ　】＝35歳以上
④ 【　ア　】＝20歳以上　【　イ　】＝30歳以上　【　ウ　】＝25歳以上
⑤ 【　ア　】＝20歳以上　【　イ　】＝35歳以上　【　ウ　】＝30歳以上
⑥ 【　ア　】＝20歳以上　【　イ　】＝35歳以上　【　ウ　】＝35歳以上

問２　次の文章のうち、誤っているものはどれですか。　31

① 国会には、毎年１月に召集される常会、必要に応じて開かれる臨時会、衆議院議員総選挙のあとに開かれる特別会の三種類がある。
② 国会における議決の基本は多数決であるが、両院の議決が異なったときは衆議院の議決が優先される場合がある。
③ 裁判官を辞めさせるかどうかを判断する弾劾裁判所は、衆議院14名の議員で構成され、国会が設置する。
④ 国会議員は、国会が開かれている期間は原則として逮捕されず、また国会でおこなった演説などについて法的な責任を問われないことが保障されている。
⑤ 「ねじれ国会」とは、衆議院で与党が過半数の議席を持ちながら、参議院では逆に野党が議席の過半数をしめている状態である。

Ⅸ　私たちの暮らしと経済について、各問いに答えなさい。

問１　2019年にわが国では消費税が引き上げられました。その時期と税率の組み合わせとして、正しいものはどれですか。　32

① 8月1日から8%　② 9月1日から8%　③ 10月1日から8%
④ 8月1日から10%　⑤ 9月1日から10%　⑥ 10月1日から10%

問２　わが国の消費者保護のしくみについて述べた次の文章のうち、正しいものはどれですか。　33

① 各都道府県に、消費者相談や情報提供を行う消費生活センターが設置された。
② クーリング・オフ制度により商品を購入したあと、いつでも契約を解除できるようになった。
③ 欠陥商品により、被害を受けた際の企業責任について定めたＣＳ法が制定された。
④ 消費者契約法により、消費者は違法な契約をいつでも取り消すことができるようになった。
⑤ 消費者の健康や生活を守るため、2009年に経済産業省に消費者庁が設置された。

問３　次の文章ＸからＺは、株式会社のしくみについて述べたものです。その正誤の組み合わせとして、正しいものはどれですか。　34

Ｘ：株主が受け取る配当の金額や株主総会における議決権は、その株式を購入した時期によって決まる。
Ｙ：株主は株主総会に出席する以上、企業が倒産した場合には出資した金額以上の負担を負わなければならない。
Ｚ：株価は、その企業が今後どれくらいの利益を上げるのかという見通しや期待によって決まる。

① Ｘ＝正　Ｙ＝正　Ｚ＝誤　② Ｘ＝正　Ｙ＝誤　Ｚ＝正
③ Ｘ＝正　Ｙ＝誤　Ｚ＝誤　④ Ｘ＝誤　Ｙ＝誤　Ｚ＝正
⑤ Ｘ＝誤　Ｙ＝正　Ｚ＝誤　⑥ Ｘ＝誤　Ｙ＝正　Ｚ＝正

問4　わが国の労働について述べた次の文章のうち、誤っているものはどれですか。 35

① 労働者は労働組合を結成し、労働条件の改善を使用者に要求することができる。

② 労働基準法・労働組合法・労働関係調整法の三つを労働三法とよぶ。

③ 労働時間は、ほかの先進工業国と比較してもいぜんとして長い。

④ 外国人労働者数は、1990年代にブラジルなどの日系人を受け入れたため増加した。

⑤ 失業率は、リーマンショックがおこった2008年から現在にいたるまで上昇傾向にある。

2020年度

入　学　試　験

第2時限　理　　科

放送で「始め」という合図があるまで，このページ以外のところを見てはいけません。
それまでは注意事項を静かにくりかえし読みなさい。

注　　　　意

1．試験時間は正味45分で行います。

2．受験番号は，必ずマークしなさい。

受験番号			
千	百	十	一
●	●	⓪	⓪
①	①	●	①
②	②	②	●
③	③	③	③

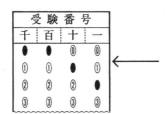

（例）　受験番号　１２の場合
（００１２とマークする）
←　受験番号をマークする。
（マークは記入例に従い濃くマークしなさい。
鉛筆はＨより濃いものを使用しなさい。）

3．解答は，解答用紙の解答記入欄にマークしなさい。
たとえば，［20］と表示のある問いに対して③を解答する場合は，次の（例）のように解答番号 20 の解答記入欄の③にマークしなさい。

（例）

解答番号	解　答　記　入　欄									
20	①	②	●	④	⑤	⑥	⑦	⑧	⑨	⑩

4．記入上の注意
(1)　マークは黒鉛筆で長円内をぬりつぶしなさい。
（鉛筆はＨより濃いものを使用しなさい。）
(2)　訂正するときは，消しゴムできれいに消し，消しくずを残さないようにしなさい。
(3)　解答用紙には，所定の記入欄以外に何も書かないようにしなさい。
(4)　解答用紙は，折り曲げたり，汚さないようにしなさい。

5．問題についての質問は受けつけません。ただし，ページ数が不足していたり，印刷の文字が不鮮明であるときに質問することはさしつかえありません。

6．時間の終わりに放送で「やめ」という合図があったら，ただちに解答をやめなさい。

岡崎城西高等学校

〈1〉から〈11〉の問いに答えなさい。答は解答群の中から１つ選び，番号をマークしなさい。

〈1〉 次の各問いに答えなさい。

(1) ある物体が東へ50 cm/sの一定の速度で動いている。この物体が１時間動き続けると何km移動しますか。 [1] km

① 0.83　② 1.2　③ 1.5　④ 1.8　⑤ 3.0　⑥ 3.6

(2) 次の文章中の（ ア ），（ イ ）に入る正しい語句の組合せはどれですか。 [2]

ジェットコースターの運動において摩擦力や空気の抵抗などを無視した場合では力学的エネルギーが保存され，位置エネルギーと運動エネルギーの総量は変化しない。しかし，実際には車輪とレールとの間にはたらく摩擦力や空気の抵抗などのため，エネルギーの一部が（ ア ）エネルギーや音エネルギーに移り変わってしまい，位置エネルギーと運動エネルギーの総量は（ イ ）する。

	ア	イ
①	化学	減少
②	化学	増加
③	電気	減少
④	電気	増加
⑤	熱	減少
⑥	熱	増加

(3) 質量が１kgの２つの物体A，Bにそれぞれ一定の大きさの力を加えて一定の速さで１m持ち上げた。物体Aを１m持ち上げるには２秒かかり，物体Bでは５秒かかった。このときそれぞれの物体に加えた力がした仕事と仕事率の大きさの関係について正しい組合せはどれですか。 [3]

	仕事	仕事率
①	A＝B	A＝B
②	A＝B	A＞B
③	A＝B	A＜B
④	A＞B	A＝B
⑤	A＞B	A＞B
⑥	A＞B	A＜B
⑦	A＜B	A＝B
⑧	A＜B	A＞B
⑨	A＜B	A＜B

(4) 音について正しく説明した文はどれですか。 4

① 音は水中より空気中の方が速く伝わる。
② 振動数が大きいほど音の大きさは大きくなる。
③ モノコードの弦をはじいたとき，短い弦よりも長い弦の方が大きい音がでる。
④ 小さい音より大きい音の方が空気を大きく振動させる。
⑤ 同じ音の振動は空気中よりも真空中の方が大きい。

(5) 図のように光源装置から出た光を鏡にあてる実験を行った。矢印のように鏡に入射した光は，その後，どのように進みますか。 5

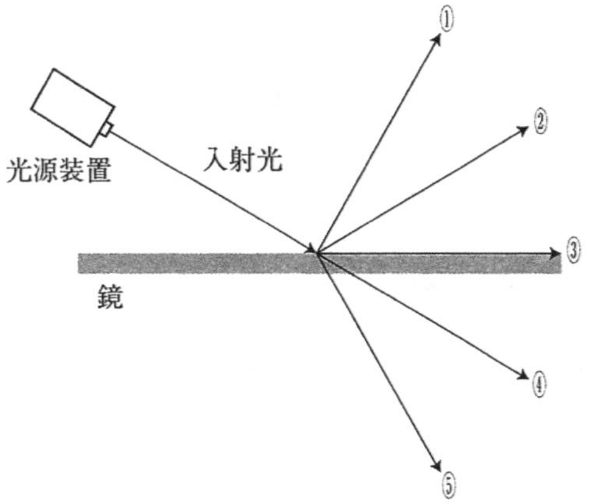

(6) 全体が水中にある物体が受ける浮力について述べた文として正しいものはどれですか。 6

① 浮力の大きさは，深さによって変わらない。
② 物体には上向きと下向きに浮力がはたらく。
③ 物体の体積がどんなに大きくても浮力の大きさは変わらない。
④ 浮力は物体の上面にのみはたらく。

〈2〉 図のようなａ～ｆの６つの端子を取り付けた箱がある。次の手順を順に行った。

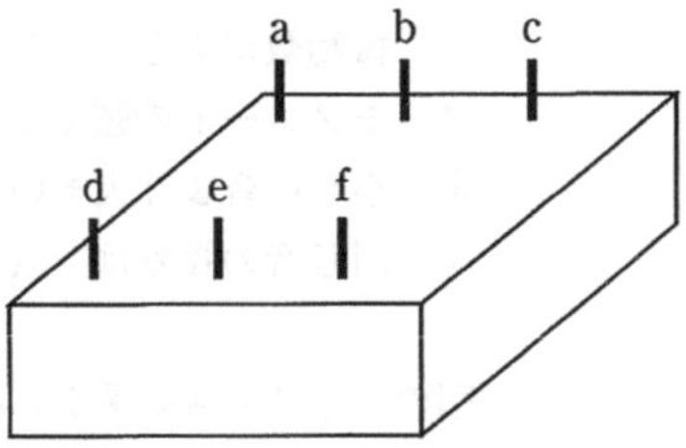

手順１　端子ａ－ｂ間に電流計と豆電球Ａを直列につなぎ，端子ｃ－ｄ間には同じ抵抗の大きさの豆電球Ｂをつなぐ。さらに，端子ａ－ｅ間，端子ｂ－ｆ間を導線でつなぐ。

手順２　端子ｅ－ｆ間に6.0 Ｖの電池をつなぎ，電流の値を測定する。

手順３　端子ｂ－ｆ間の導線をはずし、端子ｂ－ｃ間，端子ｄ－ｆ間を導線でつなぎ，電流の値を測定する。

(1)　手順２で測定された電流の値は3.0 Ａであった。豆電球の抵抗の大きさは何Ωですか。　　7　Ω

①　2.0　　②　3.0　　③　5.0　　④　6.0　　⑤　8.0　　⑥　12

(2)　手順２において，豆電球Ａの電力は何Ｗですか。　　8　Ｗ

①　2.0　　②　3.0　　③　6.0　　④　9.0　　⑤　12　　⑥　18

(3)　手順３のときに測定される電流の値は何Ａですか。　　9　Ａ

①　1.0　　②　1.5　　③　2.0　　④　3.0　　⑤　5.0　　⑥　6.0

(4)　手順３でできた回路を表した回路図として適当なものはどれですか。　　10

①

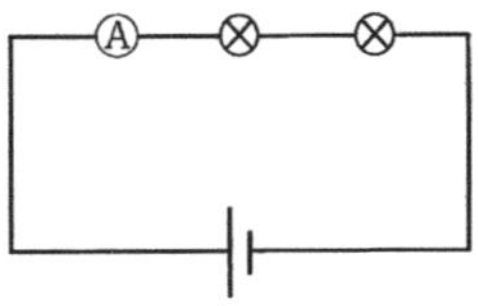

②

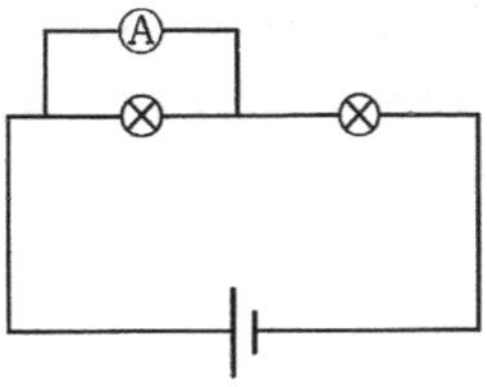

③

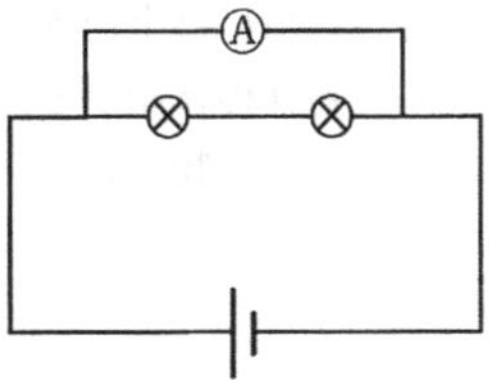

④

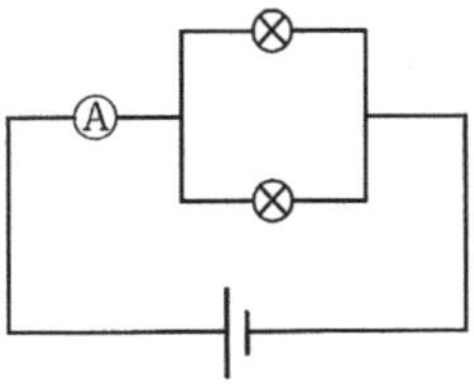

⑤

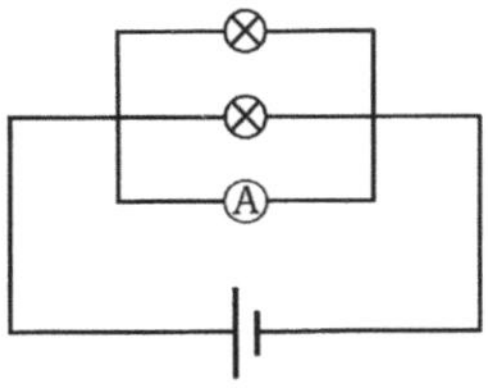

⑥

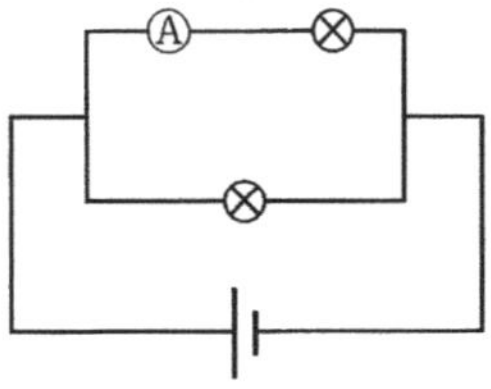

〈3〉 てこのはたらきを調べるために，図1のような装置を組み，次の実験を行った。次の各問いに答えなさい。ただし，棒と支点との摩擦や，棒と糸の重さは，無視できるものとする。

長さ60 cmのかたい棒を三角台にのせ，てことして用いた。棒の左端をA点，右端をB点，てこの支点をC点とする。ACとBCの距離の比は1 ： 2である。合わせて重さ120 Nになる滑車とおもりをB点に糸でつるした。

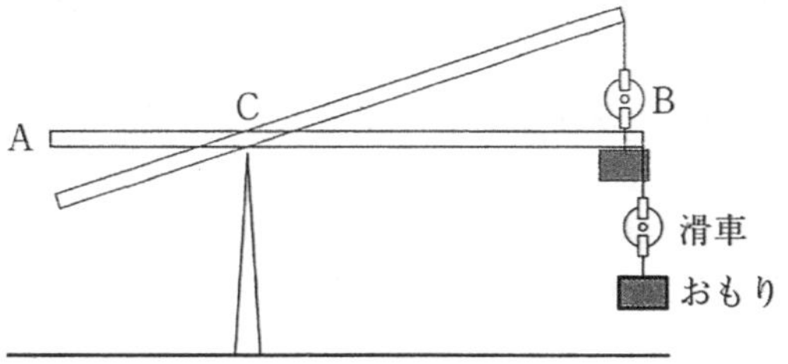

図1

(1) A点に力を加え，A点の高さを6.0 cm押し下げた。おもりが持ち上がる距離として最も適当なものはどれですか。 11

① 2.0 cm　② 3.0 cm　③ 4.0 cm　④ 6.0 cm
⑤ 9.0 cm　⑥ 12 cm　⑦ 18 cm

次に，図2のように，滑車に糸を通し，その端を天井につけ，A点に力を加えた。

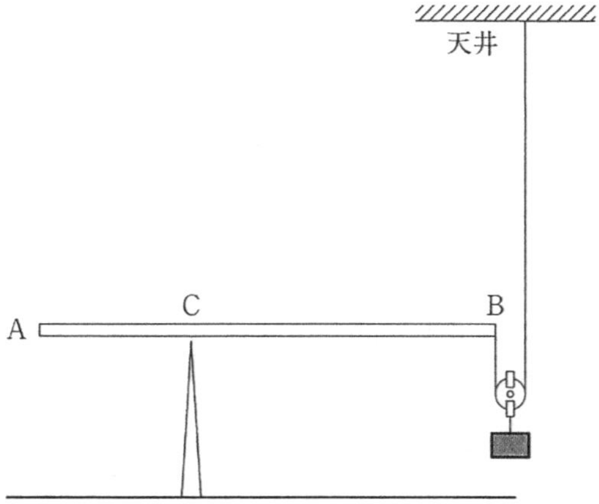

図2

(2) 棒が水平で静止しているとき，A点に加えた力は何Nですか。 12 N

① 40　② 60　③ 80　④ 120　⑤ 160　⑥ 240

(3) A点を6.0 cm押し下げた。おもりが持ち上がる距離として最も適当なものはどれですか。 13

① 2.0 cm　② 3.0 cm　③ 4.0 cm　④ 6.0 cm
⑤ 9.0 cm　⑥ 12 cm　⑦ 18 cm

〈4〉 5種類の気体を用意した。これらを気体A，B，C，D，Eとする。それぞれの気体について観察，実験を行ったところ，次の1～5の結果が得られた。

用意した気体は，塩素，水素，酸素，アンモニア，二酸化炭素のいずれかである。

結果1　気体Aは黄緑色で，他の4つの気体は無色だった。

結果2　気体Aと気体Bのにおいをかぐと，どちらも刺激臭がした。他の3つはにおいがしなかった。

結果3　気体Bと水を試験管に入れ，栓をしてよく振り混ぜた。この液体を赤色リトマス紙につけると青くなった。

結果4　気体Cを試験管に入れ，その中に火のついた線香を入れると，線香は炎をだして燃えた。

結果5　気体Dを試験管に入れ，その中に火のついた線香を入れると，線香の火が消えた。

次の各問いに答えなさい。

(1)　気体Aは何ですか。　14

①　塩素　②　水素　③　酸素　④　アンモニア　⑤　二酸化炭素

(2)　気体Bは何ですか。　15

①　塩素　②　水素　③　酸素　④　アンモニア　⑤　二酸化炭素

(3)　気体C，Dをそれぞれ水と一緒に試験管に入れ，栓をしてよく振り混ぜた。この液体をリトマス紙につけた結果として，正しい組合せはどれですか。　16

	気体C	気体D
①	青色リトマス紙が赤くなる	青色リトマス紙が赤くなる
②	赤色リトマス紙が青くなる	青色リトマス紙が赤くなる
③	リトマス紙の色の変化はない	青色リトマス紙が赤くなる
④	青色リトマス紙が赤くなる	赤色リトマス紙が青くなる
⑤	赤色リトマス紙が青くなる	赤色リトマス紙が青くなる
⑥	リトマス紙の色の変化はない	赤色リトマス紙が青くなる

(4)　気体Eを発生させる反応は次のどれですか。　17

①　過酸化水素水（オキシドール）に二酸化マンガンを加える。
②　炭酸水素ナトリウムを加熱する。
③　天然ガスの主成分であるメタンを燃焼する。
④　酢にマグネシウムリボンを入れる。
⑤　塩化アンモニウムと水酸化ナトリウムの混合物に少量の水を加える。

〈5〉

図のような装置を３つ用意した。ビーカーに，３種類の液体A，B，Cをそれぞれ入れ，両極に５Vの電圧を加え，一定時間電気分解した。電極のようすを観察したところ，以下の結果が得られた。

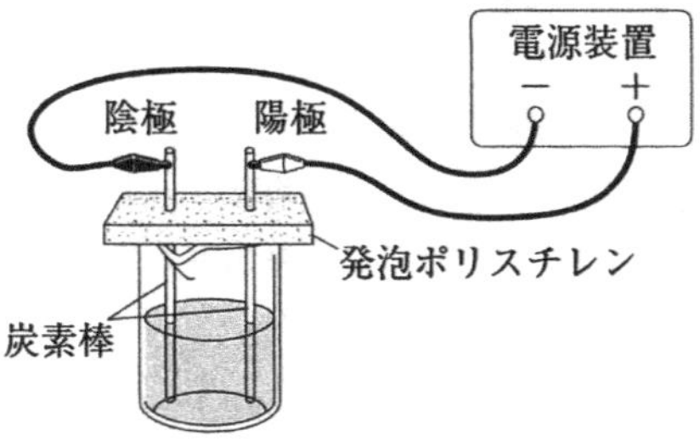

液体A　両方の電極から気体が発生した。
液体B　陽極からは気体が発生し，陰極には赤い物質が付着した。
液体C　どちらの電極にも変化は見られず，気体も発生しなかった。

次の各問いに答えなさい。

(1) 液体A，B，Cの組合せとして正しいものはどれですか。　18

	液体A	液体B	液体C
①	うすい塩酸	塩化銅水溶液	精製水
②	塩化銅水溶液	うすい塩酸	精製水
③	うすい塩酸	精製水	塩化銅水溶液
④	塩化銅水溶液	精製水	うすい塩酸
⑤	精製水	うすい塩酸	塩化銅水溶液
⑥	精製水	塩化銅水溶液	うすい塩酸

(2) 液体Aの陽極で発生した気体は次のどれですか。　19

①　水素　　②　酸素　　③　塩素　　④　塩化水素

(3) 液体Bの電気分解の説明として最も適切なものを選びなさい。　20

①　陽極から発生する気体は，うすい水酸化ナトリウム水溶液を電気分解したとき陽極から発生する気体と同じである。
②　この実験で，陰極に付着した物質は化合物である。
③　この実験で，電圧を変えて同様に電気分解しても，陰極に付着する物質の量は変化しない。
④　陰極に付着した物質は，液体Bに含まれる陽イオンが変化したものである。

(4) 液体Cに他の液体を加えて電気分解すると，電極で変化が見られた。加えた液体はどれですか。　21

①　精製水　　②　砂糖水　　③　食塩水　　④　エタノール

〈6〉 塩酸と水酸化ナトリウム水溶液を用いて，溶液の性質を調べる実験を行った。

【実験】

① ビーカーに，塩酸５ mLと緑色のＢＴＢ液を入れた。

② ①の液に，水酸化ナトリウム水溶液を少しずつ加えたところ，10 mL加えたときに溶液の色が緑色になった。

③ 別のビーカーに，①で使った塩酸と同じ濃度の塩酸６ mL，精製水４ mL，緑色のＢＴＢ液を入れた。

④ ③の液に，②で使った水酸化ナトリウム水溶液の３倍の濃度の水酸化ナトリウム水溶液を12 mL加えた。

次の問いに答えなさい。

(問い) ④の液を緑色にするためには，①で使った塩酸をさらに何mL加えればいいですか。

22 mL

① 8　② 10　③ 12　④ 16　⑤ 20

〈7〉 次の問いに答えなさい。

光合成について調べるために，アサガオの葉を使って次の実験を行った。

【実験】

鉢植えのアサガオのふ入りの葉の一部を，図のようにアルミニウムはくでおおい，一晩暗室に置いた後，よく光を当てた。アルミニウムはくでおおった葉を切りとり，アルミニウムはくをはずした後，熱湯につけてから，80 ℃のお湯であたためたエタノールにつけた。その葉を水で洗い，ヨウ素液につけてその反応を観察した。

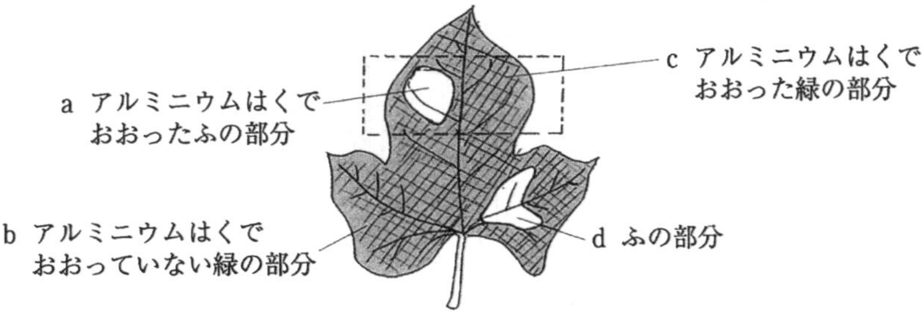

【結果】

葉は，図のａ～ｄの部分のうち，ｂの部分だけがヨウ素液に反応し青紫色に染まった。

(1) 【実験】の下線部のように，葉をあたためたエタノールに浸した理由として最も適当なものはどれですか。　23

① 葉の表皮細胞を取り除くため
② 葉をやわらかくするため
③ 葉を脱色するため
④ 葉の気孔を開かせるため
⑤ 葉を消毒するため
⑥ 葉でできたデンプンを分解するため

(2) 実験結果から図のｂとｄの部分を比較することで，光合成に何が必要だと分かるか。最も適当なものはどれですか。　24

① 水　② 葉緑体　③ 二酸化炭素　④ 酸素　⑤ 光

(3) アサガオは花弁がくっついている合弁花類である。花弁のつくりがアサガオと違うものはどれですか。　25

① エンドウ　② ヒメジョオン　③ ツツジ　④ タンポポ

(4) 次の文のうち，誤っているものはどれですか。　26

① 植物は光があたる昼間，光合成と呼吸を同時に行っている。
② 植物は酸素を気孔から取り入れている。
③ 根から吸い上げられた水は，植物のからだから水蒸気として放出される。
④ 植物の光合成でつくられたデンプンは，水にとけやすい物質に変えられて体の各部に運ばれる。
⑤ 植物の光合成でつくられたデンプンは，根に無機物としてたくわえられる。

〈8〉 次の問いに答えなさい。

ヒトのだ液のはたらきを調べるために，次の実験を行った。

【実験】

図のように，A，B２本の試験管を用意した。Aの試験管にデンプン溶液とだ液，Bの試験管にデンプン溶液と水を入れてよく混ぜ合わせた。そして36 ℃くらいの水の中に10分間入れたあと，試験管の溶液をそれぞれ２つに分けて，一方にはヨウ素液を加え，もう一方にはベネジクト液を加えて加熱した。

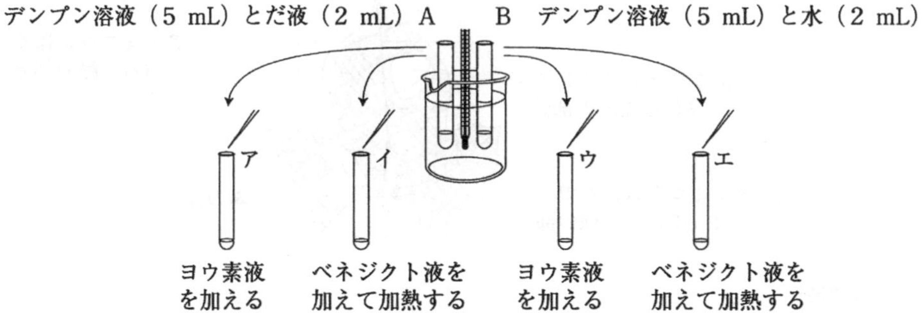

【結果】

ヨウ素液を加えた試験管アとウのうち一方の試験管に色の変化がみられた。
ベネジクト液を加えた試験管イとエのうち一方の試験管に色の変化がみられた。

(1) この実験結果より，色の変化の見られた試験管の組み合わせとして最も適当なものはどれですか。 27

① アとイ　② アとエ　③ イとウ　④ ウとエ

(2) この実験において，ベネジクト液を加えた試験管イとエのうち一方の試験管に色の変化がみられたが，色の変化がみられた試験管は何色に変化したか。 28

① 黒色　② 白色　③ 赤褐色　④ 緑色
⑤ 黄色　⑥ 青色　⑦ 青紫色　⑧ 桃色

〈9〉 次の問いに答えなさい。

(1) 図のア～オはヒトの体の構成成分の割合を質量比で表したものである。図のイに当てはまる成分はどれですか。 29

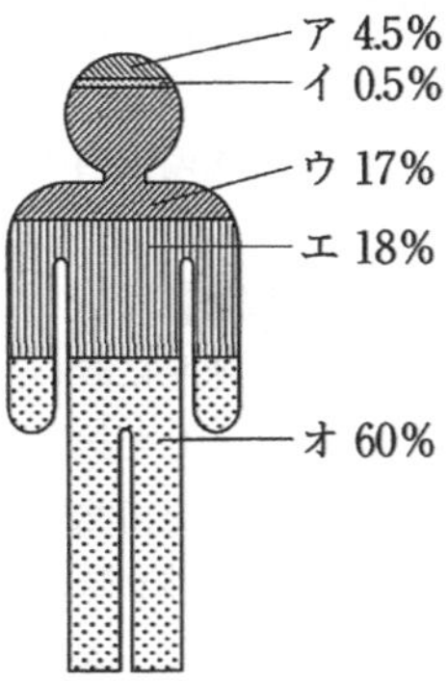

① 無機物　② 炭水化物　③ タンパク質
④ 脂肪　⑤ 水

(2) 消化酵素のはたらきについて述べた文として最も適当なものはどれですか。 30

① デンプンはアミノ酸の分子がたくさんつながった物質であり，だ液中の消化酵素によって，アミノ酸が２つつながったものや，３つ以上つながったものに分解される。
② デンプンはだ液中の消化酵素のほか，すい液中の消化酵素，小腸の壁にある消化酵素のはたらきによってアミノ酸にまで分解される。
③ タンパク質は，胃液の中の消化酵素で一部が分解され，さらに小腸で，すい液中の消化酵素や小腸の壁にある消化酵素のはたらきによって，ブドウ糖に分解される。
④ 脂肪は，胆汁のはたらきで，小腸の中で水にまざりやすい状態になり，すい液中の消化酵素のはたらきで，脂肪酸とモノグリセリドに分解される。
⑤ だ液中の消化酵素であるアミラーゼはデンプンを分解し，胃液中の消化酵素であるトリプシンはタンパク質を分解する。

(3) 次の文章中の（　ア　）～（　ウ　）に入る語句として正しい組合せはどれですか。 31

小腸の壁にはたくさんのひだがあり，ひだの表面は柔毛という小さな突起でおおわれている。消化されてできたブドウ糖やアミノ酸は，柔毛の毛細血管から吸収されて（　ア　）に入り，血液と共に（　イ　）に運ばれる。体内に吸収されたブドウ糖の一部は，（　イ　）と筋肉で（　ウ　）という物質に変えられて貯蔵される。

	ア	イ	ウ
①	リンパ管	大腸	デンプン
②	リンパ管	すい臓	タンパク質
③	リンパ管	肝臓	グリコーゲン
④	門脈	大腸	デンプン
⑤	門脈	すい臓	タンパク質
⑥	門脈	肝臓	グリコーゲン

(4) 次の文のうち，正しいものはどれですか。 32

① 細胞は分裂する前に染色体を複製し，染色体の数は４倍になる。
② 生殖細胞は体細胞分裂によってつくられる。
③ 雌雄の生殖細胞が受精して受精卵ができると，受精卵の染色体の数は雌雄の生殖細胞の染色体の数を足した数になる。
④ １つの細胞にある染色体の数は生物の種類によって決まっており，ヒトは64本である。
⑤ 被子植物の受精卵は分裂して胚になり，胚を含む胚珠全体が果実になる。

〈10〉 次の問いに答えなさい。

Ｉ．岡崎市内のある地点で，太陽の１日の動きを観察した。

【観察】

１．水平に置いた厚紙の上に透明半球と同じ直径の円をかき，円の中心Ｏを通り直角に交わる線ＡＣと線ＢＤを引いて，図１のように透明半球を円に重ねて固定し，方位磁針を使って線ＡＣを南北に合わせた。透明半球の最も高い点をＰとする。

２．午前９時から午後３時まで１時間ごとに，サインペンの先端の影が円の中心Ｏと一致するように，太陽の位置を透明半球に・印で記録した。

３．透明半球上に記録した各点をなめらかな線で結んで，透明半球のふちまでのばすと，厚紙との交点が点Ｂ，点Ｄと一致した。また，この日の太陽が最も高くなった位置をＧとする。(図２)

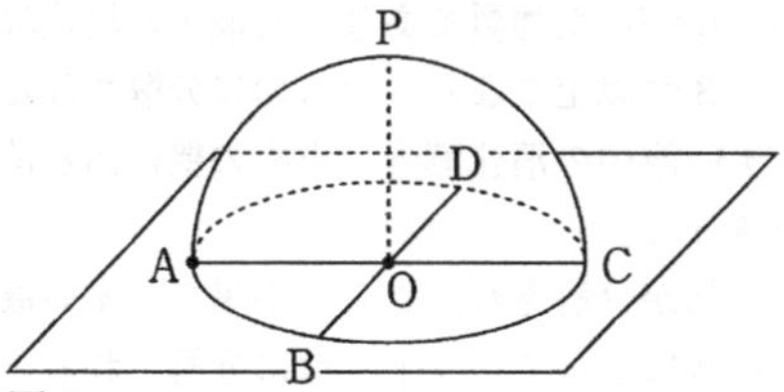

図１

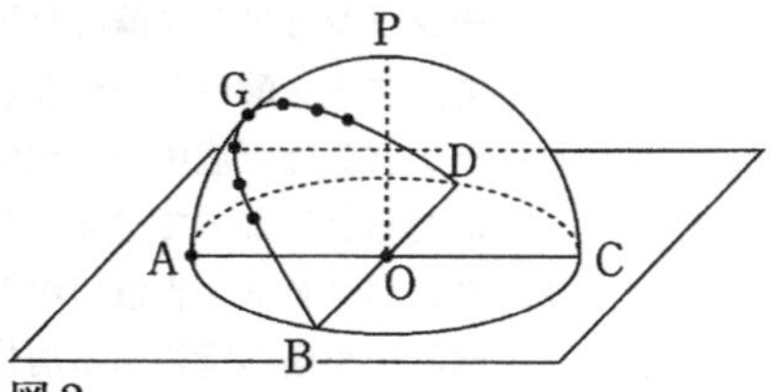

図２

(1) 透明半球を天球であると考えると，点Ｏの位置は実際には何の位置にあたりますか。 33

① 天頂　② 太陽　③ 北極星　④ 観測者　⑤ 赤道

(2) ∠ＧＯＰ＝ａ°とすると，南中高度はどのように表されますか。 34

① ａ°　② 90°－ａ°　③ 90°＋ａ°　④ 90°－２ａ°　⑤ 180°－ａ°

(3) 図３は，北極側から見たこの日の地球を模式的に示したものである。図２において，ＯからＢへの延長上に太陽があったとき，岡崎市は図３のどの位置にあったと考えられますか。 35

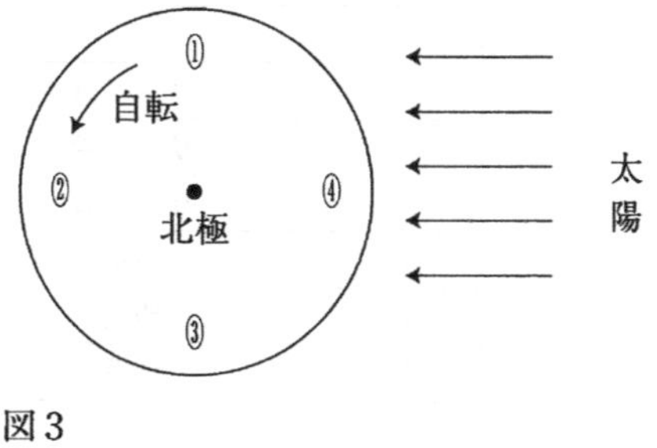

図３

(4) 図4は，同じように北極側から見た地球の図で，点Qは岡崎市の位置であり，図中の十字の矢印はその位置での方位を示している。ア～エは東，西，南，北のいずれかが入る。ア，イに入る最も適当な組み合わせはどれですか。 36

	ア	イ
①	北	東
②	北	西
③	南	東
④	南	西
⑤	東	南
⑥	西	南

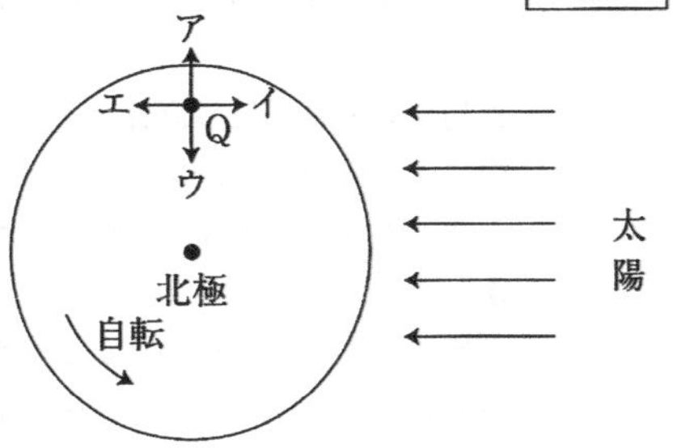

図4

Ⅱ．日中の太陽は，Ⅰの観察結果のように時刻とともに動いていく。夜間の星も同じである。

(5) 岡崎市において，異なる2つの方角の空にカメラを向けて固定し，一定の時間シャッターを開いて星の動きを撮影した。図5，図6は，それを模式的に示したものある。図5の方角，図6の方角と星の動いた向きの正しい組み合わせはどれですか。 37

	図5	図6	
	方角	方角	向き
①	東	南	a
②	東	南	b
③	東	北	a
④	東	北	b
⑤	西	南	a
⑥	西	南	b
⑦	西	北	a
⑧	西	北	b

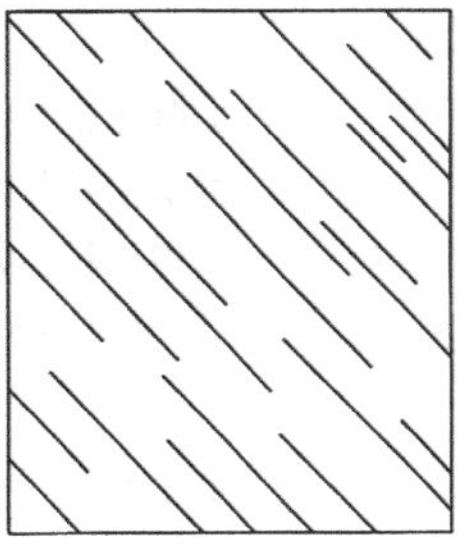
図5

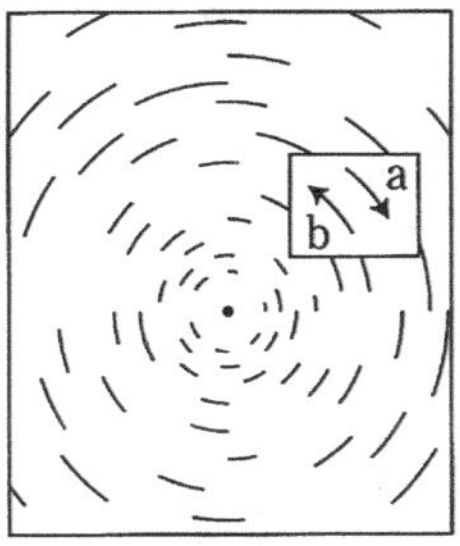

図6

〈11〉 次の問いに答えなさい。

地層のつくりを調べるために，露頭を観察して，その特徴を次のようにまとめた。

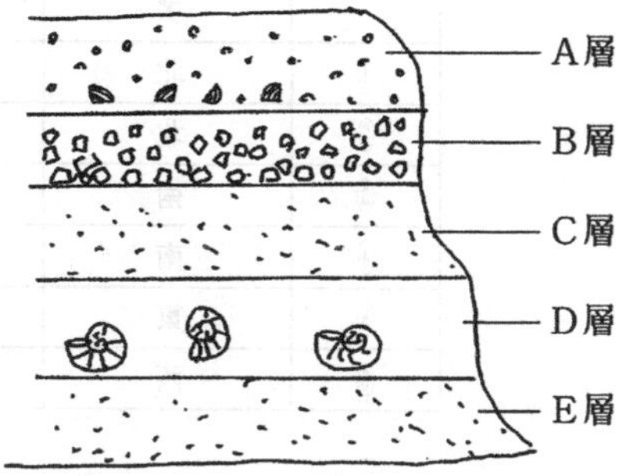

・A層に見られる粒の直径は2～0.06 mmの大きさで，中にシジミの化石があった。
・B層に見られる粒は鉱物で角ばっているものが多かった。
・C層にうすい塩酸をかけると泡が発生した。
・D層に見られる粒の直径は0.06 mm以下の大きさで，中にアンモナイトの化石があった。

(1) A層で見つかったシジミの化石は，地層ができた当時の環境を推定する手がかりとなる。このような化石を何といいますか。また，A層ができた当時どのような環境であったと考えられますか。　38

① 示準化石といい，A層は湖や河口であったと考えられる。
② 示準化石といい，A層は浅い海であったと考えられる。
③ 示相化石といい，A層は湖や河口であったと考えられる。
④ 示相化石といい，A層は浅い海であったと考えられる。

(2) B層を作っている堆積岩の種類として最も適当なものはどれですか。　39

① れき岩　② 砂岩　③ 泥岩　④ 凝灰岩　⑤ 石灰岩　⑥ チャート

(3) C層で発生した泡の物質として最も適当なものはどれですか。　40

① 水素　② 塩素　③ 酸素　④ 二酸化炭素

(4) この地層では，下にある層ほど古く，上にある層ほど新しい。E層に見られない化石として最も適当なものはどれですか。　41

① フクイサウルス　② デスモスチルス　③ フズリナ　④ サンヨウチュウ

(5) 地表に出ている岩石は，気温の変化や水のはたらきによって，表面からぼろぼろになってくずれていく。この現象を何といいますか。　42

① 運搬　② 堆積　③ 風化　④ 侵食

2020(R2) 岡崎城西高
教英出版

2020年度

入学試験

第3時限　英　　語

放送で「始め」という合図があるまで、このページ以外のところを見てはいけません。
それまでは注意事項を静かにくりかえし読みなさい。

注　　意

1．試験時間は正味50分で行います。

2．受験番号は、必ずマークしなさい。

受験番号			
千	百	十	一
●	●	⓪	⓪
①	①	●	①
②	②	②	●
③	③	③	③

（例）　受験番号　12の場合
（0012とマークする）
← 受験番号をマークする。
（マークは記入例に従い濃くマークしなさい。
鉛筆はHより濃いものを使用しなさい。）

3．解答は、解答用紙の解答記入欄にマークしなさい。
たとえば、20 と表示のある問いに対して③を解答する場合は、次の（例）のように解答番号 20 の解答記入欄の③にマークしなさい。

（例）

解答番号	解答記入欄									
20	①	②	●	④	⑤	⑥	⑦	⑧	⑨	⑩

4．記入上の注意

(1) マークは黒鉛筆で長円内をぬりつぶしなさい。
（鉛筆はHより濃いものを使用しなさい。）

(2) 訂正するときは、消しゴムできれいに消し、消しくずを残さないようにしなさい。

(3) 解答用紙には、所定の記入欄以外に何も書かないようにしなさい。

(4) 解答用紙は、折り曲げたり、汚さないようにしなさい。

5．問題についての質問は受けつけません。ただし、ページ数が不足していたり、印刷の文字が不鮮明であるときに質問することはさしつかえありません。

6．時間の終わりに放送で「やめ」という合図があったら、ただちに解答をやめなさい。

岡崎城西高等学校

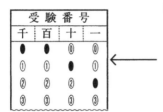

Ⅰ 【リスニング問題】 ※音声は収録しておりません

第１問

今から三つの対話が読まれます。それぞれの対話の最後に続く最も適切なものを選び、その番号をマークしなさい。対話文はそれぞれ２回読まれます。メモを取っても構いません。

No.1 ① That sounds great.

② I don't know yet.

③ Oh, I can't wait for summer !

④ Really ? I'd love to. [1]

No.2 ① No problem. Here you are.

② I see. Yahagibashi is the third station.

③ Yes. Are you looking for the bus ?

④ All right. I want to go to Yahagibasahi Station. [2]

No.3 ① Oh, really ? I will buy some more.

② Of course. I'm glad they like the carrots.

③ OK, let's buy another vegetable.

④ Yes, they look delicious. [3]

第２問

今から読まれる英文を聞いて、その英文の内容と合っているものを二つ選び、その番号をマークしなさい。英文は２回読まれます。メモを取っても構いません。

① A lot of people don't take off their shoes at the door when it is raining.

② Their host family were so shy that they couldn't ask my classmates to take off their shoes.

③ In the U.K., most people don't take off their shoes when they visit other people's house.

④ Some classmates said that their host families took off their shoes at their house.

⑤ It is very easy to know how to clean the floor in London.

⑥ When it snows, some people in the U.K. take off their shoes at the door, so their house is clean. [4] [5]

Ⅱ 旅行で日本に来ている友達から、健太(Kenta)の住んでいる京都市を訪れたいというメールが届きました。以下のメールの内容を読んで、文脈に合うように、与えられた文字で始まる英単語を答えなさい。

Dear Julian,

Thanks for your (1. me-　　).

I'm (2. l-　　) forward to your visit to Kyoto. I will come to the station with my mother to collect you on Sunday. What time does your train (3. a-　　) ?

I think you will like Kyoto. I live far away from the city center and I can't drive a car, (4. b-　　) we can take many buses that go into the city all the time. When you are here, we can do a lot of (5. t-　　). We can go to Kyoto East Park and we can go cycling around there. Also, there are lots of theaters, so we can watch a (6. m-　　). If you are (7. i-　　) in Japanese culture, we can visit old temples and shrines. And of course, you'll meet all my friends and we can play soccer (8. t-　　).

You should bring an (9. u-　　). It is usually cloudy and rainy here.

Kind (10. r-　　),
Kenta

collect：迎えに行く
city center：街の中心
go cycling：サイクリングをしに出かける

Ⅲ 留学生のトム (Tom) が友人の愛子 (Aiko) のもとを訪れて話をしています。次の会話文を読み、問いに答えなさい。

Aiko : Hi, Tom. Welcome to my house. How are you today ?

Tom : Hi, Aiko. I'm fine, thank you. And you ?

Aiko : I'm fine, too. Please come in. I have some cookies now. [6]

Tom : Thank you. I'm a little thirsty now. May I have some water ?

Aiko : [7] Here you are.

Tom : Thanks.

Aiko : How is your life in Japan ?

Tom : It's very interesting. I'm so happy every day.

Aiko : [8] Is everything OK ?

Tom : Well, I have a question now. [9]

Aiko : Sure. What is it ?

Tom : I want to go to Nagoya Castle this weekend. Could you tell me (A) to get there ?

Aiko : Well, have you ever used Nagoya Station ?

Tom : No, I haven't. I hear that the station has a lot of lines. It makes me so nervous.

Aiko : But you have to use the station.

Tom : That's right. (B) line should I take from there ? Is Nagoya Castle near there ?

Aiko : Take the B-Line. It's the red train and you'll find it easily. You have only 2 stops from there.

Tom : Nice ! I have a plan at the castle.

Aiko : Fine. [10]

Tom : I'll write a letter there and send it to my family in Australia.

Aiko : Oh, it's a good idea. Your family will enjoy it.

Tom : Yes. My family loves Japanese culture.

Aiko : Great.

Tom : Thank you for your help.

Aiko : [11] Enjoy your weekend !

問1．会話が成り立つように、[6]～[11]に入る最も適切なものをそれぞれ選び、その番号をマークしなさい。

① May I ask you a favor ?
② May I help you ?
③ My pleasure.
④ Of course.
⑤ No, thank you.
⑥ Please help yourself.
⑦ Please tell me more.
⑧ That sounds nice.

[6]～[11]

問2．（ A ）、（ B ）に入る最も適切なものをそれぞれ選び、その番号をマークしなさい。

A：① have　② how　③ way　④ where
B：① How　② What　③ Where　④ Which

A＝[12]　B＝[13]

問3．次の英文は、トムが家族にあてた手紙です。文章が成り立つように以下の語を並べかえたとき、（ X ）、（ Y ）にくる語の番号をそれぞれ一つずつマークしなさい。ただし、不要な選択肢が一つあります。

① see　② to　③ want　④ look　⑤ you　X＝[14]　Y＝[15]

Dear Dad and Mom,

I'm in Nagoya Castle now. The castle is very big.
This is one of the most famous castles in Japan.
I (　　) (X) (　　) (Y) this great building someday.
My life in Japan is so exciting that I feel happy every day.
Thank you for your support.

Tom

Ⅳ 次の英文は中学生のサキさんがスピーチコンテストのために書いた原稿です。これを読み、問いに答えなさい。

Hello, everyone. ア)【①much garbage / ②know / ③you / ④how / ⑤produce / ⑥we / ⑦do】 every day ? Do you know that garbage makes the sea worse ? イ) This is one of the biggest problems in the world. Today I'd like to talk about the ways to reduce garbage in the sea and to clean it.

This spring I ウ) read an article in the newspaper. It said, "Some whales died because they ate many plastic bags." I was very surprised to hear that, and I decided to do something to reduce plastics and clean the sea.

This August I (A) part in a cleanup campaign to collect garbage along the beach with my brother. We walked around the seashore and collected a lot of garbage. Three hours later, the beach became very clean. (B) it was so hot and we were very tired, we were very happy. But I was very surprised to see the large amounts of plastic waste.

Plastics are very useful for us. Every day we use many plastics such (C) shopping bags and bottles. They are now an important part of our daily lives. But plastics are difficult to break down. A lot of fish and sea animals eat smaller plastics (D) "microplastics" and other things that stay in their bodies. So it is important for us to reduce plastics.

What should we do to reduce plastics ? First, we should ban them. Actually many countries and many companies are now planning to stop using plastics. (あ), the U.K. is planning to ban selling plastics. And a famous coffee shop will stop using plastic straws by 2020. (い), our daily lives are inconvenient if we can't use plastics. But (E) if we go shopping with our own bags at the supermarket.

Second, we should separate plastic garbage very carefully. Do you separate your garbage carefully when you throw it into garbage boxes ? Separating it is the first thing to do for recycling. We can change plastics into other things. (あ), used plastic bottles can change into many different things: ballpoint pens, egg boxes, shirts and so on. (う), if used plastic bottles aren't separated carefully, we can't make other things.

These may be small things, but small changes will (F) a big difference. Before it is too late, each of us should pay more attention to the environment.

reduce：～を減らす　article：記事　cleanup campaign：清掃活動
the large amounts of waste：大量のゴミ　break down：分解する
microplastics：5㎜以下に分解されたプラスチックのこと　ban：～を禁止する
straw(s)：ストロー　inconvenient：不便な　separate：～を分別する
throw ～ into garbage boxes：～をゴミ箱に入れる　pay attention to ：～に注意を払う

※音声は収録しておりません

I 【リスニング問題】

第1問

今から三つの対話が読まれます。それぞれの対話の最後に続く最も適切なものを選び、その番号をマークしなさい。対話文はそれぞれ2回読まれます。メモを取っても構いません。

No. 1

A: Hi, Jamie. Will you go back home this summer?

B: No. I went home in spring, so this summer I'm going to travel around Japan.

A: Sounds good. Where are you going?

No. 2

A: Excuse me. Do you speak English?

B: Yes, a little. Can I help you?

A: Yes, please. I want to go to *Yahagibashi* Station.
Can you tell me how to get there?

B: Pardon? Please speak more slowly.

No. 3

A: What should we buy for the barbecue?

B: Let's see... How about beef and chicken?

A: Ok, and we should buy shrimp.

B: Good idea. Let's get some onions and carrots.

A: Our children like carrots, but they're going to bring their friends from school.
Most children don't like carrots.

第2問

今から読まれる英文を聞いて、その英文の内容と合っているものを二つ選び、その番号をマークしなさい。英文は2回読まれます。メモを取っても構いません。

I always hear that people in the U.K. don't take off their shoes when they go into their houses. So, when I went to London last winter, I didn't take off my shoes at my host family's house. I just walked in. I was really surprised when my host father asked me to take off my shoes. In their house, everyone takes off their shoes when they enter the house. Some of my classmates said that their host families also took off their shoes at the door. Other classmates said that their host families usually kept wearing their shoes in the house. But, when it was raining or snowing, they always took them off. They didn't want to clean the floor later.

Now I just want to see what other people do when they go into a house. If I visit someone's house alone, I ask, "Should I take off my shoes?" That's the easiest —just ask if you don't know well.

問1．下線部ア）が「みなさんは私たちが毎日どのくらいのゴミを出しているのか知っていますか」となるように【　　】内の語句を並べかえたとき、（　X　）、（　Y　）にくる語句の番号をそれぞれ1つずつマークしなさい。ただし、文頭に来る語も小文字で示してあります。

ア）（　　）（　　）（　　）（　　）（　X　）（　　）（　Y　）every day?

X = [16]　Y = [17]

問2．下線部イ）が示すものを選び、その番号をマークしなさい。

① 私たちが出している大量のゴミを少しでも減らすこと
② 海のゴミを減らすために話し合うこと
③ 私たちの出すゴミによって海が汚れていること
④ 海をきれいにするためにプラスチックをリサイクルすること

[18]

問3．下線部ウ）と発音が同じものを選び、その番号をマークしなさい。

① tea　② breakfast　③ dear　④ break

[19]

問4．（　A　）、（　D　）、（　F　）に入る最も適切なものをそれぞれ選び、その番号をマークしなさい。

① call　② called　③ calling　④ make　⑤ made
⑥ making　⑦ take　⑧ took　⑨ taken　⑩ taking

A = [20]　D = [21]　F = [22]

問5．（　B　）に入る最も適切なものを選び、その番号をマークしなさい。

① Though　② And　③ If　④ So

[23]

問6．（　C　）に入る最も適切なものを選び、その番号をマークしなさい。

① as　② into　③ in　④ on

[24]

問7．（　あ　）、（　い　）、（　う　）のそれぞれに入るものの最も適切な組み合わせを選び、その番号をマークしなさい。

① （　あ　）For example　（　い　）However　（　う　）Of course
② （　あ　）For example　（　い　）Of course　（　う　）However
③ （　あ　）Of course　（　い　）For example　（　う　）However
④ （　あ　）Of course　（　い　）However　（　う　）For example

[25]

問8．(　　E　　)に入る最も適切なものを選び、その番号をマークしなさい。

① we should not reduce plastic bags

② we should use plastic bags

③ we must not reduce plastic bags

④ we don't have to use plastic bags

26

問9．次の①～④までの文の中から、その内容が本文に書かれていることと一致するものを一つ選び、その番号をマークしなさい。

① Her brother said to her, "Some whales ate many plastic bags and died."

② This winter Saki collected garbage around the seashore with her brother and was surprised to see a lot of plastic waste.

③ Many countries and many companies are burning plastics to reduce garbage.

④ We should separate plastic garbage carefully to change them into other things.

27

問10. ゴミ問題に関心を持ったサキさんは、スピーチコンテストの後、地域の外国人のためにゴミ捨てに関する次のような掲示を作りました。カレンダーと共にそれを見て、(1)、(2)に対する答えとして最も適切なものをそれぞれ選び、その番号をマークしなさい。

Collection Calendar

Collection Days	Kinds of garbage
The First Monday The Third Monday	**Things we can't burn** Examples: Scissors, glasses
Tuesday	**Things we can burn** Examples: Clothes, Food Waste
Wednesday	**Things we can recycle** Examples: Cans, Bottles, Plastic Bottles
Thursday	**Things we can recycle** Examples: Used paper, Plastic Things
Friday	**Things we can burn** Examples: Clothes, Food Waste

January

SUN	MON	TUE	WED	THU	FRI	SAT
			1	2	3	4
5	6	7	8	9	10	11
12	13	14	15	16	17	18
19	20	21	22	23	24	25
26	27	28	29	30	31	

(1) When is old newspaper collected ?

① On the first and third Monday. ② On Wednesday and Thursday.

③ On Thursday. ④ On Tuesday and Friday. 28

(2) What kind of garbage is collected on January 13th ?

① Plastic cup ② Vegetable waste ③ Shirts ④ Nothing 29

（このページ以降に問題はありません。）

2020(R2) 岡崎城西高
教英出版

2020年度

入学試験

第4時限　国　語

> 放送で「始め」という合図があるまで、このページ以外のところを見てはいけません。
> それまでは注意事項を静かにくりかえし読みなさい。

注　意

1．試験時間は正味45分で行います。

2．受験番号は、必ずマークしなさい。

受験番号			
千	百	十	一
●	●	⓪	⓪
①	①	●	①
②	②	②	●
③	③	③	③

（例）　受験番号　１２の場合
（００１２とマークする）
← 受験番号をマークする。
（マークは記入例に従い濃くマークしなさい。
鉛筆はＨより濃いものを使用しなさい。）

3．解答は、解答用紙の解答記入欄にマークしなさい。
たとえば、［20］と表示のある問いに対して③を解答する場合は、次の（例）のように解答番号20の解答記入欄の③にマークしなさい。

（例）

解答番号	解答記入欄									
20	①	②	●	④	⑤	⑥	⑦	⑧	⑨	⑩

4．記入上の注意
⑴　マークは黒鉛筆で長円内をぬりつぶしなさい。
（鉛筆はＨより濃いものを使用しなさい。）
⑵　訂正するときは、消しゴムできれいに消し、消しくずを残さないようにしなさい。
⑶　解答用紙には、所定の記入欄以外に何も書かないようにしなさい。
⑷　解答用紙は、折り曲げたり、汚さないようにしなさい。

5．問題についての質問は受けつけません。ただし、ページ数が不足していたり、印刷の文字が不鮮明であるときに質問することはさしつかえありません。

6．時間の終わりに放送で「やめ」という合図があったら、ただちに解答をやめなさい。

岡崎城西高等学校

【二】次の文章を読んで、後の問いに答えなさい。

全問、マーク方式です。

私の子供のころ、駅のホームにも、学校の運動場にも、公園にも、水飲み場があった。まるで※里程標《りていひょう》のようなコンクリートの杭《くい》に水道の蛇口がついていて、その蛇口に、かならずクサリでアルミニウムのコップがぶらさげられていた。水を飲むときにはそのコップを水でゆすいで、それから①なみなみと注ぎ、一気に飲み干した。そのうまさといったら！

コップは例外なくデコボコだった。何人がそのコップで水を飲んだかわからない。いまの子供たちなら、不潔で不衛生だというだろう。それより、飲んだら捨てる紙のコップを置くほうがいい、と。しかし、新幹線やジェット旅客機のなかで飲む紙コップのアイス・ウォーターより、デコボコのコップで飲んだ水のほうが何十倍もおいしかった。何よりも、デコボコのコップには歴史があった。何人もの人間がこれで喉《のど》をうるおしたという歴史が。そして、その歴史がコップの実体を、実体としてのコップを、ほんとうのものとしてのコップを、つくりあげていたのだ。デコボコのコップは、水を飲むための［A］としてそこにあるのではなく、［B］として、大げさにいうなら神の息吹きとしてそこにあったのである。

コップにかぎらない。弁当箱も、箸箱も、エンピツ箱も、またタバコ盆や黒光りする鰹《かつお》節けずりも、※つぎの当たったズボンも、何から何までが「実体」であった。

ところが、いまはどうであろう。水飲み場のコップは使い捨ての紙製になった。エンピツは電動式のエンピツけずりで、あっという間にけずられ、短くならないうちに捨てられてしまう。鰹節けずりも半自動的になった。それらは機能的には進歩した。だが、②実体的にはまったく希薄になった。便利にはなったが、歴史とは無縁になったのである。

私は、古いものはいいものだ、といおうとしているのではない。家具や道具は、機能的に進歩すれば、それだけ便利になる。不便な道具より便利な道具のほうがいいにきまっている。

けれど、機能という面ばかりに目を向け、便利さばかりに気をとられていると、やがてそれは空虚さを、実体の喪失感を呼びさます。何のための便利さか、ということになるのだ。［C］、人間は便利さのためばかりに生きているのではないからである。あまりに便利な機能一点張りの環境は、その無抵抗さのゆえに、あたかも宙を浮游《ふゆう》する宇宙飛行士のあの無重力状態のような不安を呼びおこす。

そのいい例が建物である。あるいは都市である。現代建築は、そして現代都市は、すべて機能という点に神経を集中して設計された。おかげでビルも、町も便利になった。だが、便利だということと、住みいいということはおなじではない。皮肉なことに、現代建築は便利だが住みにくく、現代都市は住みにくいが便利だ、という奇妙な③二律背反に置かれることになった。建築における機能主義は失敗した。理由は、気がついてみれば単純なことだったのだ。すなわち、人間は便利さのためにのみ生きるのではない、ということである。ミッシェル・ラゴンは『巨大なる過ち』という著書のなかで、哲学者※ハイデッガーの言葉を引いているが、まさしくその通りだったのだ。すなわち、「住むということは居住するということではない。

住むということは、④その本質において詩的」なのである。

詩を忘れた機能主義は、まず建築の分野で破産した。

便利さを性急に求める日本人の心性※は、アメリカの能率主義にとびついた。そして、アメリカと手をとりあって、またたく間に「使い捨て文明」「インスタント文化」をつくりあげた。最近では高層ビルのなかに爆薬を仕かける装置がちゃんと設計されているという。こわすときに便利なように、である。ビルはせいぜい数十年で老朽化するから、そのとき破壊し、新しく建て直すことを考えに入れておくというわけだ。「使い捨て」はビルにまで及んだのである。赤ん坊のおしめや、ライターやストッキングばかりではない。

私は「使い捨て」商品を悪いとはいわない。たしかにある品物については、使い捨てたほうがいい場合があろう。私がいいたいのは、そのような「使い捨て」が招くであろう「使い捨て」の報酬についてである。使い捨てているうちに、いつの間にかそれ以外にものが考えられなくなってしまう「使い捨て精神」の支配である。

ビルにまで及んだ「使い捨て」の心性は、間もなく人間そのものにまで及ぶであろう。つぎにやってくるのは、⑤人間の使い捨てである。人間の使い捨てとは何だろう。それは人間をひとつの実体としてではなく、一個の機能としてしか考えないような人間の扱い方である。たとえば会社の、あるいは家庭の、その他さまざまな人間組織のなかの、一個の役割としてしか人間を考えないおそるべき心性である。そのとき人間は、人間としての役割を捨てて、役割としての人間になってしまうであろう。そして、そのような役割としての人間は、その役割が解かれたとき、人間を解かれることになるのである。こうして人間はつぎつぎに使い捨てられる物品か道具のようになってしまう。

いや、げんにそうなりつつあるではないか。役割を解かれた老人は家庭から疎外され、何の役割も持てぬ子供は平気で捨てられている。たがいに役割を認めなくなった夫婦は、未練もなく離婚する。最近の人間関係のおそるべき荒廃は、こうした使い捨て文明のもたらした報酬以外の何ものでもない。

ハイデッガー流にいうなら、それは「D」の喪失ということであろう。私はそれを「実体」の喪失といいたい。「実体」の喪失とは、その人間が、その物品が、存在しつづけてきた、そして、これから存在しつづけるであろう「歴史」の抹殺にほかならない。

だとすれば、いま、私たちにとっていちばん大切なことは、あらためて「歴史」というものを考え直してみるということではないか。便利は結構。合理主義も結構。だが、何のための便利さか、何のための合理主義か、それを問い直すことは「歴史」を問うことなのである。なぜなら、歴史こそが「実体」の生み親であり、「実体」こそが、⑥その「なぜ」に回答を与えることができる唯一のものだからである。

（森本哲郎『豊かな社会のパラドックス』ＫＡＤＯＫＡＷＡ）

※里程標……………道路脇の距離を示す標識。
※つぎ………………ほころびを補う布。
※ハイデッガー……ドイツの哲学者。
※心性………………こころ。こころの在り方。心の特質。

問一　傍線部①「なみなみと注ぎ」の意味として最も適当なものを次の中から一つ選び、番号をマークしなさい。　1

① 容器にゆっくり静かに注ぎ
② 容器に半分の量を注ぎ
③ 容器に次から次へとなめらかに注ぎ
④ 容器に勢いよく注ぎ
⑤ 容器にこぼれそうなほどいっぱいに注ぎ

問二　空欄［A］と［B］にそれぞれ語句を入れる場合、最も適当な組み合わせを次の中から一つ選び、番号をマークしなさい。　2

① A　実体　　B　道具
② A　道具　　B　役割
③ A　機能　　B　実体
④ A　歴史　　B　文明
⑤ A　文明　　B　役割

問三　傍線部②「実体」とはどういうものですか。最も適当なものを次の中から一つ選び、番号をマークしなさい。　3

① 人間にとって便利なもの
② 人間の歴史を反映したもの
③ 人間の感覚的なもの
④ 人間の目的にそったもの
⑤ 自然の存在が感じられるもの

問四　空欄［C］に入る最も適当なものを次の中から一つ選び、番号をマークしなさい。　4

① きっと　② しかし　③ そこで
④ なぜなら　⑤ もしかして

問五　傍線部③「二律背反」の文中での意味として最も適当なものを次の中から一つ選び、番号をマークしなさい。　5

① 現代の都市や建築においては、住みよいことと便利なことが共に成り立たないこと。
② 現代の都市や建築においては、利便性を追求した結果、人びとが住めなくなっていること。
③ 現代の都市や建築においては、合理的になりすぎて、システムなどが複雑になっていること。
④ 現代の都市や建築においては、機能的になりすぎて、人によっては楽しさに欠けること。
⑤ 現代の都市や建築においては、便利さを追求したものとあえて不便なものが混在すること。

問六　傍線部④「その本質において詩的」の「詩的」とは何を示していますか。最も適当なものを次の中から一つ選び、番号をマークしなさい。　[6]

① 神が与えた美的な表現であること。
② 実用性を重視していない創造的な表現であること。
③ 機能性にこだわらない、人間の心性の表現であること。
④ 雰囲気を中心にした幻想的な表現であること。
⑤ 生活することの本質を追求した新鮮な表現であること。

問七　傍線部⑤「人間の使い捨て」と表現した理由は何ですか。最も適当なものを次の中から一つ選び、番号をマークしなさい。　[7]

① 社会は自由を求め、相手を自由に選択できるから。
② 人は老いることにより徐々に機能が失われていくから。
③ 人を職種や地位によって差別化するから。
④ 人は年齢、性別により社会での役割が異なるから。
⑤ 人の存在を社会での一つの役割・機能でのみ考えるから。

問八　空欄 [D] に入る語として最も適当なものを次の中から一つ選び、番号をマークしなさい。　[8]

① 機能　② 詩　③ 美的意識
④ 人間の存在　⑤ 未来

問九　傍線部⑥「その『なぜ』」とはどういうことですか。最も適当なものを次の中から一つ選び、番号をマークしなさい。　[9]

① 本来の目的を見失った利便性の追求に対しての疑問。
② 歴史を問うことへの疑問。
③ 実体を追求することへの疑問。
④ 人間の使い捨てについての疑問。
⑤ 利便性、合理性を追求することへの疑問。

問十　本文の内容に合致するものを次の中から一つ選び、番号をマークしなさい。　[10]

① 利便性はその目的とする実体や歴史の追求をいつの間にか忘れてしまった。
② 人間は機能性の追求によって失った人間的なものを回復し始めている。
③ 合理的な社会を作り上げた人間は、結果的に使い捨てに扱われ、不幸になった。
④ 利便性や機能性の追求は、やがて人に実体の喪失を感じさせることになった。
⑤ 利便性の追求の目的がわからなくなると、人間の使い捨てもさらに深刻化する。

【二】次の文章を読んで、後の問いに答えなさい。

問七は記述式、他はマーク方式です。

　すごい空だった。百トンはありそうなグレーの雲のかたまりを、湿った風がゴゴゴゴと押し流している。ぼくの自転車も追い風を受けてペダルが軽い。背丈よりも高いひまわりの軍団が、首をそらしてお化けのように踊っているのが、どうも気味悪かった。

　入口のシャワーを浴びるとぞくっとくる。いつも超満員の市民プールもその日はさすがに人影がまばらだった。丸い池のような子供用に二人、学校と同じ縦二十五メートルの長方形のプールに十人くらいの寒そうな姿が見える。

　ぼくは勢いよく飛び込むと、クロールで二十五メートルの往復を始めた。水は冷たかったが、①こんなぜいたくな泳ぎはめったなことでは出来やしない。四往復でいったん上にあがり、今日の目標を決めた。十往復、五百メートル。うわお！　ぼくのクロールの限界は、もっか三百メートルだ。もっとスマートなターンのやり方について、ぼくが考えていると、ブオーというような音をたてて風がおそってきた。水面に小さな波がたつ。ぼたんぼたんと雨粒がやってくる。さすがに、一人二人と帰りはじめ、やがてプールは本当にがらんとしてしまった。広々としたブルーグレーの水面に雨粒があちこちで輪を作る。

　その時だ。②ちょうど一人だけになった泳ぎ手にぼくの目は引きつけられた。男の子だ。年上かな？　ぼくよりも、だいぶサイズが大きく見える。そんなことより、問題は彼の泳ぎ方！　なんておかしな格好だ。クロール、バタフライ、犬かき、それらがごっちゃになったような泳ぎっぷりなんだ。ふざけているというよりは、どう見ても、じたばたもがいている。溺れるんじゃないかと、ぼくが心配になった時、彼は一度立ち上がり、ゆっくり息を吸い込むと、またわきめもふらずに泳ぎ出した。

　少しずつ、少しずつ、彼はぼくのほうにやってきた。そして、ぼくは気づいた。彼は腕を一本しか使わずに泳いでいるんだ。右腕。右腕だけ。だから、まっすぐに進めず、下手なボート漕ぎみたいに、ふらふらと回ってしまう。それでも、ようやく彼はぼくのすぐ近くのサイドに曲がりながら、たどりついた。

　顔に流れる水を払いもせず、彼は大きく息をはずませた。ぼくは、③目を皿のようにしてぶしつけにじろじろと彼を見つめてしまった。左腕がない。ない、としか言いようがない。肩から先の空白に、ぼくは胸がつまるような息苦しさを覚えた。

　彼はぼくの目をきっとにらんだ。④ぼくはあわてて視線をそらし、体中がかっかと熱くなった。

「ごめん。つまり……」

　下を向いたまま謝ったが、何を言ったらいいのかわからなかった。

「おまえ、両方あるのに右に曲がるのな」

　その挑戦的な台詞《せりふ》を、意外にも澄んだ声で言い放つと、彼はプールサイドを歩いていってバスタオルを体に巻き付けた。空白の左腕が緑の布に隠れる。

「バランスが悪いんだ」

　大声で言いながら、こちらに戻ってくる青白い長身から、⑤えたいの知れないエネルギーがきらきらとこぼれ落ち、ぼくは射すくめられたように身を堅くした。

　雨足が強くなった。プールの係員がたった二人残ったぼくらを追い出し

にかかる。更衣室で、義手をつけた彼は、着がえ終わってまごまごしているぼくに、名前を教えてくれた。浅《あさ》尾《お》広一《こういち》。ぼくより二つ年上で、A—28の十一階に住んでいるという。

　めちゃくちゃな雷雨になっていた。

「走ろう!」
　広一くんが叫び、ぼくは自転車をそのままにして、彼の後についていった。A—28の建物は、市民プールから歩いて三分もかからない。ぼくの住むC—3はもっと遠いため、彼は家へ来いと誘ってくれたのだ。
　空をYの字に引きさいていく紫の稲妻。すぐさまバリバリドッシャーン! ぼくは首を縮めるが、広一くんは右腕を突き上げて、それいけ、とかどなっている。彼は足が速いのでぼくは水をけたてて走りながら、結構息をきらしていた。
　エレベーターの中で、ぼくらは互いの姿を見てにやにやした。これぞ本物のヌレネズミだ。
「すぐにフロをわかすよ」
　広一くんは言う。
「悪いなあ」
　初めて会ったばかりなのに、と思うが遠慮できるような状態ではとてもなかった。
　お風呂、そして広一くんの服まで借り、ぼくらはすっかりくつろいで、冷えた麦茶などを飲んだ。広一くんの家はウチより、ひとまわり小さい。一部屋少ないと言ったほうがいいかもしれない。流しやガス台、食卓、ソファーセットが一部屋に集まり、ガラス戸の向こうは狭いベランダになっていた。
「うちは二人家族なんだ」
　広一くんは言った。まだぬれたままの髪が額にはりつき、湯上がりのくせに、青白い顔色をしている。ぼくらはソファーを背にして、じゅうたんにすわりこんでいた。そのほうが気楽な感じがする。
「昼間は一人なの?」
　ぼくが尋ねると、彼は笑った。
「夜もけっこう、一人」
　それが、なんとも大人っぽい言い方だった。
「母さんが、仕事で、どうしても旅行が多いんだよね。でも隣に叔母さんがいるから」
「へえ。お母さんって、旅行が仕事?」
「うん。なんというか、ピアニストなんだ。ジャズの。ジャズ・ピアニスト」
　広一くんは奥の部屋のグランド・ピアノを見せてくれた。でかくて黒くて、ピカピカ。家で佳奈《かな》が虐待している、ぼろのアップライトとはえらい違いだ。
「商売道具だからね。でも、苦情とかきて、母さんも練習に気を使うんだ。プロだし、音がガーンと出るわけ」
　そして、⑥ちょっとはにかんだように口許《くちもと》をゆるめる。
「でも、もうじき引っ越すからね。母さん、結婚するんだ」
「ああ」
　ぼくはわけのわからないあいづちをうった。
「君の新しいお父さん」
「うん」
「うれしい?」
「え?」

広一くんは目を伏せて、にやにやした。
「いいんじゃない。かっこいい人」
「へぇ。いいな。君のお母さんもかっこいいんでしょ」
広一くんは何も答えずに、グランド・ピアノのふたを開けた。カバーをはずし、右手の指が鍵盤に触れる。
きれいな音。胸にくーんとくるようないい音がした。広一くんは立ったまま、右手の指で、メロディーをたたいた。
「知ってる?」
「ううん」
「サマータイム。ジャズのスタンダード・ナンバーだよ。⑦母さんがすごくうまい。これを弾く時の母さんはそりゃあ、もう最高にかっこいい!」
ぼくはうなずいたものの、ジャズという言葉だってよく知らない。だから、広一くんが、
「伊山君、ピアノ弾ける?」
と聞いてきた時は、ちょっとオーバーすぎるほど、ぶんぶんとかぶりをふってしまった。
「ほんとに十本の指で弾いているのかなって思うほど、音がいっぱい出てくるんだ、母さんのピアノ。なんか、こう、きらきらと降ってきて、下からもずんずんわいてきて、部屋が音でわあっとふくらむんだ。そりゃあ、いいんだ!」
広一くんは、また鍵盤をたたきだした。ぼくは、しだいにその曲を覚えていった。胸にしみる感じがした。聴いたことがないほど悲しくてきれいなメロディーだ。
なぜか、午後の海を思い出した。どこにでもある、少し灰色がかった青い海。いいかげん泳ぎ疲れて、あおむけに浮かんでいると、広い空が白くまぶしく、波に揺られていつのまにかほのぼのと眠くなってくる。幸せな感じ。なのに、ちょっと悲しい。
「うまいね」
ぼくは心からそう言った。彼は単純にメロディーをなぞるだけではなく、和音にしたり、トリルをいれたり、右手一本で、ずいぶん華やかな演奏をしていたのだ。ぼくの耳にはそれがひどくきれいに響く。少なくとも佳奈の雨だれピアノよりは、聞いていてずっと気持ちが良かった。
「三歳の時から、クラシック・ピアノをやってたんだ。嫌いじゃなかった」
⑧広一くんは、ふっと言葉をきった。ぼくは思わず、彼の左側のぴくりとも動かない義手に目がいってしまった。彼はぼくの視線を感じたかのように言った。
「これね、事故。自動車事故。左腕がめちゃくちゃになっちゃった。でも、ぼくはこれでも運がいい方。運転していた父さん、体中めちゃくちゃで、死んじまったからね。四年前だよ」
ぼくが、ああ、とも、うう、とも言えないうちに、広一くんはふりむいてにやっとした。
⑨「好きな曲をぼくが右手のパートだけ弾くと母さんが伴奏つけてくれる。知らない曲でもぼくの勝手な思いつきの節でも、ぜんぜん平気。最高、気分いいんだ。キセキみたい」
そうして立ったまま、片手でまたピアノを弾き出した広一くんのノッポの後ろ姿は、冷たい霧にしんと包まれているように、底知れず静かだった。
⑩ぼくは役に立たない自分の左手を握りしめた。ピアノなんて、さわったこともないけれど、せめて佳奈ほどでも弾けたらなあ、とつくづく思った。
(佐藤多佳子『サマータイム』新潮文庫刊)

問一　傍線部①「こんなぜいたくな泳ぎはめったなことでは出来やしない」とはどういうことですか。最も適当なものを次の中から一つ選び、番号をマークしなさい。　11

① 目標を設定し、いつもより良い泳ぎができること。
② いつもより水温が低く、プールのコンディションが良いこと。
③ 自分の泳ぎを研究し、いつもより上手なターンができること。
④ いつもより人が少なく、自分の思うようにプールを使えること。
⑤ いつもより混雑していないため、様々な泳ぎが試せること。

問二　傍線部②「ちょうど一人だけになった泳ぎ手にぼくの目は引きつけられた」とありますが、この時ぼくは泳ぎ手のどういうところに目を引きつけられたのですか。最も適当なものを次の中から一つ選び、番号をマークしなさい。　12

① 大きな体にもかかわらず懸命に泳いでいたところ。
② おかしな泳ぎ方をしていて溺れそうになっていたところ。
③ 右腕だけで泳いでいて真っすぐ進めていなかったところ。
④ 息つぎもせずにひたすら泳ぎ続けていたところ。
⑤ 自分の方に向かってわき目もふらずに泳いできたところ。

問三　傍線部③「目を皿のようにしてぶしつけに」を言い換えたものとして最も適当なものを次の中から一つ選び、番号をマークしなさい。　13

① 見つからないようにひそかに
② 目つきを変えて突然に
③ 目を細めて不快感をあらわにして
④ じっと見つめて遠慮せずに
⑤ 目を大きく見開いて無礼にも

問四　傍線部④「ぼくはあわてて視線をそらし」とありますが、その理由として最も適当なものを次の中から一つ選び、番号をマークしなさい。　14

① 男の子の左腕がないのを見て、あまりにもショックを受けてしまったから。
② 男の子の左腕をこれ以上見るのは、男の子に対して失礼だと思ったから。
③ 男の子の左腕をじろじろ見たことで、男の子を怒らせてしまったと思ったから。
④ 男の子の左腕をじろじろ見ていたのを、男の子に気づかれてしまったと思ったから。
⑤ 男の子の左腕がないことに気がつき、そのせいで男の子を傷つけてしまったと思ったから。

問五　傍線部⑤「えたいの知れないエネルギー」の説明として最も適当なものを次の中から一つ選び、番号をマークしなさい。　15

① 身長でも年齢でも自分より上である広一が、威嚇しながら迫ってくる様子。
② 左腕のないことに同情されたと感じた広一が、怒りに震えながら迫ってくる様子。
③ プールサイドに上がるとそのまま近づいてくる広一が、自信に満ちあふれている様子。
④ 泳ぎ切って満足している広一が、突然の雨によってますます高揚している様子。
⑤ まだまだ泳ぎたいと思う広一が係員によって追い出され、不満を爆発させている様子。

問六　傍線部⑥「ちょっとはにかんだように」とありますが、この時の広一の気持ちとして最も適当なものを次の中から一つ選び、番号をマークしなさい。　16

①　母がもうすぐ再婚することに対する恥じらいの気持ち。
②　新しい父ができることに対するうれしい気持ち。
③　母のピアノを見せることができたことに対する得意げな気持ち。
④　母の仕事の話をすることに対する照れくさい気持ち。
⑤　引っ越し先での新生活に対する喜びの気持ち。

問七　傍線部⑦「母さんがすごくうまい」とありますが、母さんのピアノのうまさが伝わる比喩表現を本文中より一文で抜き出し、初めの三字を書きなさい。

問八　傍線部⑧「広一くんは、ふっと言葉をきった」とありますが、その理由として最も適当なものを次の中から一つ選び、番号をマークしなさい。　17

①　これ以上話さなくても、今もピアノが嫌いではないことを理解してくれていると思ったから。
②　これ以上話さなくても、今は右手でしか弾けないことを理解してくれていると思ったから。
③　これ以上話し続けたら、自動車事故のことを思い出して辛くなると思ったから。
④　これ以上話し続けたら、左手が義手である理由を話さなければならなくなると思ったから。
⑤　これ以上話し続けたら、心苦しい思いをさせてしまうことになると思ったから。

問九　傍線部⑨「好きな曲をぼくが右手のパートだけ弾くと母さんが伴奏つけてくれる。知らない曲でもぼくの勝手な思いつきの節でも、ぜんぜん平気。最高、気分いいんだ。キセキみたい」とありますが、この言葉に込められた広一の心情として適当でないものを次の中から一つ選び、番号をマークしなさい。　18

①　プロのピアニストである母に対する憧れ。
②　左腕がないことを忘れさせてくれることへの喜び。
③　最も身近に母を感じることができる幸福感。
④　その時間だけは母を独り占めできるという優越感。
⑤　母と自分だからこそできるという自慢。

問十　傍線部⑩「ぼくは役に立たない自分の左手を握りしめた」とありますが、この時のぼくの気持ちとして最も適当なものを次の中から一つ選び、番号をマークしなさい。　19

①　広一くんのピアノの演奏を間近で聞いて感動しつつも羨ましいと思う気持ち。
②　広一くんのピアノの腕前を見て到底勝ち目がないというあきらめの気持ち。
③　広一くんがピアノを弾いて自分を慰めている日常をかわいそうだと思う気持ち。
④　広一くんを何とか励ましたいと思いながらも出来ない自分をもどかしく思う気持ち。
⑤　広一くんの母親が彼を一人ぼっちにして平気でいることをやるせなく思う気持ち。

【三】次の傍線部①②の漢字をひらがなに、③④のカタカナを漢字に改めなさい。

ローマ法王フランシスコが使う車はフォードの小型車フォーカスという。価格は日本円で百五十万円ほどらしい。大型高級車という前例は①踏襲しなかったそうで、先日も、イタリアの生活困窮者の施設に予告なくこの車で現れている。法王に就任した時にあつらえる指輪も通例と違い金製ではない。銀製ながら金メッキである。欧州紙によると胸の十字架も歴代のような金銀製と違い、古い鉄製を使い続けた。豪華な宮殿住まいを②拒み、簡素な部屋に住んで…。質素、清貧にまつわる逸話を探せば、③ツきることがない人だ。貧しい人や弱い人の側に力を与えるような数々の言葉に説得力をもたらしていよう。ネット上で数千万人がフォローしている。共感は地球規模だ。

空飛ぶ法王と言われたヨハネ・パウロ二世は、東西に分断された冷戦の世界を飛び回り、国際社会を動かした。法王フランシスコは、格差という線によって分断されている世界で④ヨクアツされる弱い側、傷ついた側に立つようである。そんな法王フランシスコがあす日本に来る。ヨハネ・パウロ二世以来三十八年ぶりの法王来日だ。

日本のカトリック信者は多くない。「信仰や理想で人類は一致しないだろう。しかし慈善においては一致するはずだ」（英詩人ポープ）。広島や長崎を含め、わが国で清貧の人は何を見て、何を語るか。国外にも待っている人は多いだろう。

（『中日春秋』二〇一九年十一月二十二日）

【四】 次の古文と、それに関する先生と生徒Aの会話文を読んで、後の問いに答えなさい。

問五、六、七は記述式、他はマーク方式です。

《古文》

[1]南都《なんと》の春日野《かすがの》の辺《ほとり》に、[2]学生《がくしやう》の房近き処《ところ》に、蟻《あり》と[3]蟎《たに》とありけり。自然《じねん》に学問する辺に住みて、共に学生なりけるが、ある時、互ひに聞き及びてよりあひて論議せんと思ひける程に、道に行きあひぬ。さて互ひに悦《よろこ》びて、やがて蟎問ひていはく、「何が故《ゆゑ》に蟻を蟻と名づくるや」。答ふ、「前後《まえうし》ろあり。故に蟻と名づく」。中はくびれて前後《ぜんご》の形あるをいふなり。難じていはく、「前後有るを蟻と名づけば、[4]輪鼓《りうご》等に於《お》いても蟻と名づけざるや」。答へていはく、「しからず。前《さき》に輪鼓の名を得るが故なり。[5]執転提《しつてんてい》等《とう》も准《じゅん》例《れい》してまたしかなり」。しからぬ先に輪鼓の名を得る故に、蟻とはいはず。蟻問ひていはく、「何が故ぞ、蟎を蟎と名づくるや」。何の故に蟎を蟎と名づくるや、と問ふな¹り。答ふ、「背中の上谷なるが故に蟎と名づく」。背中の上くぼみて、谷に似たる故、といふなり。難じていはく、「背中の上谷なるを蟎と名づけば、[6]団子《だんご》等に於いても蟎と名づけざるや」と。背中の上くぼみたる故にたにといふは、団子もくぼみたり、蟎といふべしや、といふなり。答へていはく、「しからず、前に団子の名を得たる故なり。[7]突拍子《とびやうし》等をも准例するにまたしかなり」。しからぬ先に団子の名を得るが故に、蟎といはず。突拍子等の物もこれになずらへよ、といふなり。

南都にてある人の申せしを、才覚《さいかく》のために書き侍《はべ》るが、前生《ぜんしやう》の学生にてありけるにや。

(『沙石集』)

1 南都の春日野の辺… 奈良県奈良市の春日山のふもとに広がる野原。
2 学生……学僧。
3 蟎……昆虫のダニ。
4 輪鼓……中央がくびれて鼓《つづみ》の形をした木製独楽《こま》。
5 執転提……鼓の一種。
6 団子……現在の串刺しになったものとは形が異なる団子。
7 突拍子……中国の楽器でシンバルの一種。

《会話文》

先生 「A君、この話の登場人物は誰ですか。」
生徒A 「『学生』と『蟻』と『蟎』ですか。」
先生 「残念。一つだけ間違えています。何かわかりますか。」
生徒A 「[1]が間違いですか。」
先生 「そのとおりです。さすがA君。[1]は立場や身分を表す言葉です。では、蟻と蟎は何をしているでしょうか。」
生徒A 「『論議せんと思ひける程に、道に行きあひぬ。』とあるので、二匹ともあまり会いたくなかったのでしょうか。」
先生 「A君、これは[2]と訳すんですよ。現代語と違うのでわかりにくかったかもしれませんね。」
生徒A 「それなら話がつながりますね。」
先生 「この後に『互ひに悦びて』とありますが、この主語はわかりますか。」
生徒A 「[3]と[4]です。」
先生 「そうですね。では、彼らはどのような問答をしているかわかりますか。」
生徒A 「『名づくるや』とお互いに聞いているので、それぞれの[5]を聞いているのだと思います。」

先生「そのとおりです。二匹がお互いの[5]を尋ねていて、その回答に反論をしていますよね。」
生徒A「どうして反論をしているとわかるんですか。」
先生「それは、古文中に『[6]』と書かれているからです。これは『反論して言うことには』という意味があります。」
生徒A「そうだったんですね。僕は『話が難しくてよくわからない』という意味だと思っていました。ところで、先生、『いはく』を『[7]』と読んでいましたが、間違いではありませんか。」
先生「古文には歴史的かな遣いというものがあって、現代のかな遣いとは異なるかな遣いをします。『いはく』は『[7]』と読み、『問ひて』は『といて』と読みます。では、『てふてふ』は何と読みますか。」
生徒A「『てうてう』ですか。」
先生「残念です。正解は『[8]』と読みます。ほかにもまだありますが、話の本題に戻りましょう。さきほど、蟻と蟎がお互いの回答を反論し合っていると言いましたが、具体的にどのようなところを反論しているのでしょうか。そのことを考えるために、それぞれの主張を読み取りましょう。まずは、蟻は自分の[5]は何だと言っていますか。」
生徒A「『前後ろあり』と言っているので、『前と後ろがあるからだ』と言っています。」
先生「そうですね。では、それに対して蟎は何と反論していますか。」
生徒A「『前後有るを蟻と名づけば、輪鼓等に於いても蟻と名づけざるや』と反論しているのはわかりますが、意味がよくわかりません。」
先生「少し難しいですよね。これは[9]、と反論しているのです。」
生徒A「そんな意味があったんですね。」
先生「はい。また、すぐに蟻が蟎の反論に答えていますが、何と言っていますか。」
生徒A「『しからず。前に輪鼓の名を得るが故なり』と言っています。これは、『輪鼓という名前が蟻よりも先につけられたから蟻とはいわないのだ』と主張しているのですか。」
先生「そのとおりです。名前を早くつけてしまったので仕方がないということですよね。この次には、蟻が蟎に[5]を質問して問答が始まりますが、どのような内容でしょうか。」
生徒A「次のようにまとめることができると思います。

蟻の質問：『[10]』
蟎の回答：『[11]』
蟻の反論：『[12]』
蟎の回答：『[13]』」

先生「そうですね。蟎は蟻の質問に対して蟻と同じ理屈で回答していますが、この理屈ならどんな名前を付けてもよいことになってしまいますね。作り話なので、このような論理が許されるのです。さて、この話の最後には編者の『前生の学生にてありけるにや。』という言葉がありますね。これはどういう意味でしょうか。」
生徒A「『この蟻と蟎は前世が学僧であるのだろうか。』ですか。最後の『けるにや』がよくわかりません。」
先生「ほとんど合っていますが、少し違います。正確には、『[14]』と訳さなければなりません。『ける』には過去の意味があるので覚えておきましょうね。」
生徒A「はい。先生、ありがとうございました。」

問一　空欄 [1] にあてはまる言葉として最も適当なものを次の中から一つ選び、番号をマークしなさい。 [20]

① 蟻　② 蟎　③ 前生の学生
④ 学生　⑤ ある人

問二　空欄 [2] にあてはまる現代語訳として最も適当なものを次の中から一つ選び、番号をマークしなさい。 [21]

① 論議したくなかったが、道でばったり出会ってしまった。
② 論議したくないと思っていたため、道で出会うこともなかった。
③ 論議しようと思っていたところ、道でばったり出会った。
④ 論議したくなかったので、道でばったり出会わなくてよかった。
⑤ 論議しようと思っていたが、道で出会えずにすれ違ってしまった。

問三　空欄 [3]・[4] にあてはまる言葉の組み合わせとして最も適当なものを次の中から一つ選び、番号をマークしなさい。 [22]

① 3 蟎　4 ある人
② 3 学生　4 蟻
③ 3 蟎　4 学生
④ 3 ある人　4 前生の学生
⑤ 3 蟻　4 蟎

問四　空欄 [5] にあてはまる言葉として最も適当なものを次の中から一つ選び、番号をマークしなさい。 [23]

① 名前の由来　② 名前の特色
③ 名前の価値　④ 名前の魅力
⑤ 名前の構成

問五　空欄 [6] にあてはまる言葉を古文中から五字程度で抜き出して書きなさい。（句読点は含まない）

問六　空欄 [7] にあてはまる『いはく』の読み方を現代かな遣いのひらがなで書きなさい。

問七　空欄 [8] にあてはまる『てふてふ』の読み方を現代かな遣いのひらがなで書きなさい。

問八　空欄 [9] にあてはまる解釈として最も適当なものを次の中から一つ選び、番号をマークしなさい。 [24]

① 前後があってもなくても何でも蟻と名づけるべきだ
② 前後があるものなら何でも蟻と名づけられるはずだからおかしい
③ 前後があり中央がくびれているのを蟻と名づけるのはおかしい
④ 前後があるものなら何でも蟻と名づけてよいわけがない
⑤ 前後があるのに蟻と名づけられないものがあるのはかわいそうだ

問九　空欄 10 から 13 にあてはまるものとして適当なものを次の中からそれぞれ一つずつ選び、番号をマークしなさい。

10 25　11 26　12 27　13 28

① それならば、団子という名前を付けたらよいではないか。
② 背中の上にくぼみがあるからだ。
③ なぜ蟎は蟎という名前が付けられているのか。
④ 団子にもくぼみがあるのに、なぜ団子は蟎という名前ではないのか。
⑤ 蟎という名前が付けられる前に、団子という名前が付けられたからだ。他の突拍子というものも同じ理屈だ。

問十　空欄 14 にあてはまる現代語訳として最も適当なものを次の中から一つ選び、番号をマークしなさい。 29

① この蟻と蟎は前世が人間であったのだろうか。
② この蟻と蟎は以前まで学僧であったのだろうか。
③ この蟻と蟎は昔から学問が好きだったのだろうか。
④ この蟻と蟎は人間よりも賢かったのであろうか。
⑤ この蟻と蟎は前世が学僧であったのだろうか。

2020年度

入学試験

第5時限　数　　学

(45分)

放送で「始め」という合図があるまで，このページ以外のところを見てはいけません． それまでは注意事項を静かにくりかえし読みなさい．

注　　意

1　解答は解答用紙の問題番号に対応した解答欄にマークしなさい．

2　問題の文中の $\boxed{\text{ア}}$ ，$\boxed{\text{イウ}}$ などには，数字（0 ～ 9）が入ります．

ア，イ，ウ，… の一つ一つは数字一つに対応します．

例えば，$\boxed{\text{アイ}}$ に 31 と答えたいとき，以下のようにマークしなさい．

ア	⓪	①	②	●	④	⑤	⑥	⑦	⑧	⑨
イ	⓪	●	②	③	④	⑤	⑥	⑦	⑧	⑨

3　分数の形で解答する場合，それ以上約分できない形で答えなさい．

例えば，$\dfrac{\boxed{\text{ウ}}}{\boxed{\text{エ}}}$ に，$\dfrac{3}{4}$ と答えるところを，$\dfrac{6}{8}$ と答えてはいけません．

4　小数の形で解答する場合，指定された桁までマークしなさい．

例えば，$\boxed{\text{オ}}.\boxed{\text{カ}}$ に5と答えたいときは，5.0と答えなさい．

5　根号を含む形で解答する場合，根号の中に現れる自然数が最小となる形で答えなさい．

例えば $\boxed{\text{キ}}\sqrt{\boxed{\text{ク}}}$ に $4\sqrt{2}$ と答えるところを，$2\sqrt{8}$ と答えてはいけません．

岡崎城西高等学校

1 (1) $\frac{2}{3}+\frac{1}{2}\times\left(-\frac{2}{5}\right)$ を計算すると，$\frac{\boxed{\text{ア}}}{\boxed{\text{イウ}}}$ である.

(2) $(\sqrt{2}+\sqrt{3})(3\sqrt{2}-2\sqrt{3})$ を計算すると，$\sqrt{\boxed{\text{エ}}}$ である.

(3) 1次方程式 $\frac{3x-1}{4}-\frac{2x-5}{6}=1$ を解くと，$x=\boxed{\text{オ}}$ である.

(4) 連立方程式 $\begin{cases} 2x-3y=-5 \\ 3y=x+4 \end{cases}$ を解くと，$x=-\boxed{\text{カ}}$，$y=\boxed{\text{キ}}$ である.

(5) 2次方程式 $(x+5)^2-12=0$ を解くと，$x=-\boxed{\text{ク}}\pm\boxed{\text{ケ}}\sqrt{\boxed{\text{コ}}}$ である.

[2] 品物Aは税抜き価格200円で消費税が10%かかり，品物Bは税抜き価格300円で消費税が8%かかる．1枚5円のレジ袋に品物Aをx個，品物Bをy個入れて買うときの支払額は，[サシス]x + [セソタ]y + 5（円）である．

[3] $\sqrt{\dfrac{28n}{3}}$が自然数となるような，もっとも小さい自然数nの値はn = [チツ]である．

[4] 2次関数$y = ax^2$について，xの変域が$-2 \leqq x \leqq 1$のとき，yの最大値が16である．このとき，定数aの値はa = [テ]である

5　大小２つのサイコロを同時に１回投げる．異なる目が出た場合は出た目の数の大きい方を得点とし，同じ目が出た場合は出た目の数の和を得点とする．得点が４点となる確率は $\dfrac{\boxed{\text{ト}}}{\boxed{\text{ナニ}}}$ である．

6　図のように３つの合同な二等辺三角形を並べたところ，ＥＤ∥ＡＢであった．
このとき，∠ＢＡＣ＝$\boxed{\text{ヌネ}}$°である．

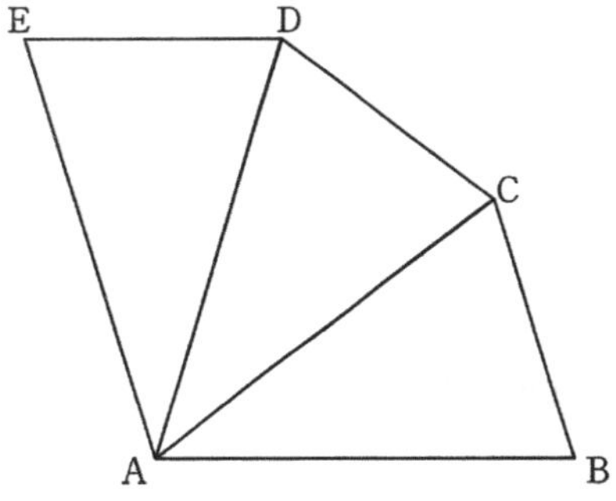

※50点満点
(配点非公表)

性別
男 女

注意

1．記入は必ずHより濃い黒鉛筆で()の中を正確にぬりつぶして下さい。(記入例参照)
2．訂正は、消しゴムできれいに消し、消しくずを残さないで下さい。
3．所定の記入欄以外には何も書かないで下さい。
4．性別は男・女のマークをぬりつぶして下さい。
5．解答用紙は、折り曲げたり、汚さないで下さい。

解答記入欄
② ③ ④ ⑤ ⑥
② ③ ④ ⑤
② ③ ④ ⑤
② ③ ④ ⑤
② ③ ④ ⑤ ⑥
② ③ ④ ⑤ ⑥
② ③ ④ ⑤
② ③ ④ ⑤ ⑥
② ③ ④ ⑤
② ③ ④ ⑤ ⑥

解答番号	解答記入欄
31	① ② ③ ④ ⑤
32	① ② ③ ④ ⑤ ⑥
33	① ② ③ ④ ⑤
34	① ② ③ ④ ⑤ ⑥
35	① ② ③ ④ ⑤

岡崎城西高等学校

※50点満点
（配点非公表）

性別
男　女

注意

1．記入は必ずHより濃い黒鉛筆で()の中を正確にぬりつぶして下さい。（記入例参照）
2．訂正は、消しゴムできれいに消し、消しくずを残さないで下さい。
3．所定の記入欄以外には何も書かないで下さい。
4．性別は男・女のマークをぬりつぶして下さい。
5．解答用紙は、折り曲げたり、汚さないで下さい。

記入欄
⑤　⑥
⑤
⑤　⑥
⑤
⑤　⑥
⑤
⑤
⑤　⑥　⑦　⑧
⑤
⑤

解答番号	解答記入欄
31	①　②　③　④　⑤　⑥
32	①　②　③　④　⑤
33	①　②　③　④　⑤
34	①　②　③　④　⑤
35	①　②　③　④
36	①　②　③　④　⑤　⑥
37	①　②　③　④　⑤　⑥　⑦　⑧
38	①　②　③　④
39	①　②　③　④　⑤　⑥
40	①　②　③　④
41	①　②　③　④
42	①　②　③　④

岡崎城西高等学校

※50点満点
(配点非公表)

性別
男 女

注意

1．記入は必ずHより濃い黒鉛筆で()の中を正確にぬりつぶして下さい。(記入例参照)
2．訂正は、消しゴムできれいに消し、消しくずを残さないで下さい。
3．所定の記入欄以外には何も書かないで下さい。
4．性別は男・女のマークをぬりつぶして下さい。
5．解答用紙は、折り曲げたり、汚さないで下さい。

解答記入欄						
4	5	6	7	8		
4	5	6	7	8		
4	5	6	7	8		
4	5	6	7	8		
4	5	6	7	8		
4	5	6	7	8		
4						
4						
4	5					
4	5					
4	5	6	7			
4	5	6	7			
4						
4						
4	5	6	7	8	9	10
4	5	6	7	8	9	10
4	5	6	7	8	9	10

大問番号	小問番号	解答番号	解答記入欄			
Ⅳ	問5	23	1	2	3	4
	問6	24	1	2	3	4
	問7	25	1	2	3	4
	問8	26	1	2	3	4
	問9	27	1	2	3	4
	問10	28	1	2	3	4
		29	1	2	3	4

小計	

0 1 2 3 4 5 6 7 8 9 10

岡崎城西高等学校

※50点満点
（配点非公表）

性別
男　女

注意

1．記入は必ずHより濃い黒鉛筆で⬯の中を正確にぬりつぶして下さい。（記入例参照）
2．訂正は、消しゴムできれいに消し、消しくずを残さないで下さい。
3．所定の記入欄以外には何も書かないで下さい。
4．性別は男・女のマークをぬりつぶして下さい。
5．解答用紙は、折り曲げたり、汚さないで下さい。

解答記入欄			
②	③	④	⑤
②	③	④	⑤
②	③	④	⑤
②	③	④	⑤
②	③	④	⑤
②	③	④	⑤
②	③	④	⑤
②	③	④	⑤
②	③	④	⑤
②	③	④	⑤

二

問七

三

①	③
	きる
②	**④**
み	

四

問五	問六
	問七

小計	

⓪ ① ② ③ ④ ⑤ ⑥ ⑦ ⑧ ⑨ ⑩

岡崎城西高等学校

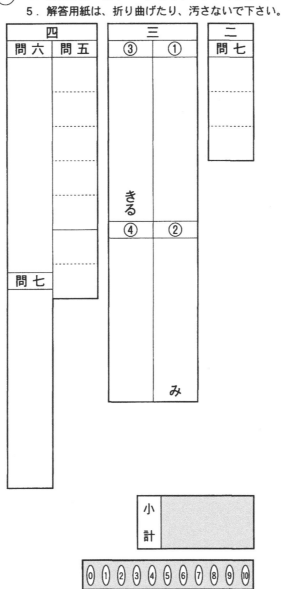

※50点満点
（配点非公表）

性別
男　女

注意

1．記入は必ずHより濃い黒鉛筆で()の中を正確に
　ぬりつぶして下さい。(記入例参照)
2．訂正は、消しゴムできれいに消し、消しくずを残さないで下さい。
3．所定の記入欄以外には何も書かないで下さい。
4．性別は男・女のマークをぬりつぶして下さい。
5．解答用紙は、折り曲げたり、汚さないで下さい。

解答記入欄

③	④	⑤	⑥	⑦	⑧	⑨
③	④	⑤	⑥	⑦	⑧	⑨
③	④	⑤	⑥	⑦	⑧	⑨
③	④	⑤	⑥	⑦	⑧	⑨
③	④	⑤	⑥	⑦	⑧	⑨
③	④	⑤	⑥	⑦	⑧	⑨
③	④	⑤	⑥	⑦	⑧	⑨
③	④	⑤	⑥	⑦	⑧	⑨
③	④	⑤	⑥	⑦	⑧	⑨
③	④	⑤	⑥	⑦	⑧	⑨
③	④	⑤	⑥	⑦	⑧	⑨
③	④	⑤	⑥	⑦	⑧	⑨
③	④	⑤	⑥	⑦	⑧	⑨
③	④	⑤	⑥	⑦	⑧	⑨
③	④	⑤	⑥	⑦	⑧	⑨
③	④	⑤	⑥	⑦	⑧	⑨
③	④	⑤	⑥	⑦	⑧	⑨
③	④	⑤	⑥	⑦	⑧	⑨
③	④	⑤	⑥	⑦	⑧	⑨
③	④	⑤	⑥	⑦	⑧	⑨

(1)

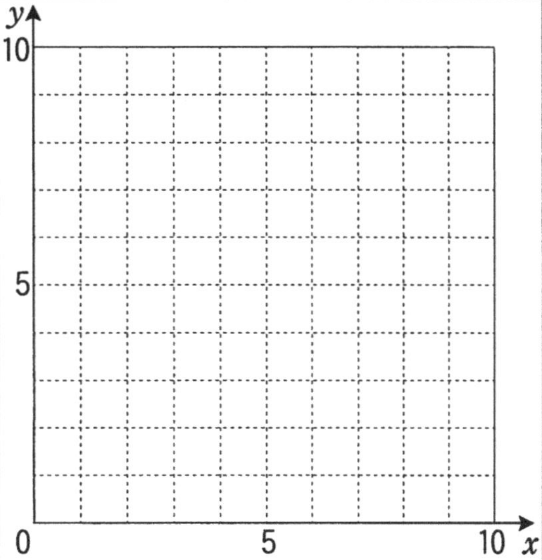

(2)　　　　秒後

小計	

⓪ ① ② ③ ④ ⑤ ⑥ ⑦ ⑧ ⑨ ⑩

岡崎城西高等学校

2020年度

数学解答用紙

受験番号	番	出身中学	中学校	氏名	

受験番号			
千	百	十	一
0	0	0	0
1	1	1	1
2	2	2	2
3	3	3	3
4	4	4	4
5	5	5	5
6	6	6	6
7	7	7	7
8	8	8	8
9	9	9	9

解答番号	解答記入欄									
ア	0	1	2	3	4	5	6	7	8	9
イ	0	1	2	3	4	5	6	7	8	9
ウ	0	1	2	3	4	5	6	7	8	9
エ	0	1	2	3	4	5	6	7	8	9
オ	0	1	2	3	4	5	6	7	8	9
カ	0	1	2	3	4	5	6	7	8	9
キ	0	1	2	3	4	5	6	7	8	9
ク	0	1	2	3	4	5	6	7	8	9
ケ	0	1	2	3	4	5	6	7	8	9
コ	0	1	2	3	4	5	6	7	8	9
サ	0	1	2	3	4	5	6	7	8	9
シ	0	1	2	3	4	5	6	7	8	9
ス	0	1	2	3	4	5	6	7	8	9
セ	0	1	2	3	4	5	6	7	8	9
ソ	0	1	2	3	4	5	6	7	8	9
タ	0	1	2	3	4	5	6	7	8	9
チ	0	1	2	3	4	5	6	7	8	9
ツ	0	1	2	3	4	5	6	7	8	9
テ	0	1	2	3	4	5	6	7	8	9

解答番号	
ト	0
ナ	0
ニ	0
ヌ	0
ネ	0
ノ	0
ハ	0
ヒ	0
フ	0
ヘ	0
ホ	0
マ	0
ミ	0
ム	0
メ	0
モ	0
ヤ	0
ユ	0
ヨ	0
ラ	0

（マーク記入例）

良い例	悪い例

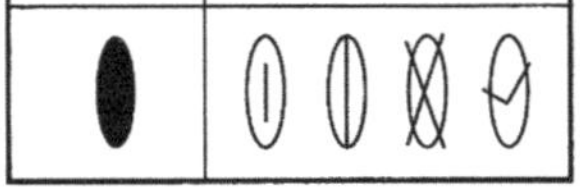

2020年度

国語解答用紙

受験番号	番	出身中学	中学校	氏名	

受験番号			
千	百	十	一
0	0	0	0
1	1	1	1
2	2	2	2
3	3	3	3
4	4	4	4
5	5	5	5
6	6	6	6
7	7	7	7
8	8	8	8
9	9	9	9

（マーク記入例）

良い例	悪い例
●	⦶ ⦶ ⊗ ✓

	解答番号	解答記入欄				
一	1	①	②	③	④	⑤
	2	①	②	③	④	⑤
	3	①	②	③	④	⑤
	4	①	②	③	④	⑤
	5	①	②	③	④	⑤
	6	①	②	③	④	⑤
	7	①	②	③	④	⑤
	8	①	②	③	④	⑤
	9	①	②	③	④	⑤
	10	①	②	③	④	⑤

	解答番号	解答記入欄				
二	11	①	②	③	④	⑤
	12	①	②	③	④	⑤
	13	①	②	③	④	⑤
	14	①	②	③	④	⑤
	15	①	②	③	④	⑤
	16	①	②	③	④	⑤
	17	①	②	③	④	⑤
	18	①	②	③	④	⑤
	19	①	②	③	④	⑤

四

2020年度

英語解答用紙

受験番号	番	出身中学	中学校	氏名	

受験番号			
千	百	十	一
0	0	0	0
1	1	1	1
2	2	2	2
3	3	3	3
4	4	4	4
5	5	5	5
6	6	6	6
7	7	7	7
8	8	8	8
9	9	9	9

大問番号	小問番号	解答番号	解答記入欄					
Ⅰ	1	1	1	2	3	4		
		2	1	2	3	4		
		3	1	2	3	4		
	2	4	1	2	3	4	5	6
		5	1	2	3	4	5	6
Ⅱ	1							
	2							
	3							
	4							
	5							
	6							
	7							
	8							
	9							
	10							

記述問題は、解答欄からはみ出さないように記入しなさい。

大問番号	小問番号	解答番号		
Ⅲ	問1	6	1	2
		7	1	2
		8	1	2
		9	1	2
		10	1	2
		11	1	2
	問2	12	1	2
		13	1	2
	問3	14	1	2
		15	1	2
Ⅳ	問1	16	1	2
		17	1	2
	問2	18	1	2
	問3	19	1	2
	問4	20	1	2
		21	1	2
		22	1	2

（マーク記入例）

良い例	悪い例

2020年度

理科解答用紙

受験番号	番	出身中学	中学校	氏名	

受験番号			
千	百	十	一
⓪	⓪	⓪	⓪
①	①	①	①
②	②	②	②
③	③	③	③
④	④	④	④
⑤	⑤	⑤	⑤
⑥	⑥	⑥	⑥
⑦	⑦	⑦	⑦
⑧	⑧	⑧	⑧
⑨	⑨	⑨	⑨

解答番号	解答記入欄	解答番号	
1	① ② ③ ④ ⑤ ⑥	16	① ②
2	① ② ③ ④ ⑤ ⑥	17	① ②
3	① ② ③ ④ ⑤ ⑥ ⑦ ⑧ ⑨	18	① ②
4	① ② ③ ④ ⑤	19	① ②
5	① ② ③ ④ ⑤	20	① ②
6	① ② ③ ④	21	① ②
7	① ② ③ ④ ⑤ ⑥	22	① ②
8	① ② ③ ④ ⑤ ⑥	23	① ②
9	① ② ③ ④ ⑤ ⑥	24	① ②
10	① ② ③ ④ ⑤ ⑥	25	① ②
11	① ② ③ ④ ⑤ ⑥ ⑦	26	① ②
12	① ② ③ ④ ⑤ ⑥	27	① ②
13	① ② ③ ④ ⑤ ⑥ ⑦	28	① ②
14	① ② ③ ④ ⑤	29	① ②
15	① ② ③ ④ ⑤	30	① ②

（マーク記入例）

良い例	悪い例

2020年度

社会解答用紙

受験番号	番	出身中学	中学校	氏名	

受験番号			
千	百	十	一
0	0	0	0
1	1	1	1
2	2	2	2
3	3	3	3
4	4	4	4
5	5	5	5
6	6	6	6
7	7	7	7
8	8	8	8
9	9	9	9

（マーク記入例）

良い例	悪い例

解答番号	解答記入欄	解答番号	解答記入欄
1	① ② ③ ④ ⑤	11	① ② ③ ④ ⑤
2	① ② ③ ④ ⑤	12	① ② ③ ④ ⑤
3	① ② ③ ④ ⑤ ⑥	13	① ② ③ ④ ⑤
4	① ② ③ ④ ⑤ ⑥	14	① ② ③ ④ ⑤
5	① ② ③ ④ ⑤ ⑥	15	① ② ③ ④ ⑤
6	① ② ③ ④ ⑤ ⑥	16	① ② ③ ④
7	① ② ③ ④ ⑤	17	① ② ③ ④ ⑤
8	① ② ③ ④ ⑤	18	① ② ③ ④ ⑤
9	① ② ③ ④ ⑤	19	① ② ③ ④ ⑤
10	① ② ③ ④ ⑤	20	① ② ③ ④ ⑤

7　右図のように，円に内接する六角形がある．
$\overset{\frown}{\mathrm{AB}}=\overset{\frown}{\mathrm{BC}}=\overset{\frown}{\mathrm{CD}}$，$\overset{\frown}{\mathrm{DE}}=\overset{\frown}{\mathrm{EF}}=\overset{\frown}{\mathrm{FA}}$，$\overset{\frown}{\mathrm{AB}}=2\overset{\frown}{\mathrm{FA}}$である．
このとき，∠FAB＝［ノハヒ］°である．

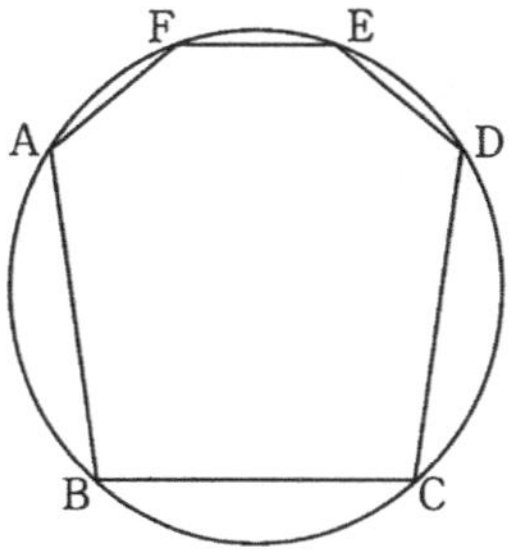

8　下の表は40人のテストで10点満点のテストを行ったときの得点分布である．

点数（点）	3以下	4	5	6	7	8	9	10
人数（人）	0	4	6	12	10	5	2	1

(1)　40人の平均点を小数第1位まで求めると，［フ］.［ヘ］点である．

(2)　40人の中央値を小数第1位まで求めると，［ホ］.［マ］点である．

9　30人の生徒に対し，合計３問の数学のテストを行った．得点は第１問が１点，第２問が２点，第３問が３点の６点満点となっている．その結果，次のことがわかった．

・得点が１点の人は３人だった
・得点が０点と６点満点の人はそれぞれ１人だった
・得点が３点の人は10人だった
・得点が４点と５点の人の人数は同じだった
・得点の平均点は3.3点だった

(1)　２点の人の人数は[ミ]人である．

(2)　３問目を正解した人の人数は最大[ムメ]人である．

10　図のように，点Ａ（３，０）と放物線$y=\frac{1}{4}x^2$，直線$y=ax+3$のグラフがある．
また，点Ｂ，Ｃは放物線と直線との交点である．点Ｂのx座標を-2とするとき，aの値は[モ]であり，点Ｃの座標は（[ヤ]，[ユ]）である．
また，△ＡＢＣの面積は[ヨラ]である．

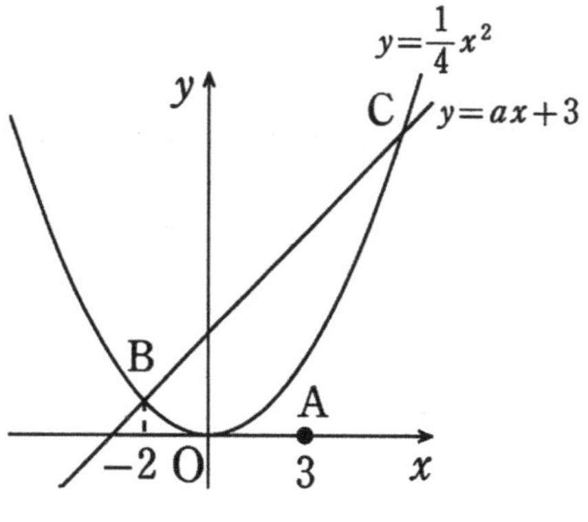

11　この問題は記述問題です

ＡＢ＝６㎝，ＢＣ＝４㎝の直角三角形がある．動点ＰはＡを出発し，毎秒２㎝の速さで辺上をＡ→Ｂ→Ｃの順に進み，Ｃに到着後停止する．

また，動点Ｑは点Ｐと同時にＢを出発し，毎秒１㎝の速さで辺上をＢ→Ｃに向かって進み，Ｃに到着後停止する．

２点Ｐ，Ｑが出発して，x秒後の△ＡＰＱの面積をy ㎠とする．

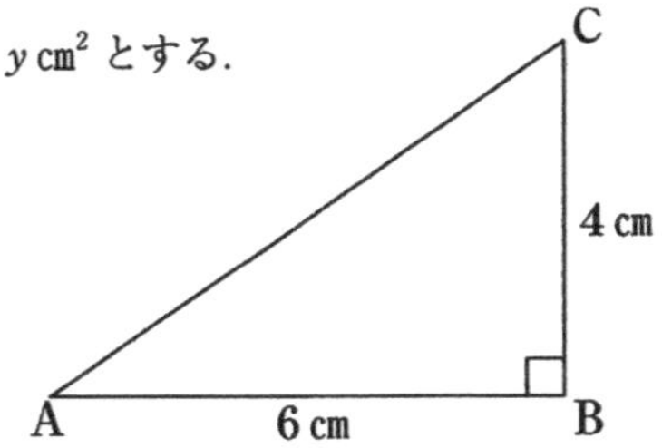

(1)　点Ｐが出発してから停止するまでのx，yの関係を表すグラフをかきなさい．

(2)　△ＡＰＱの面積が△ＡＢＣの面積の$\frac{1}{3}$になるのは，出発してから何秒後か答えなさい．